BASTEI
LÜBBE

Eileen Franklin
William Wright

Die Sünden des Vaters

Ins Deutsche übertragen
von Manes H. Grünwald

TRUE CRIME
Der wahre Kriminalfall

BASTEI
LÜBBE

BASTEI-LÜBBE-TASCHENBUCH
Band 13 423

Erste Auflage:
Dezember 1992

Deutsche Lizenzausgabe 1992
Bastei-Verlag Gustav H. Lübbe
GmbH & Co., Bergisch Gladbach
Originaltitel: Sins of the Father
Lektorat: Dr. Edgar Bracht
Das Foto auf dem Titelbild stammt aus dem Privatbesitz der Autorin und zeigt (v. links nach rechts) Diana, Kate, Eileen, George junior und Janice Franklin
Umschlaggestaltung:
DPD-Grafik-Design, Bensberg
Satz: KCS GmbH,
2110 Buchholz/Hamburg
Druck und Verarbeitung:
Brodard & Taupin, La Flèche,
Frankreich
Printed in France

ISBN 3-404-13423-0

Auf Vorschlag von Bill Wright widmen wir dieses Buch meinen Kindern Aaron und Jessica Lipsker, die mir die Chance gegeben haben zu erkennen, wie wunderschön die Kindheit sein kann.

EILEEN FRANKLIN

Danksagung

Mein Dank und meine Anerkennung gelten:

Barry Lipsker, dem ich mehr Unterstützung, aber auch mehr Erschwernisse verdanke, als ich verdient habe;

Bill Wright für seine Freundschaft, seine moralische Integrität und seine Geduld. Zu würdigen sind vor allem die literarischen Qualitäten, die er in dieses Buch eingebracht hat, und der Enthusiasmus, den er bei der Verwirklichung des Projektes in hohem Maße mit mir geteilt hat;

Janice Franklin für ihre schwesterliche Liebe, ihre Ehrlichkeit, ihre moralische Stärke, ihren klaren Verstand und die Hingabe an meine Kinder;

Meiner Lipsker-Familie: Scott, Fil, Lee, Denise, Shana, Ron und besonders Mom und Dad;

Tante Sue für ihre Weisheit, ihr Mitgefühl und ihre Tatkraft;

Sharon Nelson für ihre Schönheit, Zuneigung und Liebe, die mich so oft durchhalten ließen;

Barbara Kontoudakis für ihre Freundschaft und Hochherzigkeit, vor allem in Zeiten, in denen ich zu erschöpft war, anderen etwas zu geben, aber Zuspruch brauchte;

Carol Rosemond für die jahrelange Freundschaft und Anteilnahme und für ihren Humor;

Aimee Alotta für die Unterstützung bei der Arbeit an diesem Buch, vor allem aber auch für ihre ganz besondere Rücksichtnahme;

Binnie Fankhauser-Gun fürs Zuhören und Verstehen;

Gina Rubright für ihren Mut, ihre Ehrlichkeit und ihre Freundschaft;

Stephen und Julie Wright für ihre Unterstützung und Anteilnahme zu einer Zeit, als ich sie brauchte;

James und Maggie Crawford für gute Gespräche und freundschaftliche Hilfe;

Bill Simon für seine Beratung, Förderung und Rechtschaffenheit;

Bob Morse dafür, daß er immer aufrichtig zu mir war, so wie er es versprochen hatte, und dafür, daß er sich als außergewöhnlicher Mann bewiesen hat;

Elaine Tipton für alles. Vor allem dafür, daß sie an mich glaubte und es mir möglich machte, ihr zu vertrauen. Und daß sie mir half, mich zu erinnern, daß ich einmal ein kleines Mädchen war, das eine beste Freundin hatte.

Es gibt Menschen unter uns, die in Räumen der Erfahrung leben, die du und ich niemals betreten können.

John Steinbeck, ›In Quest of America‹

PROLOG

EILEEN

Es war ein strahlend schöner südkalifornischer Nachmittag im Januar 1989, und bisher war dieser Tag wie jeder andere auch verlaufen. Die Berechenbarkeit und Gleichförmigkeit meines Lebens störten mich nicht, im Gegenteil, ich hatte diesen Zustand bewußt angestrebt. Nach vielen äußerst unruhigen Jahren zog ich die Kinder, die ich mir stets gewünscht hatte, in der Weise auf, wie ich es mir immer vorgestellt hatte. Und ich war optimistisch, daß meine ein wenig wackelige Ehe noch eine Chance hatte. Mein Leben verlief mehr denn je in geregelten Bahnen. Manche Leute würden es vielleicht eintönig nennen, aber für mich war es wunderschön.

In ein paar Minuten würde mein zweijähriger Sohn Aaron aus seinem Mittagsschlaf aufwachen, und dann würde ich ihn ins Wohnzimmer tragen, wo meine Tochter Sica mit zwei Freundinnen auf dem Boden hockte und sich mit Malbüchern beschäftigte. Ich hatte es mir auf dem Sofa bei den Mädchen bequem gemacht und wartete darauf, daß Aaron sich meldete. Wenn es soweit war, würde ich tun, was ich jeden Tag zu erledigen hatte – die banalen Routinearbeiten einer jungen Mutter –, und ich würde mich dabei auf meine Instinkte verlassen können. Im Moment ruhte mein aktives Leben, aber nur so lange, bis Aaron nach mir rufen würde.

Ich liebte meine Kinder sehr. Mehr als alles andere wollte ich eine gute Mutter sein. Mir war bewußt, daß ich es mitunter übertrieb mit meiner Fürsorglichkeit. Manche Nachbarn machten abfällige Bemerkungen darüber, daß ich meine Kinder niemals aus den Augen ließ. Aber ich wußte besser als die meisten Leute, daß selbst in der nettesten, angenehmsten Nachbarschaft

Kinder nicht immer sicher sind. Als ich acht Jahre alt war, wurde meine beste Freundin, Susan Nason, ermordet. Man hatte nie herausgefunden, warum sie umgebracht wurde. Und den Täter hatte man auch nie überführen und fassen können.

So sehr ich auch entschlossen war, eine gute Mutter zu sein, ließ ich es dennoch nicht zu, daß dieses Bestreben die anderen Seiten meines Naturells völlig dominierte. Obwohl ich auf keine großen schulischen Erfolge verweisen konnte – ich hatte die High-School nicht abgeschlossen –, war ich stolz auf meinen Verstand. Ich besaß eine unbändige Neugier und verspürte den ehrgeizigen Drang, mein Wissen ständig zu erweitern und zu vertiefen. Seit ich mich erinnern konnte, hatte ich Bücher geliebt und bei jeder sich bietenden Gelegenheit gelesen. In den wenigen Stunden, die ich für mich hatte – wenn die Kinder im Bett waren, und auch dann, wenn mein Mann Barry neben mir schon schlief, nahm ich mir stets ein Buch vor und verlor mich in den Gedanken kluger Menschen.

Mein Vater, der die High-School abgeschlossen *hatte*, wenn auch ohne Glanz und Gloria, hatte mich immer zum Lesen ermuntert. Er war stolz gewesen, als er mich – ich war erst vier Jahre alt – eines frühen Morgens in ein Buch vertieft vorfand. Er konnte sich nicht erklären, wie ich lesen gelernt hatte. Für mich bedeutete Lesen immer, in das Leben anderer Menschen schlüpfen zu können. Aber ich las nicht nur zu meinem Vergnügen, sondern auch um mich weiterzubilden und jenes Minderwertigkeitsgefühl zu bekämpfen, das aus meiner vorzeitig abgebrochenen Schullaufbahn erwuchs.

Später, als Teenager, machte das Lesen es mir möglich, aus der bösen Realität zu flüchten und Bruchstücke einer besseren Welt aufzuschnappen. Und jetzt, nachdem mein Leben sich zum Guten verändert hatte, erschienen mir die Freuden anderer Menschen, wie sie in den Büchern geschildert wurden, nicht länger als unerreichbare Träume, sondern als Wegweiser für mögliche Entwicklungen meiner eigenen Zukunft. Es ging mir inzwischen sehr viel besser als in meiner Jugendzeit, aber mein Leben war noch nicht so, wie ich es mir gewünscht hätte.

Ich hing diesen Gedanken nicht mit Bitterkeit nach, sondern

eher mit einer leisen, sanften Wehmut. Barry und ich hatten in unserer Ehe schon einige Konflikte ausgestanden. Im Moment war alles in Ordnung, aber ich hatte mit Barry über meinen Wunsch nach Änderungen gesprochen und ihm meine Absicht erklärt, mein eigenes Leben zu führen, wenn die Kinder erst einmal erwachsen waren. Er hatte zugestimmt. Lange Jahre hindurch hatte ich nicht daran geglaubt, daß ich zu einem glücklichen, ausgeglichenen Leben fähig sei. Aber inzwischen war ich soweit, daran zu glauben.

Im Moment war mein Leben als junge Ehefrau und Mutter sehr schön. Wir lebten ausgesprochen komfortabel in Canoga Park, einer verschlafenen Vorstadt von Los Angeles. Die alltägliche Hausarbeit machte mir durchaus Spaß, und zu den schönsten Momenten des Tages zählte es, Aaron im Arm zu halten und ihm sein Fläschchen zu geben. Aber höher als die vorteilhafte materielle Situation schätzte ich die Gleichförmigkeit meines derzeitigen Lebens ein. Aus dem wilden, sprunghaften Mädchen der Single-Jahre war eine erwachsene, selbstbewußte Frau geworden.

Aber diese mühsam erworbene Ausgeglichenheit und Stabilität war gefährdet. Nicht durch irgendwelche von außen wirkenden Kräfte, sondern durch das Wissen um ein Ereignis, das ich fast zwanzig Jahre mit mir herumgeschleppt hatte – ein Wissen, das ich tief in mein Unterbewußtsein vergraben hatte, vielleicht aus der instinktiven Abneigung, vielleicht aber auch aus eisiger Furcht. Dieses Wissen war dabei, aus meinem Unterbewußtsein hervorzubrechen, und es würde von da an mein Leben bestimmen – wie das Gen, das nach vielen Jahren des Stillhaltens die Alzheimer-Krankheit auslöst.

Noch bevor ich mich mit Aaron im Arm von diesem Sofa erhob, sollte ich ein Erlebnis haben, das mein Leben unwiderruflich ändern würde. Es sollte auch das Leben meines Mannes und aller Mitglieder meiner Familie verändern. Ich würde von der Presse, von Filmgesellschaften und von Buchverlegern gejagt werden, und alle würden mich bedrängen, ihnen die Geschichte zu erzählen, *was wirklich geschehen war.* Ich würde in Büros der Strafverfolgungsbehörden und in Gerichtssälen ein-

und ausgehen. Wildfremde Menschen würden mir sagen, ich sei eine heroische Frau, andere würden mir vorwerfen, ich sei eine hinterlistige Schwindlerin. Ich würde Todesdrohungen erhalten – und ich würde in eine tödliche Auseinandersetzung mit meinem Vater geraten, dessen Liebling ich immer gewesen war und den ich immer geliebt hatte. Vor allem aber sollte ich endlich die Chance erhalten, mich mit den Dämonen auseinanderzusetzen, die mich seit meiner Kindheit gequält hatten, und, so hoffte ich inständig, sie endlich loszuwerden.

Als ich Aarons Fläschchen aufwärmte, stellte ich befriedigt fest, daß Daniela, unser österreichisches Au-pair-Mädchen, die Küche fleckenlos sauber zurückgelassen hatte, ehe sie zu ihrem freien Nachmittag aufgebrochen war. Wieder im Wohnzimmer, im hinteren Teil des Erdgeschosses, fiel mein Blick auf die häßlichen Vorhänge an den Fenstern zum Innenhof. Glücklicherweise hatte ich vor kurzem Barry davon überzeugen können, daß sie durch neue ersetzt werden müßten. Ich brauchte jetzt nur noch das Muster auszusuchen.

Ich war dankbar für alles, was Barry mir gegeben hatte. Obwohl wir uns ein noch schöneres Haus hätten leisten können, war dieses gemütlich und komfortabel. Für unsere Kinder gab es eine sehr gute Schule in der Nähe. Und wenn ich mit meinem Mercedes durch die Gegend fuhr, das Seitenfenster heruntergekurbelt, mein langes rotes Haar im Wind flatternd, die dunkle Sonnenbrille auf der Nase, das Autotelefon am Ohr, dann hatte ich das Gefühl, ein wenig Glanz in die Enklave des bürgerlich-soliden Familienlebens von San Fernando Valley zu bringen. Ich war in der Überzeugung aufgewachsen, ein komisch aussehendes, ja häßliches Mädchen zu sein, und in der Grundschule hatten die höhnischen Bemerkungen meiner Klassenkameraden diese Auffassung bestätigt. Es fiel mir schwer, daran zu glauben, daß mich die Leute jetzt als gutaussehende Frau betrachteten.

Den größten Teil meines Lebens hatte ich in Mittelklasse-Vorstädten verbracht, ein Milieu, in dem ich auch aufgewachsen war. Seit ich mit Barry zusammen war, hatten wir in mehreren kalifornischen Städten gelebt – Foster City, San Jose, Manhattan Beach –, aber unser Platz war auch dort immer in einer soliden Mittelklasse-Vorstadt gewesen. Wenn ich an meine bizarre Vergangenheit dachte, wurde mir die Ironie der Tatsache bewußt, daß ich die achtundzwanzig Jahre meines bisherigen Lebens in den sichersten, solidesten Wohngegenden Amerikas verbracht hatte – in den verschlafenen Siedlungen am Rand großer Städte.

Jetzt, als junge Mutter, genoß ich die Annehmlichkeiten, die ein wohlhabender Ehemann zu bieten hat, aber der Wunsch, reich zu sein, hatte in meinem Leben eigentlich kaum eine besondere Rolle gespielt. Früher hatte ich nur selten andere Leute um ihre Besitztümer beneidet. Als ich älter wurde und feststellen mußte, daß fast jeder in meinem Umkreis mehr besaß als ich, boten sich mir vermehrt Gelegenheiten, so etwas wie Neidgefühle zu entwickeln, und ich hatte mich nicht ganz davon freimachen können. Jetzt aber beneidete ich andere Menschen nur noch dann, wenn sie eine wirklich glückliche Ehe führten. Wenn ich ein solches Paar sah, hatte ich das Gefühl, ausgeschlossen zu sein von einem Glück, das so viele andere miteinander erlebten. Ja, es war eine schlimme Herausforderung für mich, zwei Menschen zu sehen, die sich ganz offenkundig sehr liebten. Ich hatte nicht das Gefühl, daß das bei Barry und mir der Fall war.

Mir war durchaus bewußt, was ich Barry zu verdanken hatte. Er kam in mein Leben, als ich dringend einen Anker brauchte. Als Single waren mir Liebesaffären nur so zugeflogen, aber Barry war ganz anders als alle anderen. Er war solide, energisch, ehrgeizig, wußte, was er wollte. Und wie er hinter mir her war! Ich hatte vorher niemals jemanden getroffen, der sich so hartnäckig um mich bemühte; es war praktisch unmöglich, ihn zurückzuweisen. Er war fest entschlossen, sich ein geordnetes, wohlhabendes Leben aufzubauen, und er war genauso sicher, daß ich es mit ihm teilen würde.

Seine Hartnäckigkeit schmeichelte mir und nahm mich für ihn ein, aber mehr noch war ich fasziniert von seiner Sag-jazu-den-Dingen-Haltung. Seine eiserne Entschlossenheit zeugte von einer Stärke, die zur damaligen Zeit die richtige Antwort auf meine innere Schwäche war. Andererseits war ich natürlich nicht blind gegen seine Nachteile: Er war vierzehn Jahre älter als ich, er war schon einmal verheiratet gewesen, und er war Jude, während ich zumindest nominell katholisch war. Und er war nicht bereit, über die banalste Oberflächlichkeit hinaus auch einmal tiefergehende Gespräche zu führen.

Nach unserer Heirat kamen wir als Kollegen in unserem Kinder-Aufzieh-Unternehmen ganz gut miteinander zurecht. Und es verbanden uns durchaus auch einige wichtige Gemeinsamkeiten: Wir waren beide Vegetarier und lehnten entschieden jegliche Grausamkeit gegen Lebewesen ab. Ich versuche heute noch, Lederprodukte aller Art zu meiden, und Barry würde niemals einen Käfer in der Küche töten, sondern ihn in einer Tasse nach draußen tragen. Er würde überhaupt kein Lebewesen töten – außer Stechfliegen, denn die ›greifen einen ja als erste an‹.

In unserer oberflächlichen Ehe taten Barry und ich das, was junge Erwachsene wahrscheinlich häufig tun: Wir lebten auf der Grundlage einer vertraglichen Vereinbarung beisammen, hatten gemeinsame Kinder und unterhielten ein Haus, in dem wir sie ernähren, beschützen und aufziehen konnten. Barry brüllte mich oft an, und ich hatte keine Hemmungen, zurückzubrüllen. Meistens jedoch kamen wir ganz gut miteinander aus, und beide liebten wir unsere Kinder. Am dankbarsten war ich Barry, daß er mir zwei so wohlgeratene Kinder geschenkt hatte: Aaron, quirlig, voller Leben, mit braunen Kräusellocken und grünen Augen; und Sica, hübsch, kindlich-feminin, mit glattem, rotblondem Haar, blauen Augen und niedlichen Sommersprossen.

Das Telefon klingelte. Barry aus dem Büro. Ja, Aaron schlief noch, Sica war zurück aus der Schule, Daniela war ausgegangen oder schlief in ihrem Zimmer. Alles in bester Ordnung. Bis später. Mach's gut.

Ich ging hoch ins Kinderzimmer und holte Aaron. Während ich ihn die Treppe hinuntertrug, hielt ich sein Fläschchen am Gummischnuller zwischen den Zähnen. Ich setzte mich in die Sofaecke, Aaron auf dem Schoß, ließ ihn an der Flasche nuckeln und schaute durch das Fenster hinaus. Es war sonnig und warm genug, die Abdeckung vom Schwimmbad zu nehmen und die Kinder schwimmen zu lassen. Während ich Aarons Fläschchen hielt, spürte ich diese seltsame, warme Zufriedenheit, die ich immer fühlte, wenn ich meine Kinder fütterte – ganz besonders bei Aaron, wenn er noch warm und knuddelig vom Schlaf war. Die Stereoanlage spielte – hatte ich oder Sica sie eingeschaltet? – eine der Lieblingskassetten der Kinder: Raffi sang Volkslieder.

Ich hörte Jessica mich fragen: »Ist das nicht richtig, Mom?« Ich hatte keine Ahnung, was sie meinte.

Ich schaute auf meine Tochter hinunter, die mit ihren Freundinnen zwischen Malbüchern und Farbstiften auf dem Boden kauerte. Es muß der Ausdruck in ihren Augen gewesen sein – fragend, flehentlich bittend, auf eine Antwort, eine Aktion wartend –, der plötzlich alles wieder hervorbrachte. Ich schaute regungslos auf sie hinunter, sah die glitzernden Sonnenstrahlen, die durch den Vorhang fielen und Lichtflecke auf den Teppich malten – und die Szene, die fast zwanzig Jahre tief in mir vergraben gewesen war, tauchte plötzlich wieder grell aus meinem Bewußtsein auf.

Als erstes überfiel mich ein lähmendes Entsetzen. Und dann sah ich das Buschgelände wieder vor mir, den Hang, sah meine Freundin Susan unterhalb von mir auf einem Erdhügel oder Felsen sitzen, sah die hoch aufragende, bedrohliche Silhouette des Mannes gegen die Sonne, sah ihn den schweren Stein hoch über seinen Kopf halten, bereit zuzuschlagen. In dem flehentlichen Blick, mit dem Susan mich ansah, meinte ich bei dieser ersten Erinnerung auch einen Vorwurf zu erkennen, den Vorwurf des Verrates, des Treuebruches, aber später wurde mir klar, daß es nichts anderes als der Ausdruck schrecklicher Angst gewesen war und daß ich meine eigenen Schuldgefühle über die Machtlosigkeit, meine Freundin zu retten, ihr zu helfen, in diesen

Blick projiziert hatte. Der Mann machte noch einen Schritt auf Susan zu, stand direkt über ihr, und dann fuhren seine Arme nach unten . . .

In meinem Inneren schrie ich auf: ›NEIN!‹ Und dann, während ich meinen Sohn starr vor Entsetzen an mich drückte, sah ich ganz deutlich, was mein Bewußtsein zwanzig Jahre lang, zwei Drittel meines Lebens, vor mir verborgen hatte – ich sah die schreckliche Wahrheit: Der Mann, der Susan getötet hatte, war mein Vater.

ERSTER TEIL

FOSTER CITY

1. KAPITEL

Am Tag, als Susan Nason verschwand, dem 22. September 1969, ging eine Schockwelle durch Foster City, einer typischen Mittelklasse-Vorstadt, etwa achtzehn Meilen südlich von San Francisco. Susans Mutter, Margaret Nason, eine große, schlanke Frau Ende Zwanzig, hatte angefangen, sich Sorgen zu machen, als ihre achtjährige Tochter nicht pünktlich von einer Besorgung nach Hause zurückkam. Als Susan etwa eine Stunde später immer noch nicht aufgetaucht war, hielt die Mutter es nicht mehr aus: Sie setzte sich aufs Fahrrad und suchte die Nachbarschaft ab.

Donald Nason, der Vater, war ein großer, gutaussehender Mann mit dunklem Kraushaar und blauen Augen. Er stammte ursprünglich aus Chicago, war dann aber in die Gegend der Bucht von San Francisco, die ›Bay Area‹, gezogen, wo er Margaret getroffen hatte, die aus Modesto stammte. Nach ihrer Heirat hatten sie eine Zeitlang in Seattle gelebt und waren dann nach Foster City gezogen, wo Donald als Vertreter für eine Firma arbeitete, die Büroeinrichtungen herstellte. Wie viele andere Männer in der neuen Nachbarschaft kümmerte er sich vor allem um seine Familie, aber er war auch bei den Nachbarn recht beliebt. Es war allgemein bekannt, daß Donald seine Tochter Susan abgöttisch liebte – ein hübsches kleines Mädchen, dessen wacher Geist und dessen Munterkeit gut zu ihrem rotblonden Haar und den frechen Sommersprossen paßte. Als Nason erfuhr, daß Susan weit über die erwartete Zeit ausgeblieben war, ließ er an seinem Arbeitsplatz alles stehen und liegen, fuhr nach Hause und begann sofort, mit seinem Kleinlastwagen die Gegend abzusuchen. Da er alle Leute, die ihm begegneten, nach Susan fragte, breitete sich schnell die Kunde aus, daß das Nason-Mädchen vermißt wurde.

Als die Stunden verstrichen und keine Spur von dem Mädchen zu finden war, wurden harmlose Erklärungen immer unwahrscheinlicher, und man mußte damit rechnen, daß etwas Schlimmes passiert war. Hatte Susan vielleicht eine Panne mit ihrem Fahrrad gehabt und konnte deshalb nicht nach Hause kommen? Nein, das Fahrrad stand unbenutzt in der Garage der Familie. War sie vielleicht hingefallen und hatte sich verletzt? Hatte sie einen anderen Unfall gehabt? Nein, sie war schon so lange verschwunden, daß man in einem solchen Fall längst die Eltern verständigt hätte.

Vielleicht war sie zu lange bei einer Freundin geblieben? Nein, es war schon so viel Zeit vergangen, daß auch das eigensinnigste und ungehorsamste Kind gewußt hätte, daß es zum Abendessen nach Hause mußte. Und wenn Susan es nicht selbst gemerkt hätte, daß es schon so spät war, dann hätten die Eltern der Freundin sie bestimmt nach Hause geschickt. Gewiß, die Einwohner von Foster City bildeten keine besonders kontaktfreudige Gemeinschaft; im allgemeinen fand kein reger Besuchsaustausch zwischen den Nachbarn statt, und Bekanntschaften bestanden meist nur aus Gesprächskontakten über den Gartenzaun. Dennoch aber paßte man gegenseitig auf die Kinder auf. Gegen fünf Uhr hatten die Nasons alle Nachbarn abgeklappert und gefragt, ob jemand etwas über Susans Verbleib wisse. Hatte sie jemand nach Schulschluß um drei Uhr gesehen? Wenn ja, zu welcher Zeit? Wo? Wer war bei ihr? Was machte sie zu diesem Zeitpunkt? Aber niemand konnte irgendwelche konkreten Hinweise geben, und so alarmierte Donald die Polizei, die sofort tätig wurde und die übliche Prozedur für solche Fälle ablaufen ließ: Zwei Polizisten machten noch einmal die Runde bei den Nachbarn, die Donald Nason schon besucht hatte. Sie stellten dieselben Fragen wie er, fügten aber allgemeinere hinzu: War Susan ein Kind, das zu einem Fremden ins Auto steigen würde? War sie anfällig für Verlockungen wie Süßigkeiten oder ein neues Spielzeug? Wie war generell ihr Charakter und ihre Stimmungslage? Man forderte Unterstützung bei der Polizei im nahegelegenen San Mateo an, und bald waren auch in der weiteren Nachbarschaft Polizisten auf der Suche nach dem Mädchen.

Den ganzen Abend lang klingelten die Telefone in den Häusern der Umgebung. Für ein paar Augenblicke sprachen dann die Erwachsenen in gedämpftem, erregtem Ton miteinander und kehrten dann zum Abendbrottisch oder zum Fernsehen zurück, wo sie warteten, bis die Söhne und Töchter abgelenkt waren, um sich den neuesten Stand der Dinge im Fall des Nason-Mädchens zuzuflüstern. Die Kinder in diesen Häusern wußten natürlich auch, daß Susan verschwunden war, und sie fingen an, ihre Ansichten über die Welt da draußen zu korrigieren. War an den dauernden, lästigen Ermahnungen der Eltern, daß draußen auf den Straßen vielerlei Gefahren lauerten, vielleicht doch etwas dran? Später am Abend machten die Polizisten, die bisher nur mit den Erwachsenen gesprochen hatten, noch einmal die Runde und befragten jetzt auch schläfrige und verwirrte Kinder, die ihre Eltern ein wenig enger als sonst an sich drückten.

Schließlich mußte die beruhigende Annahme aufgegeben werden, die glatte Oberfläche der selbstgefälligen Gemeinschaft sei nur für einen kurzen Augenblick von einem leichten Wellengekräusel durcheinandergebracht worden, es hätte sich nur eine weitere der hinlänglich bekannten Störungen des allgemeinen Friedens abgespielt – Jungenstreiche, Kämpfe unter Jugendlichen oder Drogenkonsum. Solche Vorkommnisse waren an der Tagesordnung, sie weckten nur wenig Aufmerksamkeit und konnten bald wieder zu den Akten gelegt werden.

Um neun Uhr an diesem Abend brach in Foster City allgemeine Panik aus. Suchlichter irrten über die künstlichen Kanäle und Seen der Stadt, die Polizei wollte den lebenden oder toten Körper des Mädchens unbedingt finden. Hubschrauber dröhnten im Tiefflug über die Häuserreihen; ihre Scheinwerfer strichen über das Blätterdach der Gärten, und das Heulen und Wirbeln ihrer Rotoren gab der sonst so friedlichen Siedlung den Anschein eines Kriegsschauplatzes.

In den folgenden Tagen durchkämmten freiwillige Suchkommandos die weitere Umgebung. George Franklin, ein Feuerwehrmann, der gleich um die Ecke von den Nasons wohnte, beteiligte sich an mehreren dieser Suchaktionen, auch an der sehr intensiven in der ersten Nacht. Besondere Aufmerksamkeit widmete man einem Sumpfgelände, das an die Südseite der Stadt angrenzt.

Auch nachdem die offizielle Suche längst ergebnislos abgebrochen war, fuhr Margaret Nason auf dem Fahrrad immer wieder die Straße am Rand des Sumpfgeländes ab, und man konnte sie noch lange beobachten, wie sie in großen Gummistiefeln allein das feuchte Gelände durchstreifte.

Rae Alotta, die den Franklins gegenüber wohnte und deren Tochter Aimee mit Susan zusammen in die Schule ging, verlor fast die Nerven, als die Polizei den kleinen Fischteich in ihrem Garten absuchte. Für Rae war es ein geradezu unfaßbarer, entsetzlicher Gedanke, man könne den Körper der liebenswerten, blauäugigen Susan, eines der beliebtesten Kinder in der Nachbarschaft (auch wenn sie ein wenig unruhig und nervös war) aus dem Teich ziehen, aus diesem Teich, der geradezu ein Symbol für die künstlich verschönte Eintönigkeit von Foster City war.

Die Erkenntnis, daß ein Kind aus der Nachbarschaft verschwunden war, traf ins Herz des Glaubensbekenntnisses von Foster City. Wie alle Trabantenstädte war auch dieser Ort ausdrücklich auf die Sicherheit seiner Bewohner ausgerichtet, auf das Bedürfnis von Menschen, vor dem Bösen, das in anderen Menschen lauern mochte, geschützt zu sein. Die stets ordentlich gemähten Rasen, sauber gefegten Hauszufahrten und korrekt gestutzten Hecken waren Ausdruck des gemeinsam genossenen Wohlstandes und gemeinsamer Werte, die es galt, gegen unliebsame Eindringlinge zu verteidigen. Die nur niedrig bepflanzten, offenen Vorgärten verfolgten – vielleicht unbewußt – das Ziel, Heimlichkeiten und Heimlichtuerei jeglicher Art auszuschließen, und ein auswärtiger Gast oder unwillkommener Besucher würde immer, für alle in der Nachbarschaft sichtbar, in der kahlen, schattenlosen Offenheit der Straßen Foster Citys stehen. Das Böse, wenn es je in die Gemeinschaft eindringen wollte, würde auf der Stelle entdeckt und aufgehalten werden können, noch bevor es die Haustür erreichte – und die war mehrfach gesichert. Das fundamentale Glaubensbekenntnis lautete: Das Böse war draußen, das Gute drinnen. Haustüren ließen das Böse nicht herein, und Fenstervorhänge hielten es davon ab, auch nur hereinschauen zu können.

Die Bewohner von Foster City hatten viel geopfert, um hier leben zu können. Die jungen Erwachsenen, die die Mehrzahl der Einwohner ausmachten, waren zumeist Kinder aus Arbeiter- und Angestelltenfamilien, junge Ehepaare, die darum gekämpft hatten, den übervölkerten Städten zu entkommen und es dafür in Kauf genommen hatten, sich mit langfristigen Hypotheken für ihre bescheidenen Wohnstätten zu verschulden. Die Häuser, die die vorgeplanten Blocks und ringförmigen Anlagen der neuen Trabantenstadt säumten, hatten 1969 zwischen fünfundzwanzigtausend und vierzigtausend Dollar gekostet.

Das Ziel der Bewohner war es gewesen, ihre jungen Familien soweit wie nur möglich von den bedrückenden Zuständen in den heruntergekommenen Stadtzentren wegzubringen und ihnen die bittere Frustration des Lebens in einer solchen unsicheren, ja gefährlichen Umgebung zu ersparen. Hinter sich hatten sie die Armen und Ärmsten zurückgelassen, jene, die es nicht geschafft hatten, trotz der blühenden amerikanischen Wirtschaft, materiell Fuß zu fassen. Das Gefühl, vom Schicksal im Stich gelassen zu sein, machte die, die in den Städten zurückbleiben mußten, um so wütender und gefährlicher, und die, die es geschafft hatten, waren um so glücklicher, daß sie diesen Zuständen entronnen waren.

Der Umzug nach Foster City gab vielen der Neuankömmlingen das beglückende Gefühl, etwas erreicht zu haben. Sie waren eine bedeutsame Sprosse auf der Leiter des sozialen Fortschritts emporgestiegen, hatten die dreckigen und gefährlichen Straßenzüge der Metropolen hinter sich gelassen und mit schmucken Vorgärten, stimmungsvollen Barbecue-Essen im Garten, mit großen Wohnzimmern und, vor allem, der *größtmöglichen Sicherheit* eingetauscht; und damit war man dem ›amerikanischen Traum‹ sehr nahe gekommen. Man mußte die Kinder nicht morgens zur Schule begleiten und sie nachmittags wieder abholen. Sie konnten auf ihren Fahrrädern oder Skateboards in der Nachbarschaft herumfahren, ohne daß Erwachsene sie beaufsichtigen mußten; denn man durfte davon ausgehen, daß immer ein fürsorglicher Erwachsener, ein gleichgesinnter ›Stammesbruder‹, in Rufweite war.

Natürlich kannte man nicht die Namen aller Leute in der Nachbarschaft, aber meistens doch die Gesichter. Die Entfernung von achtzehn Meilen zwischen Foster City und dem Zentrum San Franciscos war eine Pufferzone zwischen den guten, anständigen, familienorientierten Menschen in der Trabantenstadt und *der Gefahr.* Susans Verschwinden aber erinnerte jedermann daran, daß man die Gefährdung durch das Böse im Menschen niemals ganz ausschalten konnte. Es bestand eben doch die Möglichkeit, daß einer dieser vergammelten, haltlosen Typen oder geistig verrohten Außenseiter oder irgendein Geisteskranker das Sicherheitsgefüge von Foster City durchbrach und Jagd auf kleine Mädchen oder Jungen machte.

Drei Tage vor Susans Verschwinden hatte ein Mädchen in etwa gleichem Alter, Ann Hobbs, ihrer Mutter – und später auch der Polizei – erzählt, ein fremder Mann habe versucht, sie in sein Auto, einen blauen Kombiwagen, zu locken. Obwohl bei der Untersuchung dieser Geschichte nichts herauskam, alarmierte sie doch die gesamte Einwohnerschaft, denn sie zeigte, daß selbst das ›sichere‹ Foster City nicht gegen Gefahren gefeit war. Die Lehrer in der Grundschule, die auch Susan Nason und Eileen Franklin besuchten, verstärkten daraufhin ihre Ermahnungen an die Schüler, ja nicht mit Fremden zu sprechen.

Dieses seltsame Vorkommnis wirkte wie eine Sturmwolke, die den Himmel über Foster City verdunkelte, und es zeigte den vom Wetter verwöhnten Kaliforniern, daß der Himmel doch nicht immer nur klar und wolkenlos war. Hatten manche Leute Ann Hobbs' Geschichte anfangs für erfunden oder zumindest stark übertrieben gehalten, so wirkte sie nun wie ein unheilvolles Vorspiel zum Verschwinden der Susan Nason.

Eine unheimliche, nicht faßbare böse Macht hatte den Himmel über Foster City verdunkelt. Bis Susan gefunden wurde – lebend oder, wenn die Lösung des finsteren Geheimnisses sich für den Rest der Gemeinschaft als nicht bedrohlich erwies, auch tot –, würde der dunkle Schatten nicht weichen.

Foster City war das Werk eines gewissen T. Jack Foster, eines Stadtplaners, der mit seiner Familie aus Texas in die Bay Area gekommen war. Nachdem er viele normale Bauprojekte realisiert hatte und damit ein reicher Mann geworden war, machte sich Foster an die Verwirklichung seines Traumes – den Bau einer ganzen Stadt nach einem detaillierten Gesamtplan. Als Standort wählte er ein Gelände östlich der Route 101, einer von zwei Durchgangsstraßen, die von San Francisco nach Süden führten. Die meisten der bereits bestehenden Gemeinden in diesem Einzugsgebiet der Großtstadt, das wegen seiner halbinselförmigen Ausdehnung in die Bucht hinein ›Peninsula‹ genannt wurde, befanden sich westlich der Route 101. San Mateo und die beliebten Trabantenstädte Burlingame, Hillsboro und Millbrae lagen zwischen der 101 und der Montara-Bergkette, die sich zwischen der Bucht von San Francisco und dem Pazifik nach Süden dahinzieht.

Das sumpfige Gebiet östlich der 101 hatte lange Zeit als kaum bebaubar gegolten, aber der Bevölkerungsdruck und der explodierende Immobilienmarkt veranlaßten die großen Baufirmen, sich diese Gegend noch einmal näher anzusehen. Da die Bucht von San Francisco in diesem Raum südlich der Stadt sehr seicht ist, schien es möglich, das Gelände nach entsprechenden Erdauffüllungen bebaubar zu machen. Der San Francisco International Airport, in derselben Gegend der Bay Area östlich der 101 gelegen, war ebenfalls fast völlig auf aufgefüllter Erde angelegt worden.

Foster erkannte die Möglichkeiten, die dieser Raum auf der der Bay zugewandten Seite der San-Francisco-Halbinsel bot, und er entschied sich für ein Gelände, das Brewer's Island genannt wurde, einen Landstreifen entlang des Strandes der Bay, wo die Route 92, eine der Hauptverkehrsadern in Ost-West-Richtung der Gegend, über die San-Mateo-Brücke die Bay überquert und nach Hayward und Oakland führt. Die

Staatsstraße 92, die in der Geschichte von Susan Nasons Verschwinden noch eine Rolle spielen sollte, kreuzt die 101 bei San Mateo, steigt nach Westen in die Montara-Berge auf und führt dann abwärts zum Pazifik, wo sie an der Half Moon Bay endet.

Für Foster erschien die Nähe von Brewer's Island sowohl zum erholungsträchtigen Strand als auch zu der verkehrstechnisch günstigen Kreuzung der beiden Staatsstraßen 92 und 101 gut geeignet, seinen Traum zu verwirklichen. Er bildete mit zwei großen Baufirmen, der Centex West und der W. W. Dean Corporation, ein Konsortium und kaufte das Land auf. Es gehörte zum größten Teil der Leslie Salt Company, die es zur Salzgewinnung genutzt hatte. Mit dem Bau seiner Stadt begann Foster 1960, dem Jahr, in dem Eileen Franklin geboren wurde.

In dem Bestreben, den Eindruck einer vorfabrizierten, lieblos aus dem Boden gestampften Stadt zu vermeiden, sorgte Jack Foster dafür, daß die einfach gehaltenen, preisgünstigen Häuser, wie sie nebeneinander gebaut wurden, sich nicht ähnlich sahen. Er entwarf fünf verschiedene Grundtypen von Häusern, die er nach einem bestimmten Zufallsprinzip entlang der Straßen errichten ließ. Zusätzlich variierte er die Hausfassaden durch verschiedenartigen Anstrich und abweichende Ornamente. Noch 1960 wurden die Häuser des ersten Bauabschnittes bezugsfertig. Foster nannte diesen Teil der Stadt ›Nachbarschaft eins‹. Innerhalb von zehn Jahren entstanden so neun ›Nachbarschaften‹. Wenn Kinder eingeschult wurden, fragte man sie, aus welcher ›Nachbarschaft‹ sie kamen, und sie antworteten dann mit der entsprechenden Nummer.

Die Alottas behaupten, sie seien die sechsundzwanzigste Familie gewesen, die nach Foster City gezogen war. Rae Alotta erinnert sich, daß sie am Tag ihrer Ankunft beobachtete, wie aus einem anderen Umzugswagen Möbel in das Haus gegenüber entladen wurden, das, wie sie später erfuhr, von einem jungen Paar mit – o Gott! – *fünf* Kindern gekauft worden war. Dieses Paar waren George und Leah Franklin. Als Rae einen Blick auf das Paar erhaschte, war sie erstaunt, wie ausgesprochen attraktiv beide aussahen. Ein paar Jahre später zog die Familie Nason in ein Haus gleich um die Ecke.

Nach Susans Verschwinden behaupteten einige Einwohner, in Foster City sei von Anfang an vieles nicht in Ordnung gewesen. Unter dem gediegenen äußeren Anschein rumorte es schon nach wenigen Jahren in Jack Fosters Traumstadt. Mehr als anderswo wurde dem Alkohol zugesprochen, und eheliche Untreue schien zum guten Ton zu gehören. Aber es zeigten sich noch schlimmere Probleme.

Schon in den ersten zehn Jahren kam es zu besorgniserregenden Vorfällen: Einer Familie mußten die Kinder weggenommen werden, sie kamen in ein Waisenhaus, denn die Mutter konsumierte in solchen Unmengen Marihuana, daß sie ihren häuslichen Aufgaben nicht mehr nachkommen konnte. Ein zehnjähriger Junge entwickelte einen gefährlichen Hang, Feuer an Häuser zu legen. Ein anderer Junge erschien mitten in der Nacht im Schlafzimmer seiner Eltern und bedrohte sie mit einem Messer. Eine junge Mutter erhängte sich in der Garage ihres Hauses. Ehescheidungen waren an der Tagesordnung; nur wenige der Paare, die in den ersten Jahren nach Foster City zogen, waren zehn Jahre später noch verheiratet.

Eine junge Frau, die in Foster City während der ersten Jahre seiner Existenz aufgewachsen war, stellte später eine Theorie über die Gründe für die hohe Rate an sozialem Fehlverhalten in Foster City auf. Sie war der Meinung, die Probleme seien auf den enormen Druck zurückzuführen, dem die jungen Paare, die hierherzogen, ausgesetzt waren. ›Die meisten von ihnen waren Ex-Hippies, die den Versuch machten, der Drogenkultur der sechziger Jahre zu entkommen, sich niederzulassen und eine Familie zu gründen. Viele wurden mit der Verantwortung, die sie damit auf sich genommen hatten, nicht fertig, ganz zu schweigen von dem völlig ungewohnten Lebensstil. Für viele von ihnen war alles völlig neu, nicht nur die verantwortungsvolle, stabile Lebensführung in einer Familie, sondern vor allem auch die vorstädtischen Mittelstandsnormen. Sie wußten nicht, ob sie dazu gehörten – ja nicht einmal, ob sie dazugehören wollten.‹

Dennoch, trotz all der seltsamen Ereignisse und Skandale hatte bisher niemals etwas die Bewohner von Foster City so sehr aus dem Gleichgewicht gebracht wie Susans Verschwinden. Wenn es Mißhandlung von Kindern gegeben hatte, dann bisher immer durch die Eltern. Niemals war einem Kind etwas Schreckliches widerfahren, solange es in der Nachbarschaft spielte. Wenn auch das eine oder andere Elternpaar nicht ganz solide war, das Nachbarschaftsgefüge war in Ordnung und vor allem sicher gewesen. Jetzt geriet dieser überaus wichtige Grundsatz ins Wanken. Türen wurden verrammelt. Eltern erlaubten ihren Kindern nicht mehr, allein zur Schule zu gehen; statt dessen wurden Fahrgemeinschaften gebildet. Als Susans Schicksal später aufgedeckt wurde, zogen einige Familien sogar für immer aus Foster City weg.

In den ersten Tagen nach Susans Verschwinden durchforschten alle, die das Mädchen kannten, ihre Erinnerung nach auffälligen Fakten, die Licht in den Fall bringen könnten. Man zwang Margaret Nason, ihren Kummer für einige Zeit zu vergessen und sich auf den präzisen Ablauf der Geschehnisse vor Susans Verschwinden zu konzentrieren. Sie erinnerte sich, daß sie allein zu Hause gewesen war und an einem Kleid für Susans Geburtstag genäht hatte, der in fünf Tagen gefeiert werden sollte, als Susan kurz nach fünfzehn Uhr aus der Schule nach Hause kam. Sie hatte die Schulbücher in ihr Zimmer gebracht und um Erlaubnis gefragt, noch schnell etwas erledigen zu dürfen. Celia Oakley, eine Klassenkameradin, die in der Nähe wohnte, hatte ihre Sportschuhe in der Schule vergessen, und Susan wollte sie ihr bringen.

Nachdem Margaret Nason die Erlaubnis gegeben hatte, lief Susan aus dem Haus. Die Schuhe trug sie in einer braunen Papiertüte in der Hand. Als das Kind kurz nach vier noch nicht zurückgekommen war, holte Margaret ihr Fahrrad aus der Garage und fuhr die benachbarten Straßen ab, um nach ihm zu suchen. Da Susans Fahrrad in der Garage stand, mußte sie zu Fuß unterwegs sein.

Suzanne Banks, eine Nachbarin mit einer Tochter, die zwei Jahre jünger war als Susan, erklärte, Susan habe gegen halb vier bei ihr geklingelt. Die Familie Banks wohnte nur sechs Häuser von den Nasons entfernt, an der Kreuzung der Balclutha Street mit dem Matsonia Drive. Susan hatte Mrs. Banks gefragt, ob Celia Oakley in diesem Haus wohne. Mrs. Banks erklärte ihr, daß sie hier falsch sei und daß das Haus der Oakleys weiter unten am Matsonia Drive liege. Allen Leuten, die später von dieser eigentlich belanglosen Begegnung erfuhren, zeigte Susans Anfrage bei Mrs. Banks auf, wie unbeholfen und verwirrt dieses achtjährige Mädchen reagierte, nachdem es einmal gewagt hatte, sich mehr als ein paar Meter vom eigenen Haus zu entfernen.

Die Familie Franklin wohnte im Harvester Drive, gleich um die Ecke von den Nasons. Von den fünf Kindern der Familie, vier Mädchen und einem Jungen, war die zehnjährige Janice Franklin das zweitälteste, ein gutes Jahr älter als Eileen. Als Janice am späten Nachmittag dieses Tages vom Spielen nach Hause kam, saß ihr Vater allein im Wohnzimmer. Er hielt eine Bierdose in der Hand und starrte mit finsterem Gesicht abwesend vor sich hin – ein Gesichtsausdruck, der Janice nichts Gutes ahnen ließ. Sie zögerte, wandte sich der Tür zu, schloß sie, überlegte krampfhaft, ob es eine Möglichkeit gebe, sich nicht umdrehen und ihn ansehen zu müssen. Wieder durch die Tür verschwinden? Ohnmächtig auf den Boden sinken? Sich in Luft auflösen? Plötzlich sagte ihr Vater mit ganz seltsamer, lauter Stimme: »Hallo, Janice.«

Später sagte Janice aus, daß der Ton und die Art dieser Anrede bei ihr viel mehr Furcht auslösten als die Schläge, Beschimpfungen und sonstigen Strafen, auf die man bei ihrem Vater stets gefaßt sein mußte. Als zwanzig Jahre später jedes Detail im Ablauf dieses Tages wieder ausgegraben und untersucht wurde, konnte Janice nicht genau erklären, warum diese Anrede ihres Vaters sie so sehr geängstigt hatte.

Im Zuge ihrer Tür-zu-Tür-Befragung tauchte die Polizei auch bei den Franklins auf. Janice ging zur Haustür und beantwortete die Fragen, die man ihr zu Susan Nason stellte. Wie überall baten die Polizisten auch hier darum, alles zu erzählen, was man über Susan wußte. War sie leichtsinnig? Frech? Ungehorsam? Hatte sie einen Grund, vor ihrem Vater oder ihrer Mutter Angst zu haben? Hatte sie etwas angestellt, das sie davor abschreckte, nach Hause zu gehen? Kannte sie irgend jemanden, der außerhalb der Nachbarschaft wohnte? Keine Frage war den Polizisten zu abwegig oder weithergeholt, aber letztlich kam bei der Befragung nichts heraus. Unerklärlicherweise wurden Eileen, Kate, George junior und Diana Franklin nicht in die Befragung mit einbezogen.

Als die Franklin-Kinder an diesem Abend ins Bett gingen, bemerkte Janice an Eileen eine gewisse Verstörung. Sie zitterte und schluchzte heftig. Janice, selbst mit Susan befreundet, wußte, daß diese die beste Freundin ihrer Schwester war. Vermutlich verband die beiden die gemeinsame leidvolle Erfahrung, von den anderen Kindern wegen ihrer Sommersprossen und der rötlichen Haare gehänselt zu werden. Bei achtjährigen Kindern graben sich solche Verspottungen sehr tief in die Seele.

Janice war klar, warum ihre Schwester an diesem Abend so verstört und aufgelöst wirkte. Eileen war in Gedanken natürlich bei ihrer besten Freundin, diesem kleinen achtjährigen Mädchen, das jetzt irgendwo durch den Wald oder den Sumpf irrte, nichts zu essen hatte, nichts zum Zudecken, keinen Platz zum Schlafen – oder, noch schlimmer, in den Händen eines bösen Kidnappers war, der sie schlecht behandelte, sie vielleicht sogar quälte und verletzte. Das reichte, eine Achtjährige zum Zittern und zum Weinen zu bringen. Janice bemühte sich sehr, ihre Schwester zu trösten, und irgendwie gelang ihr das auch. Eileen schlief schließlich ein.

Auch an den folgenden Tagen fand sich keine Spur von Susan. Es gab nicht einmal einen Hinweis, der ihr Verschwinden irgendwie erklären konnte. Man fragte Donald und Margaret Nason wiederholt, ob ihre Tochter nicht vielleicht doch ein vertrauensseliges Kind sei, das auf einen Fremden, der es ansprach, naiv-zutraulich reagieren würde. Beide Nasons verneinten das mit Entschiedenheit. Donald erklärte, er habe seine beiden Töchter immer wieder ermahnt, niemals darauf einzugehen, wenn sie von einem Fremden angesprochen würden. Da die Polizei so hartnäckig auf diesem Punkt herumhackte, setzte sich schließlich der Gedanke bei Donald fest, seine Tochter sei entführt worden. Jetzt warf er sich selbst vor, Susan anscheinend nicht nachdrücklich genug gewarnt zu haben.

In ihrer Verzweiflung wandten sich die Nasons schließlich an eine Hellseherin, die sich ebenfalls auf die Möglichkeit konzentrierte, Susan könnte von einem Fremden entführt worden sein. War sie im allgemeinen zutraulich? Ja, aber sie wußte, daß sie Fremden nicht trauen, ja, nicht einmal mit ihnen sprechen durfte. War sie im allgemeinen freundlich? Ja, natürlich. Gab es *irgendwelche* Umstände, unter denen Susan mit einem Fremden sprechen würde? Mrs. Nason räumte schließlich ein, daß Susan, wenn der Fremde ihr ein junges Hündchen oder eine besonders schöne Puppe anbieten würde, eventuell doch alle Warnungen in den Wind schlagen und mit dem Fremden sprechen, vielleicht sogar zu ihm in ein Auto steigen könnte. Später kommentierte sie diese Aussage so: »Ich war zu gestreßt, zu sehr verwirrt, um noch klar denken zu können. Ich hatte keine Vorstellung davon, was passiert war; aber ich durfte keine denkbare Möglichkeit ausschließen.«

Wenn ein Kind vermißt wird und die Polizei nicht gleich eine Erklärung dafür findet, bezieht sie den Vater automatisch in den Kreis der Verdächtigen ein. Also erschienen die mit dem Fall beauftragten Beamten nach einigen Tagen wieder bei Donald Nason und befragten ihn noch einmal. »Ich habe ihm gesagt, daß wir ihn als Verdächtigen betrachten«, erzählte Detective William Hensel von der Stadtpolizei von Foster City später. »Ich habe ihn ganz schön durch die Mangel gedreht. Wir haben das Haus vom Keller bis zum Speicher auf den Kopf gestellt. Nason trank sehr viel und hat kaum mitgekriegt, was vor sich ging.« Gerüchte über den Verdacht der Polizei verbreiteten sich, und der arme Donald Nason mußte zusätzlich zu der niederschmetternden Erkenntnis, plötzlich und unerwartet ein geliebtes Kind verloren zu haben, auch noch mit dem bedrückenden Gedanken leben, daß ihn einige seiner Nachbarn verdächtigten, seine eigene Tochter umgebracht zu haben.

Einige Tage später rief George Franklin seine Tochter Janice ans Telefon. Die Polizei wolle ihr noch ein paar Fragen stellen. Janice stürzte aus ihrem Zimmer, und als sie durch die Diele zum Telefon lief, kam ihr Vater hinter ihr her und trat ihr mit voller Wucht ins Gesäß. Die zehnjährige Janice war an plötzliche und unerwartete Züchtigungen durch ihren Vater gewöhnt. Nach George Franklins Darstellung gab es auch immer Gründe dafür, aber sie waren meistens konstruiert und unglaubwürdig. Diesmal konnte Janice jedoch keinerlei Grund für diese wüste Attacke erkennen, und ihr Vater gab auch keine Erklärung dafür. Sie ging ans Telefon und sprach mit der Polizei, aber sie konnte sich nur schwer konzentrieren, denn sie verspürte heftige Schmerzen im unteren Teil des Rückens. Unter den vielen gewalttätigen Wutausbrüchen ihres Vaters würde Janice diesen besonders brutalen und unverständlichen nie mehr vergessen können; die Schmerzen im unteren Teil des Rückens plagten sie für den Rest ihres Lebens, und viele Jahre lang mußte sie ein Stützkorsett tragen.

In den Tagen nach Susans Verschwinden ging mit Eileen Franklin eine bedeutsame Veränderung vor: Sie ließ ganz erheblich in den schulischen Leistungen nach. Bisher war sie immer eine überdurchschnittliche Schülerin gewesen – schnell in der Auffassung, wißbegierig, eifrig. Jetzt saß sie mürrisch und geistesabwesend im Klassenzimmer und nahm kaum wahr, was um sie herum vor sich ging. In der allgemeinen Aufregung über Susans Verschwinden ging man davon aus, daß Eileens Abstieg von der guten zur schlechten Schülerin auf den Kummer über den Verlust ihrer besten Freundin zurückzuführen sei. Als die Aufregung sich ein wenig gelegt hatte – ganz ließ sich der ungeklärte Fall auch nach längerer Zeit nicht verdrängen –, hatten sich die Lehrer und auch die anderen Menschen in Eileens Umfeld an ihre schwachen schulischen Leistungen gewöhnt und vergessen, daß sie früher mit sehr guten Noten geglänzt hatte.

Selten hatte die Polizei in einem Kriminalfall einmal so viele Tips, Hinweise und Vorschläge aus der Bevölkerung bekommen wie im Fall Susan Nason, aber diese Hinweise führten zu keinen

Ergebnissen. Da erinnerte sich jemand, Susan in einem roten Kleid im Gespräch mit einem jungen Mann gesehen zu haben. Ein anderer hatte sie in blauer Kleidung im Gespräch mit einer alten Frau gesehen. Wochenlang wurde die Polizei mit solchen widersprüchlichen Hinweisen überschüttet. Die Beamten gingen gewissenhaft allen Spuren nach, mußten aber immer wieder feststellen, daß sie in die Irre führten. (»Aber, Ma'am, es kann nicht Susan gewesen sein, die Sie um vierzehn Uhr auf dem Parkplatz des Supermarktes gesehen haben. Zu dieser Zeit war sie noch in der Schule.«)

Sicherlich hielten die meisten Informanten ihre Hinweise für bedeutungsvoll, aber es gab auch gelangweilte oder vereinsamte Menschen, die sich mögliche Anhaltspunkte ausdachten, weil sie an einem Drama, das sich da vor ihren Augen abspielte, teilhaben und sich profilieren wollten. Als Flugblätter mit Susans Bild in der Gegend verteilt wurden, häuften sich die Hinweise. Die Polizei verstärkte ihre Anstrengungen entsprechend, mußte aber immer wieder feststellen, daß es sich um offenkundige Falschmeldungen handelte.

Mehrere Wochen verstrichen, ohne daß man eine Spur von Susan fand. Inzwischen hatte die Polizei den Verdacht, sie sei von zu Hause weggelaufen, aufgegeben. Die Leute, die Susan näher kannten, hatten ohnehin nie ernsthaft diese Möglichkeit in Erwägung gezogen, und den anderen wurde langsam klar, daß ein so junges Mädchen, wenn es denn schon von zu Hause weggelaufen wäre, inzwischen längst freiwillig zurückgekehrt oder von Leuten zurückgebracht worden wäre, die sich über ein herumirrendes Kind wunderten.

Jedenfalls war Susan Nasons Schicksal tagelang *der* Gesprächsstoff bei jung und alt. Nach und nach bürgerte es sich ein, nur noch von Susans ›Kidnapping‹ zu sprechen, als ob das die einzige noch mögliche Erklärung für ihr Verschwinden wäre. Aber selbstverständlich wußte jeder, daß Kidnapping nur eine von zwei Möglichkeiten war. Die andere war, daß Susan ermordet worden war.

Nach einigen Wochen war das ungelöste Rätsel um Susans Verschwinden noch immer Diskussionspunkt in den Medien.

Bei den Nasons gingen Erpresserbriefe und -anrufe ein. In einem hieß es, wenn nicht ein größerer Geldbetrag zu einer bestimmten Zeit an einem bestimmten Ort in San Francisco übergeben werde, dann würde man den Eltern nach und nach Susans Finger zuschicken. Das FBI wurde eingeschaltet, eine fingierte Geldübergabe organisiert und der Erpresser, ein gewisser Joseph Rudy, festgenommen.

EILEEN

Ich erinnere mich, daß ich eines Tages auf dem Weg zur Schule eine Klassenkameradin, Beth Weber, dabei beobachtete, wie sie mit einem großen Blumenstrauß auf das Haus der Nasons zuging. Ich wußte, daß Beth Weber immer ziemlich gemein zu Susan gewesen war, und obwohl ich erst acht war, regte mich diese Scheinheiligkeit sehr auf.

Meine Erinnerung an die Ereignisse nach Susans Verschwinden blieb viele Jahre wie unter einem Dunstschleier verborgen, aber schließlich fiel mir doch wieder ein, daß ich mich damals ziemlich ignoriert fühlte und daß ich das nicht richtig fand. Sie war doch meine beste Freundin, aber niemand schenkte mir die geringste Beachtung.

Wenn ich an die gemeinsamen Spiele mit Susan zurückdenke, dann erinnere ich mich am deutlichsten an ihr herrliches und häufiges Lachen. Ich erinnere mich an den Klang dieses Lachens, und welch ein glückliches Gefühl es für mich war, mit ihr zusammen so fröhlich zu sein. Mir fällt nichts Besonderes ein, was sie oder ich so lustig fanden; ich glaube, wir beide waren einfach nur albern und immer zum Lachen aufgelegt— eine der Freiheiten der Kindheit.

Susan hatte ein freundliches, sonniges Zimmer, das ich sehr schön fand. Wir spielten stundenlang mit ihren Spielsachen und dachten uns die verrücktesten Geschichten aus. Manchmal sprang ihr kleiner Hund aufs Bett und wedelte mit dem

Schwanz. Ich hatte Angst vor Hunden, aber Susie wußte, wie man mit ihnen umgeht. Sie balgte sich mit ihm und ließ ihn nach ihrem Finger springen, den sie über ihm im Kreis drehte. Wir fanden das sehr lustig und lachten Tränen. Ich erinnere mich auch daran, wie wir bei uns spielten, und ich glaube, Susie fand unser lautes, chaotisches Haus voller Kinder sehr aufregend. Manchmal spielten wir auch mit anderen Kindern aus der Nachbarschaft, aber am liebsten waren wir beide allein.

In den Pausen an der Schule suchten wir uns eine einsame Ecke auf dem Schulhof und spielten ausgedachte Szenen aus dem Erwachsenenleben. Oder wir liefen auf das Feld neben der Schule, um dort nach einem Schatz zwischen dem Unkraut zu suchen. Susie war neugierig und abenteuerlustig, und sie gab bei uns beiden den Ton an.

Wenn ich an Susie denke, will ich es nicht wahrhaben, daß ich den Klang ihres Lachens nie mehr hören und ihr strahlendes, sommersprossiges, hübsches Gesicht nie mehr sehen soll. Ich mußte es lernen, nicht mehr an sie zu denken. Das war ein schmerzvoller Prozeß. Wenn ich aber dennoch den Klang ihres Lachens höre, dann dröhnt mit Sicherheit auch dieses andere Geräusch durch meinen Kopf.

Dort, wo die Route 92 die vorstädtische Ebene von San Mateo verläßt und in die Montara-Berge aufsteigt, werden die Häuser immer seltener, aber auch größer und exklusiver, bis schließlich nur noch wenige Zufahrten, die sich in die Berge hinaufschlängeln, auf Bewohner hindeuten. Die Straße erreicht einen Kamm und fällt in ein malerisches Tal ab, in dem ein See an sonnigen Tagen einen funkelnden Kontrast zu den dunklen Mammutbäumen und Kiefern bildet. Der See ist das Crystal Springs Reservoir, und fast das gesamte, natürlich belassene Areal um den See herum, insgesamt etwa neunzig Quadratkilometer, ist im Besitz des Amtes für Wasserversorgung der Stadt San Francisco. Weil sich das Gelände auf dem Bergrücken entlang der Mitte der Halbinsel in öffentlichem Besitz befindet, ist es nicht jener Bauwut privater Siedlungsgesellschaften zum Opfer gefallen, die sonst für dieses Einzugsgebiet von San Francisco charakteristisch ist.

Seit zwanzig Jahren, seit seiner Entlassung aus den Streitkräften nach dem Zweiten Weltkrieg, arbeitete Ephe Bottimore, wie schon sein Vater vor ihm, als Aufseher im Wasserschutzgebiet des Crystal Springs Reservoir. Seine Aufgabe war es, das ausgedehnte Gelände zu überwachen, vor allem, um unliebsame Eindringlinge – Camper, Vagabunden, Wilderer – von dem See fernzuhalten, aber auch, um Veränderungen in der Natur, die eventuell zu Problemen führen könnten, rechtzeitig festzustellen. Zur Wahrnehmung seiner Aufgabe konnte er im allgemeinen seinen Kleinlastwagen benutzen, aber in Geländeabschnitten, in denen es keine Fahrspuren gab, mußte er häufig auch zu Fuß die Wälder und das Gebüsch durchstreifen.

Am 2. Dezember 1969, einem kühlen, frischen Tag, nahm sich Bottimore vor, die Hügel westlich des Reservoirs zu inspizieren. Er fuhr mit seinem Truck über die Route 92 bis zum Ende des Sees, dann bog er in die Fahrspur ein, die sich zum Kamm des Höhenzuges hochwindet. Nach etwa anderthalb Meilen hielt er an einer Abzweigung an, einer Stelle, die er wegen der schönen Aussicht auf das Tal besonders mochte. Unter ihm bildete der glitzernde Crystal Springs Lake einen atemberaubenden Kontrast gegen die Aussicht auf die dunkle, sich wellenförmig nach Norden und Süden dahinziehende Bergkette.

Bottimore machte eine kurze Pause und genoß das Panorama, das sich vor ihm ausbreitete. Er wußte, daß ihm bei dem geplanten Abstieg den Hang hinunter das hohe Gebüsch die Aussicht versperren würde. Als er schließlich langsam die Böschung hinunterkletterte, stieß er auf den Abfall, den Bewohner der Gegend immer wieder hier abluden. Die Abzweigung, an der er seinen Truck abgestellt hatte, war für diesen Zweck besonders gut geeignet und daher auch entsprechend beliebt, weil der Abfall, auch sperrige Möbelstücke und Ähnliches, ohne großen Aufwand die Böschung hinuntergestoßen werden konnte und dann im Gebüsch aus der Sicht von oben verschwand. Aber nicht aus *meiner* Sicht, dachte Bottimore und verfluchte die ›hirnlosen Hurensöhne‹, die skrupellos die schöne Landschaft verschandelten.

Als er am Fuß der etwa fünfzehn Meter hohen Böschung angekommen war, stieß er auf eine ausrangierte Sprungfedermatratze, die in einem Winkel von etwa fünfundvierzig Grad auf einem Stapel anderer Matratzen lag und nur zum Teil von Zweigen verdeckt war. Der Bezug war fast völlig verrottet, und an den herausragenden Sprungfedern nagte bereits der Rost. Als Bottimore an den Matratzen vorbeiging, fiel sein Blick auf einen blauen Tuchfetzen, der auf dem Boden unter den Sprungfedern hervorschaute. Er sah noch einmal genauer hin, und das nackte Grauen überfiel ihn: Zwischen den rostigen Metallspiralen und anderem Abfall lagen die Überreste eines menschlichen Körpers.

Es war der Körper eines jungen Mädchens, oder richtiger, es war der Körper eines jungen Mädchens gewesen, denn was Bottimore da liegen sah, war fast nur noch ein Skelett. Fetzen von vermodertem, eingetrocknetem Fleisch hingen noch an den Knochen oder hatten sich von ihnen abgelöst und lagen neben dem Skelett; andere Teile des Körpers schienen von Tieren aufgefressen worden zu sein. Einige Kleiderfetzen hingen noch an den Knochen. Ein Fuß war nackt, der andere mit einer ausgebleichten weißen Socke bekleidet. Drei oder vier Meter entfernt hing die andere Socke in Augenhöhe an einem Busch.

Wie jedermann in der Bay Area hatte auch Bottimore vom Verschwinden Susan Nasons gehört. Er hatte unzählige Zeitungsberichte darüber gelesen und wußte, daß die Sache nie aufgeklärt worden war. Er stieg die Böschung zu seinem Wagen hoch, rief über CB-Funk sein Büro und berichtete, was er gefunden hatte, wobei er auch seine Meinung äußerte, es handele sich wahrscheinlich um das vermißte Nason-Mädchen. Innerhalb einer halben Stunde war die Polizei von San Mateo zur Stelle. Die vorläufige ärztliche Untersuchung am Fundort ergab, daß der Schädel des Mädchens mit einem schweren Gegenstand, wahrscheinlich einem Stein oder einem Felsbrocken, eingeschlagen worden war. Es gab keinen Zweifel daran, daß jemand das Kind ermordet hatte. Die Bewohner der Gegend waren über diese Nachricht entsetzt, aber irgendwie auch erleichtert. Der quälende Gedanke – schrecklich für die Nasons, aber auch schmerzlich für alle anderen –, das Mädchen könne noch leben und leide in den Händen eines Verbrechers vielleicht entsetzliche Qualen, konnte endlich, nach zehn Wochen der Ungewißheit, aufgegeben werden. Man wußte jetzt, was mit ihr geschehen war. Susan Nasons Geschichte war bis auf einen Punkt abgeschlossen. Der Schwerpunkt des Dramas verlagerte sich von der Suche nach Susan auf die Suche nach ihrem Mörder.

2. KAPITEL

George Thomas Franklin war im Franklin County aufgewachsen, einem Landkreis in Virginia südlich von Roanoke, zu Füßen der Blue Ridge Mountains, die sich westlich seiner Heimatstadt Basset dahinziehen. Wie der Name des Kreises schon verrät, gehörten seine Vorfahren väterlicherseits zu den prominenten Leuten in dieser Gegend. Im Laufe der Zeit war das Ansehen als Gründungsväter-Familien allerdings dahingeschmolzen, und die Franklins konnten sich inzwischen nur noch ihrer Verwandtschaft zu einem Großonkel von George rühmen, der eine große Straßenbaufirma besaß. Der Zweig der Familie, aus dem er stammte, war verarmt und hatte in den letzten Generationen keine großen Ansprüche mehr an das Leben gestellt oder ehrgeizige Pläne entwickelt. Die schulische und berufliche Ausbildung der Kinder ging nicht über das niedrigste Niveau hinaus. Obwohl die Familie gefährlich nahe an das herankam, was man als ›weißen Abschaum‹ denunzierte, klammerte sie sich an die Legende vom alten Glanz wie an einen Talisman, um dem drohenden Abstieg auf die allerniedrigste soziale Stufe zu entgehen.

Georges Vater, Onis Franklin, stand in dem bedauernswerten Ruf, der häßlichste Mann im ganzen Franklin County zu sein. Dennoch gelang es ihm, Hattie Jarrett zu ehelichen, die einmal zum schönsten Mädchen im County gewählt worden war. Da Onis nichts unternahm, den Lebensunterhalt für die Familie zu verdienen und Hattie kein Geld mit in die Ehe gebracht hatte, standen die beiden schließlich mit vier Kindern da und wußten nicht, wie sie diese kleiden und ernähren sollten. Von den Sinnesfreuden abgesehen, die er mit seiner Frau teilte, waren der Genuß von Alkohol aller Art und das Brennen von Whiskey Onis' einzige Interessen. Als die materiellen Verhältnisse völlig desolat wurden, nahm er schließlich einen Job bei der Baufirma seines Großonkels an.

Wenn Onis einmal Geld mit seiner Schwarzbrennerei verdiente, so vertrank er dieses sofort wieder. Ständig war er leicht benebelt, während George und seine drei Schwestern in großer Armut aufwuchsen. Jahre später, als sich seine eigenen Kinder einmal über die Verhältnisse bei ihnen zu Hause beschwerten, wies George sie darauf hin, daß er als Kind manchmal ohne Schuhe zur Schule gehen mußte. Hattie Franklin betrachtete ihren zu nichts tauglichen Mann mit amüsierter Verachtung, die auch seinen unermüdlichen sexuellen Eifer einschloß. Nach Onis' Tod erzählte sie einmal lachend ihrer Teenager-Enkelin Eileen, die zu Besuch bei ihr war: »Ich habe Onis schließlich gesagt, er solle selber mit seinem Ding rumspielen und meine Pussy in Ruhe lassen.«

Onis Franklin war nicht nur ein Säufer, er war im Suff auch ausgesprochen bösartig, geriet dann leicht in Wut, und oft richtete diese sich gegen seinen einzigen Sohn. Die Spannungen zwischen Vater und Sohn wurden wahrscheinlich auch dadurch unerträglich, daß der junge George mit seinen klaren Gesichtszügen und seinem welligen, dunkelroten Haar zu einem ebenso gutaussehenden Mann heranwuchs, wie sein Vater häßlich war. Die finanzielle Situation der Familie besserte sich schließlich, als Onis' Vater starb und ihm genug Geld hinterließ, die Familie zu unterhalten. Aber das Trinken und die Wutausbrüche gegen seinen Sohn gab Onis nicht auf.

In späteren Jahren waren Georges Schwestern nicht bereit, über das Ausmaß der Gewalttätigkeiten ihres Vaters gegen ihren Bruder zu sprechen, aber es muß sehr schlimm gewesen sein, denn als George siebzehn war, riet seine Mutter ihm: »Du verläßt besser dieses Haus, ehe dein Vater dich totschlägt.« Hattie hatte gelernt, mit ihrem Mann umzugehen, wenn er betrunken war und aggressiv wurde: Sie komplimentierte ihn dann einfach ins Bett. Da auch die Mädchen unter den Wutanfällen ihres Vaters litten, entschloß sich Hattie, die beiden jüngeren Töchter, die noch bei der Familie lebten, aus dem Haus zu schaffen. Ein Teil der Erbschaft wurde dazu genutzt, die Mädchen in ein baptistisches Pensionat zu geben. Als man vierzig Jahre später mit George Franklin die Gewalttätigkeiten seines Vaters gegen ihn diskutierte und ihn fragte, ob seine Mutter denn nicht eingegriffen hätte, um ihn zu beschützen, antwortete er: »Das brauchte sie nicht. Ich habe mich selbst beschützt.«

Andere waren damals von Georges Fähigkeiten, mit dem betrunkenen Onis fertig zu werden, weniger überzeugt, und so kam es zu dem Beschluß, George aus der Reichweite seines tobsüchtigen Vaters wegzuschaffen. Die älteste Tochter der Franklins, Isis, hatte inzwischen geheiratet und war mit ihrem Mann nach San Bruno, einer Stadt südlich von San Francisco, gezogen. Das junge Paar war bereit, George aufzunehmen, und so machte er sich 1956 auf den Weg nach Kalifornien. Er lebte fortan bei seiner Schwester und ihrem Mann und besuchte die Capuchino High-School, bei der er recht erfolgreich in der Football-Mannschaft spielte. Sein Schwager erinnerte sich später an ihn als einen ruhigen, höflichen und hilfsbereiten jungen Mann.

Um sich ein wenig Taschengeld zu verdienen, arbeitete George nebenher als Laufbursche in einem Supermarkt. Als er eines Tages seiner Aufgabe nachging und den Kunden beim Einpacken und Wegbringen ihrer Ware half, fiel sein Blick auf ein tolles junges Mädchen, das gerade an der Kasse ein Päckchen Kaugummi bezahlte. Sie hatte dunkelbraunes Haar und eine gute Figur, aber ihr Gesicht faszinierte ihn am meisten – der wohlgeformte Mund und die sanften, haselnußbraunen, sympathischen Augen. Er verliebte sich auf der Stelle.

Als das Mädchen an ihm vorbeiging, streckte er die Hand nach ihrem Kaugummipäckchen aus und sagte: »Hallo, junge Frau, ich trage Ihnen das zu Ihrem Wagen.«

Das Mädchen kicherte überrascht und verlegen. »Das ist nicht nötig«, sagte es, »das schaffe ich auch alleine.«

»Es gehört aber zu meinem Job«, sagte er ernst. »Wenn ich's nicht mache, schmeißen die mich hier raus.« Sie zuckte mit den Schultern, überließ ihm das Kaugummipäckchen und ging mit ihm hinaus auf den Parkplatz. »Sagen Sie mir Ihren Namen?« fragte George. »Wo wohnen Sie? Darf ich Sie einmal anrufen?«

Sie antwortete ihm, ihr Name sei Leah, aber mehr verriet sie nicht, und dann stieg sie in ihr Auto und fuhr davon.

Zurück im Supermarkt jammerte George der Kassiererin vor, daß er es nicht geschafft hätte, die Telefonnummer dieses tollen Mädchens rauszukriegen. »Da hast du Glück«, sagte die Frau. »Das Mädchen hat gerade das Formular für unser Preisausschreiben ausgefüllt. Es müßte oben auf dem Stapel liegen.« Und tatsächlich, da lag das Formular mit dem vollen Namen des Mädchens – Leah DeBernardi –, mit seiner Adresse und – dem Himmel sei Dank – auch mit der Telefonnummer. Er rief an, und das Mädchen war tief beeindruckt, daß er ihren vollen Namen und die Telefonnummer so clever herausgefunden hatte. Ein paar weitere Telefonate schäkerten sie noch miteinander herum, dann war sie einverstanden, mit ihm auszugehen. Er stellte fest, daß Leah ebenso gescheit wie hübsch war, und sie stellte fest, daß sie seine Fröhlichkeit, seine Tatkraft und sein Aussehen sehr mochte. Sie fühlte sich von ihm genauso angezogen wie er von ihr.

Leahs Vater, Leo DeBernardi, war in San Francisco geboren und aufgewachsen. Seine Mutter besaß dort eine kleine Gästepension. Die wirtschaftliche Depression der dreißiger Jahre hatte der Familie DeBernardi sehr geschadet, und für einen College-Besuch des jungen Leo war kein Geld vorhanden. Nach seiner Heirat hatte sich Leo in Burlingame niedergelassen, einer prosperierenden Vorstadt von San Francisco, wo er Arbeit bei der Post gefunden hatte. Diesen anspruchslosen Job behielt er bis zu seiner Pensionierung. Er und seine Frau Marie hatten noch zwei weitere Töchter, die drei Jahre bzw. dreizehn Jahre jünger als Leah waren. Sowohl Leo als auch seine Frau waren gläubige, praktizierende Katholiken. Marie DeBernardi spielte die Orgel in der Kirche ihrer Gemeinde und erteilte zu Hause Klavierunterricht, um einen Beitrag zur Erziehung der drei Mädchen leisten zu können. Trotz der angespannten Finanzlage der Familie besuchten alle Mädchen Privatschulen.

George und Leah kannten sich erst ein paar Monate, als Leah schwanger wurde. Da auch sie streng katholisch war, kam für sie gar nichts anderes in Frage als die baldige Heirat. George war das sehr recht, obwohl er die High-School noch nicht abgeschlossen hatte und unmöglich Frau und Kind von seinem Laufburschen-Gehalt ernähren konnte. Er war der Reserve des Marine-Corps beigetreten und hatte darauf spekuliert, nach dem Schulabschluß vielleicht zur Marineakademie zugelassen zu werden. Mit einer Heirat wäre dieser Traum schon ausgeträumt, aber George war leidenschaftlich verliebt und überzeugt, die Dinge in den Griff zu bekommen.

Leahs Eltern waren entsetzt. Trotz ihrer bescheidenen Lebensumstände waren sie der Meinung, George rangiere auf der sozialen Leiter weit unter ihnen. Ein Laufbursche aus einem Supermarkt! Und stammte er nicht aus einer zweifelhaften Familie drüben in den Südstaaten? Daß er Leah geschwängert hatte, schien zu beweisen, daß er niederer Herkunft war. Leo hatte immer bedauert, daß er nicht aufs College hatte gehen können, und er war riesig stolz, daß Leah sich gerade für ein Stipendium am Lone Mountain College qualifiziert hatte. Nicht nur ihre Eltern waren ehrgeizig für ihr Kind, auch Leah war begeistert von der Aussicht, einen College-Abschluß und eine gute berufliche Karriere machen zu können.

Alle Welt außer George war der Meinung, die beiden seien zu jung zum Heiraten. Aber kein Argument kam gegen den strikten Katholizismus der DeBernardis auf – Leah brauchte einen Mann und Vater für ihr Kind. Und auch gegen den Wunsch von George und Leah, weiterhin miteinander zu schlafen, war kein Kraut gewachsen. Ohne mit der Wimper zu zucken, konvertierte George und verpflichtete sich, die Kinder aus einer Ehe mit Leah katholisch zu erziehen. Leah fand sich mit der Änderung ihrer Pläne ab. Sie war eben verrückt nach George.

Am zehnten November 1957 heiratete George Franklin, achtzehn, Leah DeBernardi, siebzehn. Nachdem sie der Verpflichtung ihrer Kirche gegenüber nachgekommen waren, fühlten sich Leahs Eltern dem jungen Ehepaar gegenüber nicht mehr verpflichtet. Sie betrachteten die Heirat als eine Verbindung, von der nichts Gutes zu erwarten war und beobachteten die beiden dementsprechend mißtrauisch. Das Verhältnis zwischen George und seinen Schwiegereltern kam kaum einmal über das Niveau frostiger Höflichkeit hinaus. Später bemühten die

DeBernardis sich um eine Verbesserung der Beziehungen, aber George ging nicht darauf ein, und es blieb letztlich bei der Distanz zwischen ihm und seinen Schwiegereltern.

Nach der Heirat gab George die Ausbildung an der High School auf und arbeitete ganztägig im Supermarkt. Er versuchte, die schulische Ausbildung in einem Fernkurs weiterzubetreiben. Als Reservist des Marine-Corps profitierte er von einer ganzen Reihe von Unterstützungsleistungen, die erheblich zum Unterhalt seiner kleinen Familie beitrugen. Im Frühjahr 1958 gebar Leah eine Tochter, die Cathleen getauft und später Kate genannt wurde. Als George zu einem sechsmonatigen aktiven Dienst ins Camp Pendleton in Südkalifornien einrükken mußte, schrieb er Leah lange Briefe, in denen er ihr immer versicherte, wie sehr er sie und das Baby liebte. Zwei Monate nach der Geburt von Kate war Leah bereits wieder mit der zweiten Tochter Janice schwanger. Die medizinischen und anderen Unterstützungsleistungen der Marine-Corps-Reserve beeindruckten George sehr, und er machte sich auf die Suche nach anderen Institutionen des öffentlichen Dienstes, die über ebenso reich gefüllte Unterstützungskassen für ihre Angehörigen verfügten, um vielleicht einen hauptamtlichen Job bei einer solchen Einrichtung zu finden. Er stieß dabei auf die Feuerwehr, und bei ihr gefiel ihm die Dienstzeitregelung besonders gut: drei 24-Stunden-Schichten auf der Feuerwache im Wechsel mit vier freien Tagen. Während der aktiven Zeit beim Marine-Corps hatte George in einem Fernkurs den Abschluß der High-School geschafft, und mit diesem Zeugnis war er bei der Feuerwehr San Mateo fest angestellt worden.

Die Schichtarbeit bei der Feuerwehr paßte gut in seine langfristigen Pläne. Er wollte sein Glück im Immobiliengeschäft suchen. Seine Vorstellung war, billige Häuser in den Vorstädten von San Francisco aufzukaufen, sie herzurichten und dann günstig zu vermieten oder mit Gewinn weiterzuverkaufen. Leah hatte keine Einwände gegen diesen Plan, obwohl er bedeutete, daß sie viel Energie und jeden verfügbaren Cent in den Kauf oder die Restaurierung heruntergekommener Häuser stecken mußten.

»Eines Tages werden wir reich damit«, sagte George zu Leah. »Dann haben wir genug Geld, unsere Kinder aufs College zu schicken und ein Leben zu führen, wie wir es uns vorstellen.«

Das klang gut in Leahs Ohren, aber sie war zu beschäftigt, Kinder zu kriegen, um sich noch ausgiebig anderen Dingen widmen zu können. Im dritten Jahr ihrer Ehe, am 25. November 1960, wurde Eileen, die dritte Tochter, geboren. Als man George das Neugeborene zum ersten Mal zeigte, war er begeistert, daß das Kind dieselben roten Haare hatte wie er selbst. »Wie hübsch sie ist!« schwärmte er. »Schaut euch doch nur mal das herrliche rote Haar an!« Als Eileen viele Jahre später in der Schule von ihren Mitschülern wegen ihrer roten Haare gehänselt wurde, erzählte ihr George von seiner ersten Reaktion auf die dritte Tochter. Sie freute sich sehr über dieses Zeichen der Zuneigung seitens ihres Vaters. »Er wünschte sich sehnlichst einen Sohn«, sagte sie, »und da zeigte man ihm die dritte Tochter hintereinander – aber er war entzückt von mir!«

Nach Eileen kam ein Sohn, George junior, und danach noch mal eine Tochter, Diana. Eines Abends, Leah war um diese Zeit mit Diana schwanger, saßen sie und George noch beisammen und tranken ein paar Gläschen, nachdem die Kinder im Bett waren. Er trank Bier, sie Chianti. Ein Disput über eine unbedeutende Kleinigkeit artete in Streit aus, und George geriet so in Wut, daß er auf Leah einschlug. Sie schrie, er solle aufhören, sie sei doch schwanger, und er kam auch wieder zur Vernunft. Sie waren seit sechs Jahren verheiratet, und George war noch nie gewalttätig gegen Leah geworden. Dieses Ereignis aber war der Beginn einer einschneidenden Änderung in ihrem Zusammenleben.

Leah war jetzt dreiundzwanzig Jahre alt und hatte in sechs Ehejahren fünf Kinder geboren. Es wären wahrscheinlich noch mehr geworden, wenn George nicht seinen Pro-Forma-Katholizismus über Bord geworfen und sich durch eine Vasektomie hätte sterilisieren lassen. Als sich später zeigte, daß Leah keinesfalls begeistert von ihrer Mutterrolle war und daß ihr sogar die fundamentalsten mütterlichen Instinkte fehlten, fragte man sich, warum sie so viele Kinder in so kurzer Zeit in die Welt gesetzt hatte. Familienmitglieder führten es auf Leahs strengen Katholizismus zurück. Offensichtlich glaubte Leah auch, man erwarte es so von ihr. Alle ihre Freundinnen machten es doch ebenfalls so.

In den ersten Monaten ihrer Ehe lebten George und Leah in einem kleinen Apartment in San Mateo. Dann zogen sie in ihr erstes Haus, ebenfalls in San Mateo, das George in seiner Freizeit restaurierte, um seinen Marktwert zu steigern. Sie zogen wieder aus und vermieteten das Haus mit einigem Profit. 1964, kurz vor Eileens viertem Geburtstag, zog die Familie dann in das Haus, in dem sie auch die nächsten sieben Jahre wohnen blieb: Harvester Drive 678 in Foster City.

Das einstöckige Haus hatte vier Schlafzimmer, zwei davon zur Straße gelegen. Das Wohnzimmer und ein Fernseh- und Spielzimmer, ›Familienzimmer‹ genannt, lagen zum Garten hin. Die Küche befand sich neben dem Eingang. Das Haus rechts von dem der Franklins stand so dicht daneben, daß man nicht auf Anhieb erkannte, daß die Garage zwischen den Häusern zu den Franklins gehörte. Die Straße war insgesamt jedoch recht großzügig angelegt, und als ein paar Jahre später die Pflanzen gewachsen und die sterile Neuheit der Häuser ein wenig verblichen war, sah das Haus der Franklins ganz danach aus, als ob man hier recht komfortabel wohnen und Kinder großziehen könne.

T. Jack Fosters Stadt wußte durchaus durch einige idyllische Besonderheiten zu bestechen. Zwei Straßen vom Haus der Franklins entfernt, hinter dem Matsonia Drive, verlief ein hübsch angelegter Kanal. Der Schulhof der Grundschule von Foster City, die die Franklin-Kinder besuchten, grenzte an die Südseite der Balclutha Street, und über eine Abkürzung zwischen den Gärten hindurch konnten die Kinder die Schule zu Fuß in fünf Minuten erreichen. Auch ein gut gepflegter künstlicher Strand an der ebenso künstlichen Lagune war bequem zu Fuß zu erreichen. Daß man sich vom Einkommen eines Feuerwehrmannes einen so gehobenen Lebensstil in einer Gegend mit permanent schönem Wetter und dem Ausblick auf schimmernde Berge im Westen leisten konnte, bewies doch nachdrücklich, daß der ›kalifornische Traum‹ nicht nur ein Phantasiegebilde der Leute von der Ostküste war.

Eine besonders einfallsreiche Einrichtung in Foster City war ein gewundener, glatter Weg aus Ziegelsteinen, der sich zwischen und hinter den Gärten einer Reihe von Häusern dahinschlängelte. Er schaffte für die Kinder eine großartige Gelegenheit, miteinander spielen zu können, ohne auf Straßenverkehr achten zu müssen. Janice Franklin jagte begeistert auf dem Skateboard über den ›Spielweg‹, und wenn Leah etwas zu besorgen hatte, schickte sie meistens Janice los, die am schnellsten wieder zurück war. Entlang des ›Spielwegs‹ gab es in bestimmten Abständen auch Schaukeln, Wippen, Rutschen und andere Spielgeräte für kleinere Kinder.

Janice erinnert sich, daß damals in einer Sonderbeilage der Lokalzeitung, die heute *Foster City Progress* heißt, auf der Titelseite einmal ein Foto erschienen war, auf dem zwei kleine Mädchen eine Rutsche heruntersausen. Die Unterschrift lautete: ›Foster City – ein großartiger Ort für Kinder.‹ Schade, daß diese Sonderbeilage nicht archiviert wurde, denn die beiden Mädchen waren Eileen Franklin und Susan Nason.

EILEEN

Die erste Erinnerung an meinen Vater stammt aus der Zeit, als ich etwa drei oder vier Jahre alt war. Eines Morgens wachte ich ganz früh auf, ich weiß nicht mehr, ob von einem Geräusch oder einem besonderen Geruch. Jedenfalls kletterte ich aus meinem Bett. Ich teilte damals ein Zimmer mit Diana. Wir hatten zwar Teppichboden im Haus, aber es war kalt, und ich fror in meinem Flanellnachthemd. Es war ganz still im Haus. Ich schlurfte durch die Diele zur Küche, wo das Licht brannte. Mein Vater war in der Küche und machte sich einen Kaffee. Er erschrak nicht, als er mich kommen hörte. Er lächelte mich zärtlich an und tätschelte meinen Kopf.

»Mein kleiner Liebling, was machst du denn hier? Geh zurück ins Bett.« Er sprach damals noch mit einem ganz breiten, gedehnten Südstaatenakzent. Ich ging zurück in mein Bett, das noch warm war. Ich fühlte mich unendlich geborgen, und ich liebte meinen Daddy sehr. Und ich war glücklich, daß ich diesen intimen, zärtlichen Augenblick in der Stille des frühen Morgens mit ihm geteilt hatte.

Ein paar Jahre später wurde mein Vater zum Helden für mich. Diana, George junior und ich spielten im Vorgarten eines Nachbarn. George war in einen Baum geklettert, Diana folgte ihm, ich stand noch unten auf der Erde. Irgendwie trat mein Bruder wohl Diana auf die Finger, sie rutschte aus, und ein Aststumpf riß ihr eine tiefe Wunde in den Oberschenkel.

Ich schrie ihr zu, sie solle oben bleiben und sich festhalten, und rannte, so schnell ich konnte, nach Hause. Mein Vater war vor unserer Garage damit beschäftigt, seine Anstreicher-Utensilien zu reinigen. Er trug weiße Hosen und ein mit Farbe bekleckstes T-Shirt. Völlig außer Atem schrie ich ihm zu, was passiert war.

Er rannte sofort los, ich heftete mich an seine Fersen und sah, wie schnell, wie kraftvoll und wie zielsicher er lief. Ich war noch nicht weit gekommen, als er mir mit Diana in den Armen schon wieder entgegengerannt kam, zurück auf dem Weg zum Haus. Er trug meine kleine Schwester so sicher, so beschützend, und er lief in der Sorge um sein Kind so schnell, wie ich bis dahin noch nie einen Menschen laufen gesehen hatte. Ich war schrecklich stolz auf ihn, ja, ich verehrte ihn in diesem Moment.

Als Leah ihren Geburten-Marathon hinter sich hatte, wurde ihr bewußt, was ihr durch die viel zu frühe Heirat entgangen war. Man schrieb jetzt die Mitte der sechziger Jahre, lebte in einer aufregenden Zeit, und es war wunderbar, jung und gutaussehend und lebensfroh zu sein – aber nicht, wenn man einen Ehemann und fünf Kinder hatte, die permanente Aufmerksamkeit verlangten. Franklins düstere Stimmungslagen kehrten in immer kürzeren Abständen wieder, sein Hang zur Gewalttätigkeit wurde immer offenkundiger, und wenn Leah ihr Schicksal betrachtete, fiel das Resümee niederschmetternd aus: endlose, nervenaufreibende Plackerei mit einer großen Familie, keine Freizeit, statt dessen Mitarbeit an der Restaurierung der Immobilienprojekte ihres Mannes. Und Leah mußte feststellen, daß sie die Pfunde, die sie während der letzten beiden Schwangerschaften angesetzt hatte, nicht so leicht wieder los wurde – sie wog über achtzig Kilogramm. Sie hatte sich enorme Verantwortungen aufgebürdet und dafür mit dem Verlust ihrer Jugend und ihrer Schönheit bezahlt, und das machte sie mutlos und verbittert.

1967 raste George Franklin eines Abends mit seinem Wagen gegen den Pfeiler einer Autobahnüberführung. Er kam dabei fast um, der Wagen hatte Totalschaden. Franklins rechter Arm war anfangs gelähmt, und sein Kiefer mußte mit einer Drahtkonstruktion ruhiggestellt werden. Er war drei Monate krankgeschrieben und lungerte zu Hause herum. Leah erinnert sich, daß sich während dieser Zeit die Stimmung im Haus der Franklins drastisch verschlechterte. Viele Jahre später sagte sie: »Irgend etwas im Zusammenhang mit diesem Unfall machte ihn noch zorniger und gewalttätiger, und er ließ es an mir und den Kindern aus.«

Als die Behörden von San Mateo später alle nur möglichen Informationen über George Franklin sammelten, stießen sie auch auf zwei Schwestern, die kurz nach Georges Unfall hin und wieder im Haus der Franklins als Babysitter gearbeitet hatten. Sie waren damals zwölf und dreizehn Jahre alt. Beide sagten aus, George Franklin hätte sie zu sexuellen Handlungen aufgefordert, sobald er mit ihnen allein war. Sie wären von diesen schmutzigen Vorschlägen um so mehr entsetzt gewesen, als er ihnen mit seinem Drahtgestell am Kiefer ohnehin schon Angst eingejagt hatte.

Daß George versuchte, sich den minderjährigen Nachbarstöchtern sexuell zu nähern, zeugt von einer bemerkenswerten Unverfrorenheit und Rücksichtslosigkeit. Leah mag recht gehabt haben, dem Unfall eine wesentliche Rolle bei den Veränderungen im Verhalten ihres Mannes zuzuschreiben, aber schon davor hatte George Franklin vermutlich bereits mehr auf dem Gewissen als nur das Verprügeln seiner Kinder. Leah erklärte den Kindern später, Georges Unfall sei gar kein Unfall gewesen, sondern ein Selbstmordversuch. Er hätte davon gesprochen, sich umbringen zu wollen, weil er ›schreckliche Sachen gemacht hätte, so schrecklich, daß sich das niemand vorstellen könne‹.

Als man in späteren Jahren mit Leah die Gewalttätigkeiten ihres Mannes gegen die Kinder diskutierte, stellte sie die Vermutung auf, George habe sich deswegen selbst zutiefst gehaßt, und dieser Selbsthaß habe ihn zu immer schlimmeren Taten verleitet. Sie behauptete auch, sie hätte nichts davon gewußt, wie brutal ihr Mann die Kinder behandelt habe. Gewalt sei damals noch ein Tabuthema gewesen, und sie sei nicht auf den Gedanken gekommen, die Kinder zu fragen, ob sie von ihrem Vater mißhandelt würden.

Ihre Erinnerungen an diese Zeit wichen deutlich von denen ihrer Töchter ab. Leah erklärte dazu, die Kinder hätten ja auch nicht gewußt, wie sehr sie selbst unter den dauernden körperlichen und verbalen Attacken ihres Mannes zu leiden hatte. Sie sei so sehr in ihren eigenen Kampf ums Überleben verstrickt gewesen, daß sie nicht gemerkt habe, was die Kinder durchmachen mußten. Eileen und Janice nehmen ihr das nicht ab. Sie glauben zwar, daß der Leidensweg ihrer Mutter sie von den Qualen der Kinder abgelenkt haben könnte, aber sie weisen Leahs Behauptung, sie habe nicht gewußt, was den Kindern geschah, mit Entschiedenheit zurück.

Es gibt hingegen keinen Zweifel, daß Leahs Leben nach Georges Unfall sehr schwierig wurde. Mit fünf Kindern im Alter zwischen drei und neun Jahren hatte sie wahrlich genug Arbeit am Hals, und jetzt kam auch noch ein arbeitsunfähiger Ehemann dazu, der mißgelaunt und zu Gewaltausbrüchen neigend zu Hause herumlungerte und von dem man nicht wußte, ob er überhaupt je wieder arbeiten können würde. Der Streß wurde zu viel für sie. George nahm zwar seine Arbeit wieder auf, aber knapp ein Jahr nach dem Unfall hatte sie einen Nervenzusammenbruch. Als George eines Tages von der Arbeit nach Hause kam, fand er eine von unkontrollierbaren Weinkrämpfen geschüttelte Leah vor. Er brachte sie zu einem Arzt, der sie in ein Krankenhaus einwies. Dort wurde sie von einem Psychiater behandelt, und der diagnostizierte bei ihr schwerste Depressionen.

In den Wochen ihrer Abwesenheit wurden ihre Hausfrauenpflichten auf die Kinder verteilt. Janice und Kate, inzwischen in der dritten und vierten Grundschulklasse, mußten jeden Abend für alle fünf Kinder die Mittagsverpflegung richten, die ihnen am nächsten Tag in den Kindergarten beziehungsweise in die Schule mitgegeben wurde. Eileen wurde die Aufsicht über die fünfjährige Diana übertragen. Sie war nicht nur für Dianas Wohlergehen voll verantwortlich, sondern auch für ihre Ungezogenheiten. Wenn Diana ihre Barbie-Puppe im Wohnzimmer liegen ließ, wurde Eileen dafür bestraft.

Die beiden sahen sich sehr ähnlich, und wohl auch deshalb hingen die kleinen Rotschöpfe sehr aneinander. Diana lief der siebenjährigen Eileen wie ein Hündchen im Haus hinterher, wenn diese nach ihren Kleidern oder nach etwas Eßbarem suchte. Und Eileen liebte ihre kleine Schwester sehr. »Es war für mich besonders schön, ihre kleinen dicken Finger zu halten. Sie waren unglaublich weich.« Noch als Erwachsene irritierten die beiden attraktiven Frauen manchmal die Leute, wenn sie in der Öffentlichkeit Händchen hielten.

Unter der Einwirkung ihrer Krankheit durchlief Leah einen fatalen Wandel: Aus der gleichgültigen wurde eine abweisende, ja feindselige Mutter. Nach ihrer Rückkehr aus der psychiatrischen Behandlung blieb sie erst einmal mehrere Wochen im Bett, und die Kinder mußten sich weiterhin um den Haushalt kümmern. Die Notlösung wurde zur dauerhaften Einrichtung festgeschrieben. Auch als Leah wieder auf den Beinen war, tat sie meistens nur noch das, was ihr Spaß machte, zum Beispiel Nähen. Unangenehme Arbeiten wie das Kochen überließ sie oft den Kindern, zumal wenn George Nachtschicht hatte. War er abends zu Hause, wagte sie es nicht, sich um die Vorbereitung des Essens herumzudrücken; hatte er Nachtschicht, dann sagte sie den Kindern fast regelmäßig, sie sollten sich selbst etwas kochen. Und da sie sich nur oberflächlich um das Einkaufen kümmerte, fanden die Kinder meistens außer Cornflakes nichts Eßbares vor. Cornflakes und Chips waren demzufolge auch über viele Jahre hinweg das Standard-Abendessen der Franklin-Kinder. Unter den Geschwistern war folgender Witz besonders beliebt: ›Als man unsere Mutter mit Schocktherapie behandelt hat, haben die Ärzte einen Fehler gemacht und das Koch-Zentrum in ihrem Gehirn vernichtet.‹

Als Eileen in der zweiten Grundschulklasse war, mußte sie die Aufgabe übernehmen, für alle Kinder die Schulverpflegung für den nächsten Tag herzurichten. Diese Aufgabe war für eine Siebenjährige wahrlich schon schwer genug, aber sie wurde dadurch noch schwerer, daß meistens keine entsprechenden Lebensmittel vorhanden waren. »Irgendwie kriegte ich aber für jeden von uns immer was zusammen«, meinte Eileen später. »Und wenn ich mal was Besonderes hatte wie einen Apfel oder eine Apfelsine, dann steckte ich es heimlich in Dianas Schultasche.«

Janice erinnert sich, daß man an die Cornflakesdose nur rankam, wenn man einen Stuhl vor den Küchenschrank schob und auf den Unterteil des Schrankes stieg, um die obere Tür öffnen zu können. Den Eltern war diese gefährliche Kletterei anscheinend gleichgültig. Leah erwartete von den Kindern, daß sie selbst das Geschirr spülten, aber sie zeigte ihnen nie, wie man das macht, und es ist klar, daß die fünf- oder sechsjährigen Mädchen schon mal Geschirr zerdepperten. Das aber hatte wiederum strenge Bestrafung zur Folge. Manchmal gab sich Leah einen Ruck und war nett zu den Kindern, aber viel öfter erklärte sie ihnen, sie bedauere es, sie zu haben, sie würden ihr nur Kummer und Ärger bereiten und seien der Hauptgrund für ihr freudloses Leben.

Es gab noch eine abnorme Besonderheit bei den Franklins, die Eileen erst als solche erkannte, als sie bereits ein Teenager war. Beide Eltern waren fast jeden Abend betrunken. Das führte bei George häufig zu Gewalttätigkeiten gegen die Kinder. Unter irgendeinem Vorwand – ein Spielzeug war liegengelassen worden, es war zu laut etc. – drosch er auf eines der Kinder ein; dann wurden auch die anderen Kinder zusammengeholt und der Reihe nach durchgeprügelt.

Einmal wurden sie zum Beispiel verdroschen, weil ein Kind vergessen hatte, die Toilettenspülung zu drücken, ein anderes Mal, weil George auf dem Unterteil des Wohnzimmerschrankes Staub gefunden hatte. Jede Kleinigkeit konnte ihn in Wut versetzen, und wenn auch nur *eines* der Kinder etwas angestellt hatte, wurden *alle fünf* dafür bestraft. Für Eileen wurde es zu einer selbstverständlichen Gepflogenheit, von ihrem Vater verprügelt zu werden, und sie ging davon aus, daß das in allen Familien so wäre. Es schien zur Kindheit dazuzugehören. Als ihr Freunde später eröffneten, sie selbst seien nie von ihren Eltern geschlagen worden, wollte Eileen das nicht glauben und nahm an, sie würden ihr was vorlügen.

Am meisten hatte George junior unter den gewalttätigen Wutausbrüchen seines Vaters zu leiden. Er wuchs zu einem gutaussehenden Jungen heran und war unter den vier Mädchen natürlich der Hahn im Korb, aber er flüchtete bei jeder sich bietenden Gelegenheit aus der beklemmenden Atmosphäre seiner Familie und suchte die Freundschaft anderer Jungen seines Alters in der Nachbarschaft. Er war ein sehr temperamentvolles Kind und bei allen albernen Streichen seiner Clique vorne mit dabei. Manchmal dachte er sich auch einfallsreichere Unternehmungen aus; so erfand er das Spiel, die Müllschluckrohre in einem nahegelegenen Apartmenthaus hinunterzurutschen. Einmal erwischte man ihn dabei, wie er nackt auf dem Zaun zum Garten des Nachbarn herumbalancierte. Aber anders als andere Buben wurde George, der so sehr herbeigesehnte Sohn, für diesen harmlosen Unfug brutal verprügelt.

Die übliche Bestrafungsprozedur für George junior war, daß er ins Elternschlafzimmer gezerrt und die Tür hinter ihm geschlossen wurde; dann schlug der Vater mit einem Ledergürtel so lange auf den Jungen ein, bis er nur noch ein wimmerndes und manchmal blutendes Häufchen Elend war. Eileen erinnert sich daran, daß eine dieser Prügelorgien so lange dauerte und so brutal war, daß sie, als es vorbei war, einen Wutanfall ihres Vaters riskierte und ins Schlafzimmer ging, um ihrem Bruder zu helfen.

»Ich wußte«, sagte sie, »wenn mein Vater zurückgekommen wäre, hätte er mich genauso brutal verprügelt wie Georgie.«

George junior hatte zwar keine Probleme, sich Freunde zu schaffen, aber es waren meistens Jungen, die seine Verunsicherung durch die Zustände in seiner Familie erkannten und ihn dominierten. Er verfügte jedoch über einen wachen Verstand. Lois Shannon, ein Junge aus der Nachbarschaft, sagte später einmal: »Schon als ganz kleiner Bub machte er manchmal Bemerkungen, die für die meisten von uns zu hoch waren.«

Nach George junior hatte Janice Franklin am meisten unter ihrem Vater zu leiden. Sie war recht rebellisch und aufsässig, meint heute allerdings, daß sie diese Eigenschaften vor ihren Eltern ganz gut verborgen hätte. Und dennoch wurde sie schlimm gequält. Als typisches Beispiel erzählt sie, wie sie ›durchs ganze Erdgeschoß‹ geprügelt wurde, weil sie angeblich eine der Lilienblüten vor dem Hauseingang geknickt hätte. Sie hatte es nicht getan und versuchte ihren vor Wut kochenden Vater davon zu überzeugen, daß der Zeitungsjunge die Blüte wahrscheinlich unbeabsichtigt abgeknickt hatte, als er die Zeitung vor die Tür werfen wollte. Sie verwies darauf, daß man ja schon oft die Zeitung zwischen den Lilien gefunden hätte. Aber in den Augen ihres Vaters war diese plausible Erklärung nur eine Ausrede, und sie wurde fürchterlich verprügelt.

Janice war über diese Ungerechtigkeit natürlich zutiefst empört, und in den folgenden Tagen knickte sie jedesmal, wenn sie von der Schule kam, absichtlich eine der Blüten ab. »Die Eltern haben es überhaupt nicht gemerkt«, sagte sie viele Jahre später. »Das war typisch für sie. In der einen Minute war irgendeine Sache die wichtigste auf der Welt, so wichtig, daß man uns Kinder ihretwegen schrecklich verprügelte. Dann war sie plötzlich völlig bedeutungslos. Man hatte sich eine andere Sache ausgeguckt, auf der man herumhacken und für die man uns Kinder bestrafen konnte.«

Die Abende, an denen George und Leah zusammensaßen und sich betranken, führten unausweichlich dazu, daß die Kinder durchgeprügelt wurden. Sie hatten entsprechend Angst davor. Das Muster war immer dasselbe: George fing einen Streit mit Leah an, brüllte herum, fluchte schrecklich, und manchmal schlug er auf sie ein. Ein hitziger Krach zwischen den Eltern ist für Kinder schon schlimm genug, aber die Franklin-Kinder lagen zitternd vor Angst in ihren Betten, denn sie wußten, daß der Streit zwischen George und Leah nur ein Auftakt war und sich die Wut ihres Vaters schließlich gegen sie richten würde.

Das gefürchtete Signal dazu war oft eine Schallplatte von Hank Williams mit dem Lied *Why Don't You Love Me Like You Used to Do?*, Georges Lieblingssong. Wenn dieses Lied ertönte, wußten die Kinder, daß die Trunkenheit ihres Vaters in ein gefährliches Stadium getreten war und er unweigerlich bald in ihren Zimmern erscheinen würde. Und so geschah es dann auch: Die Tür wurde krachend aufgestoßen, das Licht angemacht und ein fauchender, vor Wut kochender George Franklin befahl seine Kinder ins Wohnzimmer, wo er sie mit wirren, meist unbegründeten Vorwürfen überhäufte und dann der Reihe nach verprügelte.

Am Tag nach solchen Wutausbrüchen schien George nicht mehr zu wissen, was er am Abend zuvor getan hatte. Als er eines Tages bei Janice einige Blutergüsse und blaue Flecken bemerkte, fragte er Eileen heimlich, wie es denn dazu gekommen sei. Eileen sagte es ihm. »Wenn er danach«, so berichtet sie, »wieder einmal bei einem meiner Geschwister solche Verletzungen entdeckte, sah er mich nur fragend an, und ich sagte dann nur ›ja‹ oder nickte, und er wußte, was er angerichtet hatte. Auch das war ein Zeichen der Verbundenheit zwischen meinem Vater und mir, aber sicher ein sehr trauriges.«

George Franklins Gewalt gegen seine Kinder erfolgte nicht nur durch diese körperlichen Züchtigungen, sie äußerte sich auch in dauernden verbalen Attacken. »Warum guckst du so dämlich?« »Bist du zu blöd, beim Gehen die Füße hochzuheben?« »Du siehst wieder mal beschissen aus!« Mit solchen Bemerkungen giftete er die Kinder ununterbrochen an. Janice hat erfahren, daß George später, als er mit den verschiedensten anderen Frauen zusammenlebte, deren Kinder genauso bösartig behandelte. »Er hatte ein sehr seltsames Verhältnis zu Kindern. Ich verstehe das bis heute nicht.«

Er mußte nicht betrunken sein, um zuzuschlagen. Seine Wutanfälle konnten ganz plötzlich und ohne offensichtlichen Grund ausbrechen. Nach Susan Nasons Ermordung war George zwar nur noch selten gewalttätig gegen Eileen, aber ein Ereignis ist typisch für seine irrationale Bestrafungswut. Eileen war damals elf oder zwölf Jahre alt. Die Familie war inzwischen in ein zweistöckiges Haus umgezogen. Eines Abends merkte Eileen, daß ihr Vater sehr schlecht gelaunt war. Sie gab sich große Mühe, ihn ja nicht zu reizen und versuchte alles, um ihn aufzuheitern. Sie schauten sich im Fernsehen eine Diskussion über eine bevorstehende Wahl an, und Eileen hörte einen Ausdruck, den sie nicht verstand. Da sie wußte, daß ihr Vater sich immer über ihren Lerneifer freute, fragte sie: »Was meint der denn mit diesem komischen Ausdruck ›skelettive Stimmen‹?«

George warf ihr einen wütenden Blick zu, sprang aus seinem Sessel und kam drohend auf sie zu. Eileen wußte, was ihr drohte, und lief weg, wollte in ihr Zimmer. Sie kam aber nur ein paar Stufen die Treppe hoch. George packte ihren Fußknöchel und zog sie auf den Fußboden, und während er wie von Sinnen auf sie eindrosch, brüllte er immer wieder: »Sag das ja nicht noch mal! Das heißt ›selektive Stimmen‹, verdammt noch mal! Hast du das endlich kapiert?«

Solche Ausbrüche waren besonders unverständlich, wenn man Eileens unangefochtenen Status als Lieblingskind des Vaters betrachtete. Als sie noch ein Kleinkind war, gab es ein besonderes Familienritual. Wenn George Eileen anzog, sang er, sobald er bei den Socken und Schuhen angekommen war, immer das alte Kinderlied:

Shoe, shoe – stocking, stocking.
Pooh, pooh – pocking, pocking.

›Pooh‹ wurde Eileens Spitzname, und George nannte sie immer so, es sei denn, er war wütend auf sie. Als er anfing, die Kinder kollektiv durchzuprügeln, ließ er manchmal Eileen ganz aus oder schlug sie weniger als die anderen. Wahrscheinlich war einer der Gründe für Eileens Sonderrolle ihr Aussehen. Die Kinder der Franklins waren hübsch, aber Eileen war das hübscheste von allen. Sie hatte goldrotes Haar, große, klare Augen und ein süßes, keckes Gesicht voller rotbrauner Sommersprossen. Ihre Geschwister und alle Erwachsenen fanden sie entzückend. Die Kinder in der Schule aber sahen in ihr eine körperliche Abnormität, bestenfalls noch einen komischen Typ. Bei ihren Mitschülern war sie nicht besonders angesehen, und wegen ihrer Sommersprossen und der roten Haare wurde sie gnadenlos gehänselt. »Ich war viel zu ängstlich, um mich dagegen zu wehren, aber ich litt sehr darunter«, sagt sie selbst dazu. Da sie im November geboren wurde, gehörte sie zu den jüngsten Schülern in der Klasse, außerdem war sie auch kleiner als die meisten anderen. Alles zusammen machte sie in den Augen ihrer Mitschüler ziemlich bedeutungslos.

Eileen fand also außerhalb des Hauses keinen tröstlichen Ausgleich für das von Gewalttaten erfüllte, deprimierende Leben in ihrer Familie. Dazu kam noch, daß sie Foster City als einen unfreundlichen, gefährlichen Ort betrachten mußte. Sie erinnert sich: »Auf dem Weg von und zur Schule mußte ich immer damit rechnen, daß sich ein paar Jungen aus der Nachbarschaft im Gebüsch neben dem Pfad, der zwischen den Häusern hindurchführte, auf die Lauer legten und sich dann mit Gebrüll auf mich stürzten. Sie taten mir nichts wirklich Böses, aber ich erschrak jedesmal fürchterlich. Sie hatten es nicht speziell auf mich abgesehen, sie machten das bei jedem Kind, das schwächer war als sie selber. Es waren eben gemeine, gelangweilte Kinder, die sich irgendwie abreagieren wollten.«

Sie erinnert sich auch an ein anderes Erlebnis: Eines Tages ging sie mit einem Hund, einem großen, zottigen englischen Hirtenhund, den ihr Vater aus einer Laune heraus mit nach Hause gebracht hatte, spazieren. In einem kleinen Park lungerten ein paar Jungen herum und johlten dem kleinen Mädchen mit dem großen Hund spöttische Bemerkungen zu. Der gutmütige, immer zum Spielen aufgelegte Hund sprang auf sie zu und zog Eileen an der Leine hinter sich her. Die Jungen kriegten Angst und liefen weg. Als sie aber die Harmlosigkeit des Hundes erkannten, kamen sie zurück und jagten die beiden mit Fußtritten durch den Park. Solche Zwischenfälle bestärkten bei Eileen den Eindruck, daß Foster City ein beängstigender, gefährlicher Ort sei. Während eines Besuches bei ihrer Großmutter in Burlingame stellte sie fest, daß man dort ungestört und ohne Angst in den Straßen spielen konnte. Und im Haus schlug sie auch niemand. Schuld an all ihren Problemen, an allem Kummer, so festigte sich der Gedanke bei ihr, war Foster City.

Wenn George Franklin nüchtern war, konnte er sich als freundlicher, fürsorglicher Vater zeigen. Aber er verfiel so plötzlich und unberechenbar von einem Extrem ins andere, daß die Kinder durch seine gelegentlichen Anfälle von Freundlichkeit nur um so verwirrter wurden. Zu Weihnachten bekamen die Mädchen teure Madam-Alexander-Puppen geschenkt, aber den ganzen Rest des Jahres gab es keine noch so billigen Spielzeuge als Geschenke. Hin und wieder organisierte George Ausflüge zu Museen und Ausstellungen, um das Wissen und die Kenntnisse der Kinder zu fördern. Ein großes Ereignis war es jedes Jahr, in die Wälder westlich von San Mateo zu fahren und den Weihnachtsbaum für die Familie auszusuchen. Eileen erinnert sich, daß dieser jährliche Ausflug immer besonders schön war, weil man dabei hoffen konnte, daß die gute Laune ihres Vaters während des ganzen Tages anhielt. In der Regel war es aber so, daß gute Laune oder Nüchternheit bei George keine Garantie gegen einen plötzlichen Wutausbruch mit Schlägen für die Kinder war.

Wenn Leah mit den Kindern allein war, erwartete sie, daß sie ihr aus dem Weg gingen, und wenn sie sich dennoch einmal über eines der Kinder ärgerte, dann bestrafte sie es meistens nicht selbst, um dem Mangel abzuhelfen. Dazu gab es eine viel wirkungsvollere Methode: Die Drohung mit dem Anruf bei George auf der Feuerwache. Das rief sofort panische Angst bei dem betroffenen Kind hervor, denn es bedeutete unweigerlich Prügel, wenn der Vater abends zurückkam. George kümmerte sich nicht um die Gründe, die Leah ihm angegeben hatte, er kam nach Hause und schlug zu, als ob er nur auf einen Grund dafür gewartet hätte. Obwohl er die Rolle des Mannes, der die Disziplin in der Familie aufrechtzuerhalten hatte, sehr zu genießen schien, erfolgten seine brutalen Bestrafungen sehr häufig doch auch auf Leahs Anstiftung hin. Leah zog sich zwar meistens zurück, wenn George die Kinder verprügelte, aber nicht immer, und es war eine Schutzbehauptung, als sie später lamentierte, sie hätte nicht gewußt, wie roh George die Kinder behandelte.

In gewisser Weise waren Leahs permanente Gleichgültigkeit und Kälte gegenüber den Kindern fast schmerzvoller als die Grausamkeiten ihres Vaters. Kommentar von Janice: »Wenn man sie etwas fragte, gab sie keine Antwort. Sie ignorierte uns einfach. Sie hat niemals einem Kind irgend etwas erklärt oder sich bemüht, es in seiner Entwicklung zu fördern.« Im Gegensatz dazu findet Janice gute Worte für ihren Vater: »Bei all seinen Wutausbrüchen, seiner finsteren Laune, seinen Tobsuchtsanfällen im Suff wußten wir immer, daß unser Vater sich etwas aus uns machte, daß er sich um uns sorgte. Unsere Mutter sorgte sich überhaupt nicht um uns. Sie hatte ihren eigenen Kombiwagen, aber selbst wenn es in Strömen regnete, kam sie gar nicht auf die Idee, uns von der Schule abzuholen. Wenn Dad zu Hause war und es regnete, kam er immer zur Schule und holte uns ab, selbst wenn wir mit den Fahrrädern unterwegs waren und er sie mühselig im Wagen verstauen mußte.« Janice und ihr Bruder George hatten sich einen bitteren Spruch ausgedacht: ›Was ist schlimmer als Mom an einem düsteren Tag? Mom an einem heiteren Tag.‹

Die fünf Franklin-Kinder kamen auf unterschiedliche Weise mit ihrer traurigen Situation zurecht. Eileen und Janice hatten ein ausgeprägtes Gefühl für Solidarität mit ihren Geschwistern entwickelt und versuchten immer, meist allerdings vergeblich, eine Bestrafung der anderen zu verhindern. Kate neigte dazu, nur ihr eigenes Wohl im Auge zu haben. Wenn Eileen eine wohlwollende Stimmung bei ihrem Vater bemerkte, bat sie ihn um eine große Packung Eis für sie alle; Kate hingegen versuchte, ihm ein einzelnes Eis am Stiel abzuschmeicheln. Janice nahm Ärger und sogar Bestrafung in Kauf, indem sie ihre Mutter zu überreden versuchte, den gefürchteten Anruf bei der Feuerwache nicht zu machen, auch wenn es nicht um sie selbst ging. Als jüngste war Diana nicht in der Lage, für oder gegen irgend etwas zu sein; sie nahm einfach hin, was ihr jeweils geboten wurde – Eiscreme oder Prügel.

Im Grunde sahen alle Kinder ihr Familienleben als zwiespältig an. Auf der einen Seite war da der unberechenbare Vater – in der einen Minute ein besorgtes, liebevolles Familienoberhaupt, in der nächsten ein wütendes Monster –, auf der anderen die ständig gleichgültige, meist ablehnende, oft feindselige Mutter. Als man zwanzig Jahre später Eileen vor dem Geschworenengericht aufforderte, zu Leahs Mutterqualitäten Stellung zu nehmen, antwortete sie mit nur drei Worten: »Sie hatte keine.«

Leah war in einigen Dingen recht geschickt, und manchmal setzte sie ihre Fähigkeiten auch zum Wohle der Kinder ein. Sie konnte sehr gut nähen und machte den Mädchen häufig hübsche Kleider. Sie gab ungern Geld aus, vor allem wenn es um die Kinder ging. Tat sie es aber doch einmal, dann zu den seltsamsten und unnötigsten Anlässen. Als Eileen sieben war, schickte Leah alle Töchter in einen Ballett- und Tanzkurs, den eine Nachbarin, Fay Munier, leitete. Ron Munier, ihr Mann, war wie George von Beruf Feuerwehrmann, und die Familien kannten sich oberflächlich, seit sie kurz nach der Heirat der Franklins in einem schäbigen Viertel von San Mateo Nachbarn gewesen waren. Viele Jahre später meinte Fay Munier, sich an Leah als eine gute Mutter zu erinnern, die ›sich intensiv um ihre Kinder kümmerte‹. Hatte sie nicht ihre Töchter zum Ballettkurs geschickt? Und weiter: »Leah machte aus allem das Beste. Sie war sehr optimistisch, und man war gern mit ihr zusammen. Sie träumte davon, ihr Leben fest in den Griff zu bekommen.« Anzumerken ist, daß Fay Munier letztlich zugab, Leah nicht besonders gut gekannt zu haben.

Die Kinder strengten sich bei der Tanzausbildung sehr an. In einem der Jahre übte Fay mit den vier Franklin-Mädchen eine Tanzszene für eine Weihnachtsfeier ein. Leah nähte ihnen dazu gleiche Kleidchen in unterschiedlichen Farben. Eileen bekam zusätzlich einen braungeringelten Stock, der beim Aufstoßen auf den Boden einen Hupton von sich gab. Fay Munier hat folgende Erinnerung an die Kinder: Kate war hübsch, Janice wirkte meist traurig, Eileen war sehr scheu, und Diana schien sehr verängstigt zu sein. »Sie klammerte sich an dein Bein und ließ dich nicht mehr los.«

Eine andere Nachbarin sagte, Leah sei recht freundlich gewesen, aber nur bis zu einem gewissen Punkt. »Wenn man sich auf der Straße traf, konnte man nett mit ihr plaudern. Aber sie lehnte es immer ab, mal zu einem Täßchen Kaffee reinzukommen. Ich erinnere mich, daß sie damals ziemlich dick war und ein bißchen wie ein Hippie aussah. Sie trug gewöhnlich unförmige, wallende Hängekleider, lief meistens barfuß und hatte sehr lange Haare. Und sie schien ununterbrochen zu lesen, hatte dauernd ein Buch in der Hand. Ihre Kinder kamen oft rüber zu uns, und ich gab ihnen dann was zu essen. Man merkte, daß sie zu Hause nicht gut verpflegt wurden. Und jeder in der Nachbarschaft wußte, daß Leah eine miserable Hausfrau war. Das Haus sah immer wie ein Saustall aus.«

Die Widersprüche in Leahs Persönlichkeit sind schwer zu enträtseln. Sie konnte nächtelang an Ballettkostümen für ihre Kinder nähen, andererseits aber machte sie ihnen kaum einmal etwas zu essen. Sie beklagte sich dauernd, daß ihr die Hausarbeit über den Kopf wachse, als George ihr aber anbot, eine Hilfe einzustellen, lehnte sie das ab.

Eine direkte Nachbarin, Earline Douglas, eine junge Frau mit zwei Söhnen, mochte die Franklin Kinder sehr, besonders die unzertrennlichen Eileen und Diana. »Ich freute mich immer, wenn sie zu uns rüberkamen, und ich hatte auch immer was zu knabbern für sie, Plätzchen oder Teilchen oder so was. Ich wußte nichts von irgendwelchen Schwierigkeiten bei ihnen zu Hause, aber ich erinnere mich, daß Eileen einmal sagte, sie wünschte sich, ich wäre ihre Mutter. Ich war noch jung und meinte, das wäre nichts als eine kindliche Schmeichelei. Wenn ich jetzt daran zurückdenke, wird mir klar, wie seltsam das doch war. Wehe, einer meiner Söhne würde zu einer anderen Frau sagen, er wünschte sich, sie wäre seine Mutter; ich würde ihn umbringen. Sofern es diese Schwierigkeiten im Haus der Franklins gab, ich habe nichts davon mitgekriegt. Eine Sache hätte mich vielleicht stutzig machen müssen: Wenn ich aus unserer Haustür kam, saßen Eileen und Diana oft auf der Treppe. Sie saßen einfach da und warteten, bis ich rauskam. Sie klingelten nicht, saßen nur da und warteten ...«

Schon als ganz kleines Kind flüchtete sich Eileen in Phantasien, die durch ihre Lieblingsgestalten in Büchern oder im Fernsehen, zum Beispiel Pippi Langstrumpf, angeregt waren. Als sie ein wenig älter war, liebte sie die Fernsehserie ›Jeannie‹ ganz besonders. Die Hauptperson in dieser Sendung konnte sich, wie es ihr gerade paßte, dematerialisieren oder wieder materialisieren. Im Alter von etwa sechs Jahren war es ihre Lieblingsvorstellung, sich unsichtbar machen zu können. Sie versteckte sich immer wieder, ohne einen besonderen Grund dafür zu haben; später kroch sie manchmal auch hinter das Sofa im Wohnzimmer und wartete, manchmal stundenlang, bis jemand hereinkam. Es war dann höchst aufregend für sie, zu hören oder auch zu sehen, was im Zimmer vor sich ging, ohne daß sie selbst ›sichtbar‹ war. Sie war da und doch nicht da. Manchmal schien ihr Versteckspiel auch den Zweck zu haben, einfach allem zu entkommen. Sie verkroch sich dann in dem Riesenberg schmutziger Wäsche, der sich ständig in der Garage auftürmte, und ohne die Absicht, jemanden heimlich zu belauschen oder zu beobachten, blieb sie ganz einfach stundenlang in ihrem Versteck liegen.

3. KAPITEL

EILEEN

Sobald wir Kinder alt genug waren, einen Schrubber oder einen Pinsel halten zu können, wurden wir zur Arbeit an den Immobilien-Objekten unseres Vaters eingesetzt. Seine Unternehmungen waren durchaus erfolgreich. Innerhalb von zehn Jahren war er zum Besitzer mehrerer Häuser geworden, und im schönsten davon wohnten wir. Einer seiner Kollegen von der Feuerwehr, Bob Galbraith, sagte Jahre später, mein Vater sei bei seinen Immobiliengeschäften ›sehr mutig gewesen‹, denn er hätte ›meistens recht ausgefallene Objekte gekauft, die sonst keiner haben wollte‹. Nun, andere Leute hatten wahrscheinlich auch nicht so viele kostenlose Arbeitskräfte zur Verfügung wie mein Vater, um die Objekte weniger ›ausgefallen‹ zu machen. Er pflegte uns ›seine Nigger‹ zu nennen.

Wir mußten viele Abende und Wochenenden opfern, um mitzuhelfen, seine Häuser – entweder Neuerwerbungen oder vermietete Häuser, die frei geworden waren – wieder auf Vordermann zu bringen. Zu unseren Aufgaben gehörte es, Unkraut zu beseitigen, Mauern zu streichen, Abfall wegzubringen – letztlich alle Arbeiten, die dazu führten, daß die Gebäude wieder ansehnlicher wurden und unser Vater sie mit Gewinn verkaufen konnte. Wir bekamen keinerlei Entlohnung für unsere Arbeit; statt dessen versprach man uns, wir dürften später alle eine College-Ausbildung absolvieren, die dann aus dem Immobilienbesitz finanziert würde.

Da ich das Lieblingskind meines Vaters war, schusterte er mir manchmal Pausen von der Arbeit zu, indem er mich zu Besorgungen und Einkäufen mitnahm. Eines Tages fuhr ich mit ihm zu einem Laden für Malereibedarf in San Mateo. Als wir in den

Laden reinkamen, sagte der Verkäufer, mein Vater hätte ja eine hübsche kleine Helferin dabei. Mein Vater lächelte und antwortete, er hätte einen seiner Nigger mitgebracht, um die Waren zum Auto zu schleppen.

Der Mann zuckte bei dem Wort *Nigger* zusammen. Wir waren in den späten sechziger Jahren; das Bewußtsein der Menschen für die Bürgerrechte und die Rassengleichheit der Afro-Amerikaner war geweckt worden und hatte bei vielen Weißen einen Sinneswandel herbeigeführt. Ich war damals noch zu jung, um alles zu verstehen, was da vor sich ging, aber es hatte mich schon immer unangenehm berührt, wenn mein Vater uns mit diesem Wort titulierte. Jetzt zeigte mir der Ausdruck des Unmuts und des Ekels auf dem Gesicht des Verkäufers, daß auch andere Leute einen so gemeinen Ausdruck weder lustig noch passend fanden. Ich ging mit einem erweiterten, gestärkten Bewußtsein aus diesem Laden. Mein Vater hatte bisher mein Denken und mein erwachendes Selbstgefühl fast völlig dominiert, aber jetzt sah ich, daß er nicht immer recht hatte und andere Erwachsene meine abweichende Auffassung teilten.

George Franklin zwang seine Kinder zu harter Arbeit, aber er selbst arbeitete noch viel härter. Wenn er nicht mit der Renovierung eines seiner eigenen Häuser beschäftigt war, nahm er, zusammen mit zwei anderen Feuerwehrmännern, Anstreicher-Jobs in der Gegend an, darunter auch sehr umfangreiche wie zum Beispiel die, ganze Einkaufszentren oder neue Häuser anzustreichen. »Er handelte einen Preis für den Job aus«, sagte einer seiner Mitarbeiter, »dann arbeitete er wie ein Irrer, um in seinen vier freien Tagen die Arbeit fertigzukriegen.« An anderen Tagen warf er sich in Schale und verkaufte Lebensversicherungen. Das ganze Geld, das er mit diesen Nebenjobs verdiente, steckte er in seine Immobiliengeschäfte; das Leben zu Hause im Harvester Drive profitierte nicht davon, es blieb einfach und karg. George schien von dem Glauben besessen zu sein, sein Heil läge im Reichtum.

Im Dienst als Feuerwehrmann tat er, was man von ihm erwartete, mehr aber auch nicht. Man betrachtete ihn weder als Superman noch als Versager. Feuerwehrmann Ron Munier erinnert sich, daß er ›nicht unbeliebter war als der Durchschnitt‹. Andere vertreten die Meinung, er sei ein Klugscheißer und Besserwisser gewesen und hätte zu jedem Thema immer das letzte Wort haben wollen. »Er vertrug sich nicht besonders gut mit den meisten anderen«, stellt Bob Galbraith fest. »Er spielte gern den Überlegenen und brachte die Leute damit gegen sich auf. Und er war ein großer Schauspieler – es gelang ihm ja schließlich, die anderen, finsteren Seiten seines Charakters vor uns zu verbergen. Beruflich war er nicht besser oder schlechter als wir anderen auch.«

In den späten sechziger Jahren bekam George bei seinen Kollegen und Vorgesetzten den Ruf eines Quertreibers, der immer wieder gegen die Regeln aufmuckte. In einem dieser Fälle ging er gegen die ›Vorschriften für die Haar- und Barttracht der Feuerwehr‹ an; er wollte sich einen Schnurrbart wachsen lassen, was nach der Vorschrift jedoch verboten war. Er sammelte ein paar Gleichgesinnte um sich und drohte, vor Gericht zu gehen. Die Rebellengruppe setzte sich durch. Zur Demonstration seines Sieges legte sich George zusätzlich zu seinem neuen Schnurrbart gleich auch eine neue Frisur zu: Afrolook.

»Seine Einstellung zum Dienst als Feuerwehrmann wich erheblich von der gewöhnlichen ab«, sagte Galbraith. »Wir alle wußten, daß die Feuerwehr eine quasi-militärische Organisation ist und man demzufolge auf einige Privilegien verzichten muß. Franklin aber sah das nicht ein und muckte auf, wo ihm Vorschriften nicht in den Kram paßten. So erstritt er sich zum Beispiel auch die Erlaubnis, lange Haare und einen Ohrring tragen zu dürfen. Er schied schließlich wegen Dienstunfähigkeit infolge eines Rückenproblems aus dem Job aus. Man gewährte ihm großzügige Pensionsbedingungen – wahrscheinlich, weil man ihn loswerden wollte.«

1968 kaufte George den ersten einer ganzen Reihe von Volkswagen-Bussen. Er benutzte den Wagen vor allem zum Transport des Werkzeugs und der Malerutensilien bei seinen Schwarzarbeiter-Jobs, aber auch für Ausflüge in seiner Freizeit. Für diesen Zweck baute er auf der Ladefläche eine hölzerne Unterlage ein, auf die eine Matratze paßte. An den Fenstern brachte er undurchsichtige Vorhänge an. Wenn er den Wagen für seine Jobs einsetzte, konnte die Matratze ohne Schwierigkeiten herausgenommen und Platz für die Geräte geschaffen werden.

An seinen vier schichtfreien Tagen machte George mit seinem Spezialfahrzeug hin und wieder einsame Streifzüge durch die Gegend, offensichtlich auf der Suche nach Abenteuern, anfangs wie ein Nomade in unberechenbaren Abständen, später in immer kürzeren Zeiträumen. Manchmal entschied er sich mitten in der Nacht, für ein oder zwei Tage nach Sacramento oder Monterey zu fahren. Seine Familie hatte keine Ahnung, welche Abenteuer sich im motorisierten Schlafzimmer ihres Familienoberhauptes abspielten . . .

EILEEN

Wir Kinder wußten natürlich nur zu gut, wie grausam und brutal unser Vater sein konnte, aber andererseits wußten wir auch, daß wir – wenn überhaupt – nur von ihm ab und an eine nette Überraschung erwarten durften. Er allein konnte plötzlich auf die Idee kommen, uns zu einem Ausflug, zu einem Besuch im Zoo oder zu einem Baseballspiel ins Stadion einzuladen. Viel wichtiger aber war für mich: Was ich an Liebe und Zuneigung als Kind überhaupt erfahren habe, kam von ihm, nicht von meiner Mutter.

Als ich etwa zwölf Jahre alt war, bat ich meinen Vater einmal, mir etwas über meinen Großvater zu erzählen. Er sagte, da gebe es nichts zu erzählen, was ich gern hören würde, denn Onis Franklin sei ein widerlicher, gemeiner Trunkenbold gewesen. Das schockierte mich und zerstörte meine Vorstellung von einem vornehmen alten Gentleman aus den romantischen Südstaaten. Aber meine Neugier war geweckt. Ich blieb hartnäckig und überredete ihn, mir von seiner Jugend zu erzählen.

Die Geschichte, die ich zu hören bekam, war die Geschichte eines Jungen, der unter den dauernden Alkoholexzessen und Gewalttätigkeiten seines Vaters schrecklich zu leiden hatte. Ich erfuhr, wie mein Vater, seine Schwestern und seine Mutter in permanenter Angst vor Onis Franklin leben mußten. Mein Vater erzählte mir auch von den Wintern, in denen kein Geld da war, die jämmerliche Behausung zu heizen. Und daß er nur eine Hose hatte und manchmal barfuß zur Schule gehen mußte. Was er mir da erzählte, war der Bericht über eine Kindheit voller Angst und Qual. Er sagte mir auch, daß Onis damit gedroht hatte, ihn umzubringen, wenn er nicht aus dem Haus verschwinden würde.

Mein Vater tat mir schrecklich leid. Ich war überzeugt, daß er im Vergleich zu seinem Vater ein guter Vater war. Der körperliche Mißbrauch und die Atmosphäre der Angst in unserem Haus verblaßte vor den unsäglichen Qualen, die er selbst in seiner Jugend erlitten hatte. Ich war voller Mitleid für meinen armen Vater und hatte Gewissensbisse, daß ich bisher nicht gewußt hatte, was er in seiner Kindheit alles hatte durchmachen müssen.

Je länger ich über seine Erzählung nachdachte, um so trauriger wurde ich. Ich spürte den Drang, etwas zu unternehmen, um die Pein, die ihm zugefügt worden war und die sicher immer noch an ihm nagte, zu mildern. Ich beschloß, ihm eine besonders gute Tochter zu sein und ihm niemals Kummer zu bereiten. Und ich überlegte mir, wie ich meine Geschwister dazu bringen könnte, sich tadellos zu benehmen und immer nett zu ihm zu sein. Wenn er nach unserer Unterredung wieder einmal aufbrauste und uns verprügelte, vergab ich ihm das sofort, denn ich wußte ja, wie sehr er gelitten hatte.

Ich bemühte mich mehrere Tage lang, Freude in sein Leben zu bringen, aber ich glaube, er hat das gar nicht bemerkt. Als ich feststellen mußte, daß sich durch meine Bemühungen nichts änderte, gab ich sie wieder auf. Ich erkannte, daß ich unser Zusammenleben nicht harmonischer gestalten konnte.

Ich war so fasziniert von meinem Vater, daß ich ihn fast kriecherisch umschmeichelte. Dauernd hockte ich auf seinem

Schoß. Als wir viele Jahre später zu erbitterten Feinden wurden, mußte ich oft daran denken, wie stark einst meine Gefühle für ihn gewesen waren.

Wenn er und Leah sich für eine Einladung schick anzogen, sah er wirklich wie ein Dressman aus. Er benutzte dann immer ein Old Spice-Parfum und fragte mich: »Rieche ich nicht verführerisch?« Sein ›foo-foo‹, wie wir Kinder es nannten, roch wirklich gut. Ja, ich liebte meinen Vater sehr. Er sah so gut aus. Auch heute noch schmelze ich dahin, wenn ich einem Mann mit diesem ›foo-foo-Geruch‹ begegne – allerdings nur für einen kurzen Augenblick, dann kommt sofort die Ernüchterung.

Zwei Kindheitserlebnisse haben dazu geführt, daß ich eine starke Abneigung gegen Polizisten habe, eigentlich gegen alle Männer in Uniform. Diese Abneigung schleppte ich auch noch mit mir herum, als ich viele Jahre später beim Prozeß gegen meinen Vater mit den Gesetzeshütern zusammenarbeiten mußte.

Als sich meine älteste Schwester Kate eines Tages auf den Schulweg machte, warf ihr meine Mutter vor, sie hätte wieder einmal etwas Verbotenes getan und würde von ihrem Vater bestraft, wenn sie nachmittags von der Schule zurückkäme. Kate konnte den ganzen Vormittag an nichts anderes denken als an die Tortur, die ihr bevorstand, und schließlich tat sie etwas sehr Mutiges: Sie wandte sich an ihren Klassenlehrer und erzählte ihm, sie würde nach der Schule von ihrem Vater verprügelt. Der Lehrer stellte ihr ein paar Fragen, wie denn normalerweise solche Prügelstrafen bei ihr zu Hause vollzogen würden, und Kates Antworten alarmierten ihn so, daß er die Polizei verständigte. Als Kate an diesem Nachmittag von der Schule kam, wurde sie von einem Polizisten begleitet.

Mein Vater wartete schon mit dem Ledergürtel in der Hand auf sie. Als er den Polizisten sah, wurde er fürchterlich wütend und bellte ihn an: »Ich erziehe meine Kinder auf die Art, die ich für richtig halte!« Und dann stellte er sich, in ruhigerem Ton, als Feuerwehrmann vor. Der Polizist verschwand ohne weitere Diskussion. Für mich war daraus klar zu ersehen, daß es anscheinend völlig in Ordnung war, seine Kinder zu verprügeln, wenn man nur eine Uniform trug.

Ein anderes Mal hatte mein Vater einen seiner schlimmsten Wutanfälle und brüllte und drosch wie ein Irrer auf uns Kinder ein. Einer unserer Nachbarn – wir haben nie herausgefunden, wer es war – rief die Polizei an. Welcher unserer Nachbarn es auch war, er war sicherlich an solche Geräusche aus unserem Haus gewöhnt, aber diesmal muß er gedacht haben, mein Vater hätte völlig die Kontrolle über sich verloren. Als zwei Polizisten bei uns klingelten, tobte mein Vater immer noch rum, und die meisten von uns Kindern heulten laut. Mein Vater ging selbst zur Haustür. Als er die Polizisten sah, wurde er schlagartig ganz ruhig und sagte: »Alles in Ordnung, Kameraden. Ich bin Feuerwehrmann. Ich hab' die Sache im Griff.«

Mehr brauchte er nicht zu sagen. Ich konnte es nicht fassen. Man sah uns an, wie schlimm wir verprügelt worden waren, und auch unsere Mutter stand den Polizisten mit blutigem Gesicht gegenüber. Aber die ›Kameraden‹ akzeptierten die Versicherung meines Vaters, es sei alles in Ordnung und gingen wieder. Für mich war das ein Beweis, daß Polizisten und Feuerwehrmänner schreckliche Menschen waren, die ein Auge zudrückten, wenn einer von ihnen etwas Böses getan hatte. Ich habe das noch jahrelang geglaubt.

Als wir Kinder eines Abends im Frühling vom Spielen nach Hause kamen, warteten unsere Eltern mit finsteren Mienen im Wohnzimmer auf uns. Unser Vater befahl uns, zu ihnen zu kommen und uns vor sie hinzustellen. »Wir haben ein sehr ernstes Problem«, sagte er mit wütender, bedrohlicher Stimme, die nichts Gutes verhieß. »Ich möchte, daß ihr jetzt durchs Haus geht und mir dann berichtet, was ihr da so alles seht.«

Wie Todgeweihte auf dem Weg zur Hinrichtung schlichen wir durch das Haus. Wir wußten, daß es nicht das war, was er hören wollte, aber als wir wieder im Wohnzimmer waren, sagten wir, wir hätten nichts Ungewöhnliches gesehen. »Überlegt euch das noch mal«, sagte er noch drohender. »Sieht dieses Haus so aus, wie es aussehen sollte? Kann in diesem Haus eine Familie leben? Nein, in diesem Saustall kann kein Mensch leben! Jetzt macht ihr euch mal auf die Socken und bringt alles auf Vordermann! Und dann meldet ihr euch wieder hier bei mir.«

Wir wußten, was kommen würde. Wir konnten alles noch so schön in Ordnung bringen, er würde uns bestrafen. Wir wuselten durch das Haus wie wildgewordene Heinzelmännchen, räumten Spielzeug weg, hängten Kleider auf, putzten die Badezimmer, machten unsere Betten, saugten alle Zimmer. Dann gingen wir wieder zu unseren Eltern zurück, die immer noch wie Richter auf dem Sofa im Wohnzimmer saßen. Ohne sich das Ergebnis unserer Bemühungen anzusehen, verkündete mein Vater das Urteil.

»Ihr meint wohl, ihr könntet euch erlauben, aus diesem Haus einen Saustall zu machen. Da habt ihr euch schwer getäuscht. Eure Mutter will das nicht hinnehmen, und ich werde das auch nicht dulden. Um sicherzustellen, daß so was nicht wieder passiert, werden wir euch den Sommer über nicht rausgehen lassen. Jeden Tag, wenn ihr von der Schule kommt, geht ihr auf eure Zimmer. In den Ferien habt ihr den ganzen Tag Stubenarrest. Zum Essen könnt ihr rauskommen, aber dann verschwindet ihr alle wieder in eure Zimmer. Habt ihr das verstanden?!«

Wir waren sprachlos. Der Sommer stand vor der Tür, und wie alle Schulkinder freuten wir uns sehr auf die Ferien, auf die Gelegenheit, bis spät abends draußen spielen zu können, auf diese endlosen, wunderschönen Sommertage. In den anderen Jahreszeiten war man dauernd den Erwachsenen verpflichtet, zu Hause und in der Schule, aber der Sommer, das war *unsere* Zeit. Auf sie warteten wir sehnsüchtig schon seit langem. Und jetzt würden wir *den ganzen Sommer über* in unseren Zimmern herumhocken, in denen es nicht viel zu tun gab, und voller Neid und Traurigkeit den Spielen unserer Freunde aus der Nachbarschaft draußen auf der Straße zuhören müssen. Es war unglaublich.

Man muß es uns hoch anrechnen, so glaube ich, daß unser Wille und unser Geist durch diese unmäßigen Strafen nicht zerbrochen wurden, daß wir nicht zu kriecherischen, willenlosen Kreaturen verkamen. Es kam immer wieder zu solchen Exzessen, wir wurden in brutalster Weise bestraft, ob wir nun etwas angestellt hatten oder nicht. Aber wie sehr wir auch zu leiden hatten, wir bewahrten uns die Fähigkeit, über unsere Situation Scherze zu machen.

Die harte Entscheidung, die Kinder den ganzen Sommer über in ihre Zimmer einzusperren, war vielleicht auch darauf zurückzuführen, daß Leah ständig von einem neuen Nervenzusammenbruch bedroht war. Sie wollte die Kinder aus dem Weg haben. Zusätzlich scheint es einen komplizierten Zusammenhang zwischen Leahs Abneigung gegen ihre Mutterrolle und Georges Hang zur Brutalität gegen die Kinder gegeben zu haben. Für seine frustrierte Frau war George der Bullterrier, der bei der leisesten Ermutigung erbarmungslos zubiß – einerseits, um ihr zu helfen, sich gegen die Kinder durchzusetzen, andererseits aber auch, um seiner aufgestauten Wut freien Lauf zu lassen. Als Eltern waren George und Leah eine zweiköpfige Hydra: Sie knurrte, und er biß zu.

Für Verwandte und Bekannte war die Bestrafung der Kinder mit wochenlangem Zimmerarrest ein eindeutiger Hinweis, daß George und Leah extrem harte Maßnahmen ergriffen, um ihre Kinder zu disziplinieren. Es mußte nicht unbedingt bekannt werden, wenn man seine Kinder in der privaten Sphäre des Hauses verprügelte. Es war aber nicht zu verheimlichen, wenn man fünf Kinder mit einem dreimonatigen Zimmerarrest während des Sommers bestrafte. Für einige Mitglieder aus Leahs Familie sahen diese Methoden nicht so sehr danach aus, als wollten die beiden ihre Kinder hart erziehen, sondern sie sich auf die bequemste Weise vom Hals halten. Und jeder, der davon hörte, empfand solche Maßnahmen als ausgesprochen grausam.

Leo und Marie DeBernardi liebten ihre Enkelkinder, sahen sich aber aufgrund des ohnehin schon angespannten Verhältnisses zu ihrem Schwiegersohn nicht in der Lage, irgend etwas zu unternehmen. (Leo mochte Eileen besonders gern. Noch zwanzig Jahre später erinnert er sich daran, daß seine Frau die Kinder einmal mit zu einem Laden nahm und dort jedem einen Dollar in die Hand drückte. Wie zu erwarten war, kauften alle Kinder was für sich selbst – außer Eileen, die ein kleines Geschenk für ihre Großmutter besorgte.)

Leah hatte zwei jüngere Schwestern, Jean und Sue DeBernardi. Sue hatte ein College besucht und den Gesellschafter einer florierenden Firma geheiratet. Sie wohnte in Portola Valley, einer recht vornehmen Vorstadt von San Francisco. Sie war eine warmherzige, kontaktfreudige Frau und mochte die hübschen Kinder ihrer Schwester sehr gerne. Als sie Leah fragte, was sie sich denn dabei gedacht hätte, die Kinder den ganzen Sommer über einzusperren, reagierte diese so ärgerlich, daß Sue fürchten mußte, die familiären Kontakte könnten ganz abreißen. Wie auch andere in der Familie dachte Sue, es wäre für die Franklin-Kinder nur nachteilig, wenn das geschehen würde, und so unternahm sie nichts weiter.

Die beiden Franklins, vor allem George, neideten Sue ihre gehobene soziale Stellung, was es für diese noch schwerer machte, ihren Nichten und dem Neffen zu helfen. George und Leah glaubten, Sue fühle sich ihnen wegen ihres College-Abschlusses und wegen des erfolgreichen Ehemannes überlegen. Sie reagierten daher sehr empfindsam und manchmal auch kindisch-trotzig auf Sues Großzügigkeit. Als Sue zum Beispiel ihren Nichten einmal zu Weihnachten hübsche Halskettchen von der Nobelfirma Sak's Fifth Avenue schenkte, fuhren Leah und George, die sonst ihren Kindern kaum einmal etwas zum Anziehen kauften, postwendend mit der ganzen Familie ebenfalls zu Sak's und kauften allen Kindern teure Lederschuhe. Die Mädchen fanden ihr modisches neues Schuhwerk viel zu unpraktisch, um es auf dem oft matschigen Schulweg zu tragen.

In ruhigen Momenten sagte George manchmal zu den Kindern, sie sollten fragen, sobald sie mal irgend etwas dringend bräuchten. Wenn sie sich dann aber an ihre Mutter wandten – bescheidene Bitten um neue Jeans, ein besonderes Buch für die Schule oder Ähnliches –, reagierte Leah stets mit einem brüsken, ja wütenden ›Nein!‹ Also gewöhnten sich die Kinder solche Bitten ab.

Leahs nervöse Unrast trieb seltsame Blüten. So übernahm sie abends einen freiwilligen, unbezahlten Dienst bei einer Telefonzentrale, die – welch eine Ironie! – in Not geratenen Jugendlichen Rat und Zuspruch anbot. Vielleicht machte sie das aus dem Wunsch heraus, ihrem Mann und den Kindern aus dem

Weg zu gehen, vielleicht wollte sie auch nur mit Menschen ins Gespräch kommen, die nicht viel jünger waren als sie selbst. Aus welchem Grund auch immer, Leah Franklin, verheiratet, fünf Kinder, verbrachte eine Zeitlang ihre Abende im Dienst einer wohltätigen Organisation.

Außerhalb des Hauses war George Franklin ein Einzelgänger. Er trank zwar hin und wieder ein Bier mit seinen Kollegen von der Feuerwache, aber er hatte keine echten Freunde. Die Streifzüge in seinem Spezial-VW machte er immer allein.

Trotz der Ablenkungen außerhalb des Hauses – Schwarzarbeit, Immobiliengeschäfte, Streifzüge durch die Gegend in seinem VW-Bus – terrorisierte George seine Kinder unablässig. Außer den beiden Malen, als die Polizei erschien, hat anscheinend niemand etwas von den Prügelorgien, die sich im Haus der Franklins abspielten, erfahren. Teilweise war das wohl darauf zurückzuführen, daß Kindesmißhandlung damals noch nicht in dem Maße in der Öffentlichkeit diskutiert wurde wie heute. Die Sinne der Nachbarn waren noch nicht auf das Aufspüren solcher Verfehlungen gerichtet, und die Kinder selbst redeten nicht darüber. Sie schämten sich, daß sie ihren Vater immer wieder in Wutanfälle versetzten – so sahen sie es jedenfalls. Und sie fürchteten sich so sehr vor noch härteren Strafen, daß sie es nicht wagten, jemanden außerhalb der Familie um Hilfe zu bitten.

Gelegentlich erfuhren dennoch einige wenige Außenstehende von den Leiden der Franklin-Kinder. Bob Galbraith erinnert sich, daß er einmal mit George zu einem großen Feuerwehrfest nach Columbia fuhr. »Ich hatte meine Frau dabei. Sie stammt aus Estland und hat als Kind in den Jahren nach dem Krieg sehr viel durchgemacht. George hatte Eileen und Janice mitgenommen. Meine Frau machte mit den beiden einen langen Waldspaziergang, und als sie zurückkamen, schienen sie ein Geheimnis miteinander zu teilen. Meine Frau hat dann auch nicht viel darüber gesprochen, aber sie war sehr nachdenklich und sagte zu mir, diese Kinder hätten zu Hause große Probleme.«

Viele Jahre später sagte Kate vor einem Beamten der Strafverfolgungsbehörde aus, sie hätte sich als Kind oft überlegt, wieviel besser es die Kinder hätten, wenn ihr Vater tot wäre. Sie spielte diesen Gedanken in ihrer Phantasie so intensiv durch, daß sie sogar vor dem Spiegel ein Trauergesicht für die Beerdigung einübte.

EILEEN

Als ich etwa acht Jahre alt war, wurden die Gewalttätigkeiten meines Vaters schlimmer denn je. Es war schrecklich. Wir lebten in dauernder Furcht vor seinen körperlichen und verbalen Attacken. Sein Terror wurde zur Routine. Ich selbst bekam weniger Schläge ab als Kate, Janice oder George. Nach Susan Nasons Tod verprügelte er mich kaum noch.

In der Schule erging es mir nicht viel besser als zu Hause. Ich war kleiner als die anderen Kinder, und mein rotes Haar schien sie permanent zu Hänseleien zu ermuntern. Mein Gesicht war voller Sommersprossen, meine Vorderzähne standen schräg – ich wußte, ich war das häßlichste Mädchen in der Klasse. Dauernd wurde ich verhöhnt und gepiesackt.

Meine Lehrer mochte ich ganz gern. Ich war überzeugt, daß sie mich nicht ablehnten oder haßten wie meine Mitschüler. Es war diese Verehrung, die ich für meine Lehrer empfand, die mir die Schule überhaupt erträglich machte. Meine Klassenlehrerin in der fünften Klasse fand ich besonders sympathisch. Sie hieß Mrs. Walker und war eine liebenswürdige ältere Lady. Oft las sie uns im Unterricht wunderschöne Geschichten vor, die mich so sehr faszinierten, daß ich mir später in öffentlichen Büchereien die entsprechenden Bände auslieh, um sie noch einmal in Ruhe lesen zu können. Mrs. Walker lobte häufig den Ideenreichtum meiner Aufsätze und mein Gefühl für Poesie. Mehrere meiner Geschichten schickte sie sogar an die Lokalzeitung, und sie wurden tatsächlich in der Kinderbeilage veröffentlicht. Danach verehrte ich Mrs. Walker um so mehr.

Sie wohnte in Burlingame, ganz in der Nähe meiner Großeltern. Damals betrachtete ich Burlingame als Paradies. Es gab dort die herrlichsten Sachen: Lutscher für fünf Cent auf dem Markt; hohe Bäume entlang der Straßen; die Kirche Unserer Lieben Frau mit den schönen Glasfenstern; einen Park, in dem mich nie jemand hänselte oder schikanierte; und eine Bücherei in einem schönen alten Gebäude, das ich vom Haus meiner Großeltern aus bequem zu Fuß erreichen konnte. In Burlingame waren all die älteren Damen, die ich durch meine Großeltern kennenlernte, schrecklich nett zu mir. Ich führte das darauf zurück, daß sie alle sehr fromm waren und regelmäßig in die Kirche gingen. Für mich war Mrs. Walker fast so liebenswert wie meine Großmutter und mindestens so nett wie die anderen älteren Ladys in Burlingame.

Damals waren Kate und Janice schon in der Junior High-School und begannen Make-up zu benutzen. Eine von den beiden hatte mir eine Dose mit blauem Lidschatten vermacht, und ich war hellauf begeistert. Mit den Fingerspitzen strich ich mir jeden Morgen eine gehörige Portion auf die Augenlider. Ich war überzeugt, daß das tiefe Blau ganz toll zu meinem hellroten Haar paßte und mich erwachsener machte. Eines Tages waren die Buben aus der Klasse wieder einmal besonders häßlich zu mir gewesen, und ich saß heulend auf der Treppe vor dem Klassenzimmer. Sie hatten mich mit wüsten Namen beschimpft und versucht, mich in die Jungentoilette zu ziehen. Einige andere Schüler waren vorbeigekommen, als die Jungen an mir herumzerrten, aber obwohl ich in meiner Angst um Hilfe gerufen hatte, waren sie einfach weitergegangen.

Mrs. Walker sah mich auf der Treppe sitzen und kam zu mir. Aber sie tröstete mich nicht, sondern sagte, ich wäre ›übersensibel‹ und würde viel zu leicht losheulen, wenn mich die anderen Kinder mal ein bißchen hänselten. Schon andere Lehrer in den vorherigen Klassen hatten mir gesagt, ich wäre ›sensibel‹, aber ›übersensibel‹ war ein neuer Begriff für mich, und Mrs. Walkers Ton sagte mir, daß er nichts Gutes bedeuten konnte.

Zum ersten Mal fragte ich mich, ob Mrs. Walker mich nicht mochte. Sie sagte dann auch noch, ich wäre ›zynisch‹, ein Wort, das ich noch nie gehört hatte, aber sie wiederholte es, und ich merkte, daß es ihr sehr ernst damit war. Sie fuhr fort und fragte mich, was denn ›dieses blaue Zeug‹ auf meinen Augen zu bedeuten hätte, ich würde geradezu scheußlich damit aussehen. Sie wäre sicher, daß man mir zu Hause und auch in der Schule genug Aufmerksamkeit schenken würde, ich solle doch nicht solche albernen Versuche unternehmen, noch mehr Aufmerksamkeit zu erregen. Es ginge mir doch gut und ich solle mit meinem Leben zufrieden sein. Und sie wolle mich nicht mehr mit ›diesem Zeug auf den Augen‹ in der Schule sehen. Ich war am Boden zerstört.

Zu Hause setzte ich mich in mein Zimmer und suchte im Wörterbuch den Begriff ›zynisch‹. Da ich nicht wußte, wie es geschrieben wird, mußte ich herumraten, aber ich fand es nicht. Also fragte ich meinen Vater, wie es geschrieben würde. Er fragte mich, warum ich das denn wissen wolle, und ich erzählte ihm, was Mrs. Walker zu mir gesagt hatte. Er drückte mich an sich und sagte: »Ach, mein kleiner Schatz, das ist nicht wahr!« Ich bestand aber darauf, daß er mir sagte, wie ›zynisch‹ buchstabiert würde.

Dann fragte ich ihn noch, was ein ›Arschficker‹ wäre. Die Jungen in meiner Klasse nannten mich dauernd so. ›Arschficker-Franklin‹ johlten sie mir täglich auf dem Schulhof zu, sobald sie mich sahen, und ich hätte mich am liebsten dann immer irgendwo verkrochen. Mein Vater wurde sehr ärgerlich und sagte, ich bräuchte nicht zu wissen, was dieses unflätige Wort bedeuten würde, und ich solle es nie mehr in den Mund nehmen. Er fügte allerdings noch hinzu, daß man nur Männer mit diesem Schimpfwort belegen könnte, es sei Quatsch, wenn mich die Jungen so rufen würden. Diese Auskunft nützte mir natürlich wenig in der Auseinandersetzung mit meinen Klassenkameraden.

Ich ging in mein Zimmer und las die Definition von *zynisch.* Als erstes fiel mir auf, daß das Wort wirklich gar nicht auf ein Kind passen konnte. Und als zweites wurde mir klar, daß meine Lehrerin mich nicht mochte, sonst hätte sie mich nicht *zynisch* genannt. Mrs. Walker tickte anscheinend nicht richtig, ein Kind mit diesem Wort zu belegen, und schon gar nicht mich. Sie hatte mich verletzt, zurückgewiesen und verwirrt, und dazu kam noch, daß sie mich wegen meines wunderschönen Lidschattens ausgeschimpft hatte.

Bis zu diesem Ereignis war ich gern zur Schule gegangen. Ich hatte Angst vor den Pausen gehabt, vor dem Heimweg, den Schikanen durch die anderen Kinder. Aber den Unterricht und das Lernen hatte ich genossen, vor allem bei Mrs. Walker. Die Fächer Lesen und Schreiben hatte ich besonders gern gemocht. Aber jetzt mußte ich erfahren, daß Mrs. Walker mich nicht schätzte. Daß meine Eltern und meine Mitschüler mich nicht mochten, hatte ich schon lange gespürt – nun kam auch noch meine geliebte Klassenlehrerin dazu. Meine Verehrung und Liebe zu Mrs. Walker schlug in Abneigung um, und von da an wurde die Schule für mich zur Hölle. Dort war es jetzt genauso schlimm wie zu Hause. Die Schule bot keinen Ausgleich mehr für den Terror im Harvester Drive. Statt Lidschatten aufzulegen, fing ich an, an meinen Fingernägeln herumzuknabbern. Und ich zog mich immer mehr in mich selbst und die Welt meiner Bücher zurück.

Nach Susan Nasons Ermordung kam es zu einschneidenden Veränderungen in der Franklin-Familie. Eileen wirkte oft geistesabwesend, ließ in ihren Leistungen in der Schule stark nach und wurde immer ängstlicher. Sie mied dunkle Orte. Eine schlecht beleuchtete Diele, ein dämmriges Zimmer, ein Pfad durch dunkles Gebüsch – überall sah sie schreckliche Gefahren auf sich lauern. Wenn sie an der Jungentoilette in der Schule vorbeimußte, einem besonders bedrohlichen Ort, peinigte sie immer die Angst, im nächsten Moment würden irgendwelche Rowdys aus der Tür kommen und sie in die Toilette reinzerren. Sie schloß sich den Pfadfinderinnen an und blieb in der Gruppe, bis sie zwölf war; ihre Klassenkameradinnen waren zu dieser Zeit schon längst ausgeschieden. »Ich unternahm alles mögliche, um dem Elternhaus zu entkommen«, sagte sie später.

Im täglichen Umgang wirkte sie zunehmend scheu und verklemmt. Außerdem entwickelte sie plötzlich nervöse Gewohnheiten; sie zupfte zum Beispiel an bestimmten Stellen so heftig an ihren Haaren, daß sie sie ausriß und kahle Flecken auf der Kopfhaut zurückblieben. An kleineren Verletzungen, die sie sich oft absichtlich beibrachte, kratzte sie so lange herum, bis sie bluteten. Wenn sie heute auf diese Zeit zurückblickt, erinnert Eileen sich, daß sie von einer merkwürdigen Gleichgültigkeit wie von einem Nebel eingehüllt war. »Ich dachte überhaupt nicht über meine Zukunft nach, weil ich glaubte, ich hätte keine. Ich trug ständig das unbestimmte, lähmende Gefühl mit mir herum, ich würde von irgend jemandem umgebracht. Ich wußte nicht, warum mich dieses Gefühl peinigte.«

Psychologen wissen, daß Kinder, die ständig verbalen und physischen Mißhandlungen ausgesetzt sind, das Gefühl entwickeln, hilflos und unnütz zu sein. Das macht sie höchst gefügig für die Forderung des Täters, über das Erlittene zu schweigen. Mit dem permanenten Terror, den der Täter ausübt, gewinnt er die Kontrolle über den Geist seines Opfers. Um über das Geschehen sprechen zu können, müßte das Kind sich in einer kraftvollen Anstrengung auf seine Individualität besinnen, aber durch die Mißhandlungen sind sein Selbstbewußtsein und sein Selbstwertgefühl verkrüppelt. Für den Täter ist das ein durchaus angenehmes Nebenprodukt seines widerlichen Handelns. Er unterstützt den natürlichen Mechanismus, der das Opfer schweigen läßt, zusätzlich noch durch Drohungen. Wenn seine Untaten im juristischen Sinn Verbrechen sind und er dafür ins Gefängnis kommen könnte, schreckt er auch vor schlimmsten Drohungen nicht zurück: Wenn du irgend jemandem was erzählst, sagt er zu dem Kind, dann schlachte ich dein Hündchen ab oder töte jemanden, den du liebst – oder ich bringe dich selbst um.

Eileen ist sich nie darüber klar geworden, ab welchem Zeitpunkt sie die Erinnerung an den Mord an ihrer Freundin unterdrückt und ins Unterbewußtsein abgeschoben hat. Der Prozeß kann durchaus schon am Tag des Geschehens eingesetzt haben. Sie erinnerte sich später, daß ihr Vater ihr noch am Tatort damit drohte, sie umzubringen, wenn sie irgendeinem Menschen etwas verraten würde. Und daß er erklärte, wenn sie erzählen würde, was sie gerade gesehen hätte, dann würde man sie für verrückt halten und in eine Anstalt sperren, so ähnlich wie man es damals mit ihrer Mutter gemacht hätte. Und man würde Eileen auch die Schuld an der Sache geben, weil sie Susan überredet hätte, in den VW-Bus einzusteigen. Eileen hatte diese Drohungen ebenso in ihr Unterbewußtsein vergraben wie die grauenvolle Szene selbst, die sie miterlebt hatte.

Auch ohne besondere Drohungen konnte sich George Franklin ziemlich sicher sein, daß seine achtjährige Tochter nicht verraten würde, was sie an diesem Septembernachmittag gesehen hatte. Er wußte, daß Eileen, genauso wie ihre Geschwister, in ständiger Furcht vor ihm lebte. Wie auch andere Männer, die Kinder mißhandelten, hatte Franklin genug Beweise dafür, daß seine Opfer zu sehr eingeschüchtert waren, als daß sie zu Außenstehenden über seine Untaten sprechen würden. Außer Kate hat das auch keines der Franklin-Kinder je getan.

Und Eileen machte das ganz bestimmt nicht. Sie widersetzte sich ihrem Vater niemals, wagte nicht einmal, ihm zu widersprechen. Die innere Auflehnung gegen ihren Vater in dem Malergeschäft in San Mateo, als er das Wort *Nigger* benutzt hatte, blieb ein heimlicher Sieg, auf den sie noch jahrelang stolz war. Es war faktisch undenkbar, sich ihm auch nur in den kleinsten Dingen offen zu widersetzen. Und wenn er ihr, zu der panischen Furcht, die sie dauernd vor ihm hatte, auch noch damit drohte, sie umzubringen – einem Verbrechen, von dem sie jetzt ja wußte, daß er dazu fähig war –, dann konnte er ganz sicher sein, daß Eileen wie immer reagierte und tat, was er von ihr verlangte.

Psychologen, die sich mit Kindheitstraumata beschäftigen, haben festgestellt, daß Kinder immer dann, wenn sie das Trauma außerhalb ihres Elternhauses erleiden – zum Beispiel bei einem Feuer in der Schule oder einem Unfalltod eines Freundes –, ihre Ängste und ihre Verwirrung mit den Eltern besprechen und dann meist auch Trost und Heilung finden. Wenn aber die Eltern selbst die Ursache für das Trauma sind, oder wenn die Kinder aus irgendeinem Grund davon abgehalten werden, mit ihren Eltern zu sprechen und auch sonst keine Bezugsperson haben, an die sie sich wenden können, werden sie völlig verunsichert. Sie schaffen es nicht, mit dieser Last allein fertig zu werden und verdrängen das Geschehen dann meist in ihr Unterbewußtsein.

Anders als beim Vergessen, das etwas rein Passives ist, muß zur Unterdrückung einer Erfahrung eine Willensanstrengung aufgebracht werden, um das unerträgliche Erlebnis aus dem Gedächtnis zu tilgen. Da aber diese Anstrengung stets unbewußt gesteuert ist (oder zusammen mit dem quälenden Erlebnis selbst unterdrückt wird), ist Menschen, die dieses Phänomen durchleben, nicht mehr bewußt, daß sich etwas Schreckliches oder Unangenehmes ereignet hat. Sie haben meist nicht einmal das Gefühl, eine Lücke oder einen schwarzen Fleck in ihrer Erinnerung zu haben. Die Unterdrückung eines unliebsamen Erlebnisses ist ein Bewältigungsmechanismus wie die Ohnmacht bei starken Schmerzen.

Sigmund Freud hat im Alter seine Ansicht zu einem wichtigen Punkt in seinem System der Psychoanalyse geändert. Er betraf die Frage unterdrückter Kindheitserinnerungen. Anfangs hatte Freud angenommen, daß die traumatischen Kindheitserinnerungen an elterlichen Mißbrauch, die er aus dem Unterbewußtsein seiner Patienten ausgrub, der Wahrheit entsprächen. Später kam er zur Überzeugung, sie wären meistens nur Phantasien. Die Diskussion über diese Frage dauerte noch lange nach Freuds Tod an, aber heute gibt es nur noch wenige Psychologen oder Psychiater, die an der Wahrheit der meisten Berichte über elterlich verursachte Traumata zweifeln. Sie sind auch davon überzeugt, daß es eine sehr hohe Zahl solcher unterdrückter Kindheitstraumata bei Erwachsenen gibt.

Die Kenner dieses Phänomens wissen auch, daß die Menschen, die solche Erinnerungen unterdrückt haben, sie etwa im Alter um die Dreißig wieder hervorholen. Im allgemeinen sind sie dann der Tyrannie des Verbrechers, der sie mißbraucht hat, entkommen; und sie haben in diesem Alter einen Reifegrad in der Entwicklung ihrer Persönlichkeit erreicht, der es ihnen ermöglicht, die bisher abgeschottete Erinnerung wieder in ihr Bewußtsein aufzunehmen und zu akzeptieren.

Was Eileen betrifft, so genügte die Angst vor ihrem Vater und die entsetzlichen Umstände der Ermordung Susans bereits, eine mentale Unterdrückung und Verdrängung des Erlebten hervorzurufen. Sie wurde zweifellos durch die panische Aufregung in der Öffentlichkeit nach Susans Verschwinden noch verstärkt. Eileen war von Menschen umgeben, die von nichts anderem mehr sprachen als von Susan Nasons mysteriösem Verschwinden. Der psychologische Druck, die Antwort auf die Frage zu wissen, die alle Welt um sie herum in Atem hielt – Spielkameraden, Nachbarn, Lehrer –, war wahrscheinlich größer, als sie verkraften konnte. Das Gewicht ihres schrecklichen Wissens könnte etwas in ihr zerbrochen haben und es ohne ihre bewußte oder unbewußte Steuerung kollapsartig in geistige Bereiche verbannt haben, zu denen sie keinen Zugang mehr hatte. Wenn sie ihr Wissen schon von Anfang an verdrängt hatte, das öffentliche Aufsehen hat sicherlich dazu geführt, daß sie es in noch tiefere Regionen ihres Unterbewußtseins abschob.

Obwohl Eileen die Drohungen ihres Vaters nicht bewußt speicherte, können sie unbewußt zu der von ihrem Verstand eher akzeptierbaren Vorstellung geführt haben, sie würde eines Tages von ›jemandem‹ umgebracht. Zur gleichen Zeit entwickelte sie aber auch damit unvereinbare, entgegengesetzte Vorstellungen von Unverletzbarkeit. »Es passierte mir mal, daß ich in der Küche ein Glas zerbrach«, erinnert sie sich, »und als ich die Scherben aufsammelte, war ich ganz sicher, sie könnten mich nicht verletzen, selbst wenn ich barfuß über sie laufen würde. Ich weiß nicht, was hinter dieser Vorstellung steckte. Vielleicht ganz einfach der Gedanke, daß nach allem, was ich durchgemacht hatte, ein zerbrochenes Glas nicht viel bedeutete.«

Obwohl in Eileens Bewußtsein nicht alles gespeichert war, was sie durchgemacht hatte, gab es Anzeichen dafür, daß das im Unterbewußtsein vergrabene Wissen zur Oberfläche drängte. Viele Jahre später, längst nach der Rückkehr ihrer Erinnerungen und nach dem Abschluß des Gerichtsverfahrens, fiel ihr wieder ein, daß sie einmal zusammen mit mehreren anderen Mädchen bei einer Freundin übernachtete. Sie war damals ungefähr zehn. Das Gespräch kam auf Susan Nasons Ermordung, und eines der Mädchen erzählte, ihr Vater wäre der Besitzer eines Grundstückes ganz in der Nähe von dem Ort, an dem Susans Leiche gefunden wurde.

Eileen wurde von einer Angstwelle erfaßt. Sie wußte keinen Grund dafür, aber sie hatte das beängstigende Gefühl, dieses Thema sei streng verboten und dürfe nicht weiter diskutiert werden. Sie sagte nichts zu den anderen Mädchen und ließ sie weiterreden, ging jedoch zur Tür und den Fenstern des Zimmers, um sich zu vergewissern, daß kein Erwachsener diese gefährliche Unterhaltung mitgehört hatte.

Die größte Veränderung in der Familie Franklin nach Susans Verschwinden ging mit George Franklin vor sich. Er war damals dreißig Jahre alt. Über die verbale und körperliche Mißhandlung seiner Kinder hinaus fing er jetzt auch noch damit an, einige seiner Töchter sexuell zu mißbrauchen. Die Kinder waren nicht zur Schamhaftigkeit erzogen worden, im Gegenteil, man ging in der Familie recht liberal mit der Nacktheit um. George hatte auch immer wieder einmal mit einer seiner Töchter zusammen gebadet. Dabei war es häufig zu Andeutungen sexueller Handlungen gekommen.

Als eines der Mädchen sechs Jahre alt war, befahl ihm sein Vater einmal, sich nackt vor ihn hinzustellen, damit er sich ansehen könne, ob es keinen Haltungsfehler habe. Schamhaftigkeit war dem Mädchen zwar nicht anerzogen worden, aber sie *war* eine natürliche Reaktion auf ein solches Verlangen, und das verstörte Kind versuchte, seine Scham mit der Hand zu verdecken. Franklin wurde wütend und befahl ihm, die Hände auf dem Rücken zu verschränken. Wenn nach Ansicht vieler Fachleute sexueller Mißbrauch von Kindern nicht nur die rein sexuellen Handlungen meint, sondern auch bestimmte Formen der Machtausübung einschließt, dann scheint diese Episode ein Beispiel dafür zu sein.

Später sagte eine der Töchter aus, sie selbst habe keine Erinnerung an sexuellen Mißbrauch durch ihren Vater, leugnete aber nicht, daß es ihn in der Familie gegeben hat. Eileen unterdrückte jahrelang jegliches Wissen um solche bedrückenden Erlebnisse, erinnerte sich später aber doch an eine Reihe derartiger Vorfälle. Eine andere Tochter weiß noch, daß ihr Vater so regelmäßig Geschlechtsverkehr mit der Schwester ausübte, mit der sie das Zimmer teilte, daß er ständig eine Dose mit Vaselinecreme in ihrer Nachttischschublade aufbewahrte.

Als Eileen sich später über die Verbrechen ihres Vaters gegen seine eigenen Kinder klar wurde, konnte sie noch hoffen, es handele sich um impulsive Fehltritte, um plötzliche, zwanghafte Anfälle in alkoholisiertem Zustand, vor denen er in normalen Augenblicken zurückschrecken würde. Nachdem sie aber davon gehörte hatte, daß er eine Dose Vaselinecreme in der Nachttischschublade einer ihrer Schwestern bereitlegte, war klar, daß nicht davon die Rede sein konnte, er würde nur gelegentlich die Kontrolle über sich verlieren. Es war der Beweis dafür, daß er sich vorsätzlich und bei klarem Verstand sexuell an seinen Töchtern vergriff. Und die Töchter, die sich erinnerten, Opfer seiner sexuellen Übergriffe gewesen zu sein und später darüber diskutierten, waren sich einig, daß nach dem 22. September 1969 alles noch viel schlimmer wurde. Eine von ihnen drückte es so aus: »Nach Susans Ermordung brach die Hölle los.«

4. KAPITEL

Als eine Nachbarin der Franklins aus der Zeit in Foster City viele Jahre später von George Franklins Vorliebe für kleine Mädchen erfuhr, war sie sehr überrascht. »George war hinter jeder Frau in Foster City her«, erklärte sie. »Wann hatte er dann da überhaupt noch Zeit für kleine Mädchen?« Seine Kollegen von der Feuerwehr bestätigen dieses Bild des Sexualprotzes und malen es in ihrer derben Sprache noch deutlicher aus: »George hat alles gebumst, was nicht schnell genug weglaufen konnte.« Auf den einsamen Fahrten in seinem VW-Bus wurde die Matratze auf der Ladefläche sicher oft strapaziert.

Auch wenn Leah sich nicht körperlich so hätte gehen lassen – sie kam kaum mehr unter ein Gewicht von achtzig Kilo –, George wäre zweifellos immer hinter anderen Frauen her gewesen. Seine Gedanken wurden von Sex beherrscht, und Verführungsversuche wurden bei ihm schon zum reinen Reflex. Eine junge Frau, die einmal eine Zeitlang neben den Franklins im Harvester Drive wohnte, erinnert sich an seine aufdringlichen Nachstellungen: »Er arbeitete damals lange Zeit am Dach seines Hauses. Mir kam es so vor, als ob er ununterbrochen auf dem Dach herumklettern würde. Vielleicht wollte er auch nur die Nachbarschaft von oben beobachten. Sobald er mich im Garten oder vor der Haustür sah, rief er mir anzügliche Bemerkungen zu. Ich nannte ihn nur ›Mr. Superflirter.‹« Trotz dieses niedlichen Spitznamens läßt die Frau jedoch keinen Zweifel daran, daß seine dauernde Anmacherei sie abstieß und anekelte. Bei vielen anderen Frauen war das aber wohl nicht so.

Dr. Ann Burgess und Dr. Nicholas Groth weisen in ihren Untersuchungen über Kindesverführer darauf hin, daß sexuelle Begierde nicht die Hauptantriebsfeder bei den Attacken auf Kinder ist, sondern der Drang, sich ein Gefühl der Macht und der Kontrolle über einen anderen Menschen zu verschaffen.

Dazu kommt, so meinen die beiden Wissenschaftler, daß der Verführer beim Sex mit einem Kind keine Versagensängste und Ängste um seine Selbstachtung und seine Autorität zu haben braucht, wie sie beim Sexualverkehr mit einem Erwachsenen oft auftreten. Sex mit einem Kind ist ein Akt totaler Dominanz, und ein Erwachsener kann sich dieses Überlegenheitsgefühl beim Sex mit einem Kind leicht verschaffen. Es gibt gute Gründe für die Annahme, daß George Franklin von den psychologischen Zwängen, wie sie für Kindesverführer typisch sind, zu seinen Taten angetrieben wurde; sein außergewöhnlich starker Sexualtrieb hat jedoch zweifellos zur Häufigkeit der Vergehen beigetragen.

In einer Studie über Inzesttäter im *Handbuch für die medizinische Bekämpfung des sexuellen Mißbrauchs von Kindern durch Erwachsene* von Dr. Suzanne Sgroi schreibt Dr. Groth, daß es zwei Grundtypen solcher Sexualtäter gibt: fixierte und regressive. Bei den fixierten Tätern handelt es sich um Erwachsene, in der Regel männlichen Geschlechts, die von Anfang an sexuell auf Kinder fixiert und an Sex mit Erwachsenen nicht interessiert sind. Dr. Groth schreibt, daß diese Tätergruppe sich ausschließlich an Jungen vergeht, also homosexuell ausgerichtet ist.

Regressive Täter, in der Mehrzahl ebenfalls männliche Erwachsene, sind sexuell zwar vornehmlich auf Erwachsene des anderen Geschlechtes ausgerichet, aber in Zuständen der Verängstigung, der Verunsicherung und des geschädigten Selbstvertrauens wenden sie sich mit ihrer Sexualität ›regressiv‹, also ›ausweichend‹, Kindern zu. Solche Männer haben jahrelang ausschließlich Geschlechtsverkehr mit erwachsenen Frauen ausgeübt, werden aber in psychologischen Tiefs plötzlich sexuell von Kindern angezogen. Anders als fixierte Täter richtet sich ihr sexuelles Verlangen auf Kinder des andern Geschlechtes. Wenn sie ihre emotionale Krise überwunden haben, kehren sie im allgemeinen zu heterosexuellem Verkehr mit Erwachsenen zurück.

Es gibt keine Anzeichen dafür, daß George Franklin jemals homosexuelle Neigungen gehabt hätte. Er paßt von daher also eher in das Bild des regressiven Täters. Da er nach außen jedoch sehr selbstsicher, sogar großspurig und angeberisch auftrat, scheinen die anderen Kriterien dieser Tätergruppe auf den ersten Blick nicht auf ihn zuzutreffen. Wenn man seine Psyche jedoch näher betrachtet, stößt man auf tief verwurzelte Selbstzweifel. Als Beispiel dafür mag seine Überempfindlichkeit gegen vermeintliche Kränkungen und Demütigungen gelten, wie er sie im Umgang mit Leahs gebildeter und wohlsituierter Schwester Sue und ihrem Mann zeigte. Auch sein brutales, tyrannisches Regiment über seine Familie kann als Auswirkung eines Minderwertigkeitskomplexes gedeutet werden, vor allem, wenn man es mit seinem sonst eher auf Beliebtheit ausgerichteten Verhalten außerhalb des Hauses vergleicht. Selbst sein Interesse für das Lesen – die Geschichte des amerikanischen Bürgerkrieges war sein besonderes Hobby – kann als Verunsicherung und Komplex wegen seiner dürftigen Ausbildung und Erziehung gewertet werden.

In seinem Buch über den Mißbrauch von Kindern *Verrat durch Verschweigen* spricht John Crewdson von einer neuentdeckten dritten Tätergruppe: den ›evolutionären Pädophilen‹, also Erwachsenen, die sich langsam zu Sexualtätern an Kindern entwickeln, nachdem sie ursprünglich nur mit erwachsenen Partnern Sexualverkehr hatten. Ihr sexuelles Interesse verändert sich nach und nach und ist schließlich dauerhaft nur noch auf Kinder ausgerichtet. Das pornographische Material, das man im November 1989 in George Franklins Apartment fand, läßt die Beurteilung zu, daß er auch in diese Gruppe eingeordnet werden kann. Das Material deutete darauf hin, daß er eine besondere erotische Obsession für den Vater-Tochter-Inzest entwickelt hatte.

Pädophile aller Couleur haben im allgemeinen keine enge Bindung an ihre Familie oder an Freunde. Auch das trifft auf George Franklin zu. Wie tief die emotionale Bindung zwischen ihm und Leah auch einmal gewesen sein mag, es gab sie schließlich nicht mehr, und die Ehe bestand nur noch aus Gezänk und handfesten Streitereien. Am nächsten stand George wahrscheinlich noch Eileen, aber auch diese Bindung schwankte mit seinen Stimmungen und Absichten – und sie war ein Kind. Er hatte keine engen Freunde, weder aus seiner Jugend noch unter den Arbeitskollegen oder bei den Nachbarn, und er unterhielt unter dem Strich betrachtet auch keine engeren Kontakte zu den Mitgliedern seiner Familie. Niemand in seiner Umgebung machte sich Gedanken über diesen Zustand, auch seine Töchter nicht, aber es ist doch sehr seltsam, daß jemand mit George Franklins Voraussetzungen für soziale Kontakte – gutes Aussehen, Sinn für Späße, reges Mundwerk – so allein in der Welt dastand.

Dr. Groth zeigt auf, daß Probleme in der Ehe und der Druck der Lasten des Erwachsenseins einen sonst normal-heterosexuellen Mann dazu bringen können, sich zur sexuellen Befriedigung Kindern zuzuwenden. Er schreibt im Zusammenhang mit den Ängsten, dem Streß und den Problemen Erwachsener – am Arbeitsplatz, in der Ehe, mit der Vaterschaft, mit Krankheiten, mit der finanziellen Situation: ›Diese Verantwortlichkeiten, Herausfordernungen und Mißgeschicke können sich zu einem solchen Berg auftürmen, daß die Betroffenen nicht mehr damit fertig werden, und sie fühlen sich plötzlich sexuell von Kindern angezogen. Dieses sexuelle Interesse an Kindern scheint dann ein Abschied von ihrer üblichen, konventionellen sexuellen Orientierung auf Gleichaltrige zu sein, und es wird ganz offensichtlich durch den auf die Männer einstürzenden Streß hervorgerufen.‹

Zusätzlich zu der oben geschilderten Verlockung der Angstfreiheit beim Sex mit sehr jungen Partnern scheinen Kinder für den Verführer auch aus einem anderen, noch unklaren, von den Psychologen bisher nur angedeuteten Grund attraktiv zu sein: dem Wunsch, der Erwachsenenwelt zu entfliehen. Wenn das so wäre, dann würde der Kindesverführer ein Kind zum Sex mißbrauchen, um seine Ängste als Erwachsener loszuwerden und gleichzeitig sein Erwachsensein dazu ausnützen, Herrschaft und Dominanz über ein Kind zu gewinnen.

Es mag sein, daß viele Männer insgeheim solche abartigen Regungen entwickeln, es gehört jedoch ein hohes Maß an Skrupellosigkeit und Grausamkeit dazu, ihnen nachzugeben. Leider sind solche Charakterlosigkeiten bei viel zu vielen Menschen ausgeprägt, wie eine aufsehenerregende Erhebung der *Los Angeles Times* aus dem Jahre 1985 ausweist: Zweiundzwanzig Prozent von 2627 befragten Männern und Frauen aus allen sozialen Schichten gaben an, als Kinder von Erwachsenen sexuell mißbraucht worden zu sein; aufgeschlüsselt nach Geschlechtern waren es von den Befragten siebenundzwanzig Prozent der Frauen und sechzehn Prozent der Männer.

Als Eileen ungefähr zwanzig war und sie und ihr Vater sich eine Zeitlang wieder recht gut verstanden, fragte ihn Eileen einmal, wie es zu den Problemen zwischen ihm und Leah gekommen sei. Nach seinen Ausführungen war Leah keinesfalls das permanent leidende Opfer, als das sie sich selbst gern weinerlich darstellte. »Sie hat ununterbrochen an mir herumgemäkelt«, sagte er, »und sie hat keine Gelegenheit ausgelassen, mich runterzumachen und zu demütigen.« Er sprach auch sehr verbittert über ihren Widerstand gegen seinen Traum vom Reichtum durch Immobiliengeschäfte, den er als junger Ehemann und Vater verfolgt hatte. »Sie hat nie als Partner mit mir zusammengearbeitet. Wenn ich überhaupt irgendwie einen Fortschritt erzielen wollte, hieß das immer zuerst mal, einen Streit mit ihr auszufechten – auch wenn es um euch Kinder ging. Um jedes bißchen Vorwärtskommen mußte ich mit ihr kämpfen. Du kannst dir nicht vorstellen, wie das ist, wenn man wie ein Irrer arbeitet, um voranzukommen und ein paar gute Geschäfte zu machen, und die eigene Frau legt einem dauernd Steine in den Weg.«

Man kann sich leicht vorstellen, welcher Druck in den ersten zehn Jahren seiner Ehe auf George Franklin lastete. Fünf unruhige Kinder im Haus; eine Frau, die sich zur Kindererziehung und als Hausfrau nicht eignet, seine Träume vom Reichwerden sabotiert und zu Nervenzusammenbrüchen neigt; acht bis zehn Hypotheken zu finanzieren; Geld für den Unterhalt einer immer größer werdenden Familie aufzubringen; eine Anzahl aufmüpfiger Mieter, die entweder zufriedengestellt oder rausgeschmissen werden müssen; und letztlich ein Job, der nicht ganz ungefährlich war. Er hatte es gewiß nicht leicht.

Wenn dieser Druck und geringe Selbstachtung George Franklin in die Betten einiger seiner Töchter trieben, dann kann man davon ausgehen, daß sein starker Geschlechtstrieb ihn *häufig* dazu verleitete. Alle vier Mädchen waren ausgesprochen hübsch. Für einen Mann mit so ausgeprägter Libido wie Franklin muß es verlockend gewesen sein, alltäglich zwischen einem solchen Schwarm von jungen Playboy-Bunnies zu leben, die dauernd knapp bekleidet um ihn herumtanzten, unschuldig ihre aufblühende Fraulichkeit zur Schau trugen und danach hungerten, von ihm väterliche Zuneigung zu erfahren. Wenn ein Mann, der die letzte moralische Schranke eingerissen und ein Kind mißbraucht und ermordet hat, solchen Verlockungen ausgesetzt ist und ihnen nachgibt, dann kann man annehmen, daß die Begründung für den Sex mit seinen Töchtern nicht nur in den komplexen Tiefen psychologischer Symptome zu suchen ist, sondern durchaus auch schlichter Lustbefriedigung diente.

Es ist erwiesen, daß sexuell mißbrauchte Kinder mehr ohnmächtigen Zorn auf den Elternteil entwickeln, der sie nicht mißbraucht, als auf den Verführer selbst. Der Grund dafür ist darin zu suchen, daß der Täter als nicht normal und außer Kontrolle geraten betrachtet wird, vor dem der andere Elternteil das Kind hätte beschützen können. Eine solche Reaktion ist offensichtlich sowohl bei Janice als auch bei Eileen eingetreten, aber die ausgesprochen negative Beurteilung ihrer Mutter ist nicht nur darauf zurückzuführen, daß sie den Mißbrauch der Kinder durch George Franklin geduldet hat.

EILEEN

Unser Vater hatte uns zwar immer gesagt, wir sollten einfach fragen, wenn wir mal was bräuchten, aber wir Kinder wußten, daß das nur leeres Gerede war. Unsere Mutter reagierte auf solche Bitten höchstens verärgert und erfüllte sie nur ganz selten, und wir wagten es nicht, uns direkt an unseren Vater zu wenden. Als ich zehn war, wünschte ich mir aber wirklich einmal etwas ganz dringend, und so durchbrach ich die Regel, nahm allen Mut zusammen und trug Dad meine Bitte vor. In der Schule hatte ich von einem Zeltlager gehört, das in den Wäldern etwa eine Autostunde von Foster City entfernt stattfinden sollte. Es kostete sechsunddreißig Dollar und dauerte eine Woche. Ich glaube, mein Bruder und meine Schwestern waren ganz schön erstaunt, als ich meinen Vater um das Geld bat, und sie waren noch erstaunter, als ich es tatsächlich bekam.

Es war wunderschön in dem Lager, und ich war schrecklich froh und dankbar, daß mich die Eltern im Jahr darauf wieder hingehen ließen. Aber als ich dann gerade zwei Tage dort war, wurde ich krank. Ich hatte schlimme Bauchschmerzen. Unser Lagerleiter meinte, es wäre zu gefährlich, mich im Lager zu behalten und rief meine Eltern an, sie sollten mich abholen. Leah war am Telefon. Sie lehnte es ab, mich holen zu kommen, und meinte, man solle mich ein paar Tage im Bett liegen lassen, dann würde das schon wieder in Ordnung kommen.

Kurz danach stieg meine Temperatur auf über vierzig Grad, und der Verwaltungsdirektor des Lagers geriet in Panik. Er rief selbst bei Leah an und erklärte ihr den Ernst der Lage. Sie machte wieder Einwände und wollte nicht kommen. Man hatte mich ins Verwaltungsgebäude gebracht und auf das Sofa im Wartezimmer vor dem Büro des Direktors gelegt. Ich verlor immer wieder das Bewußtsein, zwischendurch hörte ich, wie der Direktor mit meiner Mutter herumstritt. Er erklärte ihr, ich wäre wirklich gefährlich erkrankt, sie müsse sofort kommen und mich in ärztliche Behandlung bringen, und wenn sie das nicht täte, würde er jede Verantwortung für eventuelle Folgen ablehnen. Das schien sie endlich zu überzeugen, und sie sagte, sie käme mich holen.

Als sie schließlich abends im Lager ankam, war sie stinksauer. Sie beruhigte sich auch nicht, als sie sah, daß ich wirklich in einer schlimmen Verfassung war. Da sie die anderen Kinder nicht allein im Haus lassen wollte, hatte sie Janice, Diana und George junior mitgebracht. Ohne ein Wort zu sagen, stopfte sie mich auf den Rücksitz des Wagens und fuhr los.

Während der ganzen Fahrt schimpfte sie lauthals darüber, daß sie so weit hatte fahren müssen. Und daß die Straßen so schlecht wären. Und daß sie nicht daran gewöhnt wäre, in den Bergen rumzukurven. Und daß es so schwierig gewesen wäre, jemanden zu finden, der Kate vom Tanzunterricht abholt. Nicht ein einziges Mal fragte sie, wie es mir ginge, hatte kein tröstendes Wort für mich, tat nichts, um mir zu helfen. Sie hatte nicht einmal die Hand auf meine Stirn gelegt, um nach dem Fieber zu fühlen.

Als wir zu Hause ankamen, war sie immer noch fürchterlich wütend. Sie stieg aus, schlug die Wagentür zu und stürmte ins Haus. Mich ließ sie einfach auf dem Rücksitz liegen. Ich war inzwischen von Fieberpusteln übersät und konnte kaum mehr klar denken. Ich taumelte, mehr kriechend als gehend, ins Haus und schleppte mich in mein Bett.

Als mein Vater am nächsten Morgen von der Arbeit kam, war er sehr erstaunt, mich zu Hause und so schlimm krank vorzufinden. Er war fassungslos, daß meine Mutter die Sache so leichtfertig verschleppt hatte. Ich habe ihn in nüchternem Zustand nie so wütend mit meiner Mutter herumschimpfen hören. Er schrie auch noch auf sie ein, als er mich schon aus dem Bett hob und vorsichtig zu seinem Wagen trug. Er fuhr mich zum Krankenhaus. Leah kam auch mit.

Die Ärzte diagnostizierten eine akute Blinddarmentzündung bei mir. Ich mußte sofort operiert werden. Als die Schwestern mir zur Vorbereitung auf die Operation die Bauchdecke rasierten, kam mein Vater zu mir und sprach beruhigend auf mich ein, während meine Mutter an der Wand lehnte und aus dem Fenster starrte.

Jahre später, als meine Familie in einer viel schlimmeren Krise steckte und einige von uns versuchten, wieder zueinanderzufinden, obwohl echte Familienbande eigentlich nie existiert hatten, sprach ich Leah einmal auf den Vorfall im Zeltlager an. Ich hatte die leise Hoffnung, daß ich in meiner Erinnerung den Schrecken des Ereignisses stark aufgebauscht hätte. Zuerst stritt sie ab, an diesem Tag meine Gesundheit, vielleicht sogar mein Leben leichtfertig aufs Spiel gesetzt zu haben. Aber dann verfiel sie wieder in die alten Nörgeleien – das Lager wäre so weit weg und die Straßen dahin wären so schlecht und kurvenreich gewesen, und sie hätte auch so viele Schwierigkeiten mit den anderen Kindern gehabt. Sie behauptete auch, die Zeit bis zu ihrem Eintreffen wäre mir übertrieben lang vorgekommen, weil ich noch ein ungeduldiges Kind gewesen sei. Damals waren aber auch ein Nachbarskind und seine Mutter im Lager gewesen, und beide hatten sich erinnert, daß ich schon vor dem Frühstück sehr krank war und daß meine Mutter erst in der Abenddämmerung ankam, um mich zu holen. Ich bin in dieser Nacht fast gestorben, und Leah wußte das, aber auch zwanzig Jahre später tat sie immer noch so, als sei ich damals eine Nervensäge und sie ein geplagtes Opfer gewesen.

Die Immobiliengeschäfte meines Vaters liefen gut, und 1971 zogen wir in ein größeres Haus am Beach Park Boulevard, einer renommierten Gegend am Strand der Bucht von Foster City. Ein Deich, ideal für Spaziergänge und Radfahrten, blockierte zwar im Untergeschoß die Sicht auf die See, aber aus dem ersten Stock konnten wir fast die ganze Bay überblicken. Links sahen wir die sich endlos dahinziehende San-Mateo-Brücke, über die die Staatsstraße 92 nach Hayward führt. Wir hatten in diesem Haus zwar zusätzlichen Komfort, aber die Situation innerhalb der Familie änderte sich nicht. Sie war so schlimm wie immer, und Janice taufte unser neues Haus auch sofort ›Auschwitz.‹

Mein Vater und meine Mutter stritten sich mehr denn je, und er ließ ebenso häufig seine Wut an uns Kindern aus. Er machte uns das Leben zur Hölle. Eine Zeitlang war er ein wenig von uns abgelenkt, als er sich in einen Kampf stürzte, den die Feuerwehrleute gegen die Stadt San Mateo wegen der Gründung einer Gewerkschaft führten. Er hatte zwar keine offizielle Funktion in der Gewerkschaft, aber er machte sich zu einem der Wortführer und kämpfte verbissen um einen Erfolg. Es kam zu einem Streik, und schließlich setzte sich die Gewerkschaft durch. Ein paar Jahre später gab mein Vater seinen Job bei der Feuerwehr auf.

Wir Kinder gingen jetzt in die Browditch Middle School. Der Schulweg war viel länger als im Harvester Drive. Es fiel mir immer noch schwer, Freunde zu gewinnen, und auch die Hänseleien wegen meiner roten Haare und der Sommersprossen hörten nicht auf. Von der vierten bis zur elften Klasse hatte ich kaum Freunde.

Als ich elf war, meinte ich, es müßte eigentlich Spaß machen, im Schulorchester mitzuspielen. Da das künstlerische Interesse meiner Mutter beim Tanz endete, konnte ich sicher sein, daß sie mir kein Musikinstrument finanzieren würde. In der Schule fand sich aber niemand, der das Waldhorn spielen wollte, und so bot der Musiklehrer an, einem interessierten Schüler dieses Instrument kostenlos zur Verfügung zu stellen. Ich ergriff die Chance, Mitglied des Orchesters werden zu können und fing sofort mit dem Unterricht an. Täglich schleppte ich das Instrument, das fast so groß war wie ich selbst, von unserem Haus zur Schule und zurück.

Wir Kinder bekamen fünfundzwanzig Cent Taschengeld in der Woche; es spielte dabei keine Rolle, wieviel wir an den Häusern unseres Vaters mitarbeiteten. Aber selbst wenn wir sehr fleißig gewesen waren, vergaß unser Vater oft, uns unseren Quarter zu geben, und aus Angst, ihn wütend zu machen, wagten wir nicht, ihn daran zu erinnern. Um mir ein bißchen Geld zu verdienen, fing ich an, in der Nachbarschaft als Babysitter zu arbeiten. Eine Familie, für die ich regelmäßig auf die Kinder aufpaßte, die Diricksons, brachte mich dazu, meine Ansichten über das Leben und die Menschen zu ändern.

Die leiblichen Kinder der Diricksons waren schon groß, und so nahmen sie immer wieder Pflegekinder zu sich, auf die ich ein- oder zweimal in der Woche aufpaßte. Ich hatte den Behauptungen mancher meiner Klassenkameraden nicht geglaubt, sie hätten ein glückliches Familienleben. Bei Besuchen bei ihnen zu Hause sah es zwar manchmal so aus, aber ich war überzeugt, wenn die Familie unter sich war, dann ging bei ihnen derselbe Terror los wie bei uns. Väter prügelten nun mal ihre Kinder, das war ganz normal, und *alle* Väter taten es. Als ich die Dirickson-Familie näher kennenlernte, sah ich, daß ich nicht recht gehabt hatte.

Ich war sehr gerne bei ihnen im Haus. Die Familienmitglieder waren freundlich zueinander und kamen gut miteinander aus. Immer war genug zu essen da, auch gute Sachen, und Mr. und Mrs. Dirickson waren sehr großzügig zu mir. Ich liebte diese Menschen und beobachtete sie deshalb sehr sorgfältig. Schon nach ein paar Abenden in ihrem Haus war mir klar, daß der Vater, Jack Dirickson, *die Kinder niemals schlug*. Ich sah, daß sie überhaupt keine Angst vor ihm hatten, und einige der Pflegekinder kamen aus ganz schwierigen Verhältnissen und waren nicht leicht zu behandeln. Ich scheute mich natürlich, die Kinder zu fragen, ob sie manchmal verprügelt würden, aber ich war ganz sicher, daß es tatsächlich nicht vorkam. Das war eine völlig neue Erkenntnis für mich. Wenn man dauernd angebrüllt, gedemütigt und geschlagen wird, dann kommt man zu dem Glauben, *alle* Kinder wären ein Dorn im Fleisch *aller* Erwachsenen. Wahrscheinlich hilft einem der Glaube, es wäre überall dasselbe, mit der eigenen schlimmen Situation besser fertig zu werden.

Ich fand bei den Diricksons auch heraus, daß ich eine starke mütterliche Ader hatte. Ich merkte, daß ich Kinder liebte. Es machte mir Spaß, sie zu umsorgen – für sie Essen zu richten, aufzuräumen, es ihnen schön zu machen. Es freute mich zu sehen, daß die beiden Diricksons ebenfalls Kinder liebten – auch mich. Das war etwas ganz Neues für mich. Es war beglückend zu erfahren, wie freundlich und warmherzig sie zu mir waren. Wenn ich meine Arbeit getan hatte, fühlte ich mich immer eingeladen, noch ein wenig mit ihnen zusammenzusitzen. Sie hatten Zeit für mich und schoben mich nach getaner Arbeit nicht einfach aus der Tür.

Die ungewohnte Wärme und das Gefühl, akzeptiert zu werden, haben wahrscheinlich auch zu einer anderen neuen Entwicklung in meinem Leben beigetragen. Ich schwärmte zum ersten Mal für einen Jungen, und zwar für Michael, einen der Söhne der Diricksons. Ich fand ihn außergewöhnlich hübsch.

Viele Jahre später sollte Michael Dirickson auf seltsame Weise wieder in meinem Leben auftauchen.

Während ich erfuhr, daß Wutanfälle, Streit und Gewalt nicht die Regel im Familienleben waren, verschlimmerte sich die Situation zwischen meinem Vater und meiner Mutter immer mehr. Sie stritten unaufhörlich miteinander, und ihre Auseinandersetzungen nahmen immer häßlichere Formen an. Sie überhäuften sich gegenseitig mit Vorwürfen; er sie wegen ihres Versagens als Mutter, sie ihn wegen seiner Wutanfälle, und gegenseitig warfen sie sich übermäßigen Alkoholgenuß vor. Schließlich wurde die Scheidung eingereicht. Damit verschoben sich die Inhalte ihrer Auseinandersetzungen von gegenseitigen Vorwürfen über das Versagen als Mensch zu häßlichem Gerangel darüber, wer bei der Scheidung was aus dem Haushalt bekommen sollte.

Der Krach zwischen ihnen spitzte sich so zu, daß mein Vater auszog. Das brachte zwar Leah nicht dazu, netter zu uns Kindern zu sein, aber es verbesserte die Atmosphäre im Haus natürlich enorm, da die Gewalttätigkeiten aufhörten. Ich kann mich nicht erinnern, daß George nach der Trennung von Leah noch jemals gegen eines von uns Kindern gewalttätig wurde.

Die Religion hatte in meinem Leben bisher keine Rolle gespielt, da meine Eltern keine Kirchgänger waren und uns Kinder auch nicht dazu anhielten. Die einzige Verbindung zu meinem Katholizismus waren meine Großeltern DeBernardi. Wenn ich sie besuchte, nahmen sie mich mit in die Kirche, und wenn Großmutter Marie die Orgel spielte, durfte ich bei ihr auf der Empore sitzen. Mir gefiel das. Es war so still und friedlich dort oben. Es kam mir so vor, als wäre ich dem lieben Gott ganz nahe.

Kurz bevor ich in die High School kam, erwachte mein Interesse an der Religion. Ich schloß mich einer überkonfessionellen christlichen Gemeinde an. Leah ging auch mit in diese Kirche; auch sie war anscheinend auf der Suche nach mehr Tiefe in ihrem Leben. Ich engagierte mich einige Zeit in der Jugendgruppe dieser Gemeinde. Ich war mit Leib und Seele dabei und nahm den religiösen Teil sehr ernst.

Einige Monate später lernte ich einen Freund kennen, einen Mann, der auf mein Leben großen Einfluß nehmen sollte. Diana und eine Klassenkameradin hatten einen Nebenjob in einem Schnellimbiß angenommen. Dort kam regelmäßig ein älterer Mann hin, der sich mit den beiden Teenagern anfreundete. Sein Name war John Dorick. Er war Pensionär, Witwer, um die fünfundsechzig, und er hatte viel Zeit. Wenn in der Imbißstube nicht viel los war, setzte er sich an die Theke und machte ein Schwätzchen mit den Mädchen. Er war nett, und die Mädchen mochten ihn.

John hatte ein sehr schönes Apartment in der Nähe der Imbißstube. Als ich ihn kennenlernte, interessierte er sich sofort für mich, und es entwickelte sich eine feste, ganz und gar platonische Freundschaft zwischen uns. Einige Jahre später, als ich zu Hause ausgezogen war, lebte ich einige Zeit bei ihm in seinem Apartment. Er verhielt sich immer absolut korrekt mir gegenüber, und ich verdanke ihm sehr viel. So brachte er mir zum Beispiel richtiges Auftreten und Benehmen bei, Dinge, um die sich bei uns zu Hause niemand gekümmert hatte.

Ich kam in die San Mateo High School, und im ersten Jahr war ich dieselbe graue Maus und genausowenig beliebt wie in der Bowditch Middle School. Eines Tages fragte mich ein Junge aus meiner Klasse, warum ich eigentlich jeden Tag mit denselben Klamotten in die Schule käme. Ich wußte nicht, was er meinte. Er erklärte es mir: »Du hast immer nur dieselben dreckigen Jeans und T-Shirts an. Warum ziehst du nicht mal was Nettes an?«

Ich war zutiefst verstört. Bisher hatte ich mir nie Gedanken darüber gemacht, wie ich angezogen war. Wenn mir irgendwelche Kleidungsstücke nicht mehr paßten oder verschlissen waren, fand Leah immer was, aus dem Kate oder Janice rausgewachsen waren. Manchmal kaufte ich mir auch kleinere Sachen von meinem Babysitter-Geld. Ich hatte immer was zum Anziehen; es war mir nie in den Sinn gekommen, daß andere Leute sich Gedanken darüber machen könnten, *wie* ich gekleidet war.

Jetzt sah ich mir bewußt an, wie die anderen aussahen, und zu meinem Erstaunen stellte ich fest, daß die meisten Mitschülerinnen fast jeden Tag in anderen, oft schicken Sachen zur Schule kamen. Mir wurde plötzlich klar, wie schäbig ich aussah und wohl immer ausgesehen hatte. Ich war so verstört, daß ich ein paar Tage nicht zur Schule ging.

Als ich dann wieder hinging, bat ich darum, in einen Kurs eingegliedert zu werden, den man gerade versuchsweise eingerichtet hatte. Er wurde *Small School* genannt. Es handelte sich um ein freiwilliges Lernprogramm für Schüler, die meist intelligenter, aber auch schwieriger als die anderen waren oder emotionale Probleme oder Konzentrationsschwierigkeiten hatten. Der Lehrstoff war vornehmlich auf Themen des menschlichen Sozialverhaltens ausgerichtet, und die Leistung wurde nicht in Tests bewertet, sondern in wöchentlichen Besprechungen mit den Lehrern aufgrund der Mitarbeit erörtert und beurteilt. Die Schüler konnten die Geschwindigkeit des Lernfortschritts selbst bestimmen. An der Schule sagte man von dem Kurs, er wäre für ›Stoners‹ – Marihuana-Raucher – eingerichtet worden und es wären hauptsächlich Hippie-Typen darin, aber das stimmte nicht, es waren mindestens genauso viele normale, nette Kinder in der Small School wie ein wenig verkorkste. Jedenfalls ging es in dem Kurs viel lockerer zu als in den normalen Klassen, und das war für die meisten von uns gut und führte auch zu Erfolgen. Für mich war die *Small School* besonders gut, denn ich fing an, Freundschaften zu schließen.

Der erste war ein fröhlicher Junge namens Ricky Mendelson; dann wurde ein Mädchen, Regina Chin, zu meiner besten Freundin. Ricky und ich waren gern beieinander und gingen abends oft zum Rollschuhlaufen oder ins Kino. Ich freundete mich auch mit einem anderen Schüler an, einem hübschen Jungen namens Todd Kirk. Er hatte braunes Haar und enorm große grüne Augen und wohnte ganz in unserer Nähe. Ricky hatte ein Auto und holte uns jeden Morgen ab, zuerst mich, dann Todd, dann Regina, dazu kam dann noch ein hübsches blondes Mädchen namens Lisa Silverstein, die auch in der *Small School* war und die ich schon aus der Middle School kannte. Wir verstanden uns prima, und die Fahrten zur und von der Schule wurden für mich zu den Höhepunkten des Tages. Zum ersten Mal in meinem Leben gehörte ich zu einer Gruppe von Freunden, zu einer Clique. Todd ging übrigens mit Aimee Alotta, dem früheren Nachbarmädchen aus dem Harvester Drive, die inzwischen zu einem hübschen Mädchen herangewachsen war.

Lisa Silverstein erinnert sich an Eileen als ein witziges, ehrliches Mädchen, das ganz aus sich herausging – bis auf einen Punkt. »Jeder von uns hatte natürlich hin und wieder Probleme mit den Eltern. Wir sprachen dann mit den anderen darüber. Ich meine, ich hatte eine großartige Familie, wir mochten uns, und alles war in Ordnung, aber manchmal gab's auch Krach mit meiner Mutter oder meinem Vater, das ist ja ganz normal, und dann habe ich das mit den anderen besprochen. Todd und Ricky machten es genauso. Aber Eileen nicht. Nie. Ich wußte, daß sie große Probleme zu Hause hatte. Eines Morgens sah ich, daß sie schlimm geheult hatte. Abe sie sprach nicht darüber, das tat sie nie, nicht mal, wenn man sie fragte, was sie denn für Probleme hätte.«

Als die Scheidung der Franklins schließlich vollzogen wurde, kam Leah finanziell gut dabei weg. Sie erhielt das Verfügungsrecht über die Hälfte von Georges Häusern, damals fast zwanzig, wobei man davon ausging, daß die Masse des Vermögens für die College-Ausbildung der Kinder aufzuwenden sei. Aber Leah hatte da andere Vorstellungen. Als erstes nahm sie an einer intensiven, kostspieligen Abmagerungskur teil, dann kleidete sie sich von Kopf bis Fuß neu ein, und sie kaufte sich auch ein neues Auto, ein VW-Rabbit-Coupé, in dem höchstens drei Leute Platz hatten – eine seltsame Wahl für eine Mutter mit fünf Kindern im Haus.

Leah investierte auch einiges von ihrem neuen Reichtum in Gruppen-Psychotherapie. Das war aber ein Fehlschlag, wie Janice sich erinnert: »Man hat sie nach einiger Zeit rausgeschmissen, weil sie den Anforderungen nicht genügte. Man sagte ihr, sie solle wiederkommen, wenn sie gelernt hätte, die Wahrheit zu sagen.« 1978 sprach Janice ihre Mutter auf ein heikles Thema an: »Ich erzählte ihr alles über den sexuellen Mißbrauch, den mein Vater mit mir getrieben hatte und wie sehr ich darunter gelitten hatte. Sie schleppte mich sofort zu einem Psychotherapeuten, war aber dann sehr erstaunt, als dieser ihr erklärte, es wäre mehr als eine Sitzung nötig, um den psychischen Schaden bei mir, wie groß oder klein er auch sei, zu beheben.«

Dann wurde Leah vom Reisefieber gepackt. Als erstes machte sie eine Kreuzfahrt nach Mexiko, dann mehrere Reisen nach Asien und Europa. Ihre Bekannte aus der Nachbarschaft, Fay Munier, meinte dazu: »Ich bewunderte sie. Nach einer Scheidung sitzen die meisten Frauen rum und vergehen vor Selbstmitleid. Nicht so Leah. Sie nahm ihr neues Leben fest in die Hand und gestaltete es positiv.« Andere betrachteten Leahs neues Leben mit weniger Bewunderung. Die Scheidungsvereinbarung sah vor, daß das ihr zugesprochene Vermögen für sie *und die Kinder* zu verwenden sei, und die Kinder brauchten vor allem eine gute schulische oder praktische Ausbildung und, wenn sie auf eigenen Füßen stehen sollten, auch Autos. Aber Leah gab kaum Geld für die Kinder aus, sie verbrauchte fast alles für sich. Die Speisekammer, die früher wenigstens an George Franklins freien Tagen aufgefüllt wurde, blieb jetzt meistens leer.

Zur Überraschung vieler Leute einschließlich der Kinder schrieb sich Leah an einer Rechtsakademie ein und arbeitete fieberhaft vier Jahre lang, um den Abschluß zu erreichen. Sie schaffte es und wurde als Anwältin vor Gericht zugelassen. Diesen Erfolg hätte man als Musterbeispiel für den Befreiungskampf einer unterdrückten, geknechteten Frau werten können, wenn er nicht zu Lasten der existentiellen Bedürfnisse ihrer fünf Kinder gegangen wäre. Von dem Vermögen aus der Scheidung blieb nicht viel übrig, und Leah teilte den Kindern kaltlächelnd mit, daß für keines von ihnen eine College-Ausbildung in Frage käme, weil kein Geld dafür vorhanden sei.

Einige der Kinder trafen ihren Vater regelmäßig. Er lebte inzwischen mit einer jungen Frau namens Karen zusammen. Sie war schlank und groß, hatte mandelförmige grüne Augen und viel Sinn für Humor. Die beiden wohnten in einem Apartment in Mountain View, einer Stadt südlich von Palo Alto. Karen, die eine blinde Tochter und einen Sohn namens Manuel hatte, überschlug sich fast, nett zu den Kindern ihres Freundes zu sein. Eileen erinnerte sich später: »Alle Freundinnen meines Vaters waren nett zu mir, ganz bestimmt netter als Leah. Als George und Karen auseinandergingen, war ich sehr enttäuscht, denn ich hatte Karen sehr gern.«

Als Janice achtzehn wurde, eröffnete ihr Leah unumwunden, sie müsse jetzt aus dem Haus und zusehen, daß sie allein zurechtkäme. Janice war besonders hilflos, weil sie keinen Führerschein hatte, in Kalifornien eine unbedingte Voraussetzung, irgendwo einen Job annehmen zu können. Sie hatte immer den Verdacht, daß Leah ihr absichtlich nicht die Möglichkeit geboten hatte, den Führerschein zu machen, weil Janice dann für notwendige Fahrten auf George und Karen angewiesen war, damit den beiden auf die Nerven ging und so zu einer Belastung für das Liebesverhältnis wurde. Wie Leah spekuliert hatte, zog Janice tatsächlich zu den beiden, aber der Plan ging dennoch nicht auf, weil Karen Janice das Autofahren beibrachte und ihr den Erwerb des Führerscheins finanzierte.

EILEEN

Als ich siebzehn war, ging mit mir eine einschneidende Veränderung vor. Aus der Aufmerksamkeit, die ich bei Jungen hervorrief, durfte ich schließen, daß ich eigentlich ganz attraktiv sein mußte. Für jemanden, der der festen Meinung war, er sähe höchstens spaßig, aber keinesfalls gut aus, ist die Erkenntnis, das könnte sich geändert haben, ein unglaublich beglückendes Erlebnis. Ich schwebte im siebten Himmel, und dem Himmel schrieb ich diese Wandlung auch zu. In meiner Phase der Hinwendung zur Religion hatte ich jeden Abend gebetet, Gott möge mich zu einem schönen Mädchen machen, damit die Leute endlich aufhörten, mich zu hänseln. Und ich war überzeugt, daß niemand außer Gott selbst ein solches Wunder vollbracht haben konnte. Ich hatte außer dem kläglichen Versuch mit dem Lidschatten nie Make-up benutzt. ›Es bringt ja doch nichts, du machst dich höchstens lächerlich‹, hatte ich gedacht.

Im ersten Jahr auf der High-School fragte mich Todd, ob ich mit ihm zum Siegerball nach dem großen Footballspiel San Mateo gegen Burlingame gehen wolle. Todd galt als der bestaussehende Junge an der Schule, und ich war sehr geschmeichelt. Meine Mutter sprang über ihren Schatten und kaufte mir ein Kleid – weiß, rückenfrei mit Nackenband, wie es Marilyn Monroe auf dem berühmten Foto trägt, auf dem der Wind den Rock hochwirbelt. Es war das eleganteste, femininste Kleid, das ich jemals hatte.

Ich entschloß mich, am Ballabend Make-up aufzulegen. Kate arbeitete damals bei Macy's und hatte einen von diesen großen Make-up-Kästen mit sechs verschiedenen Farbtönen für alle möglichen Verschönerungen. Sie lieh mir den Kasten, aber da ich keine Ahnung hatte, wie man mit dem Zeug umgeht, bat ich sie um Hilfe. Sie wurde ungeduldig: »Hier ist das Make-up – leg's einfach auf, da kann man doch nicht viel falsch machen.«

Ich wußte nicht, wo ich anfangen sollte. Hilflos saß ich da, schließlich fing ich an zu heulen. Da hatten wir nun diesen wunderschönen, aufregenden Tag, den Ball des Jahres – und ich wußte mir mit dem Make-up nicht zu helfen. Janice und ihre Freundin Joanne Lutz kamen ins Zimmer. Als sie sahen, wie aufgelöst ich war, drängten sie Kate, mir doch zu helfen. Sie tat das dann auch, aber nur widerwillig und ganz kurz: »Das kommt da hin und das da hin.« Ich machte ein paar Versuche und war hingerissen, wieviel hübscher ich plötzlich aussah. Zu guter Letzt legte ich nur Lidschatten und ein wenig Rouge auf, nicht einmal Lippenstift, wenn ich mich recht erinnere. Es war unglaublich, wie mich schon diese wenigen Mittel veränderten. Mein Gott, dachte ich, ich bin so viel hübscher als vorher! Ich war schrecklich aufgeregt. Kate sagte mir noch, ich solle Haarspray aufs Gesicht sprühen, damit das Make-up auch hält.

Bei dem Ball saßen wir mit Ricky Mendelson und seiner Ball-Freundin an einem Tisch. Ricky starrte mich dauernd an.

»Warum guckst du so?« fragte ich.

»Weil du so wunderschön aussiehst«, antwortete er. Er war anscheinend völlig verwirrt. »Ich kann's nicht glauben, Eileen, du siehst einfach phantastisch aus!«

Er sagte das mindestens noch fünfmal. Ich weiß noch gut, wie ich an diesem Abend im Bett lag und Gott dafür dankte, daß er meine Gebete erhört hatte. Ein paar Tage später sagte ich mir: »Okay, Eileen, du siehst also gut aus. Jetzt mußt du dran arbeiten, gescheit zu werden.«

Auch nachdem mein Vater ausgezogen war, hielt ich die Verbindung zu ihm aufrecht. Meiner Mutter gefiel das gar nicht. George hatte uns gesagt, wir sollten anrufen, wenn wir ihn sehen wollten. Er selbst rief nur ungern bei uns an, um uns zu einem Besuch einzuladen, weil Leah meistens am Telefon war und es dann sofort wieder Krach gab. Wie das Haus meiner Großeltern in früheren Jahren an vielen Wochenenden mein Fluchtort gewesen war, so wurde jetzt die Wohnung meines Vaters für mich ein sicherer Hafen, in den ich mich zurückziehen konnte. Das machte Leah wütend. Sie wollte nicht, daß ich meinen Vater so oft besuchte. Leah und ich waren uns nach dem Auszug meines Vaters nicht nähergekommen, wir waren im Gegenteil eher zu verbissenen Feinden geworden. Nach jedem Telefongespräch mit ihm und jedem Besuch bei ihm schimpfte sie auf mich ein. Ich ließ mir das inzwischen nicht mehr gefallen und schimpfte zurück. Wenn sie für mich keine vorbildliche Mutter war, dann war ich inzwischen für sie ganz bestimmt auch keine demütige Mustertochter mehr.

Ich erzählte meinem Vater von dem feindseligen Verhältnis zwischen Leah und mir, und er meinte, ich wäre sicher glücklicher, wenn ich eine Zeitlang mal woanders leben würde. Nachdem meine Mutter zugestimmt hatte, schickte mich mein Vater den Sommer über zu seiner Mutter und zu seinen Schwestern und Nichten nach Florida. Mir gefiel es sehr gut dort. Ich wurde mit der sprichwörtlichen Gastfreundschaft der Südstaatler verwöhnt, bekam wunderbares Essen nach den Rezepten der Großmutter und wurde zu vielen interessanten Ausflügen eingeladen. Plötzlich war mein Leben ganz friedlich, niemand keifte mich an oder schimpfte mit mir rum. Ich vermißte Diana, aber sonst hatte ich kein Verlangen, zurück nach Foster City zu gehen. Am Ende des Sommers fragte mich mein Vater, ob ich länger in Florida bleiben möchte. Ich sagte ihm, ich hätte keine Lust, wieder bei Leah zu sein, und so schrieb man mich an der örtlichen High School ein. Ich fühlte mich von meinem Vater sehr umsorgt und war ihm sehr dankbar, daß er mich vor der feindseligen Leah beschützte.

Kurz nachdem die Schule begonnen hatte, rief meine Mutter mich an und sagte, sie vermisse mich sehr und bat mich, mir das doch zu überlegen und zu ihr zurückzukommen. Ich sagte ihr, ich hätte das Gefühl, sie würde mich hassen. Sie wies das empört zurück und schwor, sie liebe mich und vermisse mich und bräuchte mich – Worte, nach denen ich mich jahrelang so sehr gesehnt hatte. Ich entschloß mich, nach Foster City zurückzukehren.

Meine Mutter hatte gesagt, sie würde mich am Flughafen abholen, aber als ich ankam, war niemand da. Ich war wahnsinnig enttäuscht und fing an zu heulen. Ich fragte mich, ob sie mich überredet hätte, zurückzukommen, um mich dann auf dem Flughafen sitzen zu lassen und mir damit zu sagen, daß sie mich nicht mochte. Als ich zu Hause anrief und Janice mir sagte, meine Mutter würde schlafen, heulte ich noch mehr.

Schließlich kam sie an den Apparat und sagte, sie hätte vergessen, daß ich heute ankäme, sie würde aber sofort losfahren und mich abholen. Während ich wie ein Häufchen Elend im Warteraum saß, wurde mir klar, daß ich einen großen Fehler gemacht hatte. Mein Vater hätte bestimmt niemals vergessen, mich vom Flugplatz abzuholen. Er war sehr fürsorglich gewesen und hatte mich zu seinen Verwandten geschickt, damit ich nicht länger unter Leahs feindseliger Behandlung zu leiden hatte, aber ich dumme Kuh rannte nach einem einzigen netten Telefonanruf meiner Mutter wieder zu ihr zurück.

In der Mitte ihrer Teenagerjahre kam es bei Eileen innerhalb kurzer Zeit zu einigen bedeutsamen Veränderungen, die ihr Leben positiv beeinflußten. Sie hatte sich nicht nur vom häßlichen Entlein zum hübschen Schwan gemausert, sie hatte zum ersten Mal auch einen Freundeskreis, und die permanente Bedrohung durch ihren brutalen Vater war von ihr genommen. Die Befreiung von der seelischen Einsamkeit, den dauernden Selbstzweifeln und dem vom Vater ausgeübten Terror brachten viele neue Facetten ihrer Persönlichkeit ans Tageslicht. Nicht alle waren positiver Natur. Als ob sie die Jahre des demütigen Duckmäusertums wettmachen müsse, entwickelte sie sehr schnell eine Attitüde des übersteigerten Selbstbewußtseins, ja der Großspurigkeit. Plötzlich stürzte sie sich in die gewagtesten Abenteuer, was Alkohol, Drogen und Sex anging. Ihre männlichen jungen Freunde, seltsamerweise meist Homosexuelle, förderten dieses leichtfertige Verhalten, stachelten es sogar an. In ihrer Erinnerung waren die ersten sexuellen Erfahrungen nicht besonders erfreulich, sondern eher hitzige, unangenehme Abstrampeleien ohne viel Liebe oder Zärtlichkeit.

Sie schaffte den Abschluß der High School nicht. Es gab in ihrem Leben keinen Erwachsenen, der sie zum Erreichen dieses Ziels anhielt. Sie besuchte kaum mehr den Unterricht, sondern legte den Schwerpunkt ihrer Aktivitäten auf das Nachtleben, und das spielte sich vornehmlich im Schwulenmilieu ab, obwohl Eileen ganz eindeutig und ohne Einschränkung heterosexuell veranlagt war.

Noch während der High-School-Zeit war die Lieblingskneipe der Clique um Eileen eine Schwulenbar namens ›Answer‹ in Redwood City, einer Stadt ein paar Meilen südlich von Foster City. Nach allem, was Eileen während ihrer Kindheit durchgemacht hatte, war es nicht überraschend, daß sie die eine oder andere seltsame Verhaltensweise mit ins Erwachsenenleben brachte. Ihre Affinität zu männlichen Homosexuellen wurde in den Jahren, als sie auf eigenen Füßen stand, noch ausgeprägter.

Einige Jahre später erklärte Eileen ganz offen, daß sie heterosexuelle Männer im Grunde nicht mochte. Diese Einstellung beruhte, wie sie meinte, auf den negativen Erfahrungen, die sie mit ihnen als junge Frau gemacht hatte. Zweifellos war diese Voreingenommenheit aber auch auf ihre Kindheitserfahrungen mit der männlichen Brutalität zurückzuführen, auch wenn sie sie zum Teil in ihr Unterbewußtsein verbannt hatte. Ihr Dilemma war, daß sie Spaß und Befriedigung nur im Sex mit Männern fand. Sie fühlte sich wohl in den Schwulenbars, aber es zog sie doch oft auch in ›normale‹ Lokale. Wegen der intensiven, liebevollen und doch nicht auf Sex ausgerichteten Freundschaften mit homosexuellen Männern gehörte diese Zeit zu den glücklichsten in Eileens Leben. Zum ersten Mal fühlte sie sich in eine hilfsbereite, füreinander einstehende Familie eingebettet.

Im Kreis der homosexuellen Männer konnte sie Kontakt pflegen, ohne sich vor sexueller männlicher Begierde, die ihr zuwider war, fürchten zu müssen. Die sexuelle Freizügigkeit ihrer schwulen Freunde paßte gut zu ihrem fast zügellosen Drang, mit allem, was ihr Aufregung verschaffte, zu experimentieren. Sie teilte die offene Verachtung dieser Outsider für die spießige ›normale‹ Welt mit ihren Voreingenommenheiten und Ungerechtigkeiten, und in dieser Haltung hatte sie ein Ventil für den üblichen pubertären Drang, sich gegen die Ungerechtigkeiten dieser Welt aufzulehnen. Aus dem scheuen, verängstigten, gehänselten Kind Eileen war eine attraktive, selbstbewußte, unternehmungslustige junge Frau geworden.

Sie war wirklich attraktiv mit ihrem ausgesprochen hübschen Gesicht, dem wunderschönen, langen roten Haar und der aufregenden Figur. Da sie meist die einzige normal veranlagte Frau in der Schwulenbar war, fanden die hin und wieder auch dort einmal anwesenden heterosexuellen Männer sofort den Weg zu ihr. Eileen gab sich nach außen hin abgebrüht und naßforsch, aber niemand, der sie näher kannte, zweifelte an ihrer Gutherzigkeit und Sensitivität. Die Männer in der Clique betrachteten sie als eine aufopfernde, absolut loyale Freundin.

Später, als sie auf dem Feld der Frau-Mann-Beziehung etwas erfahrener war, entdeckte sie andere Aspekte des Schwulenmilieus, die ihr gefielen. »Ich mochte die Atmosphäre in den normalen Lokalen nicht. Wenn ich einen Typ fragte, ob er mal mit mir tanzen wollte, dann meinte der gleich, das wäre zugleich auch eine Aufforderung zum Geschlechtsverkehr. Alle Leute dort waren so entsetzlich voreingenommen und sexuell verklemmt. In Schwulenbars kam es – natürlich – nicht vor, daß mich die Männer abschätzend musterten, ob sie eine Chance hätten, daß ich sie ranlassen würde. Deshalb empfand ich die Atmosphäre in Schwulenlokalen für mich immer entspannend und harmonisch. Ich konnte unverkrampft meinen Spaß haben, und wenn ich zum Beispiel mal Lust auf ein Billardspiel hatte, dann konnte ich irgendeinen der Jungs fragen, ob er mitmachen wolle, ohne gleich das Gefühl haben zu müssen, ich hätte mich auf einem Silbertablett für weiß-Gott-was angeboten.«

Als Eileen eines Nachts aus dem ›Answer‹ nach Hause kam, erklärte ihr Leah, sie würde ja jetzt bald achtzehn, und es wäre Zeit, daß sie aus dem Haus verschwinden würde. Eileen war entsetzt. Sie gab später zu, daß sie damals mehrere Nächte hintereinander sehr spät nach Hause gekommen war. Ein paar Tage vorher war sie dazu auch noch in einen leichten Autounfall verwickelt gewesen, und Leah hatte behauptet – fälschlicherweise, wie Eileen betont –, er wäre auf Marihuana-Konsum zurückzuführen. »Ich weiß nicht, welches ihre wirklichen Gründe dafür waren, mich rauszuschmeißen«, sagte Eileen, »aber es kam für mich völlig unerwartet. Sie hatte vorher nie davon gesprochen. Kein Wort. Und jetzt sagte sie einfach: ›Mach, daß du verschwindest.‹ Eine grausame Methode.« Ihr Vater half ihr, einen Job in einer Maklerfirma zu finden und setzte durch, daß sie von Leah ihren Anteil aus dem eigens dafür angelegten, wenn auch nicht sehr gut ausgestatteten Kinder-Unterstützungsfonds bekam. Eine Zeitlang wohnte sie bei ihrem Freund Todd, dann zog sie zu Janice.

Aus Anlaß meines neunzehnten Geburtstages nahm mich mein Vater mit auf eine Reise nach Mexiko. Wir fuhren mit seinem Volkswagen-Bus nach Süden bis nach Ensenada. Es war eine harmonische Reise. Wir freuten uns, beieinander zu sein. Die Landschaft entlang unserer Route war bezaubernd. Das Erntedankfest-Dinner hatten wir in Santa Barbara in einem schicken Restaurant direkt am Strand eingenommen, in San Diego tranken wir in einer Bar bis spät in die Nacht hinein Keoki-Kaffee und andere exotische Getränke. In Mexiko bekam ich meinen ersten Margarita. Mein Vater war ein unternehmungslustiger und erfindungsreicher Reisender, und ich kann nur sagen, daß diese Fahrt ein großartiges Erlebnis war – eines der schönsten Geburtagsgeschenke, die ich je bekam.

Kurz nach dieser Reise zog George nach Sacramento, wo er ein heruntergekommenes Apartment-Haus kaufte. Er bat mich, ihm bei der Renovierung zu helfen. Ich gab meinen zweiten Job, wieder in einem Maklerbüro, auf und zog nach Sacramento. Ich half ihm gerne bei der Büroarbeit, aber die körperliche Arbeit in der trockenen Hitze Sacramentos war nicht nach meinem Geschmack. Ich hatte als Kind genug für ihn geschuftet und deshalb kein schlechtes Gewissen, daß ich diesmal nicht bei der Arbeit am Haus selbst mithalf.

Mein Vater hatte einen Teilzeitjob als Kurier für eine Bank. Wir brachten regelmäßig Dokumente von San Francisco nach Sacramento und umgekehrt. Seine Rückenkrankheit ließ keine andere feste Arbeit zu. Sein Lieblingsort für eine Pause bei diesen Fahrten war ein kleines Städtchen namens Bolinas. Er erzählte mir, der Staat Kalifornien hätte schon sechsundzwanzigmal Ortsschilder an den Stadtgrenzen aufgestellt, aber die Einwohner hätten sie genauso oft wieder entfernt, weil sie keine Besucher in ihrem Ort haben wollten. Wir hielten aber dort oft an, um einen Kaffee zu trinken, und es war tatsächlich so, daß die Leute uns sehr abweisend und grob behandelten. Aus irgendeinem Grund gefiel das meinem Vater.

Eine seiner besonderen Fähigkeiten war es, die besten Restaurants auszukundschaften. Auf den Fahrten wußte er immer ganz genau, wo man den besten warmen Apfelkuchen bekam. Wenn ich den Wunsch nach handgemachten Tortillas äußerte, konnte es passieren, daß er zwanzig Meilen vom Weg abwich, um mir die besten weit und breit zu bieten. Wir aßen gerne unterwegs, und er fand immer neue Restaurants mit exotischen Gerichten und schicken Einrichtungen. Es war eine interessante Erfahrung, mit ihm in Sacramento zusammenzusein. Anfangs wohnten wir in einem Haus, das er gerade gekauft hatte, und wir schliefen in Schlafsäcken auf dem Boden. Schließlich aber ging ich zurück in die Bay Area.

5. KAPITEL

Eileen mußte jetzt für sich selbst aufkommen und arbeitete in den verschiedendsten Jobs. Ihre Wohnung teilte sie meistens mit einem ihrer homosexuellen Freunde. Sie hatte auch eine ganze Reihe von Liebesaffären, lebte aber nie mit einem der heterosexuellen Männer zusammen. Die Zeit der Ängste und Komplexe lag hinter ihr, und sie genoß in vollen Zügen ihr neues Selbstbewußtsein und die daraus erwachsende Stärke. Sie traf einen jungen Mann mit Namen Bob Albright, der aus dem Osten in die Bay Area gekommen war, um möglichst weit von seiner Familie entfernt ein homosexuelles Leben zu führen. Er war jedoch noch sehr verunsichert und voller Lebensangst.

»Ich war seelisch völlig aus dem Gleichgewicht«, erinnert sich Albright. »Ich wußte nicht mehr, wer ich überhaupt war und was ich wollte. Ich war psychisch so verkorkst, daß ich mich nicht traute, auf der Straße einen Fremden anzusprechen und ihn nach dem Weg zu fragen. Eileen entschloß sich, aus mir wieder einen Menschen zu machen. Zunächst einmal machte sie mich fertig, zeigte mir, was für eine Null ich war. Mein Gott, sprang die mit mir um! Dann aber möbelte sie mich auf, stärkte meine positiven Anlagen, und dazu gehörte, daß sie mich immer wieder anfauchte, ich solle mich endlich zusammenreißen und erwachsen werden. Sie appellierte an meinen gesunden Menschenverstand, bläute mir ein, ich dürfe mich nicht nur von meinen Gefühlen leiten lassen, sondern müsse endlich auch mein logisches Denkvermögen aktivieren. So wie mit mir sprang sie mit allen Leuten in unserem Bekanntenkreis um, die irgendwelche Probleme hatten. Sie machte sich Sorgen, ihr Freund Todd würde zu viel trinken, und sie machte ihm deswegen die Hölle heiß. Bei mir hatte ihre Methode Erfolg. Sie schaffte es zumindest, daß ich von einem verklemmten Jüngling, der den Mund nicht aufkriegte, zu einem Quasselkopf wurde, der allen Leuten auf die Nerven ging.

Die meisten in unserer Gruppe hatten Probleme mit ihren Familien. Mein Vater zum Beispiel hatte sich angewöhnt, mich immer wieder mal halb totzuprügeln. Wenn ich sah, daß er seine Uhr auszog, fing ich schon an zu zittern, denn das war das Zeichen dafür, daß es losging. Eileen sprach nicht darüber, aber wir wußten, daß sie auch eine ganz schwere Kindheit hatte.«

Eileens ausgeprägte Mutterinstinkte, die sich bei ihr schon als Kind im Umgang mit Diana und später mit den Dirickson-Kindern gezeigt hatten, richteten sich jetzt, skurril genug, auf eine Gruppe junger Homosexueller. »In der Zeit, in der sie mit uns zusammenlebte«, erinnert sich Albright, »wurde Eileen zu unserer Mutterfigur. Sie kümmerte sich rührend um uns. Aber sie wollte auch das Sagen haben. Einer von uns bekam immer wieder Krach mit ihr. Er wollte auch mal bestimmen, was gemacht wurde. Die beiden gingen ganz schön aufeinander los! Aber er kriegte Eileen nicht klein, und unsere Erfahrung zeigte ja auch, daß sie am besten wußte, was gut und richtig für uns war. Sie schaffte es meistens, daß wir uns ihrer Meinung anschlossen. Sie stellte sich aber auch schützend vor uns, das muß man sagen. Eines Tages rief mich meine Mutter an und machte mir die Hölle heiß, ich wäre ein perverser Versager und ich solle mich zusammenreißen und ›normal‹ werden. Eileen hörte eine Weile zu, dann riß sie mir den Hörer aus der Hand und, o Gott, schrie auf meine Mutter ein, daß es nur so krachte! ›Wie können Sie es wagen, Bob solche Schwierigkeiten zu machen? Er ist ein wunderbarer Mensch, Sie sollten froh sein, so einen Sohn zu haben! Sein Leben ist auch so schon schwer genug, hören Sie endlich auf, ihm zusätzlich noch Komplexe und Schuldgefühle einzujagen, zum Donnerwetter!‹ Meine Mutter fiel fast vom Stengel. Was war das für eine Frau bei ihrem schwulen Sohn? Und wieso mischte die sich in ihre Familienangelegenheiten ein und wagte es auch noch, sie zu beschimpfen? Egal, ich war

Eileen jedenfalls sehr dankbar. Sie hatte ein großartiges Talent, schwierige Situationen zu meistern. Und sie hatte auch das richtige Mundwerk dazu.«

EILEEN

Ich hatte damals keine Vorstellungen oder gar feste Pläne für meine Zukunft. Ich wollte nicht heiraten, obwohl ich mir immer Kinder gewünscht hatte. Ohne High-School-Abschluß brauchte ich mir keine großen Hoffnungen auf eine gute berufliche Karriere zu machen, und ich hatte mir auch nie vorgestellt, einmal ein normales Leben führen zu können – oder ein langes mit Altwerden und so. Einige meiner Freunde gingen zur Stanford-Universität, und ich beneidete sie sehr. Sie durften erleben, was für mich ein unerfüllter Traum war. Der hohe Standard ihrer Ausbildung beeindruckte mich, aber ich bewunderte auch ihre Intelligenz und das soziale Ansehen, das sie genossen. Ja, in meinen geheimsten Träumen stellte ich mir vor, ich würde auch zur Stanford-Universität gehen und eine tolle Ausbildung bekommen. Aber ich wußte natürlich, daß das ein phantastischer Wunschtraum war.

Mein Vater hatte mir eine Katze geschenkt, die Twinkle Toes gerufen wurde. Eines Abends ließ sie einer meiner Freunde raus auf die Straße, sie kam unter ein Auto und wurde getötet. Ich war sehr traurig und fing an zu heulen. Dann rief ich, ohne lange zu überlegen, meinen Vater an. Er kam sofort zu mir. Ich hatte wirklich nicht hin und her überlegt, an wen ich mich in meinem Schmerz wenden sollte; er war ganz einfach der erste, der mir spontan in den Sinn gekommen war. Das ist sicherlich bezeichnend für mein damaliges Verhältnis zu ihm.

Etwa ein Jahr nachdem ich von Leah weggezogen war, brauchte ich mal wieder eine Unterkunft, und so akzeptierte ich das Angebot meines alternden Freundes John Dorick, zu ihm in sein Apartment zu ziehen. Es lag ganz in der Nähe meiner damaligen Arbeitsstelle in Foster City. John war ein erfolgreicher Geschäftsmann gewesen und kannte die Menschen und die Welt. Er meinte, ich hätte viele gute Anlagen, und er fing vorsichtig an, meine Ecken und Kanten abzuschleifen und meine Kenntnisse aufzupolieren. Es war immer mein Wunsch gewesen, meine Fähigkeiten zu entwickeln und mein Wissen zu verbessern, aber bisher hatte sich noch niemand angeboten, mir dabei zu helfen. Ich machte begeistert mit. Zunächst beschränkte sich John darauf, mir beizubringen, wie man sich richtig kleidet – das steht dir gut, das nicht –, als er dann aber sah, wie dankbar ich für seine Ratschläge war, erweiterte er das Programm und brachte mir Verhaltensregeln bei, die mein Auftreten und Aussehen verbesserten. So meinte er zum Beispiel, ich solle nicht so viel Zahnfleisch beim Lächeln zeigen, anders wäre ich attraktiver. Auch wenn manches nicht schmeichelhaft für mich war, ich fand es schrecklich nett von ihm, mir auch in so kleinen Dingen mit seinem Rat zu helfen.

Im Kreis meiner homosexuellen Freunde tauchte eines Tages Chris Lydon auf, ein großer, gutaussehender Mann, den ich anfangs nicht ausstehen konnte. Er war mir zu sarkastisch und anmaßend. Als er mir aber vorschlug, mit ihm zusammen eine Wohnung zu nehmen, stimmte ich zu, weil ich gerade mal wieder keine Bleibe hatte. Wir fanden ein Apartment in San Mateo.

Chris war sechs Jahre älter als ich. Er war viel in der Welt herumgekommen und hatte eine Zeitlang bei einem Zirkus gearbeitet. Er war kein weichlicher Tuntentyp, aber es störte ihn auch nicht, wenn jemand rausfand, daß er schwul war. Er machte keinen Versuch, sich bei mir einzuschmeicheln, dennoch mochte ich ihn bald sehr. Ich hatte damals ein riesengroßes Wasserbett, und da wir es beide bequem fanden, schliefen wir zusammen darauf, obwohl jeder ein eigenes Schlafzimmer hatte. Manchmal machten wir es uns schon früh am Abend auf dem Bett bequem und schauten uns Fernsehsendungen an. Wir hatten nie irgendwelche körperlichen Kontakte, aber wir lebten wie ein Ehepaar zusammen. Es war eine schöne Zeit. Chris ist bis heute einer meiner engsten Freunde geblieben.

Nachdem ich 1980 für ein paar Monate auf Hawaii gelebt hatte, zog ich nach der Rückkehr nach Kalifornien zu Chris. Ich bekam einen Job als Kellnerin in einem italienischen Restaurant. Dort herrschte ein gutes Betriebsklima, und die Arbeit machte mir richtig Spaß. Das Besitzerehepaar war sehr nett, und ich konnte fröhlich mit dem Koch herumflachsen und mit dem Barkeeper flirten. Das Geschäft ging allerdings ziemlich schlecht, und ich verdiente nicht viel, selbst wenn ich Überstunden machte. Was von meinem Lohn nicht unbedingt für den Lebensunterhalt gebraucht wurde, gab ich für ›Entspannung und Erholung‹ aus – und das hieß zu dieser Zeit im Klartext: für Kokain.

Ich hatte schon seit meinen Auszug von zu Hause hin und wieder Kokain genommen. In der Zeit als Kellnerin bei dem Italiener war ich dann schon ziemlich süchtig danach; man konnte mich wahrscheinlich als gewohnheitsmäßigen Konsumenten betrachten. Ich hatte mich mit einigen regelmäßigen Besuchern des Restaurants angefreundet und mit dem einen oder anderen auch zusammen gekokst. Unter den neuen Bekannten war auch ein älteres Ehepaar. Die beiden erzählten mir, sie hätten einen guten Freund, der einen Hostessen-Dienst betreibe, und ein Mädchen wie ich könne dort als Teilzeit-Hosteß bestimmt ganz schön dazuverdienen. Bei meinem Aussehen wäre das überhaupt keine Frage. Sie boten sich an, mich mit ihrem Freund in Verbindung zu bringen, wenn ich das möchte. Mir war von vorneherein klar, daß *Hosteß* nichts anderes als eine beschönigende Umschreibung für *Prostituierte* war.

Mein geringer Verdienst, die hohen Kosten für das Kokain und, wenn ich es mir aus der Nachschau betrachte, auch meine damalige geringe Selbstachtung führten dazu, daß ich mir den Vorschlag tatsächlich durch den Kopf gehen ließ. Ich hatte schon eine ganze Menge Erfahrung damit, von Männern gegen meinen eigentlichen Willen ins Bett geschleppt zu werden, meistens, weil ich keinen Krach mit ihnen haben wollte. Sex ohne Liebe oder emotionale Bindung war mir daher nicht fremd. Und da bei diesem Spiel beide Seiten sich über das Verfahren und den Ablauf einig waren, hatte ich im Grunde keine Einwände. Ich stimmte also einem Treffen mit dem Chef des Unternehmens zu.

Wir trafen uns in der Wohnung des älteren Ehepaares aus dem Restaurant. Der Mann – ich will ihn mal Ray Black nennen – erzählte mir, sein Hostessen-Service wäre sehr gefragt und erfolgreich, die Arbeit mache den Mädchen Spaß, und die meisten hätten ganz normale Jobs, würden sich aber gerne gelegentlich was dazuverdienen. Der freundliche Ray erklärte mir, ich brauche mit keinem Kunden Sex zu haben, mit dem ich das nicht wolle, und er versicherte hoch und heilig, keines seiner Mädchen wäre jemals bei der Arbeit in echte Schwierigkeiten oder gar in Gefahr geraten. Als Sicherheitsmaßnahme würde jedesmal, wenn ein Mädchen zu einem Kunden gerufen worden sei, Telefonkontakt vom ›Arbeitsplatz‹ aus zur Zentrale aufgenommen. Er versicherte ausdrücklich, daß er seine Mädchen weder ausplündern noch etwa gar verprügeln würde und daß er keinesfalls mit einem von ihnen ins Bett ging. Er wäre kein Zuhälter, sondern Geschäftsmann.

Ray Black bot den Dienst seiner Hostessen in Zeitungsannoncen und im Telefonbuch an. Die Mädchen konnten bei ihm zum Preis von fünfzig Dollar pro Stunde gemietet werden. Sex wurde in den Anzeigen natürlich nicht angeboten, weil das gegen die Gesetze verstoßen hätte. Die fünfzig Dollar waren sozusagen eine ›Kontaktgebühr‹, die Ray ›zur Deckung seiner Unkosten‹ fast vollständig in die Tasche schob. Jeder darüber hinausgehende Service war zwischen dem Mädchen und dem Kunden direkt auszuhandeln, und das Mädchen durfte das Geld für sich behalten. Es wurde als ›Trinkgeld‹ deklariert. Ray wußte genau, daß die Mädchen sehr hohe ›Trinkgelder‹ einsteckten, denn seine Frau war bei ihm auch als Hosteß tätig.

Ich entschloß mich, für Ray zu arbeiten. Den Job im Restaurant behielt ich bei. Der Sex mit den Kunden war allermeistens langweilig und emotionslos. Ich kam mir dabei wie ein uninteressierter Zuschauer vor, der dauernd auf die Uhr schaut, ob die Zeit bald rum ist. Manchmal kam es zu beängstigenden Situationen, wenn der Kunde pervers war oder mich aus irgendeinem Grund bedrohte.

Nachdem ich etwa sechs oder sieben Wochen für Ray Black gearbeitet hatte, rief er mich eines Nachmittags an, ich solle zu einem Job in ein Motel nach San Jose fahren. Ich hatte für den Abend schon was vor, die Zeit wäre knapp geworden, und deshalb bat ich Ray, ein anderes Mädchen hinzuschicken. Er hatte aber niemand mehr verfügbar, also übernahm ich zähneknirschend den Job. Und weil ich in Eile war, machte ich einen schweren Fehler.

Der Kunde wartete im Motelzimmer, und um möglichst schnell wieder rauszukommen, zog ich mich schon aus, während wir noch über den Preis verhandelten. Das verstieß gegen eine wichtige Regel in unserem Geschäft. Man soll den Kunden sich immer zuerst ausziehen lassen; er könnte ein Lockvogel von der Polizei sein, und wenn er sich zuerst auszieht, wäre rein rechtlich die Interpretation möglich, er wäre der Verführer und nicht das Mädchen. Jedenfalls, ich stand in meiner Reizwäsche da, der Mann war noch angezogen, und schon war es passiert: Der Mann riß plötzlich die Tür auf, ein anderer Mann stürmte ins Zimmer, ein Blitzlicht flammte auf, und ich wurde wegen Prostitution festgenommen.

Ich hatte damals keine Ahnung von unserem Rechtssystem. Meine Mutter war Anwältin, aber es verbot sich von selbst, sie in die Sache einzuschalten. Ich hatte schreckliche Angst davor, ins Gefängnis gesteckt zu werden, und ich wußte nicht, ob man eine Kaution stellen konnte und wie man das machte. Ich war völlig durcheinander und verängstigt. In diesem Job muß man ja auf einiges gefaßt sein, aber so etwas hatte ich nicht erwartet.

Die beiden Polizisten bogen meine Arme auf den Rücken und legten mir Handschellen an. Auf dem Weg zur Polizeistation bot mir der Polizist, der das Blitzlichtfoto gemacht hatte und jetzt den Wagen steuerte, eine Zigarette an. Ich fragte ihn, wie ich denn mit den Händen auf dem Rücken eine Zigarette halten solle. Er zuckte nur die Schultern und steckte die Zigarettenschachtel wieder ein. Sie brachten mich zur Sittenpolizei. Beim Betreten des Großraumbüros forderte man mich auf, die Augen zu schließen, damit ich keine Undercover-Agenten – Polizisten, die in Verbrecherkreisen eingeschleust werden – erkennen könne. Ich weiß noch, wie blödsinnig mir diese Maßnahme vorkam; natürlich blinzelte ich, um nicht gegen irgendwelche Möbel oder Menschen zu stoßen. Der Cop, der mich in einem abgetrennten Zimmer vernahm, war ein mieser Typ. Er war anscheinend sauer, daß ich nicht vorbestraft war und es über mich keine Strafakte gab. Er fragte mich mehrmals, unter welchen Alias-Namen ich früher schon mal verhaftet worden wäre, und als ich ihm antwortete, ich wäre noch nie mit dem Gesetz in Konflikt geraten, reagierte er gar nicht darauf, sondern fauchte mich an, ich solle endlich die Wahrheit sagen.

Als er damit nicht weiterkam, ging er für ein paar Minuten raus und kam dann mit einer neuen Anklage zurück: Ich wäre doch schon mal verhaftet worden, erklärte er, und zwar unter dem Namen *Elaine* Franklin in San Francisco. Kein noch so wütender Protest konnte ihn überzeugen, daß ich nicht *Elaine* Franklin war. Ich schlug vor, er solle doch meine Fingerabdrücke nehmen und sie mit denen dieser Elaine Franklin vergleichen. Er verließ das Zimmer. Ein anderer Polizist erzählte mir später, aus der Akte sei klar zu ersehen gewesen, daß Elaine Franklin eine Schwarze war.

Die Polizisten, die mich festgenommen hatten, zeigten mir ein Foto von Ray Black und fragten mich, ob das der Mann sei, für den ich arbeiten würde. Ich hatte schon manchen Film gesehen, in dem Prostituierte später grausam umgebracht wurden, wenn sie ihre Zuhälter identifiziert hatten. Ich bekam schreckliche Angst, aber ich bin keine gute Lügnerin, also sagte ich, ich würde den Mann kennen, hätte ihn aber bisher nur einmal getroffen.

Während man mich verhörte, wurde mein Auto durchsucht, und sie fanden ein Briefchen Kokain in einer Tasche im Kofferraum. Jetzt hatte man zwei Anklagepunkte gegen mich: Ansprechen eines Mannes mit der Absicht der Prostitution, juristisch ein Vergehen, und Besitz von Kokain, juristisch ein Verbrechen.

Man brachte mich nach Elmwood, dem Frauengefängnis von

San Jose. Die wenigen Stunden hinter Gittern waren schrecklich entwürdigend. Eine sehr männlich wirkende Gefangene mit großen Tätowierungen auf den Armen lehnte am Türrahmen der Toilette, in der ich von einer Wärterin peinlichst genau untersucht wurde. Ich mußte mich dazu ganz ausziehen. Die Gefangene sollte eigentlich den Boden putzen, aber sie stützte sich auf ihren Schrubber und starrte mich in meiner Nacktheit lüstern an. Es war schrecklich. Die Wärterin nahm sich viel Zeit für ihre Arbeit, aber als sie schließlich mit der Durchsuchung fertig war und sich ein wenig mit mir unterhalten hatte, sagte sie zu mir: »Du gehörst nicht hierher.« Ich fing fast an zu heulen, denn sie hatte ja wirklich recht. Ich schwor mir, das Kokain aufzugeben und mich nie mehr auf irgendeine Art der Prostitution einzulassen.

Ich brauchte einen Anwalt, wenn ich nicht für längere Zeit im Gefängnis bleiben wollte. Nach mehreren Telefonaten fand ich schließlich einen, der behauptete, er könne mich davor bewahren, hinter Gitter zu müssen, weil ich noch nicht vorbestraft sei. Er forderte natürlich eine Anzahlung, und ich mußte ihm sofort die Hälfte der Gebühren von fünfzehnhundert Dollar hinblättern. Die andere Hälfte wurde fällig, wenn die Sache vor Gericht kam. Er ging mit mir auch zur ersten Anhörung im Rahmen der Voruntersuchung. Eine zweite Anhörung sollte in einigen Tagen folgen.

Kurz vor diesem Termin erklärte der Anwalt, er würde mich nur weiter vertreten, wenn er sofort die zweite Hälfte seiner Gebühren bekäme. Wir hatten aber vereinbart, daß diese Summe erst bei der Gerichtsverhandlung fällig würde, und ich hatte das Geld noch nicht beisammen. Ich war in einer aussichtslosen Lage. Zudem weigerte sich der Kerl auch noch, mir die schon geleistete Vorauszahlung wieder zurückzugeben.

Jetzt stand ich also ohne Anwalt da und war siebenhundertfünfzig Dollar an einen wirklichen Verbrecher, nämlich diesen verdammten Anwalt, losgeworden. Es war klar, daß ich mir von meinem Lohn als Kellnerin keinen neuen Anwalt leisten konnte. Ich war verzweifelt und überlegte, ob ich nicht doch wieder für Ray Black arbeiten sollte, um das Geld zusammenzukriegen. Ich rief ihn an, aber er war wenig hilfsbereit. Er meinte nur, die meisten Anwälte wären eben darauf aus, Prostituierte zu bescheißen, man hätte damit rechnen müssen. Im übrigen könne ich jederzeit wieder für ihn arbeiten. Nach einigem Nachdenken entschloß ich mich aber, einen anderen Ausweg aus dem Schlamassel zu suchen.

Dann schien sich das Schicksal zu meinen Gunsten einzuschalten: Eine Freundin schlug mir vor, doch einmal mit einem Strafverteidiger aus ihrem Bekanntenkreis zu sprechen; er sei ein netter Kerl und würde bestimmt auf meine finanzielle Situation Rücksicht nehmen. Ich nahm also Kontakt zu Anwalt Nummer zwei auf, und er machte tatsächlich einen fähigen und freundlichen Eindruck. Er wollte nur eine kleine Anzahlung und stimmte zu, daß ich die Gesamtkosten in Raten abstottern konnte. Ich war sehr erleichtert, einen Anwalt gefunden zu haben, den ich mir leisten konnte, und ich heuerte ihn an. Als der Gerichtstermin näher kam, meinte mein ›netter‹ Herr Anwalt, es wäre vorteilhaft für mich, wenn ich ein paarmal mit ihm ins Bett ginge, denn nur dann wäre sein Erscheinen vor Gericht auch wirklich sichergestellt. Ich lehnte ab und stand wieder ohne Verteidiger da.

Ich war offensichtlich nicht in der Lage, mit dem Problem allein fertig zu werden. Selbst wenn ich jetzt noch einen Anwalt fand, der kein Schweinehund war, ich hatte kein Geld mehr, ihn zu bezahlen. In dieser hoffnungslosen Lage fiel mir als möglicher Rettungsanker nur noch meine Tante Sue ein. Ich gab mir einen Ruck und rief sie an. Ich sagte ihr, ich wäre in großen Schwierigkeiten und bräuchte Hilfe.

Als ich zu ihr fuhr, war ich schrecklich nervös. Zu Recht, wie sich zeigte, denn Tante Sue war regelrecht geschockt, als ich ihr meine Lage schilderte. Aber sie schmiß mich nicht raus, im Gegenteil, sie nahm die Sache in die Hand. Als erstes hielt sie mir eine Rede, wie ich sie noch nie gehört hatte. Sie erklärte mir, ich dürfe mich nicht einfach treiben lassen, sondern müsse die Verantwortung für mein Leben in die eigene Hand nehmen. Es sei offensichtlich, daß die meisten Menschen in meiner Umgebung sich nicht wirklich um mich kümmerten, und ich müsse unbedingt den Kontakt zu allen abbrechen, die einen negativen Einfluß auf mich hätten. »Unser Leben besteht aus immer neuen Wahlmöglichkeiten«, sagte sie, »und du hast dir anscheinend meistens die allerschlechtesten ausgesucht.«

Zum ersten Mal in meinem Leben öffnete ich mich einem Menschen ganz und erzählte Tante Sue von den schlimmen Umständen, unter denen ich aufgewachsen war. Ich berichtete ihr von dem Terror zu Hause, von der permanenten Furcht, in der wir Kinder leben mußten. Und ich bekannte, daß mein Drogenkonsum in letzter Zeit außer Kontrolle geraten sei. Ich schluchzte sogar heraus, wie sehr ich als Kind meine roten Haare gehaßt hatte. Tante Sues Zuspruch, ihre Ratschläge und Ermahnungen wären wahrscheinlich für die meisten Menschen Allgemeinplätze gewesen, aber ich war ja, was das Verständnis des Lebens anging, Lichtjahre hinter den anderen zurück. Von meinen Eltern hatte ich so wenig Aufmerksamkeit und Anleitung erfahren, daß ich auf das Erwachsenensein überhaupt nicht vorbereitet war. Seine Wogen waren über mir zusammengeschlagen. Mit jetzt zwanzig Jahren hatte ich das Erwachsenenalter erreicht, aber ich war nicht durch behutsame elterliche Anleitung, die ein Teenager nun einmal braucht, dazu hingeführt worden. Von Tante Sue bekam ich jetzt zum ersten Mal eine solche Hilfestellung von einem Erwachsenen. Ich war ihr sehr dankbar und nahm mir fest vor, mein Leben ab sofort zu ändern und es verantwortungsbewußt, so wie die meisten anderen Menschen auch, zu gestalten.

Als Tante Sue nach unserem langen Gespräch sicher war, daß ich es ernst meinte, rief sie einen prominenten Strafverteidiger an, den sie gut kannte, und er stimmte sofort zu, den Fall zu übernehmen und einen seiner jüngeren Mitarbeiter mit der Wahrnehmung zu beauftragen. Die Gebühren sollte ich in seinem Sekretariat abarbeiten. Mein Gott, war ich erleichtert! Ich hatte jetzt nicht nur einen Spitzenanwalt, mit dem eine günstige Vereinbarung über die Bezahlung getroffen war, sondern in meiner Tante auch eine mitfühlende Begleiterin zum Gericht. Und das war für mich das Wichtigste: Jemanden zu haben, der sich menschlich um mich kümmerte und mir half, die Sache durchzustehen.

Es stellte sich heraus, daß der ›jüngere Mitarbeiter‹ eine brillante junge Anwältin war. Die Anklage wegen Rauschgiftbesitz wurde fallengelassen, weil die Durchsuchung meines Wagens nicht rechtmäßig erfolgt war. Ich war riesig erleichtert, denn diese Anklage hätte eine Gefängnisstrafe nach sich ziehen können. Im Fall der Prostitution erklärte ich mich schuldig, denn das war ich ja auch. Ich wurde zu einer geringen Geldstrafe verurteilt und konnte als freier Mensch den Gerichtssaal verlassen.

Mit Hilfe meiner Tante gelang es mir, innerhalb weniger Wochen vom Kokain wegzukommen. Ich werde Tante Sue ewig dankbar sein. Sie hat mich nicht nur aus einer scheußlichen Situation gerettet, sie hat mir vor allem auch die Augen dafür geöffnet, daß ich dabei war, mein Leben wegzuwerfen.

Voller Optimismus ging ich in mein neues, sauberes Leben. Es blieb allerdings von dem nagenden, scheußlichen Geheimnis verdüstert, daß ich wegen Prostitution vorbestraft war. Man hatte mir erklärt, wenn ich fünf Jahre straffrei bliebe, würde die Strafe aus den Akten getilgt. Im Geist stellte ich den Wecker auf fünf Jahre ein und meinte, wenn er nach dieser Zeit läutete, wäre der düstere Schatten auf meinem Leben für immer verschwunden.

Eileens Festnahme und Verurteilung war ein heilsamer Schock, der sie davor bewahrte, blindlings ins Verderben zu rennen. Den Entschluß, ihr Leben in ordentliche Bahnen zu lenken, setzte sie zielstrebig in die Tat um. Sie machte Schluß mit den Drogen und zog nicht mehr abends von Lokal zu Lokal und von Party zu Party. Und sie fand einen guten Job im Büro der Verwaltung eines Apartment-Komplexes in Foster City. Hin und wieder ging sie mit Chris noch aus. Ihr Gefühlsleben bekam sie allerdings nicht besonders schnell unter Kontrolle: Sie hatte zur gleichen Zeit Verhältnisse mit drei Männern, die alle reich und bedeutend älter als sie selbst waren. (Bob Albright meinte dazu Jahre später: »Ich dachte damals, Eileen müsse erhebliche Probleme mit ihrer Selbstachtung haben, weil die Typen, mit denen sie sich regelmäßig traf, alle alt und reich waren.«)

Dazu kam noch ein weiterer Liebhaber, ebenfalls in mittleren Jahren und noch reicher als die anderen. Er hieß Sam Nolde und war besonders nett zu Eileen. Das Verhältnis zwischen den beiden fing nur eine Woche nach ihrer Festnahme an. Nolde behandelte Eileen mit derselben Freundlichkeit und Behutsamkeit, die sie auch schon bei ihrer platonischen Freundschaft mit John Dorick erfahren hatte. Für sie war es das erste Mal, daß bei einer erotischen Beziehung neben Spaß und Sex auch Zärtlichkeit und Gefühl mit im Spiel waren – eine neue und schöne Erfahrung.

Gerade als sie glaubte, sie sei echt in diesen Mann verliebt und hätte den endgültigen Absprung von ihrem selbstzerstörerischen Lotterleben gefunden, da teilte Nolde ihr mit, er habe sich aus einer früheren Beziehung noch nicht völlig gelöst. Er erklärte, er wolle sich nicht mehr mit Eileen treffen, zunächst die alte Beziehung beenden und dann zu ihr zurückkehren. Für einige von Eileens Freunden klang das verdächtig nach einer Variation der üblichen Ausreden verheirateter Männer – ›wir müssen warten, bis meine Kinder ein wenig älter sind, ... bis meine Frau ihren Töpferkurs beendet hat, ... bis die Venus wieder etwas höher am Himmel steht‹ oder ähnlich.

Selbst wenn Nolde an ihr hing, seine Ankündigung traf Eileen sehr, denn er hatte ihr immer wieder versichert, er fühle sich ihrer Verbindung genauso verpflichtet wie sie. Daß er ihre Beziehung so einfach abbrechen konnte – darauf lief es hinaus, sein ›unterbrechen‹ war nicht glaubhaft –, schmerzte sie sehr; sie wäre dazu nicht in der Lage gewesen. Die Zeiten der überschäumenden Promiskuität hatten Eileen zwar eine Menge aufregender Stunden beschert, aber über den Charakter der Männer hatte sie nichts dazugelernt; der Mann, von dem sie gedacht hatte, er sei anders als die anderen, wurde ihnen plötzlich doch sehr ähnlich. Am Abend ihres letzten Treffens schenkte er ihr eine Halskette mit vier kleinen Diamanten. Trotz des Wissens, verlassen und betrogen zu werden, war Eileen zutiefst gerührt ...

Der Apartment-Komplex in Foster City, in dessen Verwaltung Eileen ab 1981 arbeitete, war, wie auch andere in der Gegend, auf die Zielgruppe junger Singles ausgerichtet, die ein gutes Einkommen hatten und beruflich auf dem Weg nach oben waren. In den fünfzehn Jahren seines Bestehens hatte sich Foster City den Ruf erworben, ein guter Ort für Familien zu sein; in jüngster Zeit hatten die Stadtplaner ihr Augenmerk auch auf junge, unverheiratete, gutsituierte Leute gerichtet, und sie waren erfolgreich damit.

Die Verwaltungen der einzelnen Apartment-Komplexe organisierten regelmäßig gesellschaftliche und sportliche Veranstaltungen, um die Bewohner miteinander bekannt zu machen und potentielle Käufer anzuregen, sich dieser fröhlichen Gemeinschaft anzuschließen und sich eine der 90 000-Dollar-Eigentumswohnungen zu kaufen. »Es war wirklich großartig«, urteilte ein junger Apartment-Besitzer, »etwa so wie das Leben in einer dieser Seniorenstädte, nur, daß hier alle jung waren. So 'ne Art Freizeitdorf für den knackigen BMW-Set.«

Ein typischer Bewohner des Komplexes, für den Eileen arbeitete, war ein Computerfachmann mit Namen Barry Lipsker, ein sympathischer, gefühlsbetonter Mittdreißiger mit scharfem, logischem Verstand, den er aller Welt ständig beweisen wollte. Er war etwa einsdreiundsiebzig groß und recht stämmig, und sicher hielten ihn nur wenige für einen attraktiven Mann, aber er hatte ein angenehmes Äußeres, das gut zu seiner freundlichen, umgänglichen Art paßte. Die meisten Leute mochten ihn auf Anhieb. Als er Eileen kennenlernte, ließ er von Anfang an keinen Zweifel daran, daß er an ihr interessiert war; sie aber reagierte abweisend. Sie hätte schon drei Freunde, sagte sie zu ihm, sie bräuchte nicht auch noch einen vierten. Wenn sie *drei* Freunde hätte, könnte eigentlich keiner von ihnen besonders toll sein, konterte Lipsker. Und er ließ nicht locker. Immer wieder fand er irgendwelche Gründe, bei ihr anzurufen oder im Büro vorbeizukommen. Wenn er wußte, daß Eileen allein im Büro war, brachte er Gebäck und Saft für beide oder gar Weingläser und eine Flasche vom besten Chardonnay mit. Nach einiger Zeit – sie sagt, nach mehreren Monaten, er meinte, nach ein bis zwei Monaten – ging sie schließlich zum ersten Mal mit ihm aus.

Im Vergleich zu den anderen Männern, mit denen Eileen ein Verhältnis hatte, war Lipsker nicht reich, aber er war aufmerksam und höflicher zu ihr als sie. Und er ließ keinen Zweifel daran, daß er es ernst mit ihr meinte. Eileen war gerade einundzwanzig geworden, und seine Intelligenz und seine Weltgewandtheit machten großen Eindruck auf sie. Sicher wohl auch sein weißer Mercedes, aber mehr als alles andere beeindruckte sie seine verbissene Beharrlichkeit.

Es gefiel ihr auch, daß sie beide eine ähnliche Art von Humor und viele gemeinsame Interessen hatten. Sie gingen regelmäßig ins Komödientheater und nahmen an den meist ziemlich verrückten Sportveranstaltungen teil, die in Foster City sehr beliebt waren. Oft waren das zum Beispiel sogenannte Bootsspiele auf den künstlich angelegten Seen, die gewöhnlich damit endeten, daß alle Teilnehmer johlend ins Wasser fielen. Sie gingen auch gerne zusammen spazieren, machten Tretbootfahrten und fütterten die Enten. Ihre Lieblingsente tauften sie ›Seymour‹.

Je näher sie Barry kennenlernte, um so mehr wuchs ihr Interesse an ihm. Es gefiel ihr, daß er ein ausgeprägtes Gefühl für Recht und Unrecht hatte und sich nicht darin beirren ließ. Auch wenn Eileens jüngste Vergangenheit nicht dafür sprach, auch sie hatte einen sehr starken Gerechtigkeitssinn, der sie manchmal zu verwegenen Aktionen verleitete – wie etwa zu dem Anschnauzer, den sie Bob Albrights Mutter am Telefon verpaßt hatte.

Barry hatte auch eine altruistische Ader. Er leistete freiwilligen Dienst als Sanitäter in Krankenhäusern und bei der Feuerwehr. Einmal hatte er einer Frau bei der Geburt ihres Kindes beigestanden, ein andermal hatte er unermüdlich, wenn auch vergeblich, darum gekämpft, ein Kind wiederzubeleben, das bei einem Unfall schwer verletzt worden war. Eileen unterdrückte den Gedanken daran, daß Barry als freiwilliger Feuerwehrmann auf demselben Gebiet tätig war wie früher ihr Vater.

Eileen wurde besonders von Barrys zäher, zielgerichteter Art angezogen, von der dickköpfigen Bestimmtheit, mit der er sie umwarb, seit sie zum ersten Mal mit ihm ausgegangen war. Aber so war Barry nun einmal – er war zielstrebig und beharrlich bei allem, was er tat. Bei den Männern, die sie bisher kennengelernt hatte, war ihr eine so klare, zweckbestimmte Haltung noch nicht begegnet. Da sie selbst auch bis zu einem gewissen Grad zielstrebig war, schätzte sie dieses Charaktermerkmal bei ihm sehr. Seine Stärke gab ihr das Gefühl der Sicherheit. Es dauerte nicht lange, und Eileen und Barry zogen zusammen.

Barry Lipsker hatte 1947 in Los Angeles das Licht der Welt erblickt. Seine Eltern waren Aaron Lipsker und seine Frau, die zufällig mit Vornamen auch Lea hieß. Als Barry noch klein war, zog die Familie nach Billings, Montana, wo sein Vater ein Sportartikelgeschäft gekauft hatte. Aaron und Lea Lipsker wurden aktive, geachtete Mitglieder der recht großen jüdischen Gemeinde in Billings und engagierten sich auch in verschiedenen künstlerischen und wohltätigen Organisationen. Barry und seine jüngeren Brüder sowie seine Schwester wuchsen in einer Atmosphäre des soliden Wohlstands auf, was aber wichtiger war, auch in einer liebevollen, harmonischen Familie.

Als Barry noch Teenager war, wurde in einem neuen Einkaufszentrum am Rande der Stadt ein großer Sportartikelladen eröffnet, und Aaron Lipskers Geschäft war dieser Konkurrenz nicht gewachsen. Der Umsatz ging rapide zurück, und er konnte sich noch glücklich schätzen, daß er einen Käufer für den Laden fand. Die Lipskers zogen zurück in die Gegend von Los Angeles. Ihre materiellen Ansprüche mußte die Familie erheblich zurückschrauben. Sie geriet sogar in finanzielle Schwierigkeiten, als Aaron Lipsker sein geringes Kapital auch noch miserabel anlegte. Diese materiellen Kalamitäten hatten nachhaltige Auswirkungen auf Barrys Leben. Aaron mußte schließlich als Vertreter für eine Lebensversicherung nach England gehen und dort stationierten amerikanischen Soldaten Versicherungen verkaufen. Die Familie fand sich in einem großen Haus aus dem achtzehnten Jahrhundert in der Nähe von Cambridge wieder. Sein Vater haßte seinen Job, aber Barry erinnert sich gerne an diese Zeit: »Wir Kinder hatten ein großes Zimmer, das nur zum Monopoly-Spielen diente.«

Barry und sein Bruder Scott gründeten eine Rockband, die recht erfolgreich wurde. Die Band bekam Engagements bei den US-Truppen in Deutschland, dann wurde sie zu einer Tournee auf den amerikanischen Militärbasen in Vietnam eingeladen. Mehrere Monate lang zogen Barry und seine Band von Stützpunkt zu Stützpunkt, spielten vor dankbaren, begeisterten Soldaten und fanden Gefallen an der Rolle der patriotischen ›Moralverstärker‹, aber auch daran, eine bescheidene Berühmtheit zu erlangen und ein vogelfreies Künstlerleben führen zu können. Barry wurde später zur Luftwaffe eingezogen. Er leistete Dienst in Deutschland, verliebte sich in ein deutsches Mädchen und heiratete sie.

Während des Militärdienstes erhielt er eine sehr gründliche Computerausbildung. Nach seiner Entlassung finanzierte ihm die Luftwaffe noch den Besuch des Orange Coast Junior College, dann ging er auf die California State University in Fullerton. Zwölf Jahre nach der Heirat wurde seine Ehe geschieden. Sie war kinderlos geblieben.

Barry war von Anfang an überzeugt, daß seine berufliche Zukunft auf dem Gebiet des Computerwesens lag, und so tat er alles, innerhalb seiner schulisch-wissenschaftlichen Ausbildung und auch außerhalb, um sein Wissen auf diesem schnell expandierenden Gebiet zu vervollkommnen. Nach dem Examen an der Universität bewährte er sich in verschiedenen Tätigkeiten als Computerfachmann bei angesehenen Fachfirmen. Als er Eileen 1981 traf, lag eine große berufliche Zukunft vor ihm. Er liebte seinen Beruf, aber er trauerte auch nostalgisch der ungebundenen, ausgelassenen Zeit mit seiner Rockband nach, und diese Zeit blieb für ihn, auch während der nachfolgenden Jahre des Erfolges und des Wohlstandes, ein Höhepunkt seines Lebens.

Auch wenn Eileen die Wogen ihres Lebens nach dem Zusammenprall mit dem Gesetz geglättet hatte, sie sagte Barry später einmal, wenn sie ihn nicht zu dieser Zeit getroffen hätte, wäre sie wahrscheinlich ›irgendwie jämmerlich zugrunde gegangen oder im Gefängnis gelandet‹. Hartnäckig, wie Barry nun einmal war, schaffte er es, Eileen zur gänzlichen Abstinenz vom Partyleben und vom Trinken zu bekehren. Er war Nichtraucher und brachte es sogar fertig, ihr das Rauchen abzugewöhnen. Er versprach ihr seinen Mercedes, wenn sie aufhöre, und sie tat es dann auch prompt.

Als Eileen und Barry später Eheprobleme bekamen, taten sie das, was andere Ehepaare in einer solchen Lage auch tun: Sie machten Bestandsaufnahme, verglichen ihre Charaktere und hielten sich vor Augen, welche Gemeinsamkeiten sie hatten. Beide waren willensstarke Persönlichkeiten, die sich nicht gern unterordneten, wie sie erkannten. Beide besaßen einen regen, logischen Verstand, und sie neigten nicht dazu, sich in seichtem, sanftem Geplauder einander mitzuteilen, sondern im Austausch von Argumenten bis hin zu heftigen Wortgefechten. Beide brachten viel Mitgefühl für andere Menschen, aber auch für Tiere auf. Und beide hatten einen ausgeprägten Sinn für Gerechtigkeit und haßten es, wenn Übeltäter ungeschoren davonkamen. Eileens Familie war nicht begeistert von Barry. Auch ihre bisherigen Freunde waren enttäuscht und machten es Eileen nicht leicht, zu Barry zu stehen. »Wegen *dem* Typ läßt du mich sitzen?« beklagte sich Chris Lydon bei Eileen, als er Barry kennengelernt hatte. Ihre homosexuellen Freunde hatten für Eileen gehofft, sie könne sich einen außergewöhnlichen Fisch an Land ziehen, nachdem sie ja mit einer Reihe reicherer, eleganterer Männer als Barry liiert gewesen war. Wenn Eileen ihr Gefühl prüfte, war ihr klar, daß sie Barry nicht zutiefst liebte, aber seine offensichtliche Liebe zu ihr und seine kraftvolle Stärke gaben ihr ein Gefühl der Sicherheit, und das war es, was sie am dringlichsten brauchte.

1982, im Alter von einundzwanzig Jahren, zog Eileen zu Barry, und von diesem Zeitpunkt an änderte sich ihr Leben vollkommen.

6. KAPITEL

EILEEN

Als ich erfuhr, daß ich schwanger war, erfaßte mich ein tiefes Glücksgefühl. Ich konnte nicht abschätzen, welche Zukunftsaussichten Barry und ich hatten – seine Anstrengungen, mir zu gefallen, hatten merklich nachgelassen, seit wir zusammenlebten –, aber eines wußte ich: Ich wünschte mir sehnlichst ein Kind. Zumindest nach außen führten wir ein Bilderbuchleben. Barry arbeitete in Silicon Valley, und wir hatten uns ein hübsches Haus mit Swimmingpool in San Jose gekauft. Ich hörte auf zu arbeiten und konzentrierte mich ganz darauf, mein Baby zu bekommen. Barry freute sich auch sehr, Vater zu werden, und er war natürlich bereit, alle damit verbundenen Kosten zu tragen.

Barrys Großzügigkeit und meine erweiterte Freizeit – ich mußte ja kein Geld mehr verdienen – verschafften mir den großen Vorteil, meine Kenntnisse erweitern und mich als Mensch festigen zu können. Zum ersten Mal in meinem Leben machte ich ausgedehnte Reisen sowohl innerhalb der USA als auch nach Europa. Barry war sehr gebildet, hatte auch einen viel ausgeprägteren kulturellen Hintergrund als ich und verfügte über ein so breites Wissensspektrum, daß ich angeregt wurde, ihm nachzueifern und zu ihm aufzuschließen. Ich las voller Eifer alles, was mir unter die Finger kam – Zeitungen mit dem politischen Weltgeschehen, Bücher über Kindererziehung, Geographie, Datenverarbeitung, und, weil ich immer noch Unsicherheiten bei mir feststellte, auch Bücher über Benimm und Etikette, manche von ihnen mehrmals.

Eine weitere positive Veränderung war, daß ich anfing, Freundschaften mit anderen Frauen zu schließen. Ich hatte bis dahin kaum echte Freundinnen gehabt; rückblickend führe ich das darauf zurück, daß ich ein schlechtes Verhältnis zu meiner Mutter hatte. Jetzt aber traf ich ein paar sehr nette Frauen, mit denen mich ein gemeinsames Erlebnis verband: die Schwangerschaft. Ich war beglückt, so selbstverständlich von ihnen akzeptiert zu werden, und ich erfuhr, wie hilfreich und stärkend Freundschaften mit gleichgesinnten Frauen sein können.

Als Jessica geboren wurde, war ich bei meiner Familie unten durch. Ein uneheliches Kind – und dann auch noch von einem Juden! Ich hatte Leah das erste Enkelkind geboren, aber sie schrieb mir einen Brief, sie wolle nichts mehr mit mir zu tun haben. Tante Sue besuchte mich im Krankenhaus, auch meine Großeltern wollten kommen, aber Großmutter war gerade schwer an Krebs erkrankt. Der Rest der Familie hielt sich auf Distanz. Ich war über die Geburt meiner Tochter zutiefst beglückt, aber auch sehr enttäuscht über die Reaktion meiner Familie.

Ich wünschte mir aber doch so sehr, daß man mir sagte, wie wunderschön mein Töchterchen sei, wie großartig ich es gemacht hatte, sie ohne schmerzstillende Mittel zur Welt gebracht zu haben, wie toll es war, daß ich sie stillte, und wie klug ich gewesen war, Bücher über Schwangerschaft, Geburt und Babypflege zu studieren. Ich wünschte mir, daß man mir zutraute, eine gute Mutter zu sein. Wie alle Mütter war ich überzeugt, meine Tochter sei das allerschönste Baby auf der Welt. Als ich das Barry sagte, meinte er trocken: »Sie sieht aus wie ein Baby.« Ich aber wollte, daß man über Jessica in Entzückensrufe ausbrach und mir gleichzeitig anerkennend auf die Schulter klopfte. Und so geriet ich in Hochstimmung, als mein Vater anrief und sagte: »Ich freue mich schrecklich darauf, mein erstes Enkelkind zu sehen.«

Ich hatte seit mehreren Jahren keinen Kontakt mehr mit meinem Vater gehabt. Irgend jemand aus der Familie hatte ihm von Jessicas Geburt erzählt. Als er kam, brachte er ein wunderschönes, winziges, grün-rotes Spitzenkleidchen für Jessica mit. Er hielt sie im Arm und sagte, sie sei wunderschön. Ich sah den Stolz in seinen Augen, als er sein Enkelkind betrachtete. Und ich meinte zu spüren, daß er mich liebte und daß er meine Tochter liebte – und das war genau das, was ich in diesem Augenblick brauchte.

Er sagte mir auch, wie stolz er auf mich sei, daß ich die Geburt ohne Schmerzmittel durchgestanden hätte. Geduldig lächelnd ließ er meine Elogen über die Vorteile des Stillens über sich ergehen. Er sprach mir auch dafür seine Anerkennung aus. Ich sagte ihm, ich würde ihn zwar lieben, aber es käme für mich nicht in Frage, seine Art der Kindererziehung zu wiederholen. Ich würde es niemals zulassen, daß jemand mein Kind körperlich züchtigte. Ich machte ihm klar, daß ich ganz fest davon überzeugt sei, Kinder bräuchten eine liebevolle, sorgende Erziehung ohne Gewaltanwendung. Er hörte ohne Kommentar zu. Als ich zu Ende geredet hatte, sagte er, er sei davon überzeugt, daß ich meine Mutterpflichten sehr ernst nähme.

Ein paar Tage später besuchte er uns wieder. Diesmal brachte er für Sica einen großen roten Lastwagen mit. »Du willst doch sicher nicht, daß sie *zu* mädchenhaft wird, oder?« sagte er. Ich fand es großartig, daß er sich so um mich und meine Tochter kümmerte.

Barry hatte mich immer gedrängt, ihn zu heiraten, und nun benutzte er die Geburt unseres Kindes als letzten Hebel, mich endgültig rumzukriegen. Ein paar Wochen nach Jessicas Geburt heirateten wir. Das einzige Familienmitglied, das an der Trauung teilnahm, war mein Vater. Er erschien mit seiner damaligen Freundin, Carolyn Mount, die viele Jahre später als Carolyn Adams meinen Lebensweg erneut kreuzte.

Schon kurz nach unserer Heirat beschlich mich das ungute Gefühl, daß Barry mich als eines seiner weniger wichtigen Besitztümer betrachtete. Die Kommunikation zwischen uns sank auf ein Minimum, und unser Liebesleben wurde zur mechanischen Pflichtübung. Auch an unserer Tochter Sica nahm er kein sonderliches Interesse. Seine Energien konzentrierte er ganz auf den Plan, eine eigene DV-Beraterfirma zu gründen. Die Idee dabei war, für Unternehmen die gesamte Datenverarbeitung zusammenzustellen – von der Erarbeitung der benötigten Software-Programme bis zur Beschaffung der Hardware entsprechend der speziellen Bedürfnisse des jeweiligen Unternehmens. Er hatte eine Reihe von Spezialisten an der Hand, die seine Pläne realisierten und die Software-Systeme, die er sich für die Firmen ausgedacht hatte, ständig pflegten und neuen Entwicklungen anpaßten. Barry war mit seinem Angebot exakt in eine Marktlücke gestoßen, und von Anfang an hatte er mehr Kunden, als er eigentlich verkraften konnte. Sein Name wurde in der Fachwelt bald sehr bekannt.

Mit einer Frau aus meinem neuen Bekanntenkreis freundete ich mich intensiver an. Sie hieß Sharon Nelson, war verheiratet, etwas älter als ich und hatte ein Kind im selben Alter wie Sica. Wir trafen uns, als ich freiwillig für eine karitative Organisation von meiner überschüssigen Muttermilch spendete. Sharon hatte daran mitgearbeitet, diese ›Muttermilch-Bank‹ ins Leben zu rufen. Sie half mir, die ersten Eheprobleme mit Barry durchzustehen, und sie blieb auch meine gute Freundin, als ich schon längst nicht mehr in San Jose lebte. Jahre später, als ich in der Öffentlichkeit eine umstrittene Persönlichkeit geworden war, trat Sharon immer nachdrücklich für mich ein und sagte jedem, ob er es hören wollte oder nicht, ich hätte ein Herz aus Gold. Eine wahrhaft gute Freundin!

Nachdem ich Barrys Eltern, Aaron und Lea Lipsker, näher kennengelernt hatte, fand ich sie sehr nett. Sie waren inzwischen nach Kalifornien zurückgekehrt. Auch Barrys Brüder Scott und Lee gefielen mir. Lee war Psychologe; seine Frau Denise, eine Nuklearphysikerin, mochte ich besonders gern. Ich strengte mich sehr an, die Anerkennung meiner Schwiegereltern zu gewinnen und lernte eifrig, jüdische Spezialitäten wie Matzen-Brot zu backen. Und ich entschied mich, sowohl die christlichen als auch die jüdischen Fest- und Feiertage zu begehen, so daß meine Tochter später, wenn sie alt genug dazu war, selbst entscheiden konnte, welche Religion sie annehmen wollte. Das Umfeld meiner Ehe gefiel mir gut – die Mutterschaft, die Verbindung zu den Schwiegereltern und Schwagern, aber der zentrale Punkt, die Verbindung zu Barry, gestaltete sich immer schwieriger.

Bei der Betrachtung meiner seltsamen Ehe kamen Freunde

und Verwandte ganz automatisch zu der Beurteilung, daß sie ebenso freudlos wie lieblos war. Sicher, Barry und ich hatten auch ruhige, ausgeglichene Perioden des Zusammenlebens, manchmal sogar recht glückliche, aber sie genügten nicht, seine oberflächliche Grundhaltung mir gegenüber zu verändern und meine daraus resultierenden negativen Gefühle zu beeinflussen. Es kam zu keiner Zeit dazu, daß ich unsere Ehe so betrachten konnte, daß das Gute das Schlechte überwog. Ich war erstarrt in einer Situation des Hinnehmens, des Reagierens, mußte ständig versuchen, das Beste daraus zu machen – aus demselben Grund wie viele andere Frauen auch: dem absoluten Fehlen von Alternativen.

Wegen der Schwierigkeiten in meiner Ehe war ich froh, daß mein Vater wieder in mein Leben trat und wir zu der alten Verbundenheit zurückfanden. Sicher war das Enkelkind der Anlaß für seine ersten Besuche in San Jose gewesen, aber die Fortsetzung der Kontakte beruhten wohl doch auch auf seiner Zuneigung zu mir. Wir waren beide einsam und brauchten die Gesellschaft des anderen. Mir gefiel es, den Status des Lieblingskindes wiedergewonnen zu haben, und das Gefühl, füreinander dazusein, war ein kleiner Ersatz für den Mangel an Zuneigung in meiner Ehe.

Im Juli 1984 war das Verhalten Barrys mir gegenüber unerträglich geworden, und ich meinte, es keinen einzigen Tag mehr bei ihm aushalten zu können. Ich packte meine Sachen und zog mit der sieben Monate alten Jessica aus dem gemeinsamen Haus. Barry tobte. Über gemeinsame Freunde forderte er mich auf, mit ihm Kontakt aufzunehmen. Ich lehnte ab.

Als schließlich auch Sharon Nelson mich drängte, ihn doch zumindest einmal anzurufen, gab ich nach. Wenn ich nicht sofort zu ihm zurückkäme, erklärte er mir, würde er die Scheidung einreichen und das Sorgerecht für Sica fordern. Er wisse von meiner Festnahme wegen Prostitution, und ich hätte keine Chance, das Kind zugesprochen zu bekommen. Ich war entsetzt, daß er mein Geheimnis erfahren hatte und kehrte sofort zu ihm zurück.

Barry hatte die Information über einen dieser verschlungenen Kommunikationswege erhalten, die er in der schwierigen Zeit, die auf uns zukam, noch öfter anzapfen würde. Als meine Mutter die Rechtsakademie besuchte, hatte sie sich mit einem Studenten namens Michael Glenn angefreundet. Sie hatten sich bei den Abendkursen kennengelernt und gingen schließlich häufiger miteinander aus. Leah war über zehn Jahre älter als Michael, aber da sie ihr Übergewicht abgespeckt hatte, sah sie wieder recht gut aus, und der Altersunterschied zu ihm war kaum zu sehen. Gerade als sich die Freundschaft der beiden zu einer Liebschaft auszuwachsen schien, traf Glenn meine Schwester Kate und verliebte sich in sie. Kate und Michael heirateten schließlich mit dem Segen meiner Mutter.

Außer meiner Tante Sue wußte nur noch meine Schwester Diana von meinem Geheimnis. Sie fuhr eines Tages mit Michael nach Jackson Hole, Wyoming, wo Michaels Eltern ein Ferienhaus besaßen. Sie wollten Kate dort treffen. Diana leugnete später vehement, sie hätte Michael etwas von der Sache erzählt; sei es, wie es sei – jedenfalls kam Michael aus Wyoming mit dem Wissen um den Schatten auf meiner Vergangenheit zurück. Als Barry bei der ganzen Familie herumtelefonierte, um meinen Aufenthaltsort rauszufinden, rief er natürlich auch bei den Glenns an, und Michael erzählte ihm dabei von meiner Schande. Ich hatte mir bisher keine Gedanken darüber gemacht, wie verwundbar ich durch diese Geschichte war; jetzt wurde mir das grausam vor Augen geführt.

Daß ich diese Gefahr nicht erkannt hatte, war nicht darauf zurückzuführen, daß ich Barry nicht zugetraut hätte, er könne eines Tages so tief sinken und mich mit der Sache erpressen, sondern ganz einfach darauf, daß ich diesen Teil meines Lebens ganz aus meinen Gedanken verbannt hatte. Das war nicht *ich* gewesen. Was hatten die Fehler dieser *anderen* Eileen mit mir zu tun? Aber nein, in Wirklichkeit war es ja *meine* Vergangenheit, und ihre Schatten fielen jetzt auf mich zurück. Ich würde sie wohl mein ganzes Leben lang nicht mehr los. Und ich würde und mußte alles daran setzen, Sica zu behalten. Er war Sicas Vater. Ich war eine unwürdige Mutter. Schachmatt. Ich konnte nichts machen – er hatte mich in der Hand.

Gegen Ende des Jahres 1984 entschied sich Barry, der inzwischen Kunden entlang der gesamten Westküste hatte, Los Angeles zum zentralen Sitz seiner Firma zu machen. Wir zogen nach Manhattan Beach im Südteil der Stadt. Etwa zur gleichen Zeit machte mein Vater eine Alkohol-Entziehungskur, zog dann nach Hawaii, kaufte dort vier Eigentumswohnungen und beschäftigte sich damit, sie zu verwalten. Er schrieb mir fröhliche, beschwingte Karten und Briefe, aber zwischen den Zeilen war auch seine Einsamkeit herauszulesen:

Liebste Ylyn, *8/1/85*
wurde heute morgen sehr früh wach, dachte an Euch beide (Sica und mich – Barry mochte er nicht besonders). *Fragte mich, wo Ihr jetzt seid und wie's Euch geht. Ich lebe in den Tag rein und mache nur das, was unbedingt gemacht werden muß. Hab' in letzter Zeit oft an Dich gedacht. Du kannst es nicht leugnen, daß Du meine Tochter bist, hast denselben Charakter wie ich, und ich bin froh, daß sich bei Dir vor allem die guten Seiten durchgesetzt haben. Es war immer schön, mit Dir zusammenzusein. Wir müssen uns bald mal wieder treffen.*

In Liebe. Dad.

Eine andere Karte lautete:

Gestern nachmittag traf ich eine zweiundvierzigjährige Oma – sie machte einen auf ›wilde Junge‹, mit Tätowierungen und so –, und sie erzählte mir von der einmaligen Verbundenheit zwischen ihr und ihrem Enkelkind; das wäre was ganz anderes als die Elternschaft. Das Überspringen einer Generation gäbe den Dingen eine ganz andere, neue Dimension. Klingt irgendwie gut, finde ich.

Das Bild der Karte zeigte ein Tigerbaby in einer Hängematte, und die Aufschrift lautete: LEG DICH DAZU, BABY – DAS WOCHENENDE KOMMT! In einem anderen Brief mit Datum vom 11. Juli 1985 hatte er eine Karte mit der Aufschrift NIMM MICH DOCH MAL IN DEN ARM beigefügt. Für die Adresse hatte er einen Stempel benutzt, den er sich für ein Postfach in Manhattan Beach hatte machen lassen. Ich holte dort die Post für ihn ab und schickte sie ihm zu. Aus Bequemlichkeit schickte er auch seine Briefe an mich über dieses Postfach.

Hi Pooh und Pooh II,
Ihr seht an meinem zu 100% aus Naturgummi hergestelltem Stempel, daß meine bürokratische Ader endgültig mit mir durchgeht.

Will Euch nur sagen, daß ich Euch liebe. Schreib mal 'ne Zeile und laß mich wissen, daß es Euch gut geht. Schlechte Zeiten für das Seelenleben, finde ich. Du auch?

In Liebe. Dad.

Weil ich mich über seinen Postfachstempel lustig gemacht hatte, schrieb er im nächsten Brief:

Wieso hältst Du meinen Stempel für übertrieben? Die Post hat mir gerade eine förmliche Anerkennung ausgesprochen, weil die Beamten jetzt wenigstens die Anschrift lesen können.

Dann fuhr er fort:

Eileen, ich füge einen Antrag zur Teilnahme an einer Konferenz der Anonymen Alkoholiker in Las Vegas bei. Ich will nicht unbedingt hingehen, es sei denn, Du gehst mit. Ich hatte vor, an der Konferenz in Honolulu teilzunehmen, aber es hat sich ja einiges geändert, nicht wahr? Ich würde lieber mit Dir zusammen nach Las Vegas gehen. Überleg's Dir doch, ob Du als Anonyme Alkoholikerin (haha!) mitkommen willst. Schick den Teilnehmerantrag und den Beitrag auch für mich mit. Ich habe einen Freiumschlag beigefügt, laß mich damit bald Deine Entscheidung wissen. Schreib mir auch, wieviel Geld Du für uns beide hingeschickt hast, Du kriegst umgehend einen Scheck von mir über die Summe. Ich schlage Dir vor, von allen Unterlagen vor dem Absenden Fotokopien zu machen, denn, mein Schatz, man darf nicht vergessen, daß man es ja hier mit einem Haufen halbverblödeter Saufbolde zu tun hat.

Aber diese Konferenzen sind meistens recht gut, und es wird

Dir sicher Spaß machen. Und Sica wird's auch gefallen. Laß bald von Dir hören.

In Liebe. Daddy.

Einem anderen Brief fügte er eine Postkarte bei, auf der er als Anrede ›Lieber Daddy Wunderbar‹ und als Schlußfloskel ›In Liebe, Deine Ylyn‹ geschrieben hatte. In die Zeilen dazwischen sollte ich eine Nachricht schreiben und ihm dann die Karte zurückschicken. Auf der Rückseite der Karte waren hundertmal die Worte ›Ich liebe Dich‹ in den verschiedensten Farben aufgedruckt. Einige Jahre später, kurz bevor ich den Kampf gegen meinen Vater vor Gericht aufnahm, zeigte ich seine Briefe und Karten einem Freund und sagte: »Schau dir das an. Du hättest sicher nicht geglaubt, daß er mich wirklich geliebt hat, nicht wahr?« Mein Freund erwiderte erstaunt, ob ich nach allem, was ich wegen meines Vaters durchgemacht hatte, nicht besser gefragt hätte: »Du hättest sicher nicht geglaubt, daß ich diesen Vater je geliebt haben könnte, nicht wahr?« Er hatte recht.

Mein Vater wußte, daß ich nach finanzieller Unabhängigkeit von Barry strebte und einen Beruf erlernen oder irgendein Geschäft betreiben wollte, und so schickte er mir mit seinen Briefen Artikel und Broschüren, die Anregungen und Vorschläge zu dieser Thematik enthielten. Er machte sich Sorgen, daß ich nach einer eventuellen Scheidung wie ein Fisch auf dem Trockenen sitzen könnte. In einem der Briefe schickte er mir einen Aufsatz des Schriftstellers Paul McElroy, in dem dieser sich energisch dafür einsetzt, daß die Menschen einander unterstützen sollen. Er zieht den Vergleich zwischen einem Menschen, der alles allein machen will, zu einem Stück Holz, das allein vor sich hinkokelt und keine Wärme abgibt. Der Aufsatz endet: ›Allein sind wir wie verlöschende Glut, zusammen aber können wir die Welt in Brand setzen.‹ Mein Vater hatte darunter geschrieben: AMEN!!!

In einem langen Brief, den ich unter den Dingen wiederfand, die er bei mir zurückließ, schilderte ich meinem Vater den bedauerlichen Zustand meiner Ehe und drängte ihn, mich zu besuchen:

Barry scheint es ernst damit zu sein, zur Eheberatung zu gehen. Klingt großartig, aber ich hab' das schon zu oft gehört. Barry spielt das Spiel nach seinen Regeln, und Meinungsänderungen sind ein fester Bestandteil davon. Verstehst Du? Jedenfalls hab' ich ihm vorgeschlagen, (1), daß er zu jemandem geht, den ich aussuche, jemanden, von dem ich weiß, daß er auch in die Tiefe geht, (2), daß er allein hingeht und (3), daß er sich nicht um die Kosten schert. Nach vier Sitzungen werden wir wissen, wo's lang gehen soll. Das ist ja schon bald.

Die Beraterin, die ich vorgeschlagen habe, hat ihn früher schon mal durchleuchtet. Sie hält nicht viel von Langzeittherapie in Fällen, in denen auch intensive Kurzzeitberatung helfen kann. Wie auch immer es mit unserer Ehe weitergeht, ich werde schon damit fertig. Barry weiß, daß er seine Absichten eindeutig *klarlegen muß, mit Gerede und Versprechungen ist es nicht mehr getan.*

Es gibt eine ganze Reihe von Gründen, daran zu arbeiten, daß meine Ehe bestehen bleibt, aber es gibt fast mehr Gründe, aufzugeben. Meine Erwartungen sind ausgependelt – nicht angstvoll, nicht hoffnungsvoll, nicht überspannt. Ich weiß inzwischen, wie ich mich selbst einzuschätzen habe, und ich bin selbstbewußt genug, mich nicht länger als Fußabstreifer oder Punchingball von irgend jemand mißbrauchen zu lassen. Ich könnte heute weggehen, und ich würde mich gar nicht so schlecht dabei fühlen. Gebete und Gespräche haben mich so weit gebracht. Ich kann es allein schaffen, aber andererseits kann ich auch noch ein paar Wochen warten, und dann werde ich als eine starke, tapfere Frau meine Entscheidung treffen. Ach, Dad, ich liebe Dich.

Gerade habe ich noch mal mit Barry gesprochen. Er will tatsächlich zu dieser Beraterin gehen. Er denkt, er müßte es mir zuliebe tun, aber es wird vor allem ihm selbst helfen. Daddy, es müßte so vieles passieren, wenn diese Ehe auf Dauer halten soll. Ich weiß, was ich erwarte, und ich weiß auch, wann es Zeit ist zu gehen. Es wird sicher über Nacht keine wundersame Änderung bei Barry geben. Aber ich werde auch nicht ewig darauf warten, daß sich etwas bewegt. Ich liebe Dich, Dad.

Vertrau mir. Ich lerne immer mehr aus meinen Fehlern, und die Fähigkeit zur Vergebung macht mich stark. Ich will's versuchen, will nicht länger zurückschauen, dafür um so intensiver die Gegenwart betrachten. Bete für mich, daß ich Gottes Willen erkenne. Und daß es aufwärts geht.

Komm und besuche uns. Du kannst einige Zeit mit mir oder, wenn Du so willst, mit mir und *Barry in einer ruhigen, entspannten Atmosphäre zubringen. Es gibt keine Kampfzonen und kein Kampfgetümmel mehr. OK? Du hast einen friedlichen Platz hier in L.A., an dem Du mit offenen Armen und offenem Herzen willkommen bist. Ob Barry dabei eine Rolle spielt oder nicht, ich kann Dir jedenfalls versprechen, daß Dich hier Friede, Respekt und Heiterkeit erwarten. OK?* VIELLEICHT KÖNNTEST DU DAS RAUCHEN AUFGEBEN. KEIN DRUCK, NUR EIN LIEBEVOLLER VORSCHLAG.

Aus einem anderen Brief von mir an ihn:

Wenn Barry und ich zusammenbleiben, wollen wir uns in absehbarer Zeit ein Haus mit einem Zimmer für Dich kaufen. Ich dachte mir, Du wärst vielleicht gerne bei uns, wenn Friede bei uns eingekehrt ist. Vertrau mir. Ich liebe Dich. Pooh.

Diese Briefe aus den Jahren 1984 und 1985 zeigen, daß ich mich mit der Hoffnung trug, mein Vater könnte der emotionale Anker in meinem Leben werden, den ich so sehr vermißte. Obwohl er in den Jahren seit der Trennung von meiner Mutter eine Reihe von Freundinnen gehabt und mit mehreren von ihnen längere Zeit zusammengelebt hatte, war er jetzt allein und schien in mir jemanden zu suchen, der dieselbe Lücke ausfüllte, wie ich sie durch ihn ausfüllen wollte. Die Verbundenheit, die während meiner Kindheit zwischen uns immer geherrscht hatte, die dann aber in den turbulenten Jahren seiner Trunkenheitsrasereien zerstört worden war, kam jetzt, nachdem er das Trinken aufgegeben hatte, wieder zum Durchbruch. Ich war inzwischen fünfundzwanzig Jahre alt, und er schien mich jetzt endlich so zu lieben, wie ein Vater seine Tochter lieben sollte.

Ein Zwischenfall mit meinem Vater erschütterte die neue Nähe, die sich zwischen uns ergeben hatte. Als er mich eines Tages in San Jose besuchte, spielte er im Wohnzimmer mit Sica, während wir uns unterhielten. Ich mußte in die Küche, und als ich nach einigen Minuten wieder zurückkam, hatte er Sica vor sich auf den Tisch gelegt und fummelte an ihren Geschlechtsorganen herum. Er hatte mit den Fingern ihre Schamlippen weit auseinandergezogen. Ich war entsetzt. »Was machst du denn da?« war alles, was ich hervorbrachte.

»Darf ich denn nicht meine wunderschöne Enkeltochter bewundern, wenn mir danach ist?« fragte er zurück und wechselte dann schnell das Thema. Ich sagte nichts mehr, aber dieses Erlebnis quälte und beunruhigte mich noch lange.

Und noch etwas ereignete sich in dieser Zeit, das ich zunächst nicht verstand und prompt auch ins Unterbewußtsein abschob, bis es ein paar Jahre später wieder auftauchte, als ich genug wußte, um es verstehen zu können. Während einer Unterhaltung kamen wir irgendwie auf Susan Nason zu sprechen. »Warum«, fragte ich ihn, »durfte ich eigentlich nicht zu Susies Begräbnis gehen? Ich war ihre beste Freundin, aber niemand hat mir irgendwelche Beachtung geschenkt. Warum war das so?« Er reagierte mit seinen eigenen Erinnerungen an Susan. »Weißt du noch, wie sehr Susie mich mochte? Wie gern sie mit mir gespielt hat? Dauernd krabbelte sie an mir rum und wollte mich kitzeln. Ich hab' sie gekitzelt. Sie mochte das.«

Ich hatte plötzlich das Gefühl, das Zimmer würde sich um mich drehen. Mir wurde schwindelig. Ich hatte keine Ahnung, warum ich so heftig reagierte – ich wußte nur, daß dieses Gespräch sofort aufhören, daß ich das Zimmer verlassen mußte. »Ja, ich erinnere mich«, murmelte ich. »Ich habe vergessen, Milch zu kaufen.« Dann lief ich zur Tür, und ich wußte, wenn ich nicht sofort aus dem Haus stürmte, würde ich zusammenbrechen.

7. KAPITEL

Während Eileens Ehe mit Barry sich immer mehr zu einer deprimierenden Routineangelegenheit entwickelte, stürzte sich die ebenfalls ausgesprochen attraktive Janice Franklin nach der Befreiung aus dem elterlichen ›Auschwitz‹ in eine Serie von Liebesaffären. Ihr Intelligenzquotient erreichte fast die Genie-Ebene, aber sie zeigte keine Neigung, zielgerichtet eine berufliche Karriere anzustreben. Sie hielt sich mit einer Reihe unbedeutender Jobs über Wasser. Spuren der verkorksten Kindheit waren in ihrer sehr empfindsamen, nervösen Art zurückgeblieben, aber ihr gutes Aussehen und ihre Kontaktfreude machten es ihr leicht, Freunde und Liebhaber zu finden.

Sie dachte oft an Susan Nasons Ermordung und fürchtete sich, über die Route 92 zu fahren – nicht so sehr, weil man in ihrer Nähe Susans Leiche gefunden hatte, sondern weil sie dann an ihrem Grab auf dem Skylawn-Friedhof vorbeikam. Seit ihrer Kindheit hatte sie Angst vor diesem Friedhof. Sie war von dem Gedanken besessen, wenn sie ihn je betreten würde, würde ihr das grausige Geheimnis um Susans Tod offenbart. Aber die Furcht vor dem Friedhof war so groß, daß sie es nicht wagte, hineinzugehen. Selbst das Vorbeifahren am Eingang machte ihr Angst.

Nachdem Janice ihren Vater mehrere Jahre nicht getroffen hatte, tauchte er 1984 eines Tages bei ihr auf und lud sie zum Essen ein. Auf dem Weg vom Restaurant zum Parkplatz überfiel Janice plötzlich die Vorstellung, ihr Vater hätte Susan Nason ermordet. Der Gedanke war nicht darauf zurückzuführen, daß sie beim Essen über Susan gesprochen hätten; Janice meinte nachträglich, es sei eine intuitive Eingebung gewesen, die bei diesem unerwarteten Treffen mit ihrem Vater in ihr aufgestiegen sei. Sie habe an seine Gewalttätigkeiten und an seine sexuelle Skrupellosigkeit, vor allem aber auch an sein seltsames Verhalten an dem Abend, als Susan verschwand, denken müssen.

Zu dieser Zeit teilte Janice in San Carlos ein Apartment mit einer Freundin namens Mary Hartford. Eines Abends unterhielten sich die beiden jungen Frauen über ihre Kindheit, und Janice erzählte Mary die Geschichte von der Ermordung Susan Nasons. Sie sagte auch, daß sie glaube, ihr Vater sei der Mörder des Mädchens. Mary reagierte natürlich äußerst erstaunt und entsetzt. Janice berichtete ihr daraufhin von der gewalttätigen Ader ihres Vaters und schilderte auch sein seltsames Verhalten am Abend des Geschehens, als er sie so seltsam begrüßt und so unmotiviert in den Rücken getreten hatte, kurz bevor sie die Fragen der Polizisten beantworten sollte.

Mary war fasziniert davon, daß ihre Freundin vielleicht die Lösung für diesen berühmten, ungelösten Kriminalfall in Händen hielt. Sie drängte Janice, zur Polizei zu gehen, aber Janice hatte panische Angst vor einem solchen Schritt. Eine Freundin von Mary war mit einem Beamten bei der Polizei von San Carlos namens Bruce Potts verheiratet. Mary nahm Kontakt zu ihm auf und berichtete ihm, ihre Zimmerkollegin hätte Informationen zu einem ungelösten Mordfall, sei aber zu verängstigt, damit offiziell zur Polizei zu gehen. Mary schlug Potts vor, er solle doch ›zufällig‹ abends mal vorbeikommen und in einem ruhigen Gespräch Janice auf das Thema bringen, vielleicht würde sie ihm dann die Geschichte erzählen. Potts stimmte zu.

Als Potts kam, saß Janice lesend in ihrem Zimmer. Nachdem sie eine Weile mit Potts im gemeinsamen Wohnzimmer geredet hatte, ging Mary zu Janice und sagte ihr, wer der Besucher war. Sie betonte, er wäre ein sehr netter Kerl und Janice solle doch zu ihnen kommen, um ihn kennenzulernen. Und wenn sie Potts sympathisch finde, könne sie ihm ja erzählen, was sie über Susan Nasons Ermordung wisse. Janice war einverstanden. Nachdem sie sich eine Weile unterhalten hatten, trug sie Potts ihren Verdacht vor.

Potts erkannte sofort, daß Janices Darstellung nicht für eine Festnahme ausreichte, andererseits aber vermutlich bedeutsam genug war, eine Wiederaufnahme der Untersuchungen, diesmal mit dem Verdächtigen George Franklin, zu rechtfertigen. Vielleicht, so überlegte Potts, konnten andere Mitglieder der Franklin-Familie weitere Verdachtsmomente beisteuern. Er wußte natürlich auch, daß das Verbrechen außerhalb des Zuständigkeitsbereiches seiner Dienststelle begangen worden war und bat Janice um Erlaubnis, die Informationen an die zuständige Behörde, die Ermittlungsabteilung der Polizei von Foster City, weiterleiten zu dürfen. Ermutigt durch Potts sachliche Reaktion stimmte Janice zu.

Kurz danach erhielt sie einen Anruf von Sergeant Richie von der Polizei von Foster City. Er habe erfahren, sie hätte Informationen zu einem ungeklärten Mordfall, und er möchte ihre Aussage aufnehmen. Sie trafen sich auf der Polizeistation. Richie machte von Anfang an klar, daß er sehr skeptisch sei. Woher wollte Janice wissen, daß ihr Vater diesen Mord begangen hatte? Nur so eine Intuition? Ein vager Verdacht? Auf einen Verdacht hin könne man aber keine Untersuchung einleiten, sagte er. Bei der Befragung konzentrierte er sich auf den Zeitablauf des Geschehens. Wann hatte sie ihren Vater am Tage des Mordes zu Hause angetroffen? Janice war sich nicht sicher. Um 15 Uhr? Nein. Um 15 Uhr 30? Nein, auch nicht, wahrscheinlich später. Um 16 Uhr? Ja, vielleicht.

Richie hatte sich auf diese Befragung sehr sorgfältig vorbereitet und sich mit den Details des Verbrechens vertraut gemacht. Das konnte man von Janice nicht sagen. Als sie zögernd meinte, es sei etwa 16 Uhr gewesen, als sie ihren Vater antraf, zerrupfte Richie ihre Anklage. Susans Mutter hatte ihre Tochter um 15 Uhr 15 noch gesehen. Fünfundvierzig Minuten wären aber viel zu wenig Zeit für George Franklin gewesen, um Susan aufzugabeln, zwanzig Minuten zum Tatort an der Route 92 zu fahren, das Mädchen zu ermorden und wieder zum Harvester Drive zurückzukehren.

Potts, der bei der Anhörung dabei war, meinte später, Richie sei von vorneherein mit der Absicht in die Befragung gegangen, die Anklage abzuschmettern. Seine Fragen zum Zeitablauf seien nicht korrekt gestellt worden; statt ihr absichtlich falsch

– zu früh – angesetzte Zeiten an den Kopf zu werfen, hätte er sie einfach fragen sollen, wann sie ihren Vater an diesem Nachmittag getroffen hätte. Seine Fragemethode führte zwangsläufig dazu, daß Janice verunsichert wurde und Aussagen machte, die sich nicht halten ließen. »Für mich war deutlich zu erkennen«, sagte Potts, »daß Richie die Sache schon abgetan hatte, ehe er überhaupt richtig damit angefangen hatte.«

Das war das Ende des Versuches von Janice, ihren Vater wegen Mordes vor Gericht zu bringen, und sie sagte zwei Jahre lang keinem anderen Familienmitglied etwas davon.

Zwiespältigkeit gegenüber dem Täter, wie sie bei den mißbrauchten Opfern oft anzutreffen ist, war auch unter den Franklin-Kindern spürbar. Eileen konnte mit einem Mann zusammenleben, mit ihm zeitweise sogar recht glücklich sein, von dem sie wußte, daß er nicht zögern würde, sie zu erpressen, damit sie bei ihm blieb. Janice konnte einen Freund einen ganzen Tag lang entrüstet von Leahs Unfähigkeit als Mutter erzählen und dann abends ein Telefongespräch mit ihr dann doch mit einem durchaus ernstgemeinten »Ich liebe dich, Mom«, abschließen. George junior würde später vor Gericht als Zeuge lediglich aussagen, er hätte seinen Vater gemieden, wo es nur ging und jahrelang kein normales Wort mit ihm gesprochen, sonst aber wollte er keine ernsthaften Vorwürfe gegen ihn erheben.

Nur aus so widersprüchlichen Bindungen läßt es sich auch erklären, daß Janice ihrem Vater, den sie kurz vorher noch bei der Polizei als Mörder verdächtigt hatte, Unterkunft in ihrem Apartment anbot, als er aus Hawaii zurückkam. Janice war bereit, alle bösen Erinnerungen an den Vater aus ihren Gedanken zu verbannen – den Verdacht gegen ihn wegen der Ermordung Susan Nasons, auch die Gewalttätigkeiten gegen sie selbst und ihre Geschwister, aber sie konnte ihm sein Benehmen während des Aufenthaltes bei ihr nicht verzeihen; er machte ihr mehrmals unzweideutige Angebote zu sexuellen Kontakten.

Janice gab es auf, das unglaubliche Verhalten ihres Vaters ihr gegenüber zu analysieren. Es ekelte sie an. Als sie während dieser Tage einmal mit ihm zusammen im Auto fuhr und vor einer Ampel halten mußte, merkte sie, daß er ein kleines Mädchen anstarrte, das am Straßenrand stand und auf Grün wartete. Aus einem Impuls heraus sagte Janice mit möglichst natürlicher Stimme: »Sind kleine Mädchen nicht ausgesprochen sexy? Sie haben doch wirklich die süßesten sexy Figürchen.«

Ihr Vater sah sie überrascht an, dann aber stimmte er ihr überschwenglich zu. Es war, als ob er froh sei, endlich einmal jemanden zu haben, mit dem er offen über solche Dinge sprechen konnte. Er gab eine Reihe eigener Beobachtungen über den Sex kleiner Mädchen zum besten. Janice vergaß diese Aussagen wieder, aber das spielte keine Rolle. Sie hatte genug gehört. Sie hatte ihren Vater dazu gebracht, sich als das Monster zu offenbaren, das er tatsächlich war – ein Mann, der Geschmack daran fand, sich an kleine Mädchen ranzumachen, der das wahrscheinlich auch bei Susan Nason getan hatte und sie dann umgebracht hatte. Für Janice Franklin waren die Gerichtsverhandlungen, die in den folgenden Jahren gegen ihren Vater geführt wurden, überflüssig. Sie hatte ihn überführt. Sie wußte jetzt, daß er ein ganz gefährlicher Mann war. Allerdings – sie hatte ihn schon einmal vergeblich bei der Polizei gemeldet, und jetzt wußte sie nicht, was sie noch tun konnte.

Bald aber ergab sich eine Gelegenheit, etwas zu unternehmen. Eileen und Barry hatten sich wieder einmal heftig gestritten, und Eileens Verzweiflung hatte ein Stadium erreicht, in dem ihr nur noch die Flucht, koste es was es wolle, als Ausweg möglich erschien. Als Barry morgens das Haus verließ, fuhr sie zur Bank und hob die Hälfte des gemeinsamen Guthabens ab. Dann fuhr sie wieder nach Hause und packte ihre Sachen. Sie wußte noch nicht, wo sie hingehen sollte, nur *daß* sie wegwollte. In diesem Moment klingelte es, und ihr Vater stand vor der Tür. Er sagte, er sei auf dem Weg nach Las Vegas und käme kurz vorbei, um seine Tochter und sein Enkelkind zu besuchen.

Für Eileen kam ihr Vater wie gerufen. Sie erklärte ihm die Situation und fragte ihn, ob er sie und Sica nicht mitnehmen könne. Er erklärte sich gerne bereit dazu; er hätte in Las Vegas eine Eigentumswohnung zur Verfügung, dort sei genug Platz für sie alle. Eileen empfand das Auftauchen ihres Vaters in diesem Augenblick als Fügung des Himmels. George Franklin lud Eileen und Sica in seinen VW-Bus und fuhr nach Las Vegas.

Immer wenn Eileen Barry verließ, griff er zum Telefon und ließ die Drähte heißlaufen. Der gesamte Franklin-Clan erzitterte dann unter einer Schockwelle. Es war unvermeidlich, daß bei diesen Gelegenheiten die Datenbank der Familie durch neue Informationen angereichert wurde. Beim jetzigen Geschehen, Eileens Flucht mit ihrem Vater nach Las Vegas, erfuhr Barry etwas, das ebenso bedeutsam war wie die Entdeckung ihrer Festnahme wegen Prostitution. Janice, die den Schock der Erkenntnis noch nicht verarbeitet hatte, daß ihr Vater sich sexuell zu kleinen Mädchen hingezogen fühlte, geriet in Panik, als sie erfuhr, daß Eileen mit ihm nach Las Vegas gegangen war, ihre kleine Tochter mitgenommen hatte und daß alle zusammen in einem Apartment wohnten. Es bedeutete, daß George Franklin immer dann, wenn Eileen die Wohnung verließ, mit dem Kind allein war ...

Janice wußte nicht, wie sie Eileen erreichen konnte, wurde aber von dem Drang gequält, etwas zu unternehmen, um das Schlimmste zu verhüten. Sie rief Barry an und sprudelte ihre Erkenntnis heraus, ihr Vater sei ein Kleine-Mädchen-Verführer und Jessica damit in großer Gefahr. Um ihre Behauptung zu untermauern, erzählte sie Barry auch von dem sexuellen Mißbrauch, den sie selbst durch ihren Vater erlitten hatte. Barry hatte bis dahin nichts von diesen Dingen gewußt. Er war wegen Eileens Flucht sowieso in einem Zustand höchster Erregung, und als er jetzt auch noch erfuhr, daß seine Tochter in den Händen eines Kinderschänders war, drehte er durch.

Als die ganze leidvolle Geschichte in den nächsten fünf Jahren nach und nach aufgedeckt wurde, konnte man erkennen, daß Barrys Handeln, das manche Leute als überaggressiv bis berserkerhaft einstuften, immer von der Angst um seine Tochter und später auch um Eileen und sich selbst bestimmt war. Während die meisten Verwandten und Freunde versuchten, die komplexen Verästelungen der Anklagen Eileens gegen ihren

Vater zu verarbeiten, konzentrierten sich Barrys Gedanken auf die Tatsache, daß es da einen äußerst gefährlichen Mann gab, der eine Bedrohung für ihn und seine Familie darstellte. Und jetzt, in diesem Moment, war seine Tochter diesem Mann schutzlos ausgeliefert.

Barry war in panischer Sorge, und diesmal konnte er seine wutschäumenden Anstrengungen, seine Frau und sein Kind zurückzubekommen, als wahren Kreuzzug betreiben. Diesmal zielten seine Bemühungen nicht darauf ab, sein angekratztes Ego zu reparieren oder seine fahnenflüchtige Haushälterin wieder aufzugreifen oder seinen geflüchteten Bettpartner zurückzuholen, diesmal ging es darum, seine Lieben aus einer großen Gefahr zu erretten. Barry hatte schon mehrmals bewiesen, daß er hart reagieren konnte, wenn man ihn herausforderte; jetzt engagierte er die teuersten Spezialisten, die sofort schweres Geschütz auffuhren. Der bekannte Anwalt Marvin Mitchelson erhob in Barrys Namen Anklage gegen Eileen wegen Betruges – sie hätte von dem gemeinsamen Konto nicht die Hälfte des verfügbaren Geldes abheben dürfen – und wegen ›widerrechtlicher Verschleppung eines ehelichen Kindes über eine Staatsgrenze‹. Eileen hatte natürlich nicht gewußt, daß diese Handlungen gegen das Gesetz verstießen, und sie hißte sofort die weiße Flagge. Nach ihrer Zustimmung zur Rückkehr zogen Barry und sein Anwalt die Klagen zurück.

EILEEN

Als ich wieder bei Barry war, setzte er eine strenge Regel fest: George Franklin durfte nie wieder in die Nähe von Sica kommen. Ich hatte von Janices neuen Erkenntnissen erfahren und stimmte zu.

Ungefähr eine Woche danach klingelte bei uns die Türglocke. Ich war allein mit Jessica und hatte mir gerade die Haare gewaschen. Mit einem Handtuch um den Kopf ging ich zur Tür und öffnete. Mein Vater stand vor mir. Er strahlte mich an, freute sich offensichtlich auf einen Besuch bei uns. Mit fester Stimme erklärte ich ihm, er könne nicht reinkommen, wir wollten überhaupt nicht mehr, daß er uns besuchen käme. Er sah mich erstaunt und erschrocken an, dann drehte er sich um und ging ohne ein Wort zu seinem Wagen.

Am 7. Oktober 1986 brachte ich unseren Sohn zur Welt. Wir wollten ihn nach Barrys Vater auf den Namen Aaron taufen lassen. Barry freute sich sehr über die Geburt seines Sohnes, aber die Probleme, die unsere Ehe trübten, waren längst nicht ausgeräumt. Sie waren nur hinter den aktuelleren Ereignissen zurückgetreten, vor allem natürlich durch das Baby, aber auch durch die Freude an unserer niedlichen Tochter, deren dritter Geburtstag bevorstand.

Etwa um diese Zeit hatte ich ein Gespräch mit Janice über unseren Vater. Sie brach spontan ihr Schweigen und erzählte mir von ihrem Verdacht gegen ihn wegen des Mordes an Susan Nason und daß sie ihn der Polizei vorgetragen hatte. Ich fragte Janice, welche Beweise sie denn dafür hätte. Als sie sagte, sie hätte keine, spöttelte ich über diese abstruse Idee. Wir haben danach nicht wieder darüber gesprochen.

Barry wurde immer unzufriedener damit, wieviel Zeit er jeden Tag auf der Stadtautobahn von Los Angeles verbrachte, und er entschloß sich, nach Canoga Park, einer der neuen Vorstädte im Fernando Valley zu ziehen. Canoga Park bestand aus einem Gitternetz gerader ebener Straßen, die von attraktiven Häusern des gehobenen Mittelstandes gesäumt wurden. In der Mitte der Stadt stand eine Kirche, zu der eine breite Einkaufs- und Bürohausstraße führte. Von der Stadt aus hatte man einen herrlichen Ausblick auf die Santa-Monica-Berge im Süden und die San-Gabriel-Berge im Norden.

Unser Haus war ein einstöckiges Gebäude im Ranchhaus-Stil. Es lag am Ende einer Sackgasse, so daß die Kinder beim

Spielen nicht durch den Straßenverkehr gefährdet waren. Über die ganze Rückseite des Hauses erstreckte sich ein großer, nicht abgetrennter Raum mit der Küche links, dem Eßbereich in der Mitte und dem großen Wohnzimmer mit Kamin rechts. Vom Wohnzimmer aus führten Schiebetüren zu einem ummauerten Patio, das fast ganz von einem nierenförmigen Swimmingpool eingenommen wurde.

Barrys Geschäfte wuchsen und gediehen, und ich wurde von ihm immer mehr in die Abläufe eingeschaltet. Er brachte mir bei, wie man die verschiedensten Dinge handhaben mußte – einschließlich der verzwickten Verhandlungsführungen mit Klienten vor dem Abschluß eines Kontraktes. Und ich fand große Befriedigung in der Erziehung meiner Kinder.

Ich war fest entschlossen, nicht so zu werden wie meine Eltern. Während der gesamten Zeit unseres Heranwachsens hatten sie über uns Kinder geklagt, uns getadelt, uns endlose Strafpredigten gehalten. In meiner Naivität hatte ich geglaubt, was sie gesagt hatten – wir fünf Kinder hätten sie zu ihrem extremen Verhalten getrieben. Ich hatte das so oft gehört, daß ich überzeugt war, Leah DeBernardi und George Franklin wären vor der Geburt ihrer Kinder wunderbare, glückliche, erfüllte Menschen gewesen. Ja, so schien das zu sein – wir Kinder hatten das Leben dieser prachtvollen Menschen ruiniert.

Als ich Mutter wurde, schwor ich mir, nicht so zu werden wie sie. Ich nahm mir vor, immer dann, wenn ich nicht wußte, wie ich eines meiner Kinder behandeln sollte, mir zu überlegen, was meine Eltern getan hätten – und dann etwas anderes, womöglich das genaue Gegenteil zu tun. Ich habe versucht, meine Kinder mit Gefühl zu erziehen, und das bedeutet, ihnen zu zeigen, daß sie wichtig für mich sind, daß ich sie umsorge und daß ich sie liebe.

Meine Kinder wissen, daß sie zu mir kommen können, wenn sie einen Kuß oder ein Streicheln oder ein warmes Bett in einer stürmischen Nacht brauchen oder wenn sie eine Geschichte hören wollen. Im Gegenzug lassen meine Kinder mich an ihrer Kindheit teilhaben, nicht nur als ihre Mutter, sondern als jemanden, der zu ihnen gehört und ihre Erfahrungen mit ihnen teilt. Sie erlauben mir, die Zeit zurückzuschrauben und mich als eine Gleichberechtigte an ihren Spielen und Abenteuern zu beteiligen. Sie wissen es nicht, aber sie haben mir zum ersten Mal einen Blick in eine Kindheit ermöglicht, in der es keinen nächtlichen Terror, keinen körperlichen Mißbrauch, keine demütigenden Beschimpfungen und keine grausame Gleichgültigkeit gibt. Die Erziehung meiner Kinder gibt mir die Möglichkeit, eine Kindheit nachzuerleben, wie ich sie mir so sehr gewünscht habe, als ich in ihrem Alter war. Ich bin meinen Kindern dankbar, daß ich an den Freuden ihrer Kindheit teilhaben darf.

Barry teilte, wie sich jetzt doch zeigte, meine Liebe zu den Kindern. Wir unternahmen oft etwas mit ihnen – Wanderungen, Ponyreiten, Zugfahrten, Besuche in Wildparks. Barry brachte ihnen Songs aus seiner Zeit als Bandleader bei und ließ nicht locker, ihnen auch praktische Kenntnisse zu vermitteln. Er ermutigte mich, die Kinder in die verschiedensten Kurse zu geben – Schwimmen, Turnen, Taekwondo, fast alles, was man in unserer Gegend für Kinder anbot. Es machte mich glücklich, daß Barry so an den Kindern hing und sich um ihr Wohlergehen bemühte. Die Probleme zwischen uns wurden dadurch jedoch nicht ausgeräumt.

Während all dieser Zeit gingen wir immer wieder zu Eheberatern. Wie schon immer behauptete Barry, es gäbe keine echten Probleme zwischen uns, wir kämen schon alleine zurecht, aber wenn er mal nett zu mir sein wollte, ging er dann doch mit zu den Sitzungen. Aber es endete unausweichlich damit, daß er nach einiger Zeit immer häufiger Ausreden fand und mich schließlich nicht mehr begleitete. Eisern quälte ich mich dann allein durch die Therapie.

Ich konnte mit Befriedigung feststellen, daß ich mich zu einer verantwortungsbewußten jungen Frau entwickelt hatte, aber die Unterwerfung unter Barrys Wünsche und Vorstellungen ließen mich doch manchmal bange fragen, was für eine Frau sich zeigen würde, wenn ich mich von ihm lösen und nicht mehr nur eine Verlängerung seines Willens sein würde. In meinen späten Teenagerjahren hatte ich mich auf mich selbst verlassen und

Schiffbruch erlitten. Das lag jetzt sechs Jahre zurück. Ich war inzwischen eine andere Person, aber was für eine? War ich gefestigt genug, auf eigenen Beinen stehen zu können? Wer war ich ohne Barry?

Im Herbst 1988 überfiel mich eine Erinnerung, die mich schockierte und quälte. Ich war noch sehr jung, etwa sechs, und ging zu meinem Vater ins Schlafzimmer, um ihm gute Nacht zu sagen. Plötzlich penetrierte er meine Scheide mit seinem Finger. Ich versuchte krampfhaft, dieses widerliche Bild aus meinem Gedächtnis zu verbannen.

Ich wußte inzwischen, daß er solche Sachen mit einigen meiner Schwestern getrieben hatte, aber bis zu diesem Moment hatte ich keine Erinnerung daran, daß er auch mich sexuell belästigt hatte. Eigentlich war ich bis dahin sogar sicher, daß er es nicht getan, daß mich mein Status als Lieblingstochter davor bewahrt hätte. Aber die Erinnerung, die da aufgetaucht war, war klar und unzweideutig.

ZWEITER TEIL

ERINNERUNG UND ENTSCHEIDUNG

8. KAPITEL

EILEEN

Wenn, wie ich annehme, die Rückkehr meiner Erinnerung Teil eines Prozesses war, der sich langsam entwickelte, dann sollte ich den Beginn dieses Prozesses auf die Zehnjahresfeier meines High-School-Jahrganges im Jahre 1988 datieren. Da ich bei meinen Klassenkameraden nicht besonders beliebt gewesen war, zögerte ich, an dem Treffen teilzunehmen, entschied mich dann aber doch dafür. Ich war stolz auf die positiven Veränderungen, die sich seit der Zeit auf der High School in meinem Leben ergeben hatten. Ich halte es für möglich, daß der Anblick der Gesichter meiner damaligen Klassenkameraden, betrachtet aus der sicheren Distanz meines jetzigen Lebens, die Rückkehr der Erinnerungen ankurbelte. Jedenfalls, kurz nach diesem Treffen tauchten die ersten Erinnerungen daran auf, daß mein Vater sich sexuell an mir vergangen hatte.

Als nächstes könnte die Fehlgeburt, die ich zwei Monate später erlitt, den Erinnerungsprozeß vorangetrieben haben. Ich war entsetzt und konnte es kaum glauben, als Barry mir sagte, er sei erleichtert über die Fehlgeburt, denn er wolle keine Kinder mehr. Auch meine Schwiegermutter enttäuschte mich sehr; anstatt Mitgefühl zu zeigen, war sie beleidigt, daß ich ihr nichts von der Schwangerschaft gesagt hatte. Meine eigene Mutter schließlich beschimpfte mich, daß ich es gewagt hatte, noch einmal schwanger zu werden, ich hätte ja schließlich schon zwei Kinder. Alle, von denen ich Mitgefühl und Mitleid erwartet hatte, überschütteten mich mit Vorwürfen. Obwohl ich damals die gedankliche Verbindung nicht herstellte – ich fühlte mich so alleingelassen wie bei Susans Tod, als niemand meinen Schmerz über den erlittenen Verlust beachtete. Die ähnliche

Gefühlslage mag dazu beigetragen haben, daß die Gedanken an Susan zur Oberfläche drängten.

Im Dezember 1988 reichte ich die Scheidung ein. Schon seit einiger Zeit hatte ich diesen Schritt als unausweichlich betrachtet, und Barrys gefühllose Äußerung über die Fehlgeburt war der letzte Anstoß, die Sache einzuleiten. Ich konnte mir nicht ausmalen, wie er reagieren würde, aber was ich am wenigsten erwartet hatte, war, daß sich unser Verhältnis schlagartig verbesserte, als die Scheidungspapiere auf dem Tisch lagen. Wir hatten ein paar lange Gespräche, und schließlich willigte ich ein, Barry noch einmal die Chance zu geben, einen Eheberater zu konsultieren und erst dann eine endgültige Entscheidung zu treffen. Er versprach, in einigen Wochen mit der Therapie zu beginnen, wenn er ein besonders wichtiges Computerprogramm abgeschlossen hatte. Diesmal, versicherte er mir, würde er das *Counseling* auch wirklich durchstehen.

Anfang 1989 verbesserte sich unsere Beziehung weiter, und ich begann zu glauben, unsere Ehe könne gerettet werden. Daniela, unser Kindermädchen, war vor kurzem zu uns gekommen. Wir alle mochten sie sehr. Jessica war inzwischen fünf, Aaron zwei, und die beiden spielten gern miteinander. Barry arbeitete unter enormem Zeitaufwand am Computersystem der *Los Angeles Times*, er war kaum noch zu Hause, aber es machte ihm großen Spaß, ein so bedeutendes Projekt federführend zu managen. Die größte Bedrohung für mein geistiges Wohlbefinden waren die fünfzehn Pfund, die ich während der Schwangerschaft angesetzt hatte und nicht wieder los wurde. Ich nahm an, daß sie auf den Schock und die Depressionen nach der Fehlgeburt zurückzuführen waren.

Und dann tauchte diese Erinnerung auf. Als an diesem Januarnachmittag plötzlich das Bild wieder in meinem Gedächtnis aufblitzte, wie mein Vater Susan Nason erschlug, schien der Boden unter mir zu schwanken und sich alles um mich zu drehen. Meine spontane Reaktion war Ablehnung, Leugnung des entsetzlichen Bildes, und ich schrie innerlich auf: *»Nein!«* Nein, nein, nein – zu einer anderen Reaktion war mein Gehirn nicht fähig. Ich war entsetzt, geschockt, völlig durcheinander. Nein, es durfte nicht wahr sein. Diese Erinnerung mußte verschwinden, sich als böser Traum erweisen. Aber meine Willenskraft war machtlos gegen die Szene, die da in meinem Gedächtnis wieder aufgetaucht war. Wie der böse Geist aus der Flasche war sie aus dem Gefängnis meines Unterbewußtseins befreit worden. Sie war einfach da, unleugbar, unverdrängbar. Ich würde sie nie wieder loswerden können.

Ich hatte das Gefühl, im nächsten Augenblick zusammenbrechen zu müssen. Ein dumpfes Dröhnen zuckte durch meinen Kopf, mein Magen drehte sich. Es war, als ob man mir gerade gesagt hätte, ein geliebter Mensch sei gestorben. Aber anders als bei einer solchen Nachricht ebbte das Dröhnen nicht ab, verwandelte sich nicht in Kummer; es blieb wochenlang ein konstanter, unaufhörlicher Schmerz. Eine nächste Welle des Entsetzens brachte mich zurück in die Wirklichkeit, zurück nach Canoga Park, zu meinem Haus, zu meinen Kindern, zur Realität.

Selbst als das Bild verblaßte und ich wieder wußte, wo ich mich befand, wurde ich noch von Entsetzen geschüttelt. Es war nicht das Gefühl einer unmittelbar drohenden Gefahr, eher das Grauen vor einer allumfassenden, unkontrollierbaren bösen Macht, der ich schutzlos ausgeliefert war. Und es war das Entsetzen darüber, daß ich ein unerwünschtes, verbotenes Wissen besaß, das ich niemals mehr loswerden konnte und niemals mit jemand teilen durfte. Meine einzige Hoffnung war, daß niemand jemals erfuhr, daß ich dieses Wissen besaß.

Ich erinnere mich, daß ich Aaron auf das Sofa legte, als er sein Fläschchen leergetrunken hatte. Dann ging ich in die Küche und stellte die Flasche ins Spülbecken. Ich klammerte meine Hände um den Rand der Anrichte und versuchte, mich zu beruhigen und meine Gedanken zu ordnen. Ein Anfall von Klaustrophobie überfiel mich, und ich fürchtete einen Moment, ich würde verrückt.

»Wenn ich verrückt werde, wer kümmert sich dann um die Kinder?« dachte ich. »Mein Gott, ich will doch meine Kinder nicht verlieren!«

Ich mußte es schaffen, die Szene von Susans Ermordung loszuwerden, sie wieder dorthin abzuschieben, woher auch immer sie gekommen war – aber ich wußte nicht, wie ich das machen sollte. Nach wie vor stand ich unter Schock. Es würde sicher Tage dauern, bis ich in der Lage war, darüber nachzudenken, wie ich gegen die schreckliche Erinnerung, die mich so plötzlich überfallen hatte, ankämpfen konnte. Im Moment blieb mir nichts anderes übrig, als sie in mein Bewußtsein aufzunehmen, sie irgendwo dort abzulegen und sie als gegeben zu akzeptieren. Allein schon das erforderte all meine Willenskraft.

Die schmerzlichen Aspekte der aufgetauchten Erinnerung bezogen sich auf Susans hilfloses Flehen. Mir fiel wieder ein, daß ich Susan wimmern gehört hatte: »Nein, bitte nicht«, als mein Vater mit dem erhobenen Stein über ihr stand. Diese Worte verfolgten mich jetzt wochenlang bis in den Schlaf. Das Geräusch, wie er mit seinem Spaten in der harten Schottererde gehackt und gescharrt hatte, quälte mich nicht weniger, verwirrte mich aber auch; ich wußte nicht mehr, warum er das getan hatte. Und ich erinnerte mich ganz genau an den furchterregenden Tonfall in seiner Stimme, als er zu mir gesagt hatte: »Gottverdammter Mist, Eileen.« Das hatte mich besonders erschreckt, weil er mich sonst nie bei meinem richtigen Vornamen nannte.

Ich stürzte mich in Arbeit, um die Erinnerung zu unterdrücken, beschäftigte mich noch mehr als sonst mit den Kindern, machte Einkäufe und Besorgungen, die gar nicht nötig waren. Und ich aß mehr als sonst, viel zu viel. Aber es war nicht zu vermeiden, daß trotz aller Anstrengung, sie zu unterdrücken, in jeder ruhigen Minute die Erinnerung wieder auftauchte. Und sie wurde zu meinem Entsetzen immer klarer und ausführlicher; immer mehr Mosaiksteinchen drängten zur Oberfläche und erweiterten das Bild.

Alle meine Überlegungen liefen darauf hinaus, daß ich meine Erkenntnis für mich behalten mußte, wahrscheinlich auf ewige Zeiten. Ich mußte allein damit fertig werden. Als sich dieser Gedanke bei mir festigte, spürte ich in mir eine eisige Einsamkeit, wie sie wohl denjenigen überfällt, der ein schreckliches Verbrechen begangen hat. Über ein bedeutsames Ereignis in meinem Leben, vielleicht das bedeutsamste überhaupt, durfte ich mit niemandem sprechen. Dieser Zwang gab mir das Gefühl, bestraft zu werden, so als ob ich, nicht mein Vater, Susan ermordet hätte.

Während der nächsten Tage stolperte ich wie ein Roboter durch die Alltagsroutine einer jungen Hausfrau und Mutter. Nachts konnte ich kaum schlafen; immer wieder tauchte die schreckliche Szene vor meinem geistigen Auge auf. Morgens war sie mein erster Gedanke. Mit der Zeit wurde die Erinnerungszene zum festen Bestandteil meines Daseins – eine permanente, unauslöschliche Qual, eine unheilbare Krankheit.

Unter diesem Druck entwickelte sich nach und nach doch der Gedanke bei mir, zur Polizei zu gehen, aber ich mußte mich natürlich fragen, was dabei herauskommen konnte. Es war zu lange her. Wahrscheinlich würde mein Wort gegen seines stehen. Und wollte ich wirklich meinen Vater für den Rest seines Lebens ins Gefängnis bringen? Und wie würde Barry die Sache aufnehmen? Unsere Ehe hatte sich gefestigt; was ich jetzt am allerwenigsten brauchen konnte war, daß man meinen Geisteszustand in Frage stellte, wenn ich nach zwanzig Jahren mit einer solchen Anklage herausrückte. Barry würde sich Sorgen um mich machen. Würde er nicht auch, wenn sich unser Verhältnis wieder verschlechterte, mein Verhalten gegen mich verwenden können?

Und ich mußte mir eingestehen, daß ich vor allem Angst hatte, Angst vor meinem Vater. Was geschah, wenn man ihn verhaftete und er erfuhr, daß ich hinter der Anklage stand, man ihn dann aber auf freien Fuß setzen mußte? Ich machte mir keine Illusionen über unser Rechtssystem. Man brauchte nur ins Fernsehen zu schauen, um über die Spitzfindigkeiten des Systems, seine Schlupflöcher und legalen Tricks informiert zu werden, über all die Möglichkeiten, die Verbrecher hatten, durch die Maschen des Gesetzes schlüpfen zu können. Wenn mein Vater freikam, würde er sich dann nicht an mir und meinen Kindern rächen wollen? Er hatte mich nach der Tat bedroht, und ich mußte davon ausgehen, daß ich nur deshalb noch am Leben war, weil mein Geist mich davor bewahrt hatte, über den Mord reden zu können.

Dann begann mich der Gedanke an die Nasons zu quälen. Wie mußten sie in den vergangenen zwanzig Jahren gelitten haben! Ich sollte, schon allein um ihnen Klarheit zu verschaffen, mit meinem Wissen herausrücken. Ich könnte es den Nasons mitteilen und sie entscheiden lassen, was zu tun sei. Aber sie würden natürlich zur Polizei gehen, und dann hatte ich die Dinge nicht mehr unter Kontrolle. Mein Leben würde in Turbulenzen geraten. Ich kam wieder zu der Überzeugung, daß ich meine Entdeckung für mich behalten mußte.

Schon mehrere Monate vor der Rückkehr meiner Erinnerung hatte ich eine Therapeutin namens Katherine Rieder aufgesucht. Unsere Hauptthemen waren die Störungen bei erwachsenen Kindern von Alkoholikern und die Auslotung der Hintergründe für meine Eheprobleme. Im Verlauf unserer Gespräche brachte mich Katherine immer wieder dazu, über meine Kindheit zu sprechen. Wir diskutierten den Alkoholmißbrauch und den damit zusammenhängenden Terror in meinem Elternhaus. Ich erzählte auch, daß meine beste Freundin damals ermordet wurde. Bei einer anderen Gelegenheit erwähnte ich, daß mein Vater mich einmal sexuell belästigt hatte. Mrs. Rieder fand es nicht erstaunlich, daß ich mich jahrelang nicht an dieses Erlebnis erinnert hatte, und wir wandten uns wieder anderen Themen zu.

In einer der Sitzungen sprach ich davon, wie sehr mich der Schmutz und die Unordnung in unserem Haus gestört hatten. Ich erzählte von den Haufen schmutziger Wäsche überall im Haus und erwähnte, daß ich fast jeden Morgen stinkende Socken anziehen mußte. Als ich das sagte, legte Katherine die Hand auf den Mund und stieß einen Laut aus, den ich für eine Äußerung des Ekels hielt. Es war für mich schon immer schwer gewesen, über demütigende Dinge mit Menschen zu sprechen, die ich nicht gut kannte. Daß Mrs. Rieder so angeekelt reagierte, kränkte mich sehr. Später wurde mir klar, daß sie wahrscheinlich damit nur ihr Mitgefühl über das, was ich hatte durchmachen müssen, zeigen wollte. Damals aber war ich so verletzlich, daß ich ihre Reaktion als Abscheu auffaßte und meinte, Mrs. Rieder sei nicht länger als meine Therapeutin geeignet.

Ich hatte schon immer große Hemmungen, andere Menschen zu enttäuschen oder zu verletzen, und so schleppte ich wochenlang das Problem mir mir herum, wie ich die Verbindung zu Mrs. Rieder lösen könnte. Welche Regeln gab es, wenn man von einem Therapeuten zum anderen wechseln wollte? Ging man einfach nicht mehr zum ersten hin? Mußte man erklären, warum man wechseln wollte? Das schloß ich in diesem Fall aus; es hätte mich zu sehr aufgeregt, die stinkenden Socken noch einmal zur Sprache zu bringen. Ich mußte mir etwas einfallen lassen.

In der Zwischenzeit hatten Barry und ich eine gemeinsame Ehetherapie bei einem Therapeuten mit Namen Kirk Barrett begonnen. Er war uns von Freunden empfohlen worden. Kirk war ein gutaussehender, sanfter, ehrlich wirkender Mann Ende Vierzig mit ausgesprochen höflichem Benehmen. Ich fühlte mich bei ihm sofort in guten Händen. Barry fing wieder damit an, sich vor den Sitzungen zu drücken, aber ich zog die Behandlung eisern durch. Bald entwickelte sich ein echtes Vertrauensverhältnis zwischen Kirk und mir.

Eine Zeitlang ging ich auch weiter zu den Sitzungen bei Katherine Rieder. Als man mir Monate später vor Gericht zusetzte, warum ich ihr nichts von meiner Erkenntnis über Susan Nasons Ermordung gesagt hätte, wäre es für die Verteidiger meines Vaters sehr viel leichter gewesen, diese Unterlassung zu verstehen, wenn sie gewußt hätten, wie schwer es mir gefallen war, Katherine schon nur eine so einfache Sache beizubringen wie den Abbruch unserer Beziehung.

In den Monaten nach der Rückkehr meiner Erinnerung nahm ich mehr als dreißig Pfund zu. Das war natürlich auf die Aufregung im Zusammenhang mit der schrecklichen Erkenntnis und auf die nagende Angst, es könnten noch mehr finstere Dinge aus der Tiefe meines Gedächtnisses aufsteigen, zurückzuführen. Im Mai machten Barry und ich einen Urlaub im Club Méditerranée in Ixtapa, Mexiko. Ich genierte mich schrecklich, als dickes Pummelchen am Strand herumzulaufen, aber noch viel schlimmer war, daß mir auch dort die verdammte Mordszene nicht aus dem Kopf ging. Wo immer ich war und was immer ich tat, meine Gedanken kreisten um Susan Nason und meinen Vater. Mord, Mord, Mord – ich betete zu Gott, er möge mich endlich von diesen Gedanken erlösen.

Eines Tages machten wir in Zihuatanejo einen Einkaufsbummel. In einer Kunstgalerie sah ich ein Bild mit weißen Blumen in einem grünblauen Feld. Während ich die friedliche Szene betrachtete, schob sich plötzlich die schreckliche Mordszene vor das Bild. Ich erschrak so sehr, daß ich beinahe in Tränen ausgebrochen wäre. Dennoch kaufte ich das Gänseblümchenbild. Vielleicht hilft es mir doch, die Erinnerung loszuwerden, dachte ich – die verzweifelte Maßnahme einer verzweifelten Frau.

Barry und ich freundeten uns mit einigen anderen Ehepaaren an. Wenn wir mit ihnen beim Essen oder bei Drinks zusammensaßen, dachte ich oft: »Wenn diese netten Leute wüßten, was mir durch den Kopf geht, dann würden sie mich für verrückt halten und einen weiten Bogen um mich machen.«

Das Gefühl, das Leben würde mich bestrafen, wurde immer stärker. Ich hatte Angst vor meinen Erinnerungen. Und ich hatte Angst, tatsächlich verrückt zu werden. Ich mußte mir dauernd vormachen, ich wäre normal, um weiterleben zu können, denn es war mir klar, daß die Sache mit dem plötzlichen Auftauchen dieser Erinnerung kein normaler Vorgang war. Der permanente Zwang, mir einzureden, die Erinnerung sei gar nicht da, erdrückte mich fast. Manchmal resignierte ich und dachte: »Wehr' dich nicht mehr, laß' den Wahnsinn ausbrechen, dann hast du es wenigstens hinter dir. Das Gefühl, unehrlich zu mir selbst und zu meiner Umwelt zu sein, wurde immer stärker. Ich haßte es.

Nachdem ich etwa drei Monate bei Kirk Barrett in Behandlung war, fing ich an zu überlegen, ob ich mit ihm über meine Erinnerung an Susans Ermordung sprechen sollte. Je näher ich ihn kennenlernte, je mehr ich seine aufrichtige Anteilnahme an meiner verkorksten Kindheit spürte und je mehr ich seine verständnisvolle, aber fachlich gekonnte Auslotung der Horrorszenen aus meiner Vergangenheit schätzen lernte, um so klarer wurde mir, daß, wenn ich überhaupt mit jemand über meine Erkenntnis sprechen würde, dann mit ihm.

Es dauerte aber noch bis Juni, ehe ich mich schließlich dazu durchringen konnte. War es möglich, so fragte ich ihn als erstes, daß man sich plötzlich an etwas Wichtiges erinnert, von dem man lange Zeit überhaupt nichts wußte? Ja, das sei möglich, versicherte er mir. Dann fragte ich ihn, ob er rechtlich verpflichtet sei, die Polizei einzuschalten, wenn sich diese Erinnerung auf ein Verbrechen bezog. Er erklärte mir, daß er als mein Therapeut alles, was ich ihm sage, vertraulich behandeln würde. Meine letzte Frage zeigte meine Angst, für verrückt gehalten zu werden: Ob er versprechen könne, mir zu glauben, wenn ich ihm mein Geheimnis anvertrauen würde. Er versprach es.

Mein vorrangiges Motiv, die Sache Kirk vorzutragen, war der Wunsch, die Erinnerung an das dramatische Ereignis wieder loszuwerden oder zumindest soweit zu verdrängen, daß sie nicht mehr mein gesamtes Denken dominierte. Unter Tränen und Schluchzen erzählte ich ihm die Geschichte. Wie ich erwartet hatte, reagierte Kirk sehr ruhig und verständnisvoll. Er sagte mir, nachdem jetzt die Erinnerung in mein Bewußtsein aufgestiegen sei, könne sie meiner Seele keinen Schaden mehr zufügen. Er schärfte mir ein, daran zu glauben, daß schon allein damit ein bedeutsamer Schritt zur Erhaltung meiner psychischen Gesundheit getan sei.

Nachdem ich mein Wissen über den Mord herausgesprudelt hatte, fühlte ich mich erleichtert. Es verursachte weiterhin seelische Qual und Angst, aber die einfache Tatsache, es einem anderen Menschen mitgeteilt zu haben, schwächte seine Bedeutung ab; es war nicht mehr nur *meine private Qual*. Und ich überstand das Martyrium auch, ohne daß sich meine beiden größten Ängste bewahrheiteten: Kirk hielt mich nicht für verrückt, und er informierte auch nicht die Polizei. Ich war unendlich erleichtert. Ich hatte mich ausgesprochen und dennoch die Sache unter Kontrolle.

Einige Wochen später erschütterte mich eine andere Erinnerung. Ich war in einem fremden Haus. Mein Vater und ein anderer Mann, ein Schwarzer, waren bei mir. Ich war etwa acht oder neun Jahre als. Ich lag auf einem Tisch oder einem ähnlichen Möbelstück. Mein Vater drückte mit einer Hand meine linke Schulter nach unten, mit der anderen hielt er mir den Mund zu. Das Gesicht des schwarzen Mannes beugte sich über mich. Die Männer lachten. Plötzlich spürte ich einen schrecklichen, brennenden Schmerz im Unterleib. Ich wollte schreien, aber mein Vater hielt mir ganz fest den Mund zu. Ich spüre den unerträglichen Schmerz heute noch, wenn ich an diese schreckliche Szene denke. Ich hatte geglaubt, die schlimmsten Erinnerungen wären inzwischen aus dem Dunkel des Unterbewußtseins in mein Gedächtnis aufgestiegen. Aber es schien immer noch Schlimmeres zu geben.

Je mehr Zeit verstrich, um so mehr festigte sich bei mir die Meinung, ich müßte rechtliche Schritte gegen Susans Mörder unternehmen. Aber ich brauchte Hilfe, um herauszufinden, wie man das anstellt. Ich entschloß mich, meiner Schwester Kate von meiner Erinnerung zu erzählen und sie um Rat zu fragen. Sie war die Älteste meiner Geschwister und mit einem Anwalt verheiratet. Ich lud sie ein, mich zu besuchen. Als sie zusagte, schickte ich ihr das Flugticket. Und ich sagte ihr am Telefon, es gäbe einige Dinge aus unserer Kindheit, die ich mit ihr diskutieren wolle. Sie antwortete, auch sie würde gerne mit mir einiges aus dieser Zeit besprechen.

Kate kam also nach Canoga Park und blieb ein paar Tage. Wir hatten uns lange nicht gesehen, und ich war froh, sie wieder einmal bei mir zu haben. Aber immer, wenn ich in der Unterhaltung auf unsere Kindheit zu sprechen kam, wich sie aus und wechselte das Thema. Unsere Eltern hätten in unserer Erziehung ihr Bestes gegeben, sagte sie zu meiner Überraschung. Ich verstand nicht, daß Kate oder irgend jemand glauben konnte, seelischer, körperlicher und sexueller Mißbrauch von Kindern sei in die Kategorie ›bestmögliche elterliche Erziehung‹ einzustufen. Ich merkte, daß Kate ihre Ansicht geändert hatte, die relevanten Geschehnisse aus unserer Kindheit mit mir zu besprechen. Wahrscheinlich steckte ihr Mann dahinter. Kate war ganz offensichtlich nicht der Mensch, dem ich mich offenbaren konnte.

Natürlich war ich immer noch hin und her gerissen, ob ich wirklich zur Polizei gehen sollte. Viele Gründe sprachen dagegen. Konnte ich mit meiner Anklage vor die Öffentlichkeit treten und damit mein Familienleben gefährden? Irgendwie quälte mich auch der Gedanke, eine Anklage sei ein Vertrauensbruch gegenüber meinem Vater; schließlich war ich ja seine Lieblingstochter gewesen. In meiner Naivität nahm ich jedoch an, er würde den Mord sofort gestehen. Und ich hatte Angst davor, man könnte mich wegen meiner zwanzigjährigen Gedächtnisblockade für geistig gestört halten und mir dann meine Kinder wegnehmen. Ferner hatte ich Bedenken, die Polizei könnte die Untersuchung schlampig durchführen, mein Vater würde auf freiem Fuß bleiben und grausam Rache an mir nehmen wollen. Vielleicht kam es wieder zu der schon mehrmals erlebten Kungelei zwischen Polizei und Feuerwehrmann statt zu einer fairen Untersuchung. Und da war ja auch meine Festnahme wegen Prostitution – war ich bereit, meine peinliche Vergangenheit vor aller Welt zu offenbaren?

So war ich voller widerstreitender Gefühle und Gedanken und wußte nicht, was ich tun sollte. Wenn ich aber meine Kinder ansah, fühlte ich mich den Nasons gegenüber schuldig, mitverantwortlich für ihre Qualen. Ich lebte, hatte Kinder, aber die Nasons hatten Susan nicht mehr. Und ich war verantwortlich dafür, daß der Mord an ihrem Kind bisher nicht aufgeklärt worden war.

Im August kam George junior zu Besuch. Ich nahm mir vor, nicht mit ihm über den Mord zu sprechen. Ich erstickte fast an meinem Wissen, aber ich wollte ihn nicht mit dieser Sache belasten. Er hatte gerade seinen Job verloren, und ich hoffte, der Ortswechsel und ein wenig Fürsorge würden ihm guttun. Es war schön, ihn bei mir zu haben. Mehr als jeder andere Mensch verstand er es mich aufzuheitern.

George sah keiner seiner Schwestern ähnlich. Er war ein gutaussehender junger Mann – einsachtzig groß, mit hellem Kraushaar und einem prägnanten Gesicht. Sein IQ wies ihn als fast schon genial aus. Wir alle hatten viel Spaß an seinem zynischen Humor und seiner scharfen Zunge.

George junior hatte, was die Prügelorgien unseres Vaters betraf, ganz bestimmt am meisten gelitten. Obwohl er ihn seit Jahren nicht mehr getroffen hatte, war seine Furcht vor unserem Vater immer noch so groß, daß er, wie er mir sagte, ständig mit einem Baseballschläger unter seinem Bett schlief. Er erzählte mir auch, daß er kein Namensschild an der Tür seiner Wohnung hätte, damit sein Vater ihn nicht aufspüren könne.

Eines Abends unterhielten wir uns in der Küche, während ich uns Popcorn machte. Spontan entschied ich mich, ihm von meiner Erinnerung an die Mordszene zu erzählen. Er reagierte geschockt; sein Mund stand ungläubig offen, und er zuckte vor mir zurück wie vor einem Monstrum. Sein Verhalten bestätigte meine Ängste, für geistesgestört gehalten zu werden, und in einem Anfall von Panik tat ich etwas schrecklich Dummes: Ich sagte George, ich hätte mich hypnotisieren lassen und dabei sei die Erinnerung an die Mordszene zurückgekehrt. Diese Lüge, die ich ja nur in einer verzweifelten Reaktion auf das ungläubige Staunen bei meinem Bruder und in der Angst, er könne meinen, ich hätte den Verstand verloren, ausgesprochen hatte, verfolgte mich noch lange und brachte mich in große Schwierigkeiten. Bei der Voruntersuchung gegen meinen Vater wurde sie zu einem zentralen Punkt, da in Kalifornien Aussagen, die auf Hypnose basieren, vor Gericht nicht zugelassen sind. An solche rechtlichen Konsequenzen dachte ich damals natürlich überhaupt nicht. Die Behauptung war ja nichts als ein verzweifelter Versuch, glaubwürdig zu erscheinen. Ein schlimmer Fehler, wie sich zeigte, denn er hätte beinahe dazu geführt, daß mein Vater gar nicht erst vor Gericht gestellt worden wäre.

George junior, den ich für sehr belesen und gebildet hielt, akzeptierte meine Hypnose-Erklärung. Er betonte, daß er Hypnose für eine glaubwürdige Methode hielt, unterbewußte Dinge ans Licht zu bringen. Er verglich den menschlichen Geist mit einer Zwiebel, die man Schale für Schale aufblättern könne, um auf die versteckten Schichten zu stoßen. George war zwar anfangs geschockt, aber er wies den Gedanken, unser Vater könnte ein Mörder sein, nicht von sich.

Ich war nach dem Gespräch mit George junior ziemlich durcheinander. Ich wußte nicht, was mich mehr beunruhigte – daß ich ihn angelogen oder daß ich mein Geheimnis ausgeplaudert hatte und es sich bald in der Familie herumsprechen würde. Er fragte mich, ob ich Pläne hätte, mit meiner Erkenntnis etwas zu unternehmen; ich sagte ihm, ich hätte nicht vor, irgendwas zu tun, und das entsprach zu diesem Zeitpunkt der Wahrheit.

Georges Reaktion auf mein geheimes Wissen bestätigte meine schlimmsten Befürchtungen. Wenn schon mein eigener Bruder schockartig vor mir zurückzuckte, wie würde dann erst die Polizei reagieren? Folglich festigte sich wieder die Überzeugung bei mir, ich sollte die Sache auf sich beruhen lassen. Aber ich wurde das Schuldgefühl nicht los und fühlte mich unwohl bei dem Gedanken, daß der Mord nicht gesühnt würde ...

Später erfuhr ich, daß George einigen anderen Leuten von meiner Erinnerung erzählt, sie aber als Wahnvorstellung abgetan hatte. Und er soll hinzugefügt haben: »Der menschliche Geist ist ein machtvolles Instrument, er kann die seltsamsten, trickreichsten Täuschungen hervorbringen.« Wenn er das gesagt hat, hat er dann die Möglichkeit übersehen, daß sein eigener machtvoller Geist ihm trickreich eingegeben hat, die komplexen Gefühle unserem Vater gegenüber nicht noch weiter zu belasten? Oder, was noch wahrscheinlicher ist, daß sein Geist versucht hat abzuwägen, was schlimmer wäre – der Sohn eines Mörders zu sein oder eine Schwester zu haben, die lügt.

Später konfrontierte George junior die Untersuchungsbehörden mit einer weiteren Theorie: Wenn unser Vater Susan tatsächlich ermordet hätte, dann hätte er wahrscheinlich ein paar Monate gewartet, bis sich die Aufregung gelegt hatte, und dann hätte er doch ganz bestimmt *mich* auch umgebracht, um sicher zu sein, daß ich nicht reden könne. Ich würde ja aber noch leben... Bei allem Respekt vor Georges hohem IQ war ich doch sehr erstaunt, welche geistigen Klimmzüge er machte, um meine Erinnerung als unglaubwürdig hinzustellen.

Die Gedanken an den Mord wurden von Tag zu Tag unerträglicher. Ich entschloß mich, mit meiner Mutter darüber zu sprechen. Wenn sie sich daran erinnerte, daß nach Susans Ermordung eine große Veränderung mit mir vorgegangen war, würde sie meine Erkenntnis sicher eher akzeptieren. Ich rief sie an und fragte, ob sie solche Erinnerungen hätte. Die Frage war ja eigentlich recht harmlos; natürlich würde die Ermordung der besten Freundin bei jedem Kind zu Verhaltensänderungen führen, auch wenn es nicht Zeuge des Mordes war. Meine Mutter aber meinte, sie könne sich nicht erinnern, bei mir so was festgestellt zu haben. Bei Diana ja, aber nicht bei mir. Ich war sehr erstaunt. Sie sagte mir noch, auch mein Vater hätte sich damals verändert, er sei noch mehr auf Distanz zu ihr gegangen und noch gewalttätiger zu allen Familienmitgliedern geworden als vorher. Sie würde sich die Familienfotos noch mal ansehen, vielleicht würde das die Erinnerung auffrischen.

Auch beim nächsten Anruf konnte sie sich nicht erinnern, damals bemerkenswerte Veränderungen bei mir festgestellt zu haben. Ich sagte ihr dann, daß ich dabei war, als mein Vater Susan ermordet hatte. »Nein«, schrie sie auf. Ihre Stimme zitterte. Ich versicherte ihr noch mal, daß es so gewesen sei.

Als sie sich wieder etwas beruhigt hatte, erklärte sie mir, sie sei nicht so geschockt, weil sie das nicht glauben könne, sondern weil ich so etwas Schreckliches erlebt hätte. Ich sagte ihr, daß ich mir überlegen würde, die Sache vor Gericht zu bringen. Leah sagte, sie würde hundertprozentig hinter mir stehen, wie auch immer ich mich entscheiden würde. Sie versprach mir noch, mit niemandem über die Sache zu reden. Dann beendeten wir unser Gespräch. Zwei oder drei Tage später rief sie wieder bei mir an und verblüffte mich mit der Aussage, sie hätte schon seit langer Zeit den Verdacht gehabt, mein Vater hätte Susan Nason ermordet.

Ich rief auch Janice an und erzählte ihr von meiner Erinnerung. Sie erinnerte mich daran, daß sie schon vor fünf Jahren denselben Verdacht der Polizei gegenüber geäußert hatte. Sie bestärkte mich darin, ebenfalls zur Polizei zu gehen.

Als ich einige Zeit später Kate mit der Sache konfrontierte, reagierte sie geradezu hysterisch. Es würde zu nichts führen, wenn ich die Sache in die Öffentlichkeit brächte, im Gegenteil, es würde nur einen Skandal geben und Schande über uns alle bringen. Sie hätte es endlich geschafft, ein normales und stabiles Leben führen zu können, hätte ein schönes Haus in einer schönen Umgebung, einen Rechtsanwalt zum Mann und eine angesehene Stellung in der Gesellschaft, und jetzt käme ich daher und wolle einen Skandal auslösen und ihr alles kaputt machen. Ich war auf so eine egoistische Reaktion nicht vorbereitet und sprachlos über die Gleichgültigkeit meiner ältesten Schwester gegenüber Susans Schicksal und dem schrecklichen Verbrechen unseres Vaters, das nach ihrer Vorstellung ungesühnt bleiben würde. Ich hatte noch weniger Verständnis, als Kate hinzufügte: »Die Nasons haben die ganze Geschichte doch längst vergessen.«

Ein paar Stunden nach unserer ersten Unterhaltung rief sie wieder an, diesmal noch aufgebrachter als beim ersten Mal. »Eileen«, sagte sie mit unüberhörbarem Ältere-Schwester-Unterton, »du hast diese Sache nicht durchdacht. Ist dir klar, daß deine Kinder niemals zum Auswärtigen Dienst gehen oder für ein öffentliches Amt kandidieren dürfen, wenn unser Vater als Mörder verurteilt wird?« Wie ich später erfuhr, trafen diese Befürchtungen gar nicht zu. Aber ich hatte tatsächlich nicht bedacht, welche Aufregung und was für ein seltsames, fast lächerliches Verhalten mein moralisches Dilemma bei meiner Familie hervorrufen würde.

Als meine Mutter sah, daß ich entschlossen war, die Sache

aufzudecken, riet sie mir, mit einem Anwalt in Strafsachen zu sprechen. Sie meinte, er könne mich am besten beraten, wie man die Angelegenheit rechtlich handhaben müsse. Mein Hauptanliegen war es, weiterhin anonym bleiben zu können. Ich hatte Angst vor dem Aufsehen, das die Sache erregen würde. Die Presse würde sicher darüber berichten, wenn auch wahrscheinlich nur auf lokaler Ebene. Ein Anwalt in Strafsachen namens Jay Jaffe wurde mir empfohlen, und im November 1989, als Barry in der Schweiz war, verabredete ich mich mit ihm.

Ich erzählte Jaffe meine Geschichte und bat ihn um Auskunft, wie man die Sache rechtlich angehen müsse. Wichtigste Voraussetzung sei, daß ich inkognito operieren könne. Er schlug vor, der Polizei von Los Angeles über ihn eine Aussage vorzulegen. Wenn sie nach Auffassung der Polizei in das Bild des Mordes passe, könne man weitersehen. Wenn das nicht der Fall sei und ich keine nachvollziehbaren Aussagen machen könne, dann würde meine Anonymität gewahrt bleiben und ich könne mich mit dem Gefühl, zumindest den Versuch gemacht zu haben, aus der Sache zurückziehen. Das klang gut.

Jaffe warnte mich nachdrücklich: »Wenn die Polizei Ihnen bei Vernehmungen irgendwelche Informationen im Zusammenhang mit dem Mord gibt oder versucht, Ihrem Gedächtnis nachzuhelfen, werden Sie im rechtlichen Sinne zu einer unzuverlässigen, wenn nicht gar unzuverlässigen Zeugin. Es ist sehr wichtig, daß die Unversehrtheit Ihrer Erinnerung gewahrt bleibt und nicht durch die Polizei beeinflußt wird.« Er sagte auch, er müsse die Möglichkeit prüfen, ob ich nicht als Komplizin in der Mordsache betrachtet werden könne. Ich zuckte zusammen, denn eine solche Möglichkeit war mir nie in den Sinn gekommen. Es sei ziemlich unwahrscheinlich, beruhigte er mich, aber man müsse das ins Auge fassen.

Dann erklärte er mir den möglichen Fortgang der Prozedur: »Wenn die Polizei feststellt, daß Ihre Aussage Informationen enthält, die tatsächlich nur ein Augenzeuge haben kann, dann müssen Sie sich entscheiden, ob Sie weitermachen wollen oder nicht. Ich werde Ihre Aussage der Polizei ohne Namensnennung zustellen, Ihre Identität bleibt bis dahin auf jeden Fall verborgen. Wenn Sie sich aber entschließen, die Sache weiterzuverfolgen, braucht man Ihre Mitarbeit, und Sie können dann nicht länger anonym bleiben.« Ich dankte ihm für seine Ehrlichkeit.

Jaffe veranschlagte sein Honorar auf zehntausend Dollar. Das war mehr, als ich ohne Barrys Wissen aufbringen konnte. Ich hatte ihm jedoch bisher noch nichts von der ganzen Sache erzählt.

Nach dem Gespräch mit Jaffe war ich fest entschlossen, nicht länger zu zögern und die Sache hinter mich zu bringen. Als ich das meiner Mutter am Telefon sagte, meinte sie plötzlich, ich würde einen Fehler machen, ich solle mir das doch noch mal überlegen. Das widersprach ihrem Versprechen, fest zu mir zu stehen, was immer ich auch in dieser Sache unternähme, aber es paßte zu ihr und konnte mich eigentlich kaum überraschen. Ich eröffnete ihr, daß ich Barry einweihen würde. Auch das hielt sie für falsch und riet mir dringend davon ab. Meine Mutter, die Anwältin, sagte mir, wenn Barry von meiner Verwicklung in den Mord erführe, würde er sich von mir scheiden lassen und hätte das Recht auf seiner Seite, mir die Kinder zu nehmen.

Ich war sprachlos. Daß man mir meine Kinder wegnahm, weil ich wegen Prostitution vorbestraft war, oder weil man mich für geistesgestört hielt, schien mir ja denkbar, aber daß ich sie verlieren könnte, weil ich der Gerechtigkeit zum Sieg verhelfen wollte, das konnte doch wohl nicht wahr sein. Ich sagte meiner Mutter, Barry würde sich ganz bestimmt nicht wegen dieser Sache von mir scheiden lassen und mir Aaron und Jessica wegnehmen. Allerdings – ich hatte keine Ahnung, wie er auf die Angelegenheit reagieren würde. Er hatte es immer abgelehnt, mit mir über meine Kindheit zu sprechen. Ich entschloß mich zu warten.

Seit wir nach Canoga Park gezogen waren, hatten Barry und ich Zweifel daran, ob Los Angeles der richtige Wohnort für uns sei. Wir waren beide Vegetarier und lebten sehr gesundheitsbewußt. Die zunehmende Luftverschmutzung machte uns Sorgen. Dazu kam noch, daß die Verbrechensrate in Canoga Park rapide anstieg und uns zweifeln ließ, ob dieser Ort für das Aufziehen unserer Kinder geeignet sei.

Auf der Suche nach Alternativen kam Barry auf die Idee, ob nicht die Schweiz ein Land wäre, den Problemen von Los Angeles zu entkommen. Er dachte auch an Holland, aber seine erste Wahl blieb die Schweiz. Er fand jedoch bestätigt, was er erwartet hatte: Die großen Schweizer Städte, vor allem Genf und Zürich, waren nicht an Fremden interessiert, die nur zum Geldverdienen hinkamen und Schweizern die Arbeitsplätze wegnahmen. Barry aber ließ in seiner unglaublichen Beharrlichkeit nicht locker und erfuhr, daß kleinere Städte in der Schweiz nicht nur an fremden Fachkräften interessiert waren, sondern ihnen sogar Steuervorteile und andere Privilegien einräumten.

Er nahm Kontakt zum Schweizer Konsul in Los Angeles auf und erfuhr, daß in ein paar Wochen ein Repräsentant der Stadt St. Gallen nach Südkalifornien kam, um dringend benötigte Fachkräfte für die Industriebetriebe der Stadt anzuwerben. Der Konsul arrangierte für Barry und mich ein Dinner mit diesem Herrn. Alles sah gut aus. Wir fingen an, Pläne für eine Übersiedlung in die Schweiz zu schmieden.

Viele Monate später, als der Mordfall George Franklin Schlagzeilen in den Medien der USA machte und ich zum meistgesuchten Interviewpartner aus der Familie geworden war, wurde spekuliert, Barry und ich seien nach Europa gegangen, um dem Rummel zu entgehen. Wir räumten ein, daß das durchaus ein Grund gewesen sein könnte – aber wir hatten diese Entscheidung schon längst getroffen, ehe es zu der gerichtlichen Auseinandersetzung mit meinem Vater kam. Unsere Reise in die Schweiz hatte nichts damit zu tun.

Ende des Sommers 1989 bekam Janice gesundheitliche Probleme, und Barry und ich boten ihr an, ihre Krankheit bei uns auszukurieren. Im Oktober kam sie zu uns nach Canoga Park. Barry und ich flogen in die Schweiz, um St. Gallen zu erkunden und unsere Übersiedlung vorzubereiten. Ich war sehr froh, daß Janice sich während unserer Abwesenheit um die Kinder kümmerte. Auch nach der Rückkehr aus der Schweiz blieb sie noch bei uns, und es war ein Glücksfall, eine so liebenswerte Person in der Familie zu haben.

Für Barry und mich war die Reise nach St. Gallen ein Erfolg. Wir waren begeistert von der kleinen Stadt. Sie liegt am Fuß der Alpen, nicht weit vom Bodensee und der österreichischen Grenze entfernt. Wir waren pausenlos unterwegs, um uns die Stadt und die Umgebung anzusehen, und ich schaffte es, den Alptraum meiner Erinnerung und die quälenden Gedanken an die zu treffende Entscheidung ein paar Tage lang zurückzudrängen. Ich schwebte irgendwie über den Dingen und hatte die Vorstellung, der Mord sei in einer anderen Zeit und in einem anderen Land geschehen. Aber in Canoga Park wartete die Realität wieder auf mich. Ich mußte feststellen, daß mein Wissen um einen unaufgeklärten Mord zu einem genauso realen Bestandteil meines Lebens geworden war wie Sica und Aaron.

Als die Zeit für die Übersiedlung in die Schweiz näherrückte, wurde der Druck immer stärker, in Sachen meiner Erinnerung an den Mord etwas zu unternehmen. Ich wußte, wenn ich vor dem Umzug nichts unternahm, dann würde ich wahrscheinlich nie mehr etwas in der Sache tun und mich mein Leben lang damit herumquälen. Andererseits aber hatte ich bereits mit einigen anderen Leuten über mein Geheimnis gesprochen. Ich mußte Barry einweihen. Die Zeit dafür war gekommen.

Ich war mir inzwischen sicher, daß ich meine Erkenntnis der Polizei mitteilen mußte. Die frivolen und egoistischen Proteste einiger meiner Familienmitglieder hatten den moralischen Anspruch der Angelegenheit unterstrichen und den Entscheidungsprozeß bei mir beschleunigt. Barry würde mehr als alle anderen betroffen sein, wenn ich die Sache ins Rollen brachte – vorausgesetzt, wir blieben zusammen. Es war nicht richtig, andere über eine so wichtige Entscheidung zu informieren und Barry im unklaren zu lassen.

Jetzt zeigte sich ein anderes Problem. Wenn ich die Sache ins Rollen brachte, dann mußte ich bei Barry bleiben. Mir war bewußt, wenn ich zur Polizei ging, würde ich mein Leben bis zum Ende des Verfahrens nicht mehr selbst bestimmen können.

Das konnte ein Jahr, vielleicht sogar zwei Jahre dauern. Wenn ich in einen Mordprozeß gegen meinen Vater verwickelt war, würde ich in einem Alptraum rechtlicher und familiärer Streitigkeiten gefangen sein. Mich zusätzlich auch noch von Barry scheiden zu lassen oder auch nur von ihm zu trennen kam nicht in Frage. Das würde ich nicht durchstehen.

Wenn ich Hauptzeugin in einem Mordprozeß wurde, mußte ich zu meiner Ehe stehen, bis das Verfahren abgeschlossen war. Ich war jetzt fast neunundzwanzig. Wenn ich ein neues Leben ohne Barry beginnen wollte, konnte ich die Trennung von ihm nicht auf unabsehbare Zeit hinausschieben. Eine wichtige Überlegung, die meine emotionale Belastung noch verstärkte.

Mit all diesen Gedanken im Kopf entschloß ich mich also, Barry, koste es was es wolle, zu informieren. Er war schließlich mein Mann, ich schuldete ihm das, und ich mußte meine Angst vor diesem Schritt überwinden. Ich konfrontierte ihn zunächst mit einer anderen Enthüllung, um seine Reaktion zu testen: Ich erzählte ihm von der Vergewaltigung durch meinen Vater und seinem schwarzen Freund und betonte, daß mir die Erinnerung daran erst vor kurzem wieder gekommen sei.

Er reagierte mit einem Wutausbruch, tobte, mein Vater wäre ein verdammter Bastard, riet mir aber ansonsten, die Sache zu vergessen und mir mein Leben nicht dadurch versauen zu lassen. Ich fand seine Reaktion besser als erwartet; er hatte zwar keine Anstalten gemacht, mich zu bedauern oder zu trösten, mir aber auch keine Vorwürfe gemacht oder mich unwirsch ausgeschimpft. Allerdings, wenn er keinen besseren Rat für mich hatte als den, ich solle die Sache einfach vergessen – würde das auch alles an Unterstützung sein, was ich von ihm erwarten konnte, wenn ich ihm eröffnete, daß ich Zeugin eines Mordes war? Eine bange Frage.

Ein paar Tage später saßen wir beide im gemeinsamen Arbeitszimmer an unseren Schreibtischen und erledigten Post. Barry hatte gerade einen schwierigen Brief abgeschlossen und schien in guter Stimmung zu sein. Als er aufstand und aus dem Zimmer gehen wollte, hielt ich ihn auf und sagte ihm, er solle sich wieder hinsetzen, ich hätte ihm etwas Wichtiges mitzuteilen. Es wäre für mein und sein Leben und für das Leben unserer Kinder in den nächsten Jahren von großer Bedeutung. Und ich bat ihn, mich nicht zu unterbrechen, bis ich die ganze Sache losgeworden sei.

Barry, der seit kurzem wußte, daß mein Vater Mittäter war, als man mich als Kind vergewaltigt hatte, glaubte mir sofort und ohne Einschränkung, daß ich Zeugin eines Mordes an einem Kind durch meinen Vater geworden war. Für Barry lag es absolut jenseits allen Verständnisses, daß ein Vater sich sexuell an seinen Töchtern vergreifen konnte, und er sah in meinem Vater ein gefährliches Monster, bei dem Mord nur eine andere Facette seiner Verderbtheit war. Er sagte, wir müßten sofort die Strafverfolgungsbehörden einschalten, das sei die einzige moralische Alternative. Und es sei für uns auch das Sicherste, denn wir könnten nicht wissen, ob die Verruchtheit meines Vaters sich nicht eines Tages gegen unsere eigenen Kinder richten würde.

Ich war sehr erleichtert über Barrys Reaktion. Und ich war ihm dankbar. Das seltsame Verhalten einiger Mitglieder meiner Familie hatte mich entmutigt; Barrys positive Reaktion brachte alles wieder ins richtige Lot. Ich hatte mich von Anfang an gedrängt gefühlt, mich von der plötzlich wieder aufgetauchten Erinnerung zu befreien, aber nicht gewußt, was ich wann und wie unternehmen sollte. Der Unglaube beziehungsweise die ›Vergiß-es-Haltung‹ meiner Verwandten hatten mich tief verunsichert und beunruhigt. Daß Barry sofort und klar den moralischen Aspekt der Sache in den Vordergrund stellte und in schnellem Handeln die einzige mögliche Alternative sah, machte mich sehr stolz auf ihn. Endlich hatte ich einen gradlinigen, verläßlichen Mitstreiter gefunden. Ich fühlte mich ihm verbunden wie seit langem nicht mehr.

Ich entschuldigte mich bei ihm, daß ich ihn nicht eher ins Vertrauen gezogen und hinter seinem Rücken sogar schon mit einem Anwalt gesprochen hatte. Er verstand nicht, warum ich mich überhaupt an einen Anwalt gewandt hatte; ich war ja nicht die Beschuldigte. Ich erzählte Barry auch von dem Gespräch mit meiner Mutter. Er hatte kein Verständnis dafür, daß sie mich davon abhalten wollte, der Gerechtigkeit zum Durchbruch zu verhelfen. Noch weniger Verständnis zeigte er allerdings für mein Verhalten; er sagte mir, er würde lange Zeit brauchen, um mir zu verzeihen, daß ich mich nicht sofort und als ersten an ihn gewandt hatte.

Ich sagte ihm, ich hätte mich erst nach vielem Hin und Her entschließen können, die Sache zu melden, mich vorher aber über den besten Weg des Vorgehens und die rechtlichen Risiken informieren wollen. Ich bat ihn, mir auch weiterhin die Entscheidung über das zeitliche Vorgehen zu überlassen. Er meinte, die Gründe für ein sofortiges Handeln würden die für eine weitere Verzögerung überwiegen, aber er versprach mir, meine Vorstellungen zu respektieren.

9. KAPITEL

»Büro der Staatsanwaltschaft, Inspektor Etter am Apparat.«

»Guten Tag. Meine Frau hat mich gerade darüber informiert, daß sie Zeugin eines Verbrechens war, das vor langer Zeit passiert ist. Als sie gerade acht Jahre alt war, wurde sie Zeugin eines Mordes.«

»Aha.«

»Bitte?«

»Ich verstehe. Machen Sie weiter.«

Nachdem Eileen Barry ihre Geschichte erzählt hatte, diskutierten sie stundenlang darüber. Letztlich drehte sich alles um die Frage, ob sie die Polizei einschalten sollten oder nicht. Eileen hatte sich natürlich längst überlegt, was alles dafür sprach – der Gerechtigkeit zum Durchbruch zu verhelfen, den Nasons endlich Klarheit zu verschaffen, was damals mit ihrem Kind passiert war, und die Gesellschaft vor einem gefährlichen Mann in Schutz zu nehmen. Barry meinte, diese Gründe wären so schwerwiegend, daß gar nichts anderes übrig bleibe als die Anzeige. Für ihn war am wichtigsten, daß sein Schwiegervater-Monster unschädlich gemacht wurde.

Er stimmte zu, daß Eileens Ängste vor einem solchen Schritt begründet waren, meinte aber, sie hätten nicht genug Informationen, um beurteilen zu können, ob diese Ängste sich bewahrheiten würden. Je länger sie diskutierten, um so klarer wurde ihm, daß sie viel zu wenig wußten, was im Falle einer Anzeige auf sie zukam, um eine fundierte Entscheidung treffen zu können. Barry entschloß sich, anonym das Büro der Staatsanwaltschaft San Mateo anzurufen und alle Fragen zu stellen, die er und Eileen in ihrem Gespräch nicht hatten beantworten können.

Barry sagte Eileen nichts von seiner Absicht. Ein paar Tage nach ihrer Diskussion rief er vom Schlafzimmer aus heimlich das Büro des Staatsanwalts in San Mateo an und wurde zu Inspektor Charles Etter durchgestellt. Als Eileen von diesem Anruf erfuhr, war sie schrecklich wütend. Die beiden diskutierten erneut ein ganzes Wochenende darüber, ob sie sofort etwas unternehmen sollten; er war dafür und setzte sie gewaltig unter Druck, indem er immer wieder herausstellte, was für ein gefährliches Monster ihr Vater sei, welche Gefahr er für sie alle bedeutete und wie verantwortungslos es sei, einen Mörder frei herumlaufen zu lassen. Sie hielt dem immer wieder ihre Ängste entgegen, man würde ihr vielleicht nicht glauben oder ihre Aussage würde nicht ausreichen, ihren Vater zu verurteilen. Und man könnte sie für geistesgestört halten. Sie brauche Zeit, meinte sie, um ihre Familie zu überzeugen, daß es richtig sei, den Vater anzuzeigen. Barry wischte alle ihre Argumente beiseite. Er blieb dabei: Sie mußten *sofort* handeln. Eileen sagte später, sie sei eigentlich auch entschlossen gewesen, die Sache ins Rollen zu bringen, Barrys Anruf beim Staatsanwalt hätte aber dazu geführt, daß sie es ungefähr einen Monat früher als vorgesehen getan hätte. Sie wußte zwar, daß es auch dann immer noch möglich gewesen wäre, sich wieder aus der Sache zurückzuziehen und die Erschütterungen für das Leben ihrer Familie zu vermeiden, aber inzwischen hatte sie ein Gefühl der Unausweichlichkeit des Geschehens erfaßt, ein Gefühl, das ihre Furcht überwog und ihr sagte, daß sie verpflichtet sei, gleichzeitig das zu tun, was aufrüttelnd, schmerzlich und gefährlich war – aber auch das Richtige.

Barry sagte Inspektor Etter, daß seine Frau den Mörder und das Opfer gut kennen würde und daß der Mörder sie bedroht hätte. Er fügte auch gleich hinzu, seine Frau wäre in Behandlung bei Psychiatern gewesen, und das war natürlich äußerst ungeschickt, denn damit wurde in diesem sowieso schon absonderlichen Telefonanruf auch die beunruhigende Möglichkeit einer geistigen Verwirrung bei der Zeugin angedeutet. Barry meinte es natürlich gut; er wollte mit dieser unwahren Behauptung nur zu erklären versuchen, warum seine Frau so lange nach der Tat erst mit der Wahrheit herausrückte. Noch ehe Etter auf diese Aussage reagieren konnte, sagte Barry: »Ich nehme an, sie kann mit dieser Last nicht länger leben, deshalb hat sie mir heute alles erzählt.«

EILEEN

Zuerst war ich ziemlich wütend, als ich hörte, daß Barry das Büro des Staatsanwalts angerufen hatte. Dann wurde er für etwa drei Tage zu meinem Helden. Ich war sehr stolz auf ihn. Er hörte mir aufmerksam zu und gab alle meine Bedenken und Ängste recht zutreffend an Mr. Etter weiter.

Barry und ich kamen uns durch diese Sache näher, als wir je zuvor gewesen waren. Wir diskutierten alle Aspekte, die bei einer Anzeige auf uns zukommen konnten. Und beide hatten wir dieselben Fragen über Verjährung, mögliche Dauer einer Zuchthausstrafe für Mord, die Wahrscheinlichkeit einer Verurteilung zwanzig Jahre nach der Tat. Unsere größte Sorge aber war, welche Auswirkungen die Sache auf unsere Familie haben konnte, vor allem auf unsere Sicherheit.

Und Barry setzte sich großartig für mich ein, nahm mich in Schutz und versuchte alles zu tun, meine Anonymität zu wahren. Er respektierte es, daß ich meinen Namen nicht in der Öffentlichkeit genannt sehen wollte. In den drei Tagen nach seinem ersten Anruf bei der Staatsanwaltschaft war ich unendlich glücklich darüber, wie eng wir uns verbunden fühlten, und ich bewunderte Barry, wie einfühlsam er auf meine Bedenken reagierte und wie sehr er sich bemühte, mich von den traurigen, angsterregenden Fakten fernzuhalten.

Als ich ihm meine Bedenken und Ängste gegen eine Anzeige vortrug, hörte er mir sehr aufmerksam zu. Beide hatten wir Angst, mein Vater könne unsere Familie bedrohen. Während ich das aber als einen Grund ansah, *nicht* sofort zur Polizei zu gehen, betrachtete er es genau umgekehrt. Wie konnte ich sicher sein, daß mein Vater überhaupt im Gefängnis landete? Oder daß er eine lange Strafe erhielt? Das Verbrechen lag schließlich zwanzig Jahre zurück, und die Anklage würde auf der lange Zeit im Unterbewußtsein vergrabenen Erinnerungen eines achtjährigen Kindes fußen. Vielleicht würde ich eine ganze Menge Staub aufwirbeln und mich und meine Familie in Gefahr bringen, ohne etwas zu erreichen. Und mir war auch klar, daß ich als Hauptzeugin bei der bevorstehenden Gerichtsverhandlung genauso durch die Mangel gedreht werden würde wie mein Vater. Meine Festnahme wegen Prostitution würde mich in eine schwierigere Lage bringen als andere Zeugen bei der gerichtlichen Ahndung eines Verbrechens. Es war schon schlimm genug, daß diese Sache zur Sprache kommen würde, sie würde aber vor allem meine Glaubwürdigkeit in Frage stellen.

Barry sah diese Punkte natürlich auch, aber er wollte nicht glauben, daß die Aussage einer Augenzeugin nicht zu einer lebenslänglichen Verurteilung meines Vaters führen würde. Bei der Diskussion des Für und Wider kam er immer wieder darauf zurück, mein Vater sei ein widerwärtiger Verbrecher, heute noch so gefährlich wie eh und je, und er hatte Schwierigkeiten, mein Zögern und meine Angst zu verstehen, die Sache vor den Richter zu bringen.

Beide, Barry wie auch Eileen, bewiesen ein überdurchschnittliches Wissen um die rechtlichen Prozeduren, die sie zu erwarten hatten, und sie waren sich auch über die Risiken, die sie mit einer so schwerwiegenden Anklage eingingen, völlig im klaren. Es ist daher um so erstaunlicher, daß sie nicht argwöhnten, nicht einmal auf die Idee kamen, solche Telefonanrufe bei Strafverfolgungsbehörden könnten aufgezeichnet und später vielleicht auch der Verteidigung des Angeklagten zur Verfügung gestellt werden.

Jedes Wort, das Barry und später auch Eileen in den ›anonymen‹ Gesprächen mit der Staatsanwaltschaft von sich gaben, sollte später von George Franklins Verteidigern akribisch auf Widersprüche und Inkonsequenz untersucht und zerpflückt und dann der Jury präsentiert werden. Barry gab in seinen Aussagen der Verteidigung eine ganze Reihe solcher Anlässe, Eileen hingegen kaum. Das war nicht etwa auf ihre größere Vorsicht oder ihre besseren Rechtskenntnisse zurückzuführen, sondern eher auf die Tatsache, daß sie ihre Erinnerung fester im Griff hatte; sie hatte schließlich zehn Monate lang darüber nachgegrübelt.

Barry hingegen war erst ein paar Tage vorher mit der erstaunlichen und für sein Leben wohl bedeutungsvollsten Geschichte konfrontiert worden. Er hatte natürlich längst nicht alle Details verarbeitet und machte Inspektor Etter gegenüber eine Reihe von Äußerungen, die Eileens Aussagen widersprachen, und sie hatten beinahe zur Folge, daß das, was er am meisten fürchtete – sein Verbrecher-Schwiegervater könne ungestraft davonkommen – eingetreten wäre. Seine überstürzte Hast, die Staatsanwaltschaft anzurufen und um Informationen zu bitten, mag allen zur Warnung dienen, die sich an die Strafverfolgungsbehörden um Entscheidungshilfe wenden, ob sie ein Verbrechen anzeigen sollen oder nicht. Seine Gründe, anonym um Ratschläge zu bitten, kann man gut verstehen, aber natürlich auch, daß die Staatsanwaltschaft in solchen Fällen die Gespräche aufzeichnet. Merkwürdig ist allerdings, daß die Behörden rechtlich nicht verpflichtet sind, die Anrufer darauf aufmerksam zu machen, daß das geschieht. Andererseits ist klar, daß Barry, wenn man ihm das gesagt hätte, das Gespräch wahrscheinlich sofort abgebrochen hätte. Seltsamerweise haben weder Leah noch der andere Anwalt, den Eileen konsultiert hatte, vor dieser Möglichkeit gewarnt.

Als Inspektor Etter fragte, warum Barrys Frau denn so lange mit ihrer Anklage gewartet habe, sollte Barrys Antwort, er nehme an, seine Frau konne nicht länger damit leben, im Prozeß noch erhebliche Schwierigkeiten machen. Es sollte zu vielerlei Unstimmigkeiten unter den fünf Personen kommen, die Eileen vor Barry über die Umstände der Rückkehr ihrer Erinnerung informiert hatte. Keiner von ihnen bezweifelte ihre Versicherung, sie habe die Erinnerung viele Jahre lang verloren gehabt, und es ist unvorstellbar, daß Eileen diese ganz wichtige

Tatsache Barry nicht erzählt habe sollte. Aber die Verteidiger konnten auf Barrys Vermutung, warum Eileen so lange mit der Anzeige gewartet hatte, herumhacken und behaupten, sie habe die Sache mit der ›unterdrückten Erinnerung‹ erst nach dem ersten Anruf beim Staatsanwalt erfunden.

Unter den ersten Punkten, die Barry in den nachfolgenden Gesprächen mit Inspektor Etter diskutierte, waren seine Bedenken gegen die Befragung, der Eileen im Zeugenstand vermutlich ausgesetzt sein würde. Er wollte wissen, wie weit man ihre Vergangenheit aufrollen würde – eine Sache, die er ausführlich mit Eileen besprochen hatte. Etter sagte ihm, er glaube nicht, daß die Verteidiger alles aufs Tapet bringen könnten, was sie wollten. Und dann fragte er Barry nach seinem Namen.

»Im Moment will ich mich erst einmal informieren«, antwortete Barry. »Ich meine ... wir denken noch darüber nach, wie's weitergehen soll.« Das war im übrigen das einzige Mal, daß Etter bei diesem ersten Anruf versuchte, Barry aus der Anonymität zu locken. Das Gespräch dauerte dreißig Minuten, und Etter ließ Barry reden, warf hin und wieder ein »Ich verstehe« oder »Aha«.

Barry war verständlicherweise ziemlich aufgeregt. Er redete einfach drauflos, schweifte ab und wiederholte sich so oft, daß der eigentlich von ihm angestrebte Informationsaustausch auf wenige Sätze reduziert wurde. Etter zeigte sich nicht ein einziges Mal ungeduldig oder skeptisch, aber wenn Barry in seinem Redeschwall dann doch einmal eine klare Frage stellte, wich er aus und ließ Barry noch einmal bestätigen, daß das ermordete Mädchen acht Jahre alt und die beste Freundin seiner jetzigen Frau gewesen sei, daß sich das Verbrechen im San Mateo County ereignet habe und daß seine Frau, die Augenzeugin, ein paar dunkle Punkte in ihrem Lebenslauf habe, die sie nicht ›mit Begeisterung‹ in der Öffentlichkeit ausgebreitet sehen wolle.

Barry stellte klar, daß dieser letzte Punkt nur von nebensächlicher Bedeutung sei und kam auf sein Hauptanliegen zu sprechen, auf das er auch in den noch folgenden fünf Telefonaten immer wieder zurückkam: »Ich hab' da einige Bedenken«, sagte er. »Das Verbrechen ist vor sehr langer Zeit passiert, und damals hat man keinen Hinweis oder auch nur den geringsten Anhalt dafür gehabt, die Person zu verdächtigen, die den Mord begangen hat. Ich nehme an, die Aussage meiner Frau als Augenzeugin wird dann das wichtigste und vielleicht einzige Beweismittel sein. Zuallererst, kann diese Aussage vor Gericht standhalten? Ich hab' keine Ahnung, reicht das aus?«

»Nun, das ist durchaus möglich ...«

»Meine Frau kann alle möglichen Einzelheiten beschreiben, vom Tatort, Sachen ..., die bisher noch nicht bekannt sind, nehme ich an.«

»Nun«, sagte Etter, »das würde natürlich die Glaubwürdigkeit ihrer Aussage untermauern, wenn sie vor Gericht geht ...« Und dann, als ob er Angst hätte, den Anrufer erschreckt zu haben, fügte er hinzu: »Wenn es je so weit kommt ... Es muß ja nicht immer so weit kommen.«

Etters seltene Unterbrechung von Barrys Redeschwall hatte nur zur Folge, daß ein weiteres Bedenken zutage kam. »Okay. Damit sind wir beim nächsten Punkt. Warum sollten wir eigentlich den ganzen Ärger auf uns laden, wenn das alles zu nichts führt?«

Mit bewundernswerter Geschicklichkeit nahm Etter diese Hürde: »Ich habe nicht gemeint, das würde zu nichts führen; ich wollte nur sagen, daß es viele mögliche Entwicklungen in dieser Sache geben könnte, und eine davon wäre, daß der Verdächtige damit rausrückt: ›Jawohl, ich hab's getan, ich bin schuldig.‹«

»Ach so, ich verstehe.«

»In dem Fall käme es nicht zu einem Prozeß, Ihre Frau müßte nicht vor Gericht erscheinen.«

Barry war beruhigt. »Es könnte zu einem Geständnis kommen, aber ich halte das für ziemlich unwahrscheinlich.« Dann wiederholte er, seine größte Sorge sei, der Angeklagte könne herausbekommen, wer ihn der Tat bezichtigt habe, und wenn er mangels Beweises freigesprochen würde, würde er zu einer Bedrohung für seine Frau und seine Familie werden. Etter mußte Barrys Ängste beschwichtigen, ohne Einzelheiten über das angesprochene Verbrechen zu kennen, und führte daher alle

Argumente auf, die ihm gerade in den Sinn kamen. Barry beklagte sich über das amerikanische Kriminalstrafrecht und wies auf die zahllosen, eindeutig schuldigen Verbrecher hin, die wegen Verfahrensfehler oder anderer Spitzfindigkeiten laufengelassen werden mußten. Er hielt sich bei diesem Thema auf und deutete an, daß der Mörder nicht arm sei und sich clevere Anwälte leisten konnte. Etter erwiderte, in Einzelfällen kämen schuldige Verbrecher leider tatsächlich frei, doch dann würden diese Fälle in den Medien breitgetreten; die allermeisten schuldigen Verbrecher würden aber ins Gefängnis oder Zuchthaus wandern, nur würde darüber kaum einmal berichtet. »Vielleicht hat die Polizei auch schon längst andere Beweise gegen den Mörder«, sagte Etter, »sie reichen aber für eine Anklage noch nicht aus; es könnte dann sein, daß die Aussage ihrer Frau nur noch das Tüpfelchen auf dem i ist und die Sache ins Rollen bringt.«

Barry hakte nach: »Wenn es aber keine anderen Beweise gegen den Täter gibt, wird denn dann der Augenzeugenbericht eines achtjährigen Mädchens für eine Verurteilung ausreichen?« Das könne durchaus sein, meinte Etter. In dem Versuch, die Auswirkungen einer Zeugenaussage nicht zu dramatisch darzustellen, fügte Etter hinzu, es kämen dauernd Leute in sein Büro, machten eine oder zwei Stunden lang ihre Aussage, und damit wäre der Fall für sie erledigt. Obwohl er zu dieser Zeit noch nicht ahnen konnte, welches Medieninteresse dieser Fall erregen würde, muß man doch sagen, daß Etters recht schnoddrige Einschätzung dieses Falles von Vergewaltigung und Mord, der pikanterweise auch noch auf der zwanzig Jahre alten Erinnerung eines damals achtjährigen Kindes basierte, nicht gerade von gesundem Menschenverstand diktiert schien.

Barry faßte seinen Standpunkt zusammen: »Ich bin der Meinung, meine Frau sollte die Sache anzeigen, weil sie dann ganz einfach das Richtige tut.«

»Ja, das stimmt.«

»Ich bin aber auch der Meinung«, fuhr Barry fort, »daß der Kerl hinter Gitter gehört oder zumindest in Behandlung kommt.« Das war ein für Barry uncharakteristischer Anflug von Mitleid für den Mörder; später sagte er oft genug: »Ich will diesen Mistkerl tot seh'n, er muß von dieser Erde verschwinden.« Dann sprach er den nächsten Punkt an, der dafür sprach, daß Eileen den Fall anzeigte: Sie könne damit vielleicht das Leben eines anderen Kindes retten. Und er kam immer wieder auf Eileens Befürchtungen zurück und fragte, ob die Identität seiner Frau schon bei der Einleitung der Untersuchung offenbart werden müsse. Etter antwortete, das sei nicht zwingend notwendig, aber nach der Rechtslage müsse ihr Name ab einem bestimmten Punkt dem Angeklagten genannt werden. »Noch vor der Verhandlung?« fragte Barry. »Ja, wahrscheinlich«, antwortete Etter.

Als Barry erneut auf die Gefahr zurückkam, die dieser Mann für seine Familie darstelle und ansprach, daß er Drohungen gegen seine Frau geäußert habe, wies Etter darauf hin, daß der Verdächtige zwanzig Jahre Zeit gehabt hätte, die Drohungen wahr zu machen, aber nichts dergleichen unternommen habe. Barry akzeptierte das, ergänzte aber, der Mann sei letztlich nicht zurechnungsfähig. Am Ende des Gesprächs wich Barry erneut aus, als Etter seinen Namen und die Telefonnummer wissen wollte. Er habe in ein paar Minuten eine Verabredung mit einem Anwalt, würde Etter aber danach noch mal anrufen. »Ich möchte die Sache bald ins Rollen bringen«, sagte Barry.

»Ja, nachdem Sie's nun angefangen haben, sollten Sie die Sache auch durchziehen«, erwiderte Etter.

»Ja, Sie haben recht.«

»In Ordnung, Sir. Danke für den Anruf. Wir sind Ihnen dankbar, daß Sie sich bei uns gemeldet haben.«

Zwei Stunden später rief Barry wieder bei Etter an und sagte, seine Frau wolle sich einen Anwalt nehmen. Sie habe Angst, die Angelegenheit könne sich so entwickeln, daß sie mehr als der Täter vor Gericht zerrupft würde. »Ich sehe das anders«, erklärte Barry seinem neuen Vertrauten, »meiner Meinung nach braucht sie keinen Anwalt. Aber sie ist ziemlich durcheinander, was man ja verstehen kann.«

»Lassen Sie mich doch mal mit ihr sprechen, vielleicht kann ich einiges klarstellen.«

Barry stimmte zu.

»Wie heißt sie mit Vornamen?« fragte Etter.

»Den möchte ich Ihnen nicht sagen, sie ist im Moment noch zu aufgeregt . . . Wenn sie ihn Ihnen selbst sagen will, hab' ich nichts dagegen.«

Eileen nahm den Hörer und sagte mit scheuer, aber ruhiger Stimme: »Hallo.«

»Hallo. Ich bin Inspektor Etter vom Büro des Bezirksstaatsanwalts für das San Mateo County, wie Sie wahrscheinlich wissen. Ihr Mann möchte, daß ich mal mit Ihnen spreche. Wie ist denn Ihre Meinung zu der ganzen Sache?«

»Ich will sichergehen, daß ich nichts falsch mache«, sagte Eileen. Und dann brachte sie gleich eine neue Befürchtung vor: »Ich möchte nicht, daß ich jetzt eine großartige Erklärung abgebe . . . und Sie mir dann sagen: ›Ich bin nicht zuständig, wenden Sie sich an die Polizei‹. Und wenn ich das dann mache, sagt mir die Polizei: ›Wir sind nicht zuständig, wenden Sie sich an den und den . . .‹. Ich will nicht x-mal mein Anliegen vortragen, bis ich endlich beim wirklich Zuständigen gelandet bin. Die Sache nimmt mich sowieso schon ganz schön mit. Es ist nicht leicht für mich.«

Etter erklärte ihr, er müsse wahrscheinlich mit der örtlichen Polizei sprechen, in deren Bereich die Tat geschehen sei. Dann lockte er sie raffiniert aus der Reserve: »Ihr Mann hat ja schon erwähnt, daß er als erstes die Polizei von Los Angeles einschalten will. Das wäre ein gangbarer Weg. Aber wollen Sie denn nicht jetzt gleich schon ein paar Aussagen machen, damit wir von hier aus mit der Arbeit an der Sache beginnen können? Natürlich sollen Sie tun, was Sie für richtig halten. Aber denken Sie daran, daß das Leben von Kindern gefährdet ist und dann vielleicht weiteres Unheil vermieden werden kann.«

»Ja, das ist mir klar«, erwiderte Eileen. »Deshalb will ich ja die Behörden einschalten. Ich muß mir aber übers Wochenende alles noch mal durch den Kopf gehen lassen. Mein Mann oder ich rufen Sie danach wieder an – oder ich nehme mir einen

Anwalt, der dann Kontakt mit Ihnen aufnimmt. Jedenfalls danke ich Ihnen, Sie waren sehr hilfsbereit. Vielleicht läuft alles Weitere über einen Anwalt. Ich bin aber fest entschlossen, die Sache der Strafverfolgung zu übergeben.«

Sie besprachen dann noch, was Eileen weiter unternehmen sollte, ob mit oder ohne Anwalt. Sie sagte, sie wolle auch noch mal mit ihrer Familie sprechen. Und fragte, wie bald nach ihrer Aussage sie damit rechnen müsse, daß der Fall publik würde. Etter antwortete, daß das wahrscheinlich etwa eine Woche später eintreten könne, sie habe also genug Zeit, ihre Familie zu unterrichten. »Wissen Sie«, fügte er an, »die Sache wird ganz bestimmt nicht morgen schon Schlagzeilen machen.«

»Nein!« fauchte Eileen. »Ich hoffe, sie macht überhaupt keine Schlagzeilen. Ich habe große Angst davor, daß es so kommen könnte.» Dann fragte sie Etter nach der Lage seines Büros und fragte: »Was genau ist Ihre Aufgabe bei der Staatsanwaltschaft?« Er erklärte ihr, er sei Untersuchungsbeamter beim Untersuchungsrichter.

»Was bedeutet das?« fragte Eileen.

»Ich bin für die Untersuchung von Verbrechen zuständig, vor allem Morde, die sich im San Mateo County ereignen.«

»Würden Sie dann persönlich auch den Fall untersuchen, wenn ich Ihnen die Einzelheiten vortrage?«

»Das kann ich erst sagen, wenn ich mehr über die Sache weiß.«

»Gut. Meine Befürchtung war ja, daß ich mit jemandem spreche und der mir dann sagt, er sei nicht zuständig.« Etter erklärte noch mal, er könne nicht sagen, wie der Fall behandelt und von wem er untersucht würde, ehe er nicht mehr darüber wisse.

»Okay«, sagte Eileen dann. »Seit wann sind Sie beim Bezirksstaatsanwalt?«

»Seit neunzehn Jahren.«

Eileen hatte sich im bisherigen Verlauf der Unterhaltung bemüht, den Eindruck einer vorsichtigen, kontrollierten Erwachsenen zu machen. Jetzt aber platzte es aus ihr heraus: »Wow! Dann kann man ja eigentlich sicher sein, daß Sie wissen, wovon Sie reden!«

Mit der ihm eigenen Bescheidenheit erklärte Etter, die meisten seiner Kollegen hätten ebensoviel Erfahrung wie er. Dann machte er einen letzten Versuch, ihre Identität herauszufinden: »Wie heißen Sie denn mit Vornamen?« Als sie nicht antwortete, fragte er: »Sie wollen ihn mir nicht sagen?«

»Nein, tut mir leid.«

»Na ja, okay. Rufen Sie mich wieder an, wenn Sie bereit sind, mir mehr zu erzählen. Danke jedenfalls, daß Sie und Ihr Mann Kontakt zu mir aufgenommen haben.«

Am Montag, dem 20. November, rief Barry um 13 Uhr 15 Inspektor Etter an. Er ritt zum wiederholten Mal darauf herum, welche Angst sie vor dem Mann hätten, den seine Frau wegen Mordes anklagen wolle, und wie gefährlich es für sie werden könnte, wenn er nur eine geringe Strafe erhielte oder gar wegen irgendeinem Schlupfloch in der Gesetzgebung freigesprochen würde. »Wir haben zwei Kinder, das darf man nicht vergessen«, schloß er seine weitschweifige Rede ab. Etter versuchte es andersherum: »Seh'n Sie mal, Ihr Gewissen ist doch ganz offensichtlich schwer mit der Sache belastet. Sie müssen was dagegen unternehmen . . .«

Wieder dauerte die Unterhaltung ungefähr dreißig Minuten, brachte dem unendlich geduldigen Etter aber nur Schnipsel an neuen Erkenntnissen. Er erfuhr zum Beispiel, daß der potentielle Mörder ein Verwandter von Barrys Frau war, daß er dazu neigte, Leute zu verprügeln und daß er ›alkohol- und drogensüchtig‹ sei.

Als Barry wieder einmal auf die Angst der ganzen Großfamilie vor der möglichen Rache des Mörders zu sprechen kam, sprudelte es plötzlich aus ihm heraus: »Alle sagen, laßt uns doch selbst die Sache in die Hände nehmen! Laßt uns einen Killer anheuern und das Schwein umlegen! Natürlich geht das nicht. Wir könnten es vielleicht arrangieren, aber Sie verstehen . . .«

»Nein, das wäre bestimmt nicht der richtige Weg . . .«

»Aber es wäre am einfachsten. Wir sind jedoch gesetzestreue Leute, und wir werden natürlich so was nicht machen. Unser Rechtssystem ist allerdings nicht so, wie man's gerne hätte.«

Dann schwenkte Barry auf ein neues Thema ein und fragte Etter, ob es Statistiken gäbe, aus denen man entnehmen könne, mit welchen Strafen Mörder belegt wurden, deren Tat zwanzig Jahre zurückliegt. Etter antwortete sehr höflich, er könne sich nicht denken, daß es solche Statistiken gäbe, denn es gebe nur wenige Fälle dieser Art. Barry wurde durch einen Anruf am anderen Apparat unterbrochen. Als er zurückkam, sagte er: »Noch mehr beunruhigte Leute. Die Familie meiner Frau ist ziemlich verstört, daß wir die Sache hochbringen wollen.« Er lachte, wurde dann aber sofort wieder ernst und sagte: »Der Kerl hat sich auch an seinen eigenen Kindern vergriffen und sie vergewaltigt. Und es ist einfach zum Kotzen, wenn man zusehen muß, wie leicht solche Verbrecher ihrer gerechten Strafe entgehen können. Man braucht sich nur den Fall John DeLorean anzuseh'n; man hat einen Videofilm, auf dem deutlich zu erkennen ist, daß der Kerl einen Aktenkoffer voll Kokain hat, aber er wird nicht bestraft. Es ist doch klar, daß dann auch andere ungestraft davonkommen.«

Dann kam er wieder auf den Kernpunkt zurück – ein kleines Mädchen war vergewaltigt und ermordet worden, und seine Frau war Augenzeugin dieser scheußlichen Tat geworden. Zum ersten Mal erwähnte er jetzt den Grund, warum Eileen nicht früher mit der Sache herausgerückt war: »Sie hat das die ganze Zeit über aus ihrem Gedächtnis gestrichen.«

Was Etter als nächstes sagte, war sicher ein Versuchsballon, den er spontan losließ, denn noch gab es keine klaren Hinweise auf den Nason-Fall: »Ist die Sache in Foster City passiert? Ich meine mich zu erinnern, daß es dort vor zwanzig Jahren einen Mord an einem kleinen Mädchen gab.« Barry ging nicht darauf ein und wechselte das Thema. »Aus geschäftlichen Gründen will ich in nächster Zeit mit meiner Familie in die Schweiz gehen.« Dann legte er noch einmal dar, daß der Mörder seine eigenen Töchter sexuell belästigt und andere widerliche Dinge mit ihnen angestellt hätte. Er erwähnte auch, die Mutter seiner Frau sei Anwältin und habe auch ›panische Angst vor dem Kerl.‹ Sie sei seit zehn Jahren von ihm geschieden. Etter hakte bei dieser neuen Information sofort ein.

»Die Mutter Ihrer Frau war also mit diesem Mann verheiratet?«

»Ja ... Ich erzähle Ihnen mehr, als ich eigentlich will.«

Dann ging Barry auf einen anderen wichtigen Punkt ein: »Meine Frau ist ein großartiger Mensch. Ich habe eine sehr gut laufende Firma, und meine Frau ist mir dabei eine große Hilfe. Aber ... vor zehn Jahren, als sie ungefähr siebzehn war ..., ist sie mal mit einem kleinen Briefchen Kokain erwischt worden ... Sie meint, die Sache sei aus ihren Akten gestrichen und alles wäre in Ordnung, aber ich befürchte, in einem Mordprozeß könnte doch jemand diese Sache rauskriegen ... Meine Frau ist bereit, es auf sich zu nehmen, wenn dieser dunkle Punkt in ihrer Vergangenheit breitgetreten wird, aber sie hat Bedenken, ob sie dann nicht zu einer unglaubwürdigen Zeugin abgestempelt wird ...«

Etter versuchte Barry zu überzeugen, daß diese Sache die Glaubwürdigkeit seiner Frau nicht beeinträchtigen würde. Dann sprachen die beiden längere Zeit darüber, wie weit nach zwanzig Jahren eine Zeugenaussage vor Gericht noch glaubwürdig sei. Barry fragte, ob man seine Frau zur Aussage zwingen könne, wenn sie sich zu erkennen gegeben habe. Etter gab widerstrebend zu, daß das möglich sei. Als wieder einmal Barrys anderes Telefon klingelte, sagte er Etter, er würde ihn später wieder anrufen. Während des ganzen dreißigminütigen Gesprächs hatte Etter zwar ein paar neue Dinge erfahren, aber immer noch nicht die wichtige Information erhalten, um welchen Fall vor zwanzig Jahren es sich handelte. Und Barry hatte wieder einmal die Unterhaltung fast allein bestritten, indem er lang und breit seine und Eileens Bedenken dargelegt hatte.

Am nächsten Morgen kurz vor elf rief Barry wieder bei Etter an und sagte ihm, er und seine Frau hätten sich entschieden, wie sie weiter vorgehen wollten. Seine Frau würde Etter das Verbrechen schildern, dann sollte er alle Informationen ausgraben, die die Polizei über den Fall hatte und ihnen danach sagen, ob seiner Meinung nach die Aktenlage bei der Polizei in Verbindung mit der Aussage seiner Frau ausreichen würde, eine Verurteilung des Mörders zu erreichen. Etter sagte, er brauche mindestens eine Woche, um sich die benötigten Informationen zu beschaffen. Barry entgegnete, dann müßten sie eben so lange warten, aber sie wollten auf jeden Fall wissen, welche Fakten über den Mord bei der Polizei bekannt wären, die die Aussage seiner Frau stützen könnten.

Eileen kam ans Telefon. (In den Aufzeichnungen der Gespräche wurde sie stets als ›nicht identifizierte weibliche Person‹ bezeichnet.) Ihre ersten Worte hatten, wie immer, wenn sie sich unsicher fühlte, einen Anflug von Koketterie.

»Nun, wie steht's, haben Sie inzwischen rausgefunden, um welches Verbrechen es sich handelt?« fragte sie.

»Nein.«

»Also gut. Es war in Foster City. Der Name des Opfers war Susan Nason.«

»Susan . . . ?«

»Nason. N-A-S-O-N.«

»Wann hat das Verbrechen stattgefunden?«

»Im Herbst 1969.«

»Erzählen Sie mir, was passiert ist.«

Weil Barry ihr gesagt hatte, sie solle nur Susans Namen angeben, lehnte Eileen das ab. Ihr Mann habe ihm aber gesagt, sie würde ihm Einzelheiten des Verbrechens erzählen, behauptete Etter. Eileen drehte sich zu Barry um und fragte: »Wieso hast du ihm gesagt, ich würde Details nennen?« Im Hintergrund hörte man Barry aufgeregt auf sie einsprechen. Eileen fragte Etter: »Können Sie das alles mithören?« Etter antwortete, er höre ihren Mann sprechen, könne aber nicht verstehen, was er sage. Dann sagte Eileen: »Okay, aber ich mach's erst mal ganz kurz.« Und sie begann:

»Ich war mit dem Mann, der das Verbrechen begangen hat, in einem Auto. Wir kamen an Susans Haus vorbei . . . in Foster City . . . Sie war auf der anderen Straßenseite auf dem Gehweg . . . dort, wo das brachliegende Feld war . . . Wir nahmen sie mit . . . Wir fuhren raus, ähm, in die Wälder, na ja, das klingt seltsam . . ., jedenfalls, es war wohl in Richtung Half

Moon Bay . . . Ja . . . Der Mann hat Susan dann da draußen vergewaltigt, und ich war dabei, als er das machte . . . Ich war im Auto . . . (Sie waren) hinten im Auto . . . Danach waren wir alle draußen . . . Susan setzte sich hin, ich stand neben dem Wagen. Susan saß . . . ich kann die genaue Entfernung nicht angeben . . . vielleicht vier oder fünf Meter von mir weg . . . Susan saß auf einem kleinen Erdbuckel oder so was . . . vielleicht einem Felsen . . ., jedenfalls war's irgendwie erhöht. Und er, ähm, hat ihr mit irgendwas auf den Kopf geschlagen und dann noch mal . . . Sie hatte einen . . . Plötzlich war überall Blut. Sie hatte einen Ring an, der wurde von den Schlägen zerquetscht.«

»Ich habe verstanden«, sagte Etter. »Fahren Sie fort.«

»Ist das noch nicht genug?«

»Möchten Sie denn nichts mehr hinzufügen?«

»Wenn es mit dem übereinstimmt, was Sie rausgefunden haben, dann rede ich weiter. Sie müssen verstehen, es ist nicht leicht für mich, darüber zu sprechen.«

»Hatte Susan zu diesem Zeitpunkt ihre Kleider an?«

»Soweit ich mich erinnere ja. Ja, doch, sie war angezogen.«

»Sie war vollständig angezogen?«

»Ja.«

»Was hatte sie an? Erinnern Sie sich?«

»Entschuldigung, das andere Telefon klingelt . . . Tut mir leid. Was haben Sie gefragt?«

»Was hatte Susan an?«

»Lassen Sie mich mal überlegen, okay? Ich weiß es nicht . . . Ich würde am liebsten einfach sagen, es war ein Kleid . . .«

»Wir wollen auf keinen Fall, daß Sie herumraten.«

»Nein, das will ich ja auch nicht . . . Ich . . . ich weiß es nicht. Irgendwie meine ich jetzt, es war ein Pullover, entweder lavendelfarben oder blau . . . Aber . . . ich kann mich nicht genau an die Kleidung erinnern.«

Als Eileen sich in diesem Punkt festzufahren schien, fragte Etter, ob sie noch etwas anderes hinzufügen wolle. Eileen ging erleichtert darauf ein und fragte, wann sie damit rechnen könnten, daß er die Akten des Falles eingesehen habe. »Etwa Ende der Woche«, sagte Etter. »Und ihr Mann wird mich jeden Tag mal anrufen?«

»Ja«, antwortete sie zerstreut, »das wollte er ...« Und dann plötzlich: »Ja, mein erster Gedanke war doch richtig, sie hatte ein Kleid an, natürlich, denn er hat ihr ja nicht irgendwelche Sachen ausgezogen, als er sie vergewaltigt hat, er hat ihr ganz einfach das Kleid hochgeschoben.«

»Sie haben tatsächlich gesehen, wie er sie vergewaltigt hat?«

»Nun, ich habe natürlich nicht da gesessen und hingestarrt. Nach einiger Zeit, als ich merkte, daß da was Böses passiert, habe ich den Kopf in die Hände gestützt und geheult ... So was ist ganz schrecklich für ein Kind. Ich hoffe, Sie können sich das vorstellen.«

»O natürlich«, sagte Etter. »Das wäre auch für einen Erwachsenen schon schlimm genug. Sagen Sie ... Glauben Sie, daß er das Mädchen ... penetriert hat?«

»Ich meine nicht. Das klingt seltsam, und ich weiß nicht, warum ich das meine. Vielleicht, weil ich nicht wahrhaben will, daß es tatsächlich passiert ist. Vielleicht hat er es auch wirklich nicht gemacht.«

Sie unterhielten sich noch darüber, wann die nächste Kontaktaufnahme erfolgen sollte, dann beendeten sie das Gespräch.

Um 13 Uhr 30 am nächsten Tag rief Eileen bei Etter an. »Hallo, hier ist Mrs. Barry ... Wie ist es gelaufen, haben Sie was rausgefunden?«

»Ja, das haben wir. Und ich bin ziemlich aufgeregt. Das passiert bei mir ziemlich selten.«

»Barry! Er ist aufgeregt, und das passiert bei ihm sehr selten! Hörst du? Komm an den Apparat! Mr. Etter, mein Mann möchte das auch hören, okay?«

Dann aber fiel ihr Jay Jaffes Warnung ein, und sie fügte schnell hinzu: »Ich möchte aber nicht, daß Sie mir irgendwelche Details sagen oder irgendwas, das meine Erinnerung beeinträchtigt ... und mich zur untauglichen Zeugin macht.«

»Das haben wir absolut nicht vor«, erklärte Etter, und als Eileen an Barry übergeben hatte, fuhr er fort: »Bei mir ist der

Stellvertretende Bezirksstaatsanwalt. Er interessiert sich sehr für den Fall. Ihre Frau hat uns ein paar ausgezeichnete Hinweise gegeben. Sie passen genau zu dem, was wir im Moment über die Sache wissen, und . . .« Barry unterbrach ihn. »Sie konnten also herausfinden . . .«

Etter ließ sich jedoch nicht beirren. »Es gibt für uns keinen Zweifel, Ihre Frau muß Augenzeugin des Verbrechens gewesen sein. Daraus ergibt sich für uns eine sehr ernste Verpflichtung Ihrer Frau und dem Fall gegenüber.« Barry wollte wissen, was sie denn im einzelnen herausgefunden hätten, aber Etter ging nicht darauf ein. »Bitte sprechen Sie mit dem Staatsanwalt. Er hat zwölf Jahre Erfahrung in seinem Job. Er wird die Untersuchung leiten, wenn es soweit ist. Und er wird alles für Sie tun, was er nur kann.«

»Was ist mit den Beweisen?« fragte Barry. »Haben Sie jetzt handgreifliche Beweise gegen den Verbrecher?«

»Wir haben Beweise, mehr kann ich ihnen nicht sagen, ohne die Glaubwürdigkeit Ihrer Frau zu gefährden.« Barry und Eileen, die mithörte, sagten, sie würden das verstehen. Dann übergab Etter an Martin Murray, den Leiter der Mordabteilung der Staatsanwaltschaft.

Murray war Anfang Vierzig. Seit 1981 befaßte er sich mit Mordfällen. In dieser Zeit war er auch drei Jahre lang Leiter der Abteilung Kindesmißbrauch gewesen und hatte Erfahrung mit Zeugenaussagen von Kindern. Er hatte den Ruf, ein ruhiger, gründlicher Mann zu sein, der die ihm übertragenen Fälle mit verbissener Hartnäckigkeit verfolgte, und man sagte ihm auch anerkennend nach, er sei absolut integer.

Natürlich hatte man Murray über Eileens und Barrys Bedenken unterrichtet, und er versicherte ihnen als erstes, daß er Verständnis für ihr Zögern habe. Seine Abteilung werde äußerst sorgfältig und mit allen Mitteln, die sie zur Verfügung habe, an die Untersuchung des Falles herangehen. »Wir werden mit dem Verdächtigen keinen Kontakt aufnehmen, bis wir wissen, ob der Fall strafverfolgunsrelevant ist. Wir halten Ihren Namen bis zur letzten Minute geheim, darauf können Sie sich verlassen, und das bedeutet, daß er bei der Untersuchung nirgends erwähnt wird, bis wir überzeugt sind, daß dieser Mann hinter Gitter gehört. Okay?«

Eileen fragte, welche Anklage man stellen würde. Murray erklärte ihr, man werde wahrscheinlich Anklage wegen Mord ersten Grades erheben; nach dem Strafgesetz sei jeder Mord, ob mit Vorsatz oder nicht, der im Zusammenhang mit einem anderen Verbrechen begangen werde, in diesem Fall Kindesmißbrauch, als Mord ersten Grades einzustufen. Murray erklärte aber ausdrücklich, er wolle Eileen und Barry nichts vormachen. Er könne nicht garantieren, daß es zu einer Verurteilung komme, andererseits sei er aber verpflichtet, Anklage nur dann zu erheben, wenn mit einer Verurteilung zu rechnen sei.

Barry trug ihm ihre Befürchtungen wegen der Drohungen vor, die George Franklin nach dem Mord Eileen gegenüber geäußert hatte. »Er hat zu ihr gesagt, wenn sie anderen Leuten was von der Sache erzählen würde, würde ihr das niemand glauben, und dann würde er sie umbringen.« Murray ging nur auf die erste Aussage ein und verwirrte Barry damit: »Man wird ihr glauben.«

Eileen und Barry sagten, sie hätten mehr Angst vor seiner Rache als davor, daß man Eileen nicht glauben würde, aber Murray unterbrach sie und wiederholte seine grundsätzliche Aussage, soweit er das bis jetzt beurteilen könne, würde die ganze Macht des kalifornischen Strafverfolgungssystems eingesetzt, den Verdächtigen hinter Gitter zu bringen. »Ihre Frau weiß Fakten, die sonst niemand wissen kann«, sagte er zu Barry.

Eileen fragte, ob sie Etter denn tatsächlich Dinge gesagt hätte, die nicht auch in den Akten zu finden wären, aber Murray blieb korrekt: »Ich möchte keine der Tatsachen bestätigen, die Sie uns vorgetragen haben ... Ich will mir nicht vorwerfen lassen, ich hätte Sie mit Informationen gefüttert, die Sie uns dann einfach als Augenzeugenwissen zurückgeben.«

»Aber«, beharrte Eileen, »wenn alles, was ich gestern gesagt habe, nichts Neues ist und schon längst in den Akten steht, dann hat es doch gar keine Bedeutung.«

Für die Staatsanwaltschaft hat die Exklusivität der Informationen, die Eileen ihr gab, von Anfang an eine Schlüsselrolle gespielt. Sie konnte darauf ihre Anklage aufbauen. Für Eileen war es wichtig, daß man ihr trotz des seltsamen Verdrängungsverhaltens ihres Geistes Glauben schenkte. In den folgenden Monaten wurde die Exklusivität ihres Wissens zum zentralen Punkt ihrer Geschichte, und in den Presseberichten stellte man sie mit der Tendenz, ihr zu glauben, ausführlich dar. Im Gerichtsverfahren hingegen sabotierte das Augenzeugenwissen beinahe die Anstrengungen der Anklage, weil die Verteidiger es hartnäckig anzweifelten und immer wieder behaupteten, sie könne alle Einzelheiten, an die sie sich angeblich erinnere, auch nachträglich irgendwo erfahren haben. Die Anklage allerdings schwankte nie in ihrer Auffassung, daß Eileens Informationen nur als Augenzeugin gewonnen sein konnten.

Murray hielt strengstens daran fest, Barry und Eileen keine Einzelheiten aus dem Aktenbestand des Falles mitzuteilen, versicherte ihnen aber, es gäbe ausführliche Unterlagen, der Fall sei ›recht akribisch‹ festgehalten worden. Barry platzte plötzlich mit der Frage heraus: »Hat man festgestellt, ob bei der Vergewaltigung eine Penetration stattgefunden hat?«

Eileen schrie auf: *»Frag doch um Himmels willen so etwas nicht!«*

»Ich wiederhole, über solche Einzelheiten gebe ich Ihnen keine Auskunft«, sagte Murray steif, und Eileen fauchte: »Laß das doch sein!«

»Warum?« fragte Barry. »Das ist doch wichtig.«

»Aber ich will nicht, daß man meine Erinnerung beeinflußt, mir irgendwas suggeriert.«

»Okay, ich verstehe«, gab Barry schließlich klein bei.

Murray versicherte ihnen, er werde sie sofort verständigen, wenn sich herausstellen würde, daß nicht genug Beweise für eine Anklage zusammenkämen. Dann stellte er ihnen den Beamten vor, der unter seiner Leitung den Fall bearbeiten würde: »Detective Robert Morse ist seit siebzehn Jahren mit bestem Erfolg bei der Strafverfolgungsbehörde tätig. Er ist Leiter der Mordkommission beim Sheriff von San Mateo. Es ist eine wenig bekannte, aber gräßliche Tatsache, daß das San Mateo County immer wieder als Leichenablageplatz benutzt wird; Mörder aus der ganzen Bay Area deponieren bei uns ihre Leichen, weil wir noch Feld und Wald als Verstecke haben und es von San Francisco hierher nicht weit ist. Und Morse ist ein Beamter, der Mordfälle löst, die andere für unlösbar halten. Er ist der beste Mann für Mordfälle im ganzen Distrikt.«

Murray fuhr fort, er wolle Morse und einen weiteren Beamten, Bryan Cassandro, nach Los Angeles schicken, um mit Eileen zu sprechen, und zwar am Samstag, obwohl das Erntedankfest bevorstand. Eileen meinte, sie müsse sich das noch überlegen. Ihre alte Voreingenommenheit gegenüber der Polizei kam wieder hoch, und sie sagte: »Die sollen ja nicht versuchen, mich mit Gewalt auszuquetschen und in die Zange nehmen!« Erklärend fügte sie dann hinzu: »Ich habe was gegen Polizisten, ganz allgemein, nicht weil ich viel mit ihnen zu tun hatte, ich mag sie ganz einfach nicht.«

Angesichts des ersten direkten Kontaktes mit der Polizei tauchten bei Eileen und Barry die alten Befürchtungen wieder auf, und dazu kamen einige neue, die sie bisher als abwegig betrachtet hatten. Würde Eileen Schwierigkeiten bekommen, vielleicht sogar bestraft werden können, weil sie so lange mit der Anklage gewartet hatte? Würde man sie als Komplizin betrachten? Würde ihr Name nicht doch schon früher als geplant rauskommen? Murray bestätigte ihnen noch mal, sie bräuchten nichts dergleichen zu befürchten und versicherte ihnen, er würde die Untersuchung erst offiziell starten, wenn seine Männer mit Eileen gesprochen hätten.

Ein Grund dafür sei, so erklärte er ihnen, daß man unbedingt sicher sein müsse, daß Eileen keine persönlichen Motive habe, um gegen den Verdächtigen rechtliche Schritte zu unternehmen. »Sie haben doch kein Verfahren gegen ihn laufen, mit dem Sie Geld von ihm fordern? Keine Sorgerechtsklage um Kinder?« Und sehr höflich, aber bestimmt wies er darauf hin, daß Eileen ihm und seinen Beamten nunmehr trauen und ihre Identität offenbaren müsse. Dann übergab er an Detective Robert

Morse. »Hi«, meldete sich Morse, und »Hi« antwortete auch Eileen mit flacher, mißtrauischer Stimme.

Robert Morse sollte zu einer Hauptfigur in Eileens Drama werden. Er war zweiundfünfzig Jahre alt, in Utah geboren, aufgewachsen in San Francisco, und er hatte zunächst acht Jahre Dienst in der Luftwaffe geleistet. In dieser Zeit war er drei Jahre in London stationiert, und dort hatte er als Hobby in einer Band, die Glenn Miller nacheiferte, Schlagzeug gespielt. Er hatte eine Engländerin geheiratet, mit der er zwei Söhne hatte. Drei weitere Jahre war er bei einer Flugabwehr-Raketeneinheit in Deutschland stationiert. 1963 schied er bei der Luftwaffe aus, ließ sich von seiner Ehefrau scheiden und trat bei der Polizei in Menlo Park, einem Stadtteil von San Mateo, ein. 1972 wechselte er ins Büro des County-Sheriffs über, wo er schließlich zum Detective Sergeant und Leiter der Mordkommission aufstieg. Einer seiner Söhne aus der ersten Ehe war beim FBI in San Antonio. Aus der zweiten Ehe hatte er einen Sohn und eine Tochter, und bei seinen Kollegen stand er in dem Ruf, ein überdurchschnittlich stolzer und liebevoller Vater zu sein.

Morse war von mittlerer Größe, aber sehr schlank, was seinen Spitznamen ›Bones‹ – Knochengestell – erklären mag. Er kann auch etwas mit den vielen Leichen zu tun haben, auf die er beruflich stieß. Sowohl er selbst als auch seine Kollegen behaupten, nicht zu wissen, woher der Name kommt, aber alle lächeln darüber und finden ihn zutreffend. Seine Augen wirkten irgendwie verhüllt, und das gab ihm ein schläfriges und gelangweiltes Aussehen, aber er war ein passionierter Arbeiter und liebte seinen Beruf, dem er mit einer seltsamen Mischung aus Hingabe und Zynismus nachging. Und er hatte ein besonderes Talent für trockene, überraschende Bemerkungen; als er zum Beispiel während der Voruntersuchung aus einer stundenlangen Sitzung kam, in der es um die psychiatrischen Gutachten zu dem Fall gegangen war, sagte er zu den wartenden Journalisten: »Gott sei Dank, daß man Erinnerungen unterdrücken kann!«

Als die Journalisten fragten, was er damit meine, erklärte er: »Wenn ich mich an all die Leichen und die anderen Horroreindrücke erinnern würde, die mir begegnet sind, dann würde ich wahnsinnig.«

Mit Bob Morse kam in die Verbindung zwischen Canoga Park und dem Büro des Bezirksstaatsanwalts von San Mateo ein ganz anderer Ton. Bis jetzt hatten die Beamten vor allem Geduld und Sympathie gezeigt und Eileen und Barry gut zugesprochen; Morse führte einen lockeren, burschikosen Umgangston in das Gespräch ein, der nichts mehr mit den langen Diskussionen mit Etter und Murray zu tun hatte. Er sprach den beiden zunächst einmal seine Anerkennung dafür aus, daß sie die Sache zur Sprache gebracht hatten, aber auch für die Art und Weise, in der sie sie behandelten.

»Ich möchte Sie beide erst mal wissen lassen, mit wem Sie's zu tun haben, okay? . . . Ich mach' meinen Job schon lange Zeit, hab' mehr als zweihundert Mordfälle hinter mir . . . Wenn wir einen Mörder angeklagt haben, haben wir den Fall nie verloren, das will ich mal ganz klar feststellen, damit Sie Bescheid wissen. Sie können's nachprüfen, das ist keine Angeberei. Und dann ist mir noch was wichtig: Wir haben nie jemanden angelogen. Wir haben da einen guten Ruf zu verteidigen, Sie können jeden Richter, Anwalt oder Staatsanwalt fragen, mit dem wir bisher zu tun hatten – wir haben uns immer an die Wahrheit gehalten. Ich habe nie einen Zeugen unter Druck gesetzt oder gar so richtig in die Mangel genommen. Nein . . . Und wir haben immer unsere Versprechen gehalten und nie jemanden von der Presse zerrupfen lassen . . . Ich bin kein Anwalt, aber ich habe in Hunderten von Fällen mit diesen Leuten zusammengearbeitet, und glauben Sie mir, dieser Fall sieht ganz danach aus, daß der Kerl hinter Gitter kommt. Ich bin von Ihnen beeindruckt. Sie stellen genau die richtigen Fragen. Man kann daran erkennen, daß Sie intelligent sind und das Richtige tun. Ich kann all Ihre Bedenken gut versteh'n. Aber Sie müssen auch wissen, daß Sie für uns in diesem Fall die Butter auf'm Brot sind. Ohne Sie ist er nicht lösbar. Wir wären ganz schön blöd', wenn wir die Beziehungen zu Ihnen in irgendeiner Weise gefährden würden.«

Für Eileen machten seine Aussagen Sinn, und sie fing an, diesem Mann zu vertrauen. Morse hatte sich warmgeredet und legte jetzt erst richtig los: »Am sichersten für Sie ist es, wenn wir diesen Kerl erst mal identifizieren und dann schleunigst dafür sorgen, daß er seinen Arsch nicht mehr aus der Gefängniszelle kriegt.« Barry wies darauf hin, daß der Verdächtige viel Geld hätte und sich die teuersten Anwälte leisten könne. Das beeindruckte Morse nicht. »Wir hatten's schon mit vielen, vielen Leuten zu tun, die viel, viel Geld hatten. Das juckt mich überhaupt nicht ... Sie werden auf jeden Fall den besten Staatsanwalt haben, den es jemals in diesem County gab, um die Anklage zu vertreten.«

Barry sprach die Möglichkeit an, der Verdächtige könne auf Kaution freikommen. Morse erklärte, in solchen Fällen gäbe es keine Kaution oder sie sei astronomisch hoch. Im übrigen zog er alle Register, um ihr Vertrauen zu gewinnen und ihre Ängste zu besänftigen. »Wir hier sind ein Team, und wir sind eingespielt wie ein Football-Team. Marty ist der Quarterback ... Wenn es jemand wagt, Ihnen in die Quere zu kommen, dann geh'n wir ihm an den Kragen ... Ich will's nicht übertreiben, aber man kann sicher sagen, es ist gut, wenn man uns zu Freunden hat und beschissen, wenn man uns zu Feinden hat. Und wir wissen, was wir tun. Wir arbeiten gründlich. Und wir haben eine ganze Menge Einfluß und eine ganze Menge Freunde. Glauben Sie mir, wieviel Geld der Kerl auch hat, wir haben mehr Geld hinter uns ... Wir sind der Staat, wir haben mehr Macht als er. Der Kerl schafft's nicht mal, ein Pickel am Hintern der Anklage zu werden ...«

Es schien fast, als ob Eileen und Barry Angst davor bekämen, wohin Morses leidenschaftliches Plädoyer noch führen würde, und sie sagten ihm, sie würden sich zehn Minuten besprechen und dann wieder anrufen.

Fünfundzwanzig Minuten später läutete Etters Telefon, und die Stimme von ›Mrs. Barry‹ sagte: »Hallo, hier spricht Eileen.«

»Irene?«

»Nein, Eileen. E-I-L-E-E-N.«

»Aha, Eileen. Und Sie sind die Dame, die sich mal als Mrs. Barry bei uns gemeldet hat?«

»Richtig.«

Eileen nannte ihren Familiennamen, ihr Geburtsdatum – ›am Samstag können Sie mir ein Geburtstagsständchen singen‹ –, ihre Adresse und die Telefonnummer. Morse kam an den Apparat, und sie verabredeten Einzelheiten zum Besuch der beiden Beamten bei den Lipskers am kommenden Samstag. Dann bat er sie, ihm den Namen des Verdächtigen zu nennen, damit das Büro beginnen könne, über den Computer die Grunddaten des Mannes zusammenzustellen. Eileen wurde so aufgeregt, daß sie den Hörer an Barry übergeben mußte.

In die entstehende Stille hinein fragte Morse: »Hallo?«

»Wie ich höre, wollen Sie jetzt schon die Information über die Identität des Täters«, sagte Barry. »Können Sie mir versprechen, daß er nicht informiert wird, bis die Sache anklagereif ist?«

»Ich gebe Ihnen mein Ehrenwort«, bestätigte Morse.

»Denn sonst werden wir . . .«

»Sie haben mein Ehrenwort.«

Barry holte tief Luft. »Sein Name ist George Franklin. Er ist ihr Vater.«

10. KAPITEL

EILEEN

Der 17. November, der Tag, an dem Barry erstmals mit Inspektor Etter sprach, war ein Freitag, und freitags spielten seine Eltern immer in der Nähe Bridge und kamen danach noch kurz bei uns vorbei. Barry meinte, wir sollten ihnen von dem Mord erzählen. Ich wollte aber nicht, daß noch jemand von der Sache erfuhr, außerdem war ich immer noch sauer, daß Barry ohne mein Einverständnis mit dem Büro des Staatsanwalts telefoniert hatte. Er sagte, wenn ich es seinen Eltern nicht sagen wolle, dann würde er es tun. Wieder einmal nahm er mir die Chance der freien Entscheidung.

Als seine Eltern gekommen waren, fing Barry an ihnen zu erzählen, was für eine schlimme Kindheit ich durchgemacht hatte. Mein Vater sei extrem gewalttätig gegenüber seinen Kindern gewesen, meine Mutter extrem gleichgültig. Dann sagte er, ich hätte mich vor kurzem plötzlich wieder an ein Geschehnis aus meiner Kindheit erinnert, das wir wahrscheinlich den Strafverfolgungsbehörden melden würden.

Mir war das alles sehr peinlich. Barry zog die Sache in die Länge, und jede Minute verursachte mir mehr Unbehagen. Am liebsten wäre ich davongerannt. Schließlich brachte ich es nicht mehr fertig, noch weiteren Adjektiven bei der Beschreibung meiner schrecklichen Kindheit zuzuhören und forderte Barry recht barsch auf, das Drumherum sein zu lassen und endlich zur Sache zu kommen.

Er tat es, und seine Eltern waren schockiert. Barry erklärte ihnen, er wolle die Angelegenheit vor ein Gericht bringen, er habe bereits anonym mit der Staatsanwaltschaft von San Mateo telefoniert. Mein Schwiegervater, ein sonst sehr ruhiger

Mann, riet ihm erregt davon ab, noch weiter zu gehen: »Denk doch mal daran, wie oft unsere Gerichte schon versagt haben. Tu's nicht! Eileens Vater kommt spätestens in ein paar Jahren aus dem Zuchthaus, und dann werdet ihr den Rest eures Lebens ängstlich über die Schulter schauen, ob er nicht hinter euch her ist!«

Lea war anderer Meinung. »Der Mord an einem Kind muß gesühnt werden. Das muß Vorrang vor allen Ängsten haben.« Nach einer langen Diskussion ließ sich Aaron schließlich überzeugen. Beim Abschied nahm mich Lea in den Arm. »Was auch immer dein Vater getan hat und was auch immer in der Vergangenheit passiert ist, es spielt für uns keine Rolle. Für Aaron und mich bist du unsere Tochter. Du gehörst zu unserer Familie. Und wir alle lieben dich.«

Am Erntedankfest 1989 waren Barry und Eileen an der Reihe, für die Lipsker-Familie das große Truthahndinner auszurichten. An dem Essen nahmen Barrys Eltern, seine Brüder Scott und Lee mit ihren Frauen und seine Schwester Shana Lipsker-Jennings mit ihrem Mann teil. Barry schockte Eileen, indem er der Gesellschaft beim Nachtisch verkündete, er und Eileen stünden vor einer großen Bewährungsprobe, über die er alle Anwesenden unterrichten wolle.

Eileen war schrecklich wütend. Sie hatte sich zehn Monate lang mit der Sache herumgequält, sie eisern für sich behalten, Barry aber hatte innerhalb weniger Tage nicht nur seine Eltern unterrichtet, sondern wollte sie jetzt auch noch brühwarm dem ganzen Familienclan präsentieren.

Vielleicht konnte Eileen von ihrem Mann nicht erwarten, so bedeutsame Neuigkeiten zurückzuhalten. Aber es war *ihr* Problem, es hatte weitaus schwerwiegendere Auswirkungen auf ihr Leben als auf das Leben irgendeines anderen Menschen. Und sie wollte am allerwenigsten, daß sich die Sache herumsprach, ehe entschieden war, ob es auch wirklich zu einer Verhaftung ihres Vaters kommen würde. Warum sollte man das also jetzt überall herumerzählen? Warum sollte man die Familienfeier damit belasten?

Barry aber bestand darauf, die Familie einzuweihen. *Alle* würden davon betroffen sein, die Lipskers wie die Franklins, und da die Behörden jetzt eingeschaltet seien, müsse man sowieso damit rechnen, daß die Sache in wenigen Wochen publik würde. Wenn sie, Eileen, seine Familie nicht einweihen wolle, dann müsse er das tun. Eileen erkannte, daß sie ihn nicht zurückhalten konnte und lief heulend aus dem Zimmer. Barry ließ sich nicht beeindrucken und erzählte den Anwesenden die ganze Geschichte.

Kurz darauf versammelte Leah, die inzwischen wieder geheiratet hatte, alle Mitglieder ihrer Familie, die in der Bay Area wohnten – Diana, George junior, Kate und Michael Glenn – in ihrem Haus im Portola Valley und diskutierte mit ihnen Eileens Vorgehen. Die Meinungen über die Richtigkeit von Eileens Erinnerung gingen auseinander – George junior behauptete, es sei eine reine Wahnvorstellung –, aber dieses Thema beschäftigte die Anwesenden nicht so sehr wie die Konsequenzen, die sich daraus für den einzelnen ergaben. Und hier waren die Meinungen einhellig: Es war eine schlimme Belastung für die ganze Familie.

Die Sache konnte zwar noch immer wegen unzulänglicher Beweise oder rechtlicher Feinheiten eingestellt werden, aber die meisten waren doch der Meinung, daß ein Gerichtsverfahren und die damit verbundene Publicity unvermeidbar waren. Man diskutierte lang und breit, was das für Folgen haben könnte, aber die moralischen Implikationen des Falles wurden kaum einmal angesprochen; wenn überhaupt, dann wurden sie hastig zur Seite gewischt. Auch als Kate ihre Meinung wiederholte, die Nasons hätten alles schon längst vergessen, gab es keinen Widerspruch.

Leah fachte die allgemeine Aufregung noch damit an, daß sie zwei Fotos herumgehen ließ, eines ein Zeitungsfoto von Susan Nason, ein anderes von Eileens Tochter Sica. Sie wies auf die Ähnlichkeit zwischen den beiden Mädchen hin und meinte, das hätte Eileen in panische Angst versetzt und ihren Entschluß letztlich begründet. Leah klammerte sich an diese Theorie, und man muß es ihr zur Ehrenrettung anrechnen, daß sie damit Verständnis für Eileens Reaktion wecken wollte. Bei ihren späteren Aussagen, sowohl bei den Anhörungen als auch beim Prozeß, gab sie im übrigen stets zu Protokoll, daß sie Eileens Erinnerung für wahr halte.

Am Samstag, dem 15. November, erschienen die Detectives Robert Morse und Bryan Cassandro am frühen Nachmittag bei Eileen und Barry. Cassandro war ein gutaussehender Mann italienischer Abstammung, dem man trotz der grauen Schläfen seine achtundvierzig Jahre nicht ansah. Er stammte aus Vancouver, war aber in der Bay Area aufgewachsen. Er war ein sportlicher Typ, ein Naturliebhaber, der seinen Urlaub am liebsten im Yosemite Park verbrachte, im Winter beim Skilaufen, im Herbst bei ausgedehnten Wanderungen. Er wirkte zurückhaltender als sein langjähriger Partner Morse, hatte aber einen feinen Sinn für Humor und war bei seinen Kollegen sehr beliebt.

Die beiden waren morgens von San Francisco nach Los Angeles geflogen und vom Flughafen mit einem Mietwagen nach Canoga Park gekommen. Als sie schließlich der mysteriösen ›Mrs. Barry‹ gegenüberstanden, waren sie von Eileens sicherem Auftreten und ihrem Aussehen sehr beeindruckt. Das Haus hingegen enttäuschte Morse. »Ich wußte inzwischen, was für ein erfolgreicher Geschäftsmann Barry war, und hatte was Besseres erwartet. ‚Mein Haus ist genauso schön«, sagte er später zu einem Freund.

Barry und Eileen gaben sich freundlich, die Beamten ungezwungen, aber korrekt. Sie versuchten keinesfalls, Eileen »in die Mangel zu nehmen.« Aaron und Sica waren von Lee und Denise in den Film *The Little Mermaid* mitgenommen worden. Als man nach der Anfangskonversation so weit war, Eileens Aussage aufzunehmen, baten die Beamten Barry, den Raum zu verlassen. Er protestierte nicht. Eileen schwor, die Wahrheit und nichts als die Wahrheit zu sagen, und beantwortete dann bei laufendem Aufnahmegerät sehr konzentriert und überzeugend alle Fragen der Detectives. Am Anfang stellte sie mit Nachdruck klar, daß sie keine Beweggründe habe, ihren Vater anzuzeigen, die auf irgendwelche Animositäten zurückzuführen seien.

Nachdem dieser Punkt abgehakt war, gingen sie die Darstellung durch, die Eileen über den Ablauf des Mordgeschehens am 22. September 1969 am Telefon gegeben hatte. Der einzige Unterschied war, daß sie jetzt nicht mehr »Der Verdächtige« oder »der Mann« sagte, sondern »mein Vater«. Sie berichtete auch von anderen bitteren Erlebnissen mit ihrem Vater, darunter auch von seiner Beihilfe bei ihrer Vergewaltigung durch einen seiner Freunde, einem Schwarzen.

Als sie fertig waren, schickten die Beamten Eileen aus dem Zimmer und nahmen Barrys Aussage auf. Morse kommentierte später: »Wir gewannen den festen Eindruck, daß Eileen die Wahrheit sagte. Wenn wir mit Leuten sprechen, die so schwerwiegende Anklagen erheben, sind wir immer sehr skeptisch, obwohl wir uns das nicht anmerken lassen. Wir finden meistens sehr schnell raus, ob wir unsere Zeit verschwenden oder ob an der Sache was dran ist.«

Speziell zu Eileens Aussagen stellte Morse später fest: »Sie erinnerte sich an sehr viele Details, die exakt in unser Wissen über den Mord paßten. Ein entscheidender Beweis für ihre Augenzeugenkenntnis war für mich, daß sie sich daran erinnerte, ihr Vater hätte ›*etwas Braunes*‹ weggeworfen, wahrscheinlich Susans Schuh. Ich bin sicher, in der Presse wurde nie erwähnt, daß man einen von Susan Nasons Socken *in Augenhöhe* an einem Busch hängend fand oder daß man einen ihrer Schuhe nie gefunden hat.« Barrys Haltung kommentierte Morse wie folgt: »Er hat sich wirklich fast heldenhaft in dieser Sache verhalten, das muß man sagen. Dieser Mann hat ein ausgeprägtes moralisches Empfinden. Er war sehr kooperativ.« Obwohl es später zu einigen Unstimmigkeiten zwischen Morse und Barry kam, hielt Morse immer an dieser positiven Einschätzung Barrys fest.

Bevor sie aufbrachen, baten Morse und Cassandro darum,

alle Informationen, die Barry und Eileen über den Aufenthaltsort von George Franklin herausbekommen könnten, sofort an sie weiterzuleiten. »Unser nächster Schritt wird sein, diesen Mann zu verhaften«, sagte Morse.

EILEEN

Am Morgen des Tages, an dem ich meine Aussage machen sollte, wachte ich schon um fünf Uhr auf. Ich war übernervös. Ich hatte große Angst davor, mit den Polizisten zu reden. In den wichtigsten Details meiner Erinnerung war ich mir ganz sicher, aber ich fürchtete immer noch, der Schuß könne nach hinten losgehen. Was war, wenn es keine Fakten gab, die zu meiner Erinnerung paßten? Was war, wenn die Nasons gar nicht wollten, daß ich den Fall vorbrachte oder wenn sie längst tot waren?

Ich dachte darüber nach, was ich mir da vorgenommen hatte. Kate würde nicht zu mir stehen, das wußte ich; sie würde sogar versuchen, mich zu diskreditieren. Sie hatte, wie sie behauptete, mit der Vergangenheit abgerechnet und mich aufgefordert, dasselbe zu tun und meine Erinnerungen zu begraben. Wörtlich hatte sie mich gefragt: »Was glaubst du denn, mit diesem Tamtam erreichen zu können?« Ich hatte kein Verständnis dafür, daß man eine Anzeige wegen Mord ein ›Tamtam‹ nennen konnte. Bei allem Verständnis für ihre Ängste – wann würden Kate und Leah es endlich fertigbringen, den Tatsachen ins Gesicht zu sehen? Sie verhielten sich völlig irrational, ohne Rücksicht auf Susan oder mich – oder die Wahrheit.

Susan muß gedacht haben, ich hätte sie verraten, sie ins Verderben gelockt. Für einen kurzen Moment vor und nach dem ersten Schlag muß sie gedacht haben, ich hätte meine Finger mit im Spiel. Aber ich konnte sie doch nicht beschützen, konnte den Mörder nicht aufhalten – ich wußte ja nicht einmal, daß es passieren würde.

Barry hatte versucht, mir zu helfen. Er hatte sein Bestes

getan, Leah, Kate und Michael zu überzeugen, daß ich das Richtige tat. Aber nach den Gesprächen mit ihnen war er sehr frustriert und schimpfte, sie wären alle Idioten und Arschlöcher. Barry flucht und schimpft selten, aber meine Familienmitglieder hörten nicht auf, mich zu bedrängen, nicht zur Polizei zu gehen. Mich schlauchte ihr Verhalten noch mehr als Barry. Bei jedem Gespräch mit einem von ihnen kriegte ich Magenschmerzen. Selbst wenn ich nur hörte, wie Barry am Telefon mit einem von ihnen sprach, wurde ich nervös.

Ich machte es nicht gern, was da heute auf mich zukam, aber es gab keine andere Möglichkeiten mehr. Die Würfel waren gefallen. Es war zu spät, zu meinem Vater zu gehen und ihn zu bitten, seine Schuld einzugestehen. Vielleicht wäre das bis vor kurzem noch eine mögliche Lösung gewesen. Es war auch zu spät, die Nasons anzurufen und um ihren Rat zu bitten. Und der Vorschlag einer meiner Schwestern, einen Profikiller anzuheuern und meinen Vater umbringen zu lassen, stand natürlich außerhalb jeglicher Diskussion.

Ich hielt es nicht mehr im Bett aus und stand auf. Der Tag, an dem ich den Kampf gegen meinen Vater aufnahm, hatte begonnen. Die Stunden, bis die beiden Detectives kamen, vergingen quälend langsam.

Morse sah aus, wie man sich einen Cop vorstellt, und er sprach auch so – klar und geschäftsmäßig. Aber er zeigte auch die unerwartete Fähigkeit, heikle Punkte sehr rücksichtsvoll zu behandeln. Bryan Cassandro sprach nicht viel. Sein Schweigen machte mich nervös. Ich fragte mich, ob er sich langweilte. Seine Augen aber gefielen mir.

Ich glaube, Bob und Bryan hatten erwartet, daß ich aussage, ich würde meinen Vater hassen. Aber das tat ich nicht. Ich fragte mich, ob sie mich für verrückt hielten, weil ich erst nach zwanzig Jahren mit meiner Anklage herausrückte. Sie versprachen mir abermals, sie würden meinen Vater erst verhaften, wenn sie sicher waren, daß die Anklage für einen Schuldspruch ausreichte. Bob wirkte sehr überzeugend. Ich glaubte ihm.

Nach meiner Aussage ging ich hoch in unser Schlafzimmer und versuchte zu lesen. Aber ich fühlte mich wie betäubt. Zweifel kamen auf, ob ich alles richtig gemacht hatte. Schließlich war die Sache schon so lange her. Hatte ich zu verkrampft versucht, ja keinen Fehler zu machen? Mein Vater war in meiner Erinnerung an die Mordszene nur eine Silhouette, keine Person. Ich mußte selbstbewußter auf meine Erinnerungen vertrauen. Hoffentlich hatte ich nicht zu viel vermasselt! Ach, Susan, vergib mir!

Als Barry und ich gerade die Detectives verabschiedet hatten, rief Kate mit süßlichem Unterton an und bat mich, doch bis Dienstag mit meiner Aussage zu warten. Sie wolle sich ein Postfach einrichten, das ich dann den Beamten als ihre Adresse angeben könne. Als ich ihr sagte, die Sache sei bereits gelaufen, war es aus mit der süßlichen Freundlichkeit; sie hängte einfach ein.

Nachdem die Beamten nach San Mateo zurückgekehrt waren, machten sie sich an die Arbeit und verglichen Eileens Aussagen akribisch mit den Informationen, die sich aus den Akten des Falles ergaben. Martin Murray stimmte danach zu, daß keine Zeit mehr verloren und George Franklin verhaftet werden sollte. Inzwischen wußten so viele Familienmitglieder davon, daß Eileen Anzeige erstattet hatte, daß auch George Franklin davon erfahren konnte und vielleicht untertauchte. Und Eileens Angst vor ihrem Vater würde sich erst verringern, wenn sie ihn im Gefängnis wußte; dann aber würde sie gelöst in die weiteren Vernehmungen gehen können.

Morse und Cassandro wußten nur, daß Franklin in der Gegend von Sacramento lebte. Die dortige Kraftfahrzeugzulassungsstelle bestätigte das, hatte aber nur verschiedene Postfächer als Kontaktadressen. Mittels einer Computerabfrage stellte die Polizei von Sacramento fest, daß Franklin selbst einmal eine Anzeige wegen böswilliger Sachbeschädigung an einem seiner Apartmenthäuser erstattet und dabei natürlich seine Anschrift angegeben hatte. Er wohnte in Carmichael, einer Stadt hart westlich von Sacramento.

Morse stellte eine Bitte um Amtshilfe an die Polizei von Sacramento, und eine Streife fuhr zu Franklins Wohnung, um ihn zu verhaften. Er war jedoch nicht zu Hause, und der Streifenführer, Sergeant Harry Mason, ließ eine Karte zurück mit der Aufforderung, Franklin solle sich gelegentlich mit der Polizei telefonisch in Verbindung setzen. Wenn man bedenkt, daß es hier um ein Schwerstverbrechen ging, dann kann man diese freundliche Geste nur als bodenlosen Leichtsinn bezeichnen; Franklin hätte sie zum Anlaß nehmen können, sofort zu verschwinden. Die Polizei von Sacramento verließ sich jedoch darauf, daß er noch nichts von der neuesten Entwicklung wußte.

Morse und Cassandro waren natürlich stocksauer und fürchteten, Franklin könnte ihnen entwischen. Sie entschlossen sich, sofort selbst nach Carmichael zu fahren und die Sache in die Hand zu nehmen. Am 27. November 1989 um 17 Uhr trafen sie vor Franklins Wohnung ein, aber er war wieder nicht zu Hause. Sie fuhren zur Polizeistation, um dort das weitere Vorgehen abzusprechen.

Während sie sich dort aufhielten, rief zu ihrer Überraschung George Franklin bei Sergeant Mason an und fragte, was los sei. Man gab ihm eine harmlose, aber überzeugende Erklärung und sagte, man würde jemanden bei ihm vorbeischicken, um die Sache zu klären. Morse war jetzt sicher, daß Franklin nicht wußte, um was es wirklich ging, und daß er nicht vorhatte zu fliehen. Da Franklin angegeben hatte, er müsse aus beruflichen Gründen gleich wieder weg, entschloß man sich, ihn erst am nächsten Morgen zu verhaften, ihn aber vorsichtshalber bis dahin unter Beobachtung zu stellen.

Eileen und Barry wurden über den Stand der Dinge telefonisch unterrichtet. Als man ihnen spät abends sagte, Franklin sei noch nicht zu seiner Wohnung zurückgekehrt, waren sie sehr beunruhigt. Sie verbrachten eine schlaflose Nacht.

In den frühen Morgenstunden des nächsten Tages meldete das Überwachungsteam, Franklin sei zur Wohnung zurückgekommen. Morse und Cassandro wurden verständigt und erschienen um 5 Uhr 30 auf der Polizeistation. Sie nahmen zwei weitere Polizisten mit und fuhren zu Franklins Wohnung, die in einem unscheinbaren, zweistöckigen Apartmenthaus lag.

Franklins Wagen, ein schwarzer Kleinlaster, stand auf dem Parkplatz. Morse und Cassandro gingen über die Außentreppe und entlang der Galerie zu seiner Wohnung im zweiten Stock. Die beiden Polizisten blieben unten und sicherten mögliche Fluchtwege ab.

Es war 6 Uhr 30, als sie bei Franklin läuteten. Ein sehr ungepflegter Mann mit wirrem, grauem Kräuselhaar, dichtem, zerzaustem Bart und dem finsteren, diabolischen Aussehen eines Bösewichts aus einem billigen Horrorfilm öffnete die Tür. Er trug einen zerknitterten Trainingsanzug und machte den Eindruck eines Mannes, der die ganze Nacht nicht geschlafen hat.

»Mr. George Franklin?«

»Ja?«

»Wir kommen vom Sheriff des San Mateo County«, sagte Morse. »Wir haben einen neuen Chef, der alle alten, ungelösten Fälle durchgeht. Ihr Name ist dabei aufgetaucht. Wir möchten mit Ihnen über den Fall Susan Nason sprechen. Wir brauchen eine Aussage von Ihnen. Es wird nicht lange dauern.«

»Aber warum ich?« Aber noch bevor Morse antworten konnte, sagte Franklin: »Haben Sie mit meiner Tochter gesprochen?«

Später, im Prozeß, sollte die Anklage diese Frage Franklins ganz groß als Schuldbeweis und Bestätigung für Eileens Aussage herausstellen. Sie übersah – oder verschwieg – eine andere mögliche Interpretation: Franklin könnte geglaubt haben, eine seiner hysterischen Töchter hätte ihn aus einer Vermutung heraus angezeigt. Janice hatte es ja tatsächlich getan, was er damals natürlich noch nicht wußte. Eine solche Anklage wäre jedoch nicht besonders gefährlich für ihn gewesen, denn sie war ja nur schwer zu beweisen. Seine Frage war somit zwar verdächtig, aber nicht unbedingt als Schuldbeweis auszulegen.

Franklin sagte den Detectives, er sei gerne bereit, eine Aussage zu machen, fügte aber hinzu: »Ich hätte es aber nicht so gerne, wenn wir das bei mir in der Wohnung machen.« Morse reagierte sofort: »Okay, sind Sie dann bereit, mit uns zur Polizeistation zu kommen.« Ja, das sei er, aber er müsse sich natürlich erst mal ein bißchen auf Vordermann bringen. Cassandro folgte ihm in die Wohnung, ein deutliches Zeichen, daß es hier nicht um die routinemäßige Aufnahme einer Aussage ging. »Man weiß nie, was sie in der Hand halten, wenn sie wieder zu dir zurückkommen«, sagte Cassandro später, »oder ob sie nicht aus einem Fenster springen.« Franklin erhob jedoch keine Einwände gegen Cassandros Anwesenheit.

Den Eindruck, den Franklins Behausung bei ihm hinterließ, kleidete Cassandro später in diese Worte: »Das Apartment war ein einziges Chaos, ein unglaublicher Saustall. Überall lag irgendwelches Zeug rum – Papier, Kleidungsstücke, Wäsche, Abfall, Essensreste in Plastikbehältern. Während ich im Wohnzimmer auf ihn wartete, sah ich Franklin im Schlafzimmer auf der Bettkante sitzen und hörte, wie er mit jemand namens Gladys telefonierte.«

Auf dem Weg zur Polizeistation stellte Franklin keine Fragen. Als sie angekommen waren, erklärte er dann zur Überraschung der übrigen, er habe es sich anders überlegt und wolle jetzt doch keine Aussage machen. Daraufhin gaben die Beamten das Versteckspiel auf und erklärten ihm ohne weitere Vorrede, er sei wegen des Verdachtes der Ermordung von Susan Nason verhaftet, und lasen ihm seine Rechte vor. Franklin sagte, er hätte das nicht richtig verstanden, und Morse las ihm die Rechte noch einmal langsam vor.

Jetzt schien er alles verstanden zu haben, und als ersten Kommentar zur Sache sagte er: »Ich bin völlig schockiert.« Morse jedoch glaubte zu erkennen, daß sein Arrestant weder geschockt aussah noch sich so verhielt. Der Detective beobachtete vielmehr, daß an Franklins Körpersprache, einer in Kalifornien sehr ausgeprägten Form der Kommunikation, keinerlei Anzeichen von Schock zu erkennen war. Franklin fragte die Detectives, ob sie meinten, er bräuchte einen Anwalt. Das müsse er selbst wissen, antworteten sie ihm: »Nun, wenn das so ist«, sagte Franklin, »dann werde ich mir einen Anwalt nehmen und ab sofort nichts mehr sagen.«

Ein Gesetz aus der Pionierzeit verbietet es, daß die Polizei eines Countys einen Verdächtigen außerhalb ihres Zuständigkeitsbereiches ohne Zustimmung der lokalen Polizei verhaftet und in ihren Bereich überführt. Da es sich nur um eine reine Formalität handelte, schlugen Morse und Cassandro vor, Franklin solle sich von sich aus mit seiner Überführung von Sacramento nach Redwood City einverstanden erklären, aber er lehnte das ab. »Er verhielt sich wie ein trotziger Schuljunge«, war Morses Kommentar dazu.

Morse und Cassandro besorgten sich einen Durchsuchungsbefehl und fuhren zu Franklins Wohnung zurück. Sie waren entsetzt, auf welchen Abgrund an sexueller Verworfenheit und Perversität sie stießen. Sie fanden stapelweise Hefte mit Kinderpornographie und Bücher über Inzest, Sodomie und Sex mit Kindern, einen Ordner mit Artikeln über Vater-Tochter-Inzest, einen anderen mit Sex-Anzeigen aus Zeitungen, von denen eine markiert war: »Frau sucht Mann, der Kinder liebt.« In einem Schließfach, das Franklin sich in der Nähe gemietet hatte, fanden die Beamten große Mengen ähnlichen Materials. Es war vor Gericht allerdings nicht als Beweismaterial zulässig, da es in keinem direkten Zusammenhang mit dem Mord an Susan Nason stand. Es wurde jedoch zu den Akten des Verfahrens auf bedingte Freilassung genommen, das Franklins Anwälte später anstrengten. Dort landeten auch die Briefe der Freunde von George Franklin, in denen sie übereinstimmend zum Ausdruck brachten, sie hätten keine abartigen sexuellen Neigungen bei ihm festgestellt.

Morse und Cassandro fanden auch Franklins Adreßbuch und stießen darin auf die Telefonnummer einer ›Gladys‹. Es stellte sich heraus, daß sie samt Ehemann und Sohn ganz in der Nähe wohnte. Keiner von den dreien war bereit, mit den Beamten zu sprechen. Als man andere Telefonnummern aus dem Adreßbuch anrief, erfolgte immer wieder dieselbe Reaktion: ungläubiges Staunen, nein, das kann nicht wahr sein, die Polizei macht bestimmt einen Fehler. Relevante Informationen ergaben sich nicht.

Am nächsten Morgen lagen die notwendigen Genehmigungen vor, und die beiden Detectives machten sich mit ihrem Arrestanten auf den Weg nach Redwood City. Franklin schlief fast während der ganzen Fahrt. Nur einmal bat er Cassandro, die klassische Musik aus dem Radio leiser zu stellen.

Den beiden Beamten war klar, daß sie sozusagen auf einem Pulverfaß saßen. Die Verhaftung George Franklins würde eine Sensation hervorrufen – sowohl in der Öffentlichkeit als auch, fast noch mehr, innerhalb der Polizei. Ungelöste Fälle von Schwerverbrechen sind Wunden im Ansehen der betroffenen Gemeinden, werfen ein düsteres Licht auf ihre Sicherheit, und wenn eine solche Wunde geschlossen werden kann, dann ist das eine enorme Erleichterung für alle Bewohner, aber auch für die Polizei, die ihre Sicherheit garantieren soll. »Als wir noch auf dem Weg zurück nach Redwood City waren«, sagte Morse, »hatte es sich schon im ganzen Polizeiapparat herumgesprochen, daß in einem berühmten ungelösten Fall ein dickes Ding im Gange sei.«

Weder Morse noch Cassandro hatten das Gefühl, mit der Verhaftung George Franklins etwas Außergewöhnliches vollbracht zu haben. Aber es ist nun mal so, wenn man den vermutlichen Täter in einem lange Jahre ungelösten Mordfall präsentiert, dann erregt das öffentliches Aufsehen, und öffentliches Aufsehen bringt Ruhm und Ehre mit sich. Polizisten sind auch nur Menschen, und so kommt es dann, wenn es um Ruhm und Ehre und Lob geht, zu Empfindsamkeiten und Eifersüchteleien. Nur so ist zu erklären, daß Robert Morse, anstatt für seine gute Arbeit ausgezeichnet zu werden, von seinem Boß, Sheriff Leonard Cardoza, von der federführenden Bearbeitung des Franklin-Falles entbunden wurde.

Der Hintergrund für dieses seltsame Geschehen war folgender: Nach der Festnahme Franklins hatte Morse pflichtgemäß den mit der Leitung des Falles befaßten Stellvertretenden Bezirksstaatsanwalt Martin Murray verständigt. Der hatte seinen Chef, Distrikt-Staatsanwalt James Fox, unterrichtet, und Fox hatte nichts Eiligeres zu tun, als seinen alten Freund Rudy Siemssen anzurufen. Siemssen war ein pensionierter Inspektor aus dem Büro des Sheriffs und hatte vor zwanzig Jahren maßgeblich am Mordfall Nason mitgearbeitet. Morse hatte aber auch, wiederum pflichtgemäß, seinen direkten Vorgesetzten bei der Mordkommission, den Lieutenant, verständigt, der wiederum den Captain, und der dann schließlich und endlich den

Sheriff. Sheriff Cardoza war auch mit Rudy Siemssen befreundet und wollte ihm brühwarm die neueste Entwicklung mitteilen. Als er ihn anrief, sagte Siemssen: »Das hab' ich schon von Jim Fox gehört.« Sheriff Cardoza war stocksauer.

Letztendlich hatte die völlig unbegründete, aus einer Animosität geborene Entbindung Morses von der federführenden Bearbeitung des Falles Franklin keinerlei praktische Folgen: Cassandro übernahm offiziell diese Position. Bob Morse und Bryan Cassandro arbeiteten weiter Seite an Seite an der Sache, bis es, ein Jahr später, zu einem Urteil kam.

EILEEN

Bob Morse rief mich an und sagte, sie hätten meinen Vater verhaftet. Ich war erstaunt; seit meiner Aussage waren erst vier Tage vergangen. Mein Magen krampfte sich zusammen – mein Vater im Gefängnis! Ich bat Bob, dafür zu sorgen, daß er gut behandelt würde. Das war natürlich keine logisch faßbare Reaktion, aber meine Gefühle waren so durcheinander, daß sie der Logik nicht gehorchten.

Janice wollte mich umarmen, um mich zu beruhigen, aber ich entwich ihr ins Schlafzimmer. Wir mußten allein, jede für sich selbst, mit unseren Gefühlen zurechtkommen, und ich hatte in dieser Situation nichts zu geben und wollte nichts annehmen. Aber ich war froh, daß sie bei mir war. Auch wenn wir nicht miteinander sprachen – wir verstanden uns, wußten, was in diesem Moment im anderen vorging.

Martin Murray rief an und sprach fünfzehn Minuten mit mir. Er sagte, viele seiner kampferprobten Kollegen seien erstaunt, daß ich den Mut zur Anzeige gehabt hätte. Er war in Siegerstimmung. Ich aber fühlte mich scheußlich.

Ich rief meinen Großvater an und sagte ihm, was passiert war. Er schien mich zu verstehen und meinte, ich hätte das Richtige getan. Er war inzwischen zweiundachtzig, und ich hatte ein schlechtes Gewissen, ihn in diesem Alter noch so aufzuregen. Meine Tante Sue war wieder einmal großartig; sie nahm die Sache ganz ruhig auf und bestärkte mich in dem, was ich getan hatte. Sie sagte auch, daß die ganze Geschichte sie stinkwütend auf ihre Schwester Leah gemacht hätte, weil sie ohne Aufmucken so lange »bei diesem Scheusal« geblieben sei; Leah müßte eigentlich vor allen ihren Kindern auf die Knie fallen und sie wegen dieses Versagens um Vergebung bitten.

Meine Tante Jean, der ich ebenfalls die Neuigkeiten durchtelefonierte, erzählte mir von einem Tagebuch, das mein Vater geführt und später irgendwo vergraben hätte. Vielleicht sei darin ein Beweis zu finden, daß er Susan ermordet hatte. Ich hatte keine Ahnung, von was sie da sprach. Leah wisse vielleicht, wo er das Tagebuch vergraben hatte, meinte Tante Jean. Warum hatte mir Leah nie etwas davon erzählt?

Diana rief ich an ihrem Arbeitsplatz an. Ich entschuldigte mich bei ihr, sagte ihr aber, ich wolle nicht, daß sie aus den Nachrichten von der Neuigkeit erfahre. Meine Information schockte sie geradezu. Sie regte sich schrecklich auf, und das tat mir sehr leid – ich hing doch so arg an ihr. Wir telefonierten noch viermal an diesem Tag miteinander. Beim letzten Gespräch erzählte sie mir, unser Vater hätte auch sie sexuell mißbraucht. Ich sah rot. *Dieser verdammte Bastard!* Ich hatte mich immer so bemüht, sie zu beschützen, als wir Kinder waren, aber ich hatte versagt. Diana war so ein hübsches, scheues, ruhiges Kind gewesen. Wie hatte er es nur fertiggebracht, sie so rücksichtslos zu mißbrauchen und für ihr ganzes Leben zu schädigen? Arme Diana, sie mußte mit dieser Qual leben – wie wir anderen auch.

George junior überraschte mich mit der Aussage, wenn ich überzeugt sei, das Richtige zu tun, dann würde er hundertprozentig hinter mir stehen. Gott sei Dank, dachte ich.

Ich bat Barry, die Nasons anzurufen und ihnen zu sagen, wie schwer wir es uns mit unserer Entscheidung gemacht hatten und wie leid es mir tat, alte Wunden bei ihnen aufzureißen. Mr. Nason antwortete, er sei froh, daß wir diesen Schritt unternommen hatten.

Meinen Kindern sagte ich, ein böser Mann hätte etwas Schlimmes getan und ich hätte das der Polizei gemeldet. Das würde mich in der nächsten Zeit ziemlich in Anspruch nehmen. Ich wollte die Kinder nicht anlügen, aber auf der anderen Seite auch nicht durch klarere Aussagen erschrecken. Ich wollte auf keinen Fall, daß sie Angst davor bekamen, was Väter oder Großväter Kindern antun können.

Schon bei George Franklins erster offizieller Anhörung zur Anklage am 30. November 1989, fast ein Jahr nach Eileens Erinnerungsschub, hatte es sich bei der lokalen Presse herumgesprochen, daß es in dem zwanzig Jahre zurückliegenden Mordfall Susan Nason eine Verhaftung gegeben hatte und daß der Verdächtige von einer seiner vier Töchter des Mordes bezichtigt wurde. Als Franklin in Handschellen dem Richter vorgeführt wurde, war der Gerichtssaal voll von Zeitungs- und Fernsehreportern. Sie sahen einen recht wild aussehenden Mann mittleren Alters in orangefarbener Gefängniskleidung vor sich, der den Unterkiefer und den breiten Brustkorb trotzig vorstreckte. Mit seinen langen, strähnigen, zerzausten Haaren, dem wuchernden Vollbart und den dicken, dunklen Augenbrauen, die er grimmig zusammenkniff, hätte man ihn für einen Trapper aus den Bergen halten können, der zu einer Sauftour in die Stadt gekommen ist. Er sah tatsächlich aus wie die Grobskizze eines Künstlers von einem Kinderschänder und Mörder. Der Richter erklärte die Inhaftierung für rechtmäßig und legte eine Kaution von zwei Millionen Dollar fest. Das war weitaus weniger als die zehn oder zwanzig Millionen, die Morse Eileen und Barry vorausgesagt hatte. Und da nur zehn Prozent der Summe in bar hinterlegt werden mußte – der Rest in Sicherheiten –, brauchte Franklin nur zweihunderttausend Dollar aufzubringen, was er wahrscheinlich schaffen konnte, um auf freien Fuß zu kommen. Barry fühlte sich von der Staatsanwaltschaft betrogen.

Die Fragen der Presse nach dem Namen der Tochter, die die

Anklage erhob, wurden von der Staatsanwaltschaft strikt abschlägig beschieden. Für amerikanische Reporter ist ein solches Versteckspiel die größte Herausforderung, und so wurde die Jagd nach dem Namen der mysteriösen Tochter des Angeklagten zum beliebtesten Zeitvertreib und Wettkampf unter den Reportern der verschiedensten Medien.

Dan Morain von der *Los Angeles Times*, der erfahren hatte, daß die Ehe Franklins geschieden war, beschaffte sich die Scheidungsakten und erfuhr so die Namen aller fünf Kinder. Dann ließ er die Namen der vier Mädchen durch den Computer der Kfz-Zulassungsstelle laufen, die damals in solchen Fällen noch sehr kooperativ mit der Presse zusammenarbeitete. Aus Susans Alter zum Zeitpunkt des Mordes schloß er, daß Eileen die Augenzeugin sein mußte – ein Zufallstreffer, denn Janice war nur ein Jahr älter und hatte damals auch oft mit Susan gespielt. Morse hatte versehentlich einmal erwähnt, daß die Zeugin in Südkalifornien wohnte, und so fand Morain schließlich ihre Adresse und Telefonnummer heraus.

Drei Tage nach dem ersten Auftritt George Franklins vor dem Richter klingelte bei Eileen das Telefon. Es war Morain, der sie fragte, ob sie die Tochter sei, die George Franklin angezeigt habe. Eileen erschrak, sagte aber, sie gebe keinen Kommentar. Dieser Anruf signalisierte den Beginn eines unglaublichen Terrors durch die Presse. Morain hatte aber nur einen knappen Vorsprung vor anderen, denn als er noch am Telefon war, läutete ein Reporter von den *San Jose Mercury News* bereits an der Tür und begrüßte Eileen mit den Worten: »Wir wissen's, Sie sind die Gesuchte!« Eileen mußte einsehen, daß es keinen Zweck hatte, sich noch länger zu verstecken, und um ihren Schwestern ähnliche Nachstellungen zu ersparen, gab sie sich schließlich zu erkennen.

Eileen und Barry waren darauf vorbereitet, daß ihre Geschichte die Neugier der Presse erregen würde, aber den Ansturm, der jetzt über sie hinwegfegte, hatten sie nicht erwartet. Als die ersten Storys in der lokalen Presse und den Regionalnachrichten der Fernsehstationen erschienen, wurden sie zu Geiseln der öffentlichen Neugier auf die neunundzwanzigjährige Mutter, die sich vor kurzem schlagartig wieder daran erinnert hatte, daß ihr Vater vor zwanzig Jahren ihre beste Freundin ermordet hatte.

Von morgens sechs bis abends spät riefen Reporter an und baten um Informationen oder um Interviews oder um Fotos oder um Namen von Verwandten oder Freunden, mit denen sich ein Interview lohnen könnte. Andere Journalisten zogen den direkten Weg vor und standen plötzlich vor der Haustür. Innerhalb weniger Tage schlossen sich auch die Fernsehreporter der Meute an und bedrängten sie pausenlos.

Eileen lehnte es rigoros ab, mit irgendeinem von ihnen zu sprechen, nicht nur, weil die Staatsanwaltschaft ihr das nahegelegt hatte, sondern auch, weil sie es von sich aus nicht wollte. Sie machte keine Ausnahme. Noch heute lächelt sie über die Reporterin von der TV-Sendung ›Aktuell‹, die vor ihrer Tür stand und ihr eine Büchse des Nobelgebäcks ›Mrs. Field's Coockies‹ hinhielt; Eileen ließ sie ins Haus und aß die Plätzchen mit ihr, sagte aber kein einziges Wort zum Fall Franklin.

Eileen war der Auffassung, daß der Fall Franklin eine Sache zwischen ihr, ihrem Vater und dem Rechtssystem der Vereinigten Staaten sei – und zwischen ihr und Susan. Sie war wütend, daß sich die Öffentlichkeit so exzessiv auf die Angelegenheit stürzte. Sie hatte geahnt, daß einiges auf sie zukommen würde, aber sie war nicht darauf vorbereitet, daß der Fall in den ganzen Vereinigten Staaten ein solches Aufsehen erregen würde. Sie wurde plötzlich zur nationalen Berühmtheit – nicht wegen irgendeiner besonderen Leistung, sondern wegen Susans grausamem Tod, und dieser Gedanke ekelte sie an. Die Abscheu wurde noch größer, als ihr auch Angebote von Filmproduzenten und Buchverlagen ins Haus flatterten; sie konnte es nicht fassen, daß man sie veranlassen wollte, aus Susans Tod Kapital zu schlagen.

Genauso unvorbereitet traf sie Barrys Reaktion auf das Medieninteresse. Er schien es zu genießen. Bereitwillig gab er den Reportern Auskünfte, und wenn Eileen von irgendeiner Besorgung zurückkam, konnte sie sicher sein, Barry am Telefon im Gespräch mit irgendwelchen Reportern vorzufinden. Das war schon schlimm genug, aber noch schlimmer war, daß er dabei auch mit unbeschwerter Oberflächlichkeit aus dem Nähkästchen plauderte. Er zitierte Eileen, manchmal aus dem hohlen Bauch heraus, manchmal ganz einfach falsch, ließ sich auf langatmige Diskussionen über die Rückkehr von Eileens Erinnerung und die Gründe für ihre verspätete Anzeige ein und schreckte nicht einmal davor zurück, den Leuten zu schildern, welche Gefühle Eileen ihrem Vater gegenüber hegte. Diese Themen, das lag auf der Hand, würden beim bevorstehenden Prozeß eine bedeutende Rolle spielen, und deshalb hatte man Eileen ausdrücklich untersagt, darüber zu sprechen. Sie hielt sich eisern daran, redete nicht einmal mit Barry darüber, aber der präsentierte sich den Medien gegenüber nun als der große Kenner der Materie.

Eileen war froh, daß man über sie und die anderen möglichen Zeugen ein Redeverbot verhängt hatte, denn so hatte sie eine plausible Entschuldigung den Reportern gegenüber. Aber sie war entsetzt, daß ihr Mann ein so willfähriges Werkzeug der Reporter war, die, wenn sie schon nicht aus der Originalquelle schöpfen konnten, sich mit Genuß auf diese unaufhörlich sprudelnde Nebenquelle stürzten. Sie hatten andererseits ja auch keinen Grund, an der Korrektheit der Aussagen dieser Quelle zu zweifeln.

Als eines Tages ein Artikel erschien, in dem Barry lang und breit die ›Rückblenden‹ seiner Frau schilderte, rief Martin Murray bei Eileen an und schimpfte los, welchen Schaden diese Darstellung ihres publicitygeilen Ehemannes der Anklage zufügte. Weder Murray noch Eileen wußten genau, was ›Rückblenden‹ zu bedeuten hatte, aber sie waren sicher, daß es nicht das war, was Eileen erlebt und unter Eid zu Protokoll gegeben hatte. »Wir laufen Gefahr«, sagte Murray, »die Anklage auf einem Gebräu aus Halbwahrheiten aufbauen zu müssen, wenn Ihr Mann so weiter macht. Sie sollten ihm ab sofort nichts mehr zu dem Fall sagen.« Eileen antwortete kläglich: »Aber ich *habe* ihm ja schon seit Wochen nichts mehr verraten! Er kümmert sich nicht darum, er improvisiert einfach.« Wie auch immer, riet Murray dringlich, sie solle im Interesse der Anklage versuchen, Barry zur Vernunft und zum Schweigen den Medien gegenüber zu bringen.

Eileen appellierte sofort noch einmal an Barry, diesem Rat zu folgen, aber er zeigte sich uneinsichtig. Man könne kein Vertrauen mehr in die Staatsanwaltschaft haben, nachdem sie in der Kautionssache so falsche Voraussagen gemacht habe. Das sei ein Beweis für die Unaufrichtigkeit, wenn nicht gar Unfähigkeit dieser Leute.

Barry betrachtete die Erfahrung in der Kautionssache offensichtlich als Freibrief, die Warnungen der Staatsanwaltschaft in den Wind zu schlagen und zu tun, was er für richtig hielt. Wenn Eileen ihn zur Zurückhaltung ermahnte, was sie immer häufiger und eindringlicher tat, konterte er mit Standardsätzen wie »Die haben doch keine Ahnung, Eileen. Denk an die Kautionsfestsetzung!« oder »Warum sollten wir auf die hören, Eileen? Die haben uns *angelogen*!« Diese fast feindschaftliche Beziehung zwischen Barry und der Staatsanwaltschaft war eine der außergewöhnlichsten Entwicklungen im Franklin-Fall. Staatsanwälte, die einen so schwierigen Fall zu vertreten haben, erwarten normalerweise, daß man ihnen widerspruchslos die Kontrolle über das Vorgehen überläßt. Es lag jedoch nicht in Barry Lipskers Natur, zur Seite zu treten und den Ablauf einer Angelegenheit, die das Leben seiner Familie beeinflußte, einfach nur hinzunehmen.

EILEEN

Kurz vor Weihnachten 1989 hatte ich ein Telefongespräch mit George junior, das den Beginn seiner Gegnerschaft zu mir markierte. Ich sagte ihm, ich hätte vor, unseren Vater im Gefängnis zu besuchen und ihn zu bitten, ein Geständnis abzulegen. George antwortete, er halte mich im allgemeinen nicht für eine grausame Person, aber was ich da vorhätte, sei ausgesprochen grausam. Ich war sehr erstaunt. Es sollte grausam sein, meinen Vater zu bitten, die Wahrheit zu sagen?

George erzählte mir, er hätte unseren Vater eine Woche vorher besucht und in einem Schockzustand vorgefunden. Er hätte geleugnet, das Verbrechen begangen zu haben. Ich fragte ihn, ob er mir denn nicht glaube, ich hätte ja schließlich gesehen, daß er Susan erschlagen hatte. Er antwortete, er hätte es aber nicht gesehen und deshalb könne er nicht wissen, wer denn nun die Wahrheit sage. Eine ähnliche Aussage machte übrigens auch Diana beim Verhör. George junior und Diana verstanden sich gut ...

Dann wurden die Fronten immer klarer. »Ich habe Dad gesagt, er soll wie der Teufel gegen die Anklage ankämpfen«, erklärte George. »Warum rätst du ihm das, wenn du meine Anklage nicht für ganz aus der Luft gegriffen hältst?« fragte ich. »Leah und ihre vier Mädchen wollen Dad hängen seh'n«, war seine Antwort, und er fügte hinzu: »Dad verdient eine faire Chance.« Ich erinnerte ihn daran, daß Susan Nason keine faire Chance hatte.

Er kam zu einem neuen Punkt: »Ist Dad nicht genug bestraft, daß sich alle seine Kinder von ihm zurückgezogen haben? Was würdest du sagen, wenn Sica und Aaron sich zehn Jahre nicht mehr um dich kümmern würden?« Ich erwiderte ihm, ich hätte meinen Kindern keinen Anlaß gegeben, mich zu meiden. Und ich erinnerte ihn auch daran, daß unser Vater, selbst wenn man den Mord einmal beiseite ließe, ein schlechter Mensch sei; er habe uns als Kinder mit seiner extremen Gewalttätigkeit und dem sexuellen Mißbrauch gewiß genug terrorisiert, ob er das denn vergessen hätte? Aber George ging darauf nicht ein. »Jemand muß auf seiner Seite stehen«, sagte er. Es war nicht leicht, seiner Argumentation zu folgen.

Dann startete er eine verbale Attacke gegen Barry. Er habe ihn im Radio gehört, es sei unerträglich gewesen, was er da von sich gegeben hätte. Ich müsse schleunigst dafür sorgen, daß Barry keine Interviews mehr gebe. Ich sagte ihm, ich hätte das versucht, aber Barry sei nicht davon abzubringen.

Zum Schluß griff George auch noch heftig die Integrität Martin Murrays an. Er sei überzeugt, der einzige Grund, warum Murray diesen Fall übernommen habe, sei die Tatsache, daß er sich wegen seiner Publicity gut als Sprungbrett in die Politik eigne. Jetzt war mir endgültig klar, daß George nach jedem Strohhalm griff, um das Herausfinden der Wahrheit zu torpedieren.

Ich hatte versucht, vernünftig mit George zu sprechen und auf seine irrationalen Fragen und Behauptungen sachlich zu reagieren. Aber es war mir nicht gelungen, ihn davon zu überzeugen, daß er in seinen Grundansichten falsch lag. Es gab keinen Zweifel, George stand nicht auf meiner Seite.

Während die Aufmerksamkeit der Medien Barry immer mehr zu stimulieren schien, bedrückte sie Eileen in zunehmendem Maße. Sie bekam Angst vor dem Riesenrummel, der bei der Gerichtsverhandlung zu erwarten war, und sie suchte deshalb krampfhaft nach Wegen, eine solche Entwicklung zu vermeiden.

Jean DeBernardi und später auch Leah hatten ihr von dem Tagebuch ihres Vaters erzählt, das er angeblich irgendwo vergraben hatte. Eileen sah hier eine Möglichkeit, das rechtliche Verfahren abzukürzen. Wenn sie das Tagebuch finden konnte und ihr Vater darin festgehalten hatte, daß er Susan ermordet hatte, kam das einem Geständnis gleich, und dann würde ein langwieriger Prozeß überflüssig. Vor kurzem war ihr eine vage Erinnerung gekommen, sie sei mit ihrem Vater einmal in den Wald gegangen und habe ihm geholfen, etwas zu verstecken. Sie meinte sogar, sich grob an den Ort zu erinnern. Ihre Erinnerung deckte sich mit Leahs Aussage, wo das Buch wahrscheinlich vergraben sei. Also flogen Eileen und Barry nach San Francisco und starteten mit Bob Morse eine Suchaktion in der Gegend der Starhill Road.

Das bizarre Unternehmen verlief ergebnislos. Eileen hatte gehofft, die Erinnerung an den genauen Ort käme zurück, wenn sie erst einmal in der Gegend sei, aber das trat nicht ein, und so gab man nach einigen Stunden die Suche auf. Daß Eileen sich an eine so vage Sache klammerte, zeigt jedoch, wie verzweifelt sie bemüht war, einen langwierigen Prozeß zu vermeiden.

Martin Murray und seine Beamten waren nicht die einzigen, die sich über Barrys Indiskretionen gegenüber den Medien ärgerten. Eines Tages rief George junior wutschnaubend bei Eileen an, wie sie es zulassen könne, daß Barry wieder einmal ein Interview gegeben und die schlimme Kindheit der Franklin-Kinder und andere sehr private Dinge geschildert hatte. »Hör zu, George«, sagte Eileen, »ich erkläre dir hiermit feierlich, daß ich Barry nicht nur aufgefordert habe, keine solchen Interviews mehr zu geben, ich habe ihn sogar händeringend darum *gebeten*. Aber kaum bin ich aus dem Zimmer, da macht er es trotzdem.«

Als Barry das hörte, nahm er Eileen den Hörer aus der Hand und brüllte los: »Jetzt hör mir mal gut zu, George, es wird langsam Zeit, daß du Armleuchter dir mal klar machst, wie tapfer Eileen war, daß sie diese Sache ins Rollen gebracht hat. Die Leute sind dran interessiert, so ist das nun mal, und sie haben ein Recht darauf zu erfahren, was los ist. Und ich hab' ein Recht darauf zu reden, wann ich will, verstanden? Mir hat man schließlich kein Redeverbot auferlegt.«

Er wartete die Antwort nicht ab und gab Eileen den Hörer zurück. Sie erklärte George noch einmal, wie unglücklich sie sei, daß Barry sich der Presse gegenüber nicht mehr zurückhalte. Sie wandte sich Barry zu und rief verzweifelt: »Es ist doch wahr! Sag's ihm doch, daß es wahr ist!« Barry tat das, wiederholte dann jedoch, jetzt etwas ruhiger, die Argumente für sein Handeln.

Aber selbst Barry mußte sich über die Aufdringlichkeit einzelner Reporter ärgern. Eines Tages hielt ein CBS-Reporter einer verschreckten Klientin, die gerade aus Leahs Büro in San Mateo kam, das Mikrophon unter die Nase und fragte: »Wie denken Sie über den Mord?«

Als Barry von dieser Belästigung erfuhr, war er stocksauer und beschwerte sich beim Produzenten der Sendung. Der besänftigte ihn und benannte ihm als koordinierenden Ansprechpartner beim Sender den Reporter Charles Kuralt.

Eileen Franklin im Alter von sieben Jahren *(Alle Fotos stammen, sofern nicht anders angegeben, aus der Sammlung von Eileen Franklin)*

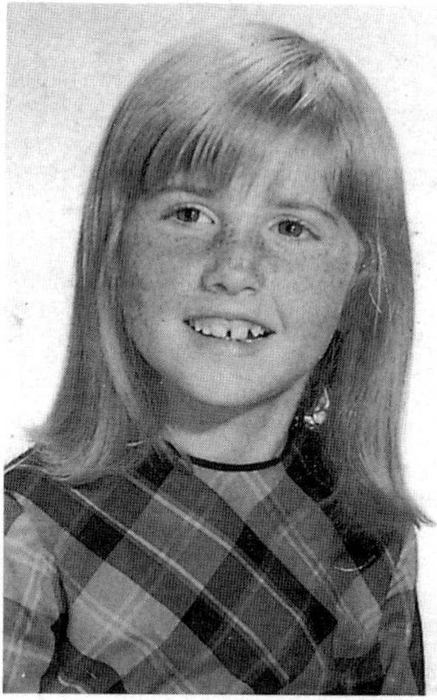

Die Franklin-Kinder 1970, von links nach rechts: Diana, Kate, Eileen, George junior und Janice

George Franklin

Eileen war immer das Lieblingskind ihres Vaters

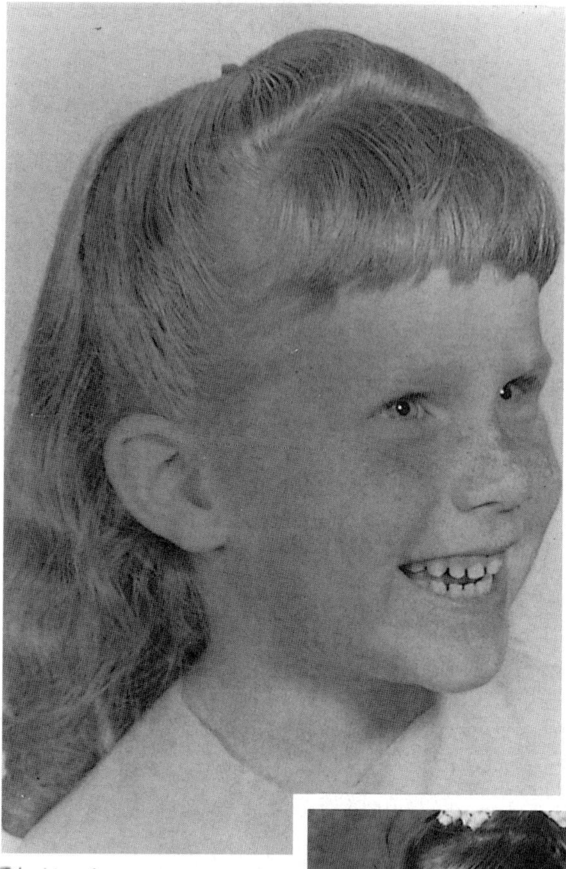

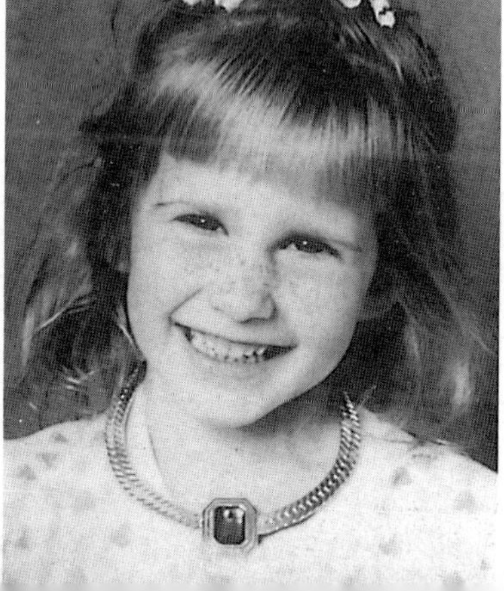

Die Geschworenen staunten, als sie im Prozeß die Fotos zu sehen bekamen, die zeigten, wie ähnlich sich Susan Nason, das Mordopfer (oben), und Jessica, Eileens Tochter (rechts), waren

Barry und Eileen Franklin auf einer Europareise 1984

Nachdem Eileen eine Tochter zur Welt gebracht hatte, erhielt sie oft Besuch von George Franklin

Eileen mit ihrer Tochter Jessica

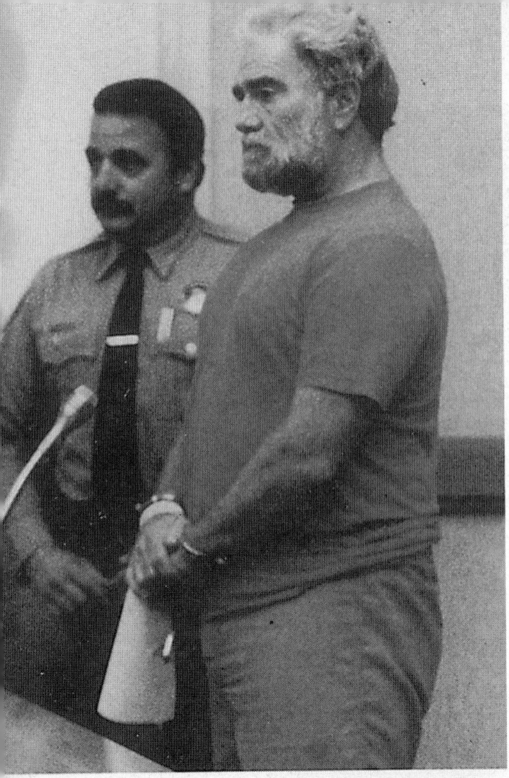

George Franklin durchlief eine erstaunliche physische Veränderung in der Zeit zwischen seiner Festnahme im November 1989 (oben) und dem Prozeßbeginn (unten; *Fotos Vern Fisher)*

Als Eileen während der ersten Anhörung gegen ihren Vater aussagte, starrte dieser (im Vordergrund mit weißem Haar) sie wie unbeteiligt an *(Foto William Wright)*

George Franklins Anwälte Douglas Horngrad und Arthur Wachtel *(Fotos Vern Fisher)*

Detective Bryan Cassandro (links) und der Stellvertretende Bezirksstaatsanwalt Martin Murray begleiten Margaret und Shirley Nason in den Gerichtssaal

Während des gesamten Prozesses stand Detective Robert Morse der Zeugin Eileen – mit der er hier kurz nach der Urteilsverkündung zu sehen ist – mit Rat und Tat zur Seite

Nach der Urteilsverkündung sprach Staatsanwältin Elaine Tipton, die in diesem Fall die Anklage vertreten hatte, mit der Presse *(Fotos Vern Fisher)*

Kuralt sollte Ordnung in die Interviewtätigkeit von CBS im Franklin-Fall bringen und Unverschämtheiten einzelner Reporter vor Ort verhindern. Er versuchte natürlich auch, Barry dazu einzuspannen, ihm zu einem Exklusivinterview mit Eileen zu verhelfen. Das gelang nicht, und so mußte sich CBS – wie übrigens auch CNN – mit Interviews mit Barry zufriedengeben.

Der Krach zwischen Eileen und Barry verschärfte sich, als Angebote von Filmproduzenten und Buchverlagen eingingen. Barry war fasziniert und sah sich schon als Mitautor der ›Eileen Franklin Story‹. Eileen aber lehnte es entschieden ab, aus dem Tod ihrer Freundin Kapital zu schlagen. Es kam zu lautstarken Auseinandersetzungen zwischen den beiden, bis Eileen sich schließlich auf die Position zurückzog, daß Barry zwar für sie sprechen, aber gottlob nichts für sie unterschreiben könne.

Ein Mitglied aus Barrys alter Rockband, Jeff Scarborough, war Kameramann beim Fernsehen, und sein Bruder Chuck Scarborough war der bekannte Moderator der lokalen Nachrichtensendung von NBC in New York. Jedes Jahr um die Weihnachtszeit telefonierte Barry mit Jeff, und diesmal hatte er natürlich besonders interessante Neuigkeiten zu erzählen. Der Fall Franklin hatte zwar an der Ostküste noch nicht die Schlagzeilen gemacht wie in Kalifornien, aber Jeff Scarborough erkannte sofort, welche Möglichkeiten für eine fantastische Reportage sich hier boten, insbesondere als er hörte, daß Eileen bisher alle Bitten um ein Exklusivinterview ausgeschlagen hatte.

Ob Eileen nicht bereit sei, seinem Bruder Chuck ein Interview zu geben? Er könne garantieren, daß Chuck sehr sensibel und mit Fingerspitzengefühl an die Sache rangehen und alle Auflagen, die man Eileen gemacht hatte, strengstens respektieren würde. Und wenn sie dieses eine Interview gegeben hätte, würden die anderen Fernseh- und Pressereporter endlich aufhören, mit Keksdosen in der Hand vor ihrer Haustür zu erscheinen.

Barry war von dieser Idee begeistert, und auch Eileen fand

die Aussicht gut, endlich von den Belästigungen durch die Medienvertreter erlöst zu werden. Sie hörte sich um und fragte alle möglichen Leute, ob man wirklich damit rechnen könne, daß die Medien sie dann in Ruhe lassen würden. Die meisten bejahten das, vor allem aber ihr inzwischen medienerfahrener Ehemann. Barrys Begeisterung für das NBC-Interview – vielleicht nur der Wunsch, einem alten Kumpel einen Gefallen zu tun – brachte Eileen aber auch auf eine andere Idee: »Wenn ich das Interview mit Scarborough mache«, fragte sie Barry, »versprichst du mir dann, nicht mehr mit der Presse zu reden?«

Er versprach es.

Eileen hatte aber auch noch einen anderen Grund, auf Barrys Drängen einzugehen. Sie hatte von Anfang an befürchtet, die plötzliche Rückkehr der zwanzig Jahre zurückliegenden Erinnerung könne ihr als Anzeichen einer geistigen Störung ausgelegt werden. Jetzt bekam sie die Chance, in einer bekannten Fernsehsendung aller Welt zu zeigen, daß sie normal war.

Chuck Scarborough erkannte wie sein Bruder sofort die Chance für einen journalistischen Coup, als er von der Sache erfuhr. Er lockte Eileen und Barry mit der Aussicht, das Interview werde nicht nur im Rahmen einer lokalen Nachrichtensendung, sondern auch in der USA-weiten Sendung ›The Today Show‹ oder in den NBC-Abendnachrichten ausgestrahlt, vielleicht in beiden. Er akzeptierte sofort die Bedingung, daß über Einzelheiten des Verbrechens und die Absichten der Anklage nicht gesprochen werden dürfe.

Ein Datum für das Interview wurde festgelegt, und Chuck Scarborough machte sich an die Arbeit, eine abgerundete Nachrichtensendung zusammenzustellen. Er gewann Donald Nason und Janice Franklin sowie einen pensionierten Sheriff, der damals an dem Fall gearbeitet hatte, für die Teilnahme an der Sendung. Als Expertin für Kindheitstraumata und das Phänomen der Repression von Erinnerungen verpflichtete er Dr. Lenore Terr, eine führende Psychologin.

Auf Kosten der NBC flogen Barry und Eileen nach New York. Sie genossen VIP-Behandlung mit Limousine am Flughafen und Zimmer im Omni Berkshire. Zum Interview trug

Eileen einen einfachen grünen Rollkragenpullover, der ihre Figur und ihr rotes Haar vorteilhaft zur Geltung brachte. Sie saß, mit Barry neben sich, auf einem schmalen Sofa. Natürlich war sie nervös, als die Sache losging, aber das merkte man ihr nicht an. Sie sprach ruhig, wählte ihre Worte sorgfältig und gab einen ungeschminkten, prägnanten Bericht über die Rückkehr ihrer Erinnerung. Im Zusammenspiel mit Scarboroughs sorgfältiger und geschickter Moderation ergab sich eine glaubwürdige, überzeugende Darstellung des Geschehens. Da saß keine exaltierte, verschrobene Halbwilde aus dem verruchten Los Angeles und gab eine bizarre Geschichte aus dem Reich ihrer blutrünstigen Phantasien von sich, sondern da erzählte eine erwachsene, attraktive junge Frau und Mutter in wohlabgewogenen Worten und in der richtigen Mischung aus resoluter Entschiedenheit und bebender Gefühlsbewegung die Geschichte, wie sie als Kind dabei war, als ihr Vater einen Mord beging, und wie sie die Erinnerung an dieses grausige Erlebnis zwanzig Jahre lang unterdrückt hatte.

Donald Nason, von Scarborough ganz vorsichtig befragt, konnte vor Erinnerungsschmerz kaum sprechen, als er seine Tochter schilderte. Dann erklärte Dr. Terr in einer kurzen Darstellung, welche Geschehnisse dazu führen können, daß eine unterdrückte Erinnerung plötzlich wieder auftaucht. Sie sprach als möglichen Auslöser bei Eileen unter anderem an, daß ihre Tochter Jessica auf das Alter zuging, in dem Susan damals ermordet wurde. Schließlich wurden noch zwei kurze Filmclips von dem Sheriff vorgeführt, einer aus der Zeit des Mordes, ein anderer aus letzter Zeit, und die Veränderung im Aussehen des Mannes unterstrich deutlich die zwanzigjährige Zeitspanne zwischen dem Mord und der Verhaftung des potentiellen Mörders. Insgesamt ergab sich aus dem Fernsehbericht das knappe, aber gründliche Bild einer komplexen, beklemmenden Geschichte.

Nachdem der Bericht aufgezeichnet war, flogen Eileen und Barry nach Los Angeles zurück. Kaum zu Hause in Canoga Park angekommen, erreichte sie ein wütender Anruf von George junior. Er hatte von dem Interview erfahren, als NBC ihn um ein Familienfoto zur Abrundung des Berichtes gebeten hatte. Er fauchte, wenn Eileen es gewagt hätte, irgendeine Aussage über ihn und sein Leben zu machen, würde er sie und NBC verklagen. Eileen antwortete: »George, du wirst enttäuscht sein, nach dir hat kein Mensch gefragt.«

In einem späteren Gespräch stellte Eileen einmal fest, daß es psychologisch falsch von Kate und George junior war, auf so harten Konfrontationskurs zu gehen. »Wenn die beiden nicht so häßlich zu mir gewesen wären, hätten sie meine Entscheidungen wahrscheinlich beeinflussen können. Da sie aber so grob zu mir waren und mich mehr oder weniger offen auch bedroht haben, habe ich mich entschlossen, sie zu ignorieren und zu tun, was ich für richtig hielt.«

EILEEN

Wir fanden einen Anwalt, der sich auf Medienrecht spezialisiert hatte. Er hieß Bill Simon. Ich machte ihm klar, daß ich keinerlei Interesse an einer Verfilmung des Falles hatte. Simon sagte, wir sollten alle Anrufe und alle Post in dieser Sache in sein Büro weiterleiten, er werde dann die Angebote sichten und im Griff behalten.

Die Ausstrahlung des Interviews mit Scarborough löste eine neue Flut von Film- und Buchangeboten aus. Schließlich bewarben sich fünfunddreißig verschiedene Filmfirmen und Verlage um die Rechte an meiner Geschichte. Man versuchte Bill Simon zu bestechen, direkte Kontakte mit mir zu arrangieren. Der Anwalt, der seit langen Jahren in Hollywood tätig war, sagte uns, er habe noch nie ein solches Gerangel um eine Story erlebt. Schließlich riet er mir, einer der honorigen Produktionsfirmen die Rechte zu verkaufen, ehe später irgendein skrupelloser Produzent die Geschichte ohne Rücksicht auf die Wahrheit ausschlachten würde.

Ich stand vor einem schweren Konflikt. Martin Murray

behauptete, wenn ich mich auf so etwas einließe, würde das der Sache der Anklage erheblichen Schaden zufügen. Andererseits mußte ich befürchten, daß meine Geschwister mir Vorwürfe machen und sich noch mehr von mir abwenden würden, wenn eines Tages ein Film herauskam, in dem ihr Leben in sensationeller, greller und unsensibler Aufmachung dargestellt würde, nur weil ich mich geweigert hatte, die Rechte an einen honorigen Produzenten zu verkaufen. Natürlich war mir aber auch klar, daß ich mich bei einem Entschluß, die Rechte zu verkaufen, genauso in die Nesseln setzen würde; meine Geschwister würden mir vorwerfen, ich wolle aus unserer heiklen Familiengeschichte Kapital schlagen. Ich hatte aber schreckliche Angst davor, ein skrupelloser Produzent könne meine Prostituierten-Vergangenheit ans Licht zerren und mich mit der Darstellung dieser Episode aus meinem Leben öffentlich demütigen. Und ich mußte befürchten, daß sich das auf das Leben meiner Kinder sehr schädlich auswirken würde.

Meine Unsicherheit wurde dadurch noch verstärkt, daß sich mehrere Autoren an mich gewandt und mir gesagt hatten, sie würden gerne ein Buch über mein Leben schreiben; sie hofften zwar auf meine Kooperation, aber wenn ich dazu nicht bereit sei, bekämen sie auch beim Prozeß genug Stoff für ein interessantes Buch. Ich erfuhr auch, daß diese Autoren, um genug Material zusammenzubekommen, herumreisten und frühere Freunde und Klassenkameraden interviewten. Die Invasion der Bewußtseinsindustrie in mein Privatleben war nicht mehr aufzuhalten.

Ich war in einer schlimmen Zwickmühle. Murray mahnte, wenn ich einem Film oder einem Buch zustimmen würde, käme die Strafverfolgung eines Mörders in Gefahr. Und meine Integrität stand auf dem Spiel, wenn ich Susans Tod sozusagen mit einem Preisschild versah. Außerdem riskierte ich den endgültigen Bruch mit einigen meiner Familienmitglieder. Wenn ich aber andererseits nicht zur Kooperation bereit war, würde ich selbst und meine Geschwister in einer Weise öffentlich präsentiert, wie wir es nicht wünschen konnten; und ich würde wahrscheinlich gedemütigt und Susans Ermordung würde sensationsgierig ausgeschlachtet.

Ich hatte die Wahl zwischen Teufel und Beelzebub. Ich konnte mich nicht entscheiden. Dann belog mich einer der ›netten‹ Autoren. Er hatte versprochen, mit einem Buch zu warten, bis ich mich zu einer Zusammenarbeit bereitfand; wie ich dann aber erfuhr, hatte er die Arbeit daran doch schon weitgehend abgeschlossen. Mir wurde klar, daß die meisten der ›netten Produzenten‹ und ›netten Autoren‹, mit denen ich gesprochen hatte, letztlich doch nur darauf aus waren, Geld aus der Sache zu schlagen und sich keinen Deut darum kümmerten, ob mir das schadete oder nicht.

Ich erkannte, daß ich die Kontrolle über die Darstellung meines Lebens und meines bösen Erlebnisses in der Öffentlichkeit in der Hand behalten und die Entscheidung über einen Filmproduzenten und einen Autor treffen mußte. Und ich mußte darauf hoffen, einem Geschworenengericht erklären zu können, was es heißt, in einem Belagerungszustand durch die Medien leben zu müssen und bedroht zu sein, von skrupellosen Geschäftemachern ausgenutzt und ausgebeutet zu werden.

Die Idee, meinen Vater zu besuchen, ließ mich nicht mehr los. Seit der Rückkehr meiner Erinnerung hatte ich im Geist einen Dialog mit ihm geführt. Warum sollte ich nicht auch direkt mit ihm sprechen? Aber wichtiger war mir der Versuch, ihn zu überzeugen, das für alle Seiten Beste zu tun – ein Geständnis abzulegen.

Ich wußte nicht nur, daß mein Vater Susan Nason umgebracht hatte, ich wußte auch, wieviel Leid er lange Zeit über seine Familie gebracht hatte, und ich sah in einem Geständnis die Gelegenheit zur Wiedergutmachung für all das Böse, was er in seinem Leben getan hatte. Er hatte uns Kindern gegenüber immer wieder betont, wie wichtig es sei, ein ehrlicher Mensch zu sein. Jetzt mußte er beweisen, daß er es ernst gemeint hatte.

Zwei Wochen nach der Verhaftung fragte ich Martin Murray, was er davon halte, wenn ich meinen Vater im Gefängnis besuchen und versuchen würde, ihn zu einem Geständnis zu überreden. Er meinte, das sei keine schlechte Idee, aber er wolle mich nicht gerade dazu auffordern, es zu tun.

Ich wartete, bis wir die Weihnachts- und Neujahrsfeiertage hinter uns hatten und Barry nach Europa geflogen war. Dann rief ich im Gefängnis an, um einen Besuchstermin zu verabreden. Als ich meinen Namen nannte und den Namen des Gefangenen, den ich besuchen wollte, kam der Chef der zuständigen Abteilung, Sergeant Cuneo, selbst an den Apparat, und nach einigem Hin und Her gelang es, einen Termin für 14 Uhr an dem von mir gewünschten Tag zu vereinbaren.

Ich wollte nur einen Tag in der Bay Area bleiben, und so mietete ich mir am Flughafen von San Francisco einen Wagen und fuhr als erstes zum Büro des Bezirksstaatsanwalts von San Mateo. Von Martin Murray, den ich ja noch nicht persönlich kannte, war ich sofort sehr beeindruckt. Ich fand das Gefühl bestätigt, daß bei ihm die Sache in guten Händen war. Ich besprach mit ihm den bevorstehenden Besuch bei meinem Vater, dann machte ich mich auf den Weg.

Pünktlich um 14 Uhr war ich im Gefängnis und fragte mich zu Sergeant Cuneo durch. Er sagte, er werde mich in den Besucherraum geleiten, dort könne ich auf den Gefangenen warten, er würde später reingebracht. Ich war froh über die Aussicht, noch ein paar Minuten Zeit zur Besinnung zu haben. Der Besucherraum war öde und häßlich – zerrissenes Linoleum auf dem Boden, zerbröckelnder rötlicher Putz an den Wänden. Vier Metallstühle standen vor einer dicken Glaswand, dahinter ebenfalls vier Stühle.

Ich erschrak, meinen Vater schon auf einem der Stühle jenseits der Glaswand sitzen zu sehen. Von wegen Zeit zur Sammlung! Sein erster Blick auf mich verriet keine besondere Regung. ›Aha, das ist also mein Besucher.‹ Dann aber kniff er die Augen zusammen, und ein irgendwie erschreckter Ausdruck des Erstaunens ging über sein Gesicht.

Auf dem Ablagebrett vor sich hatte er einen braunen Aktenordner und ein Fachbuch über die formellen Bestimmungen bei Gerichtsverfahren liegen. Ich fand wieder einmal, daß er ein gutaussehender Mann war, aber das hatte ich ja immer gedacht. Endlose Sekunden saßen wir uns sprachlos gegenüber und sahen uns durch die Glasscheibe hindurch an.

Dann griff ich nach dem Telefon, das vor mir in einer Buchse steckte.

»Bist du es wirklich?« fragte er.

Ich lächelte ihn traurig an und sagte, ja, ich sei es wirklich. Ich hätte ein paar Dinge, die ich mit ihm besprechen wolle, und ich wäre ihm dankbar, wenn er mich ohne Unterbrechung zu Ende reden ließe. Dann würde ich ihm zuhören. Er sagte, das sei in Ordnung, er sei einverstanden.

Ich fing damit an, daß ich ihm sagte, wie sehr ich ihn immer geliebt hatte, und mein Herz zog sich vor Schmerz zusammen. Und ich sei stolz darauf, fuhr ich fort, in mir so viele seiner guten Eigenschaften wiederzufinden. Ich würde ihn nicht hassen, das würde ich wohl niemals können, denn dafür hätte ich ihn zu sehr geliebt.

Dann sagte ich ihm, ich könne verstehen, wie es ist, wenn man in Panik gerät und etwas Unüberlegtes tut. Er hätte Susan sicher nicht vorsätzlich umgebracht; die Situation sei ihm aus der Kontrolle geraten und er habe sie in einem Anfall von Panik getötet. Jeder von uns habe in seinem Leben schon einmal in Panik Dinge gemacht, die er später bereut habe – und für die er oft schwer büßen mußte.

Ich erinnerte ihn daran, was er mir immer gesagt hatte: ›Die Wahrheit macht dich frei.‹ Und daß ich ihm durch meine Offenbarung des Geschehens vielleicht die innere Freiheit geben könne, die ein Mensch unabdingbar brauche. Diese innere Freiheit könne auf vielen Wegen erreicht werden, vielleicht sei sein Weg der, im Gefängnis zu sein – frei von sexuellen Zwängen, frei von der Gefahr, anderen Menschen weh zu tun.

Und ich sagte ihm, ich hätte nicht vergessen, wieviel Gutes er auch für mich getan hatte. Wie er mir das Leben gerettet hatte, als ich im Zeltlager die Blinddarmentzündung bekam. Und wie er mich oft bevorzugt hatte, weil ich sein Lieblingskind war.

Die Gefühle gingen mit mir durch, und ich war mehrmals kurz davor, in Tränen auszubrechen. Ihm ging es genauso. Als ich ihn so vereinsamt und traurig und sichtlich leidend hinter der Glasscheibe sitzen sah, stieg meine Liebe zu ihm wieder in mir auf. Ja, ich liebte meinen Vater immer noch.

Aber ich zwang mich, das zu sagen, was gesagt werden mußte. Ich bat ihn, das Richtige zu tun und die Tat zu gestehen. Wenn er die Wahrheit über den Mord sagte, würde ich ihn weiterhin achten können. Wir beide wüßten, was die Wahrheit sei, und wenn er sie nicht gestehen würde, könnte ich keinerlei Respekt mehr für ihn aufbringen. »Daß du einen Mord begangen hast«, sagte ich, »ist schon schlimm genug. Aber sei nicht dazu auch noch ein Heuchler und Lügner.« Und ich bat ihn inständig, der ganzen Familie die unendliche Qual eines öffentlichen Gerichtsverfahrens zu ersparen.

Als ich fertig war, fragte ich ihn, ob er etwas sagen wolle. Er sagte nichts, sondern deutete mit dem Finger auf ein schwarzes Kästchen an der Wand hinter ihm, was wohl bedeuten sollte, daß er meinte, unser Gespräch würde abgehört. Ich fragte ihn, ob ich etwas für ihn tun könne und dachte dabei an Zigaretten oder Süßigkeiten oder Telefonanrufe, die ich für ihn erledigen könnte. Er aber sagte: »Ja, es gibt etwas, das nur du ganz allein für mich tun kannst.« Aus der bedeutungsvollen, leicht sarkastischen Art, in der er das sagte, konnte ich unschwer erkennen, was er meinte: Ich solle die Anzeige gegen ihn zurückziehen. Dann fragte er, ob ich ihn noch mal besuchen käme. Ich konnte nur noch den Kopf schütteln. Ich war unendlich traurig, aber auch wütend, daß er nicht die Wahrheit gestehen und uns allen damit den qualvollen Prozeß ersparen wollte. Zweiundzwanzig Minuten nach dem Betreten des Besucherraums verließ ich ihn wieder, ohne mich noch einmal nach meinem Vater umzusehen.

Tief im Innersten hatte ich gehofft, er würde mir sagen, er könne sich nicht mehr erinnern, den Mord begangen zu haben, so wie ich mich zwanzig Jahre nicht daran erinnert hatte und wie es früher manchmal gewesen war, wenn er im betrunkenen Zustand eine Prügelorgie veranstaltet hatte und ich ihm am nächsten Tag die Erinnerungsstücke wieder zusammensetzen mußte. Ich hatte so sehr gehofft, er würde sagen, er wäre an dem Tag betrunken gewesen und hätte ein Blackout oder er hätte ganz einfach eine Erinnerungsstörung wie ich. Dann hätte ich Verständnis für ihn aufbringen können. Aber er hatte es nicht gesagt, und so blieb mir nichts anderes übrig, als hart daran zu arbeiten, die Liebe zu meinem Vater aus meinem Herzen zu verbannen.

11. KAPITEL

Schon Monate vor Bekanntwerden des Franklin-Falles bei der Bezirksstaatsanwaltschaft hatte Martin Murray geplant, seinen Job aufzugeben und eine private Anwaltspraxis zu eröffnen. Kurz nach der Übernahme des Falles wurden die Pläne spruchreif, und er verständigte offiziell seine Vorgesetzten. Die siebenunddreißigjährige Staatsanwältin Elaine Tipton aus dem Büro des Staatsanwalts erklärte ihre Bereitschaft, bei Murrays Ausscheiden den Franklin-Fall zu übernehmen.

Tipton war vom Rang her wie Murray bis vor kurzem Stellvertretender Staatsanwalt gewesen, dann aber befördert und auf dem rein administrativen Posten des Stellvertretenden Distriktstaatsanwalts eingesetzt worden. Sie war damit Verwaltungschefin für zweiundzwanzig Untersuchungsbeamte. Aus verschiedenen Gründen zog Murray sein Entlassungsgesuch wieder zurück, da er aber noch einen anderen wichtigen Fall zu bearbeiten hatte, entschloß er sich, den Franklin-Fall wie vorgesehen an Tipton abzugeben.

»Eileen hatte von Anfang an gesagt, sie wolle nicht von einem Zuständigen an den anderen abgeschoben werden«, erinnert sich Elaine Tipton, »und so haben wir ihr den Wechsel nicht gleich bekanntgegeben. Wir haben ihr das so nach und nach beigebracht. Sie brauchte Sicherheit, wollte das Gefühl haben, daß eine starke Person, ein Ritter sozusagen, den Kampf für sie ausfocht. Sie hatte Angst, den Wölfen zum Fraß vorgeworfen und in den Mühlen eines unpersönlichen Rechtssystems zermahlen zu werden. Mehr als alles andere aber hatte sie eine Mordsangst vor dem ganzen Tamtam, das da auf sie zukam.«

In den vier Monaten bis zur Voruntersuchung übernahm Tipton Schritt für Schritt die Verantwortung für den Fall. Sie lernte Eileen jedoch erst drei Wochen vor Beginn der Voruntersuchung kennen, als sie, Murray und Morse am 5. Mai 1990 einen offiziellen Besuch bei Eileen machten. Der Zweck des Besuches war eine erneute Anhörung, denn Eileen hatte sich inzwischen an weitere Einzelheiten erinnert, die man nicht über das Telefon besprechen wollte. Wahrscheinlich war aber ein fast noch wichtigerer Grund für das Treffen, Eileen mit Elaine Tipton bekanntzumachen und ihr offiziell zu eröffnen, daß Tipton den Fall übernommen hatte.

EILEEN

Ich traf Elaine Tipton zum ersten Mal, als sie mich zusammen mit Marty Murray und Bob Morse in unserem Haus in Canoga Park besuchte. Martin hatte ihren Namen schon des öfteren am Telefon erwähnt. Er hatte angedeutet, daß sie in die Bearbeitung des Falles eingeschaltet würde. Ich hatte nicht viel darüber nachgedacht, denn ich wäre überhaupt nicht auf die Idee gekommen, Marty könnte den Fall abgeben. Ich hätte eine solche Absicht als Bruch unserer ›Team‹-Vereinbarung betrachtet. Kurz nachdem sie angekommen war, nahm Elaine ein gerahmtes Foto meiner Kinder vom Kaminsims und schaute es sich an. Ich merkte, daß sie Jessica viel länger betrachtete als Aaron. Das brachte mich auf unangenehme Gedanken; ich fühlte mich schuldig, daß ich meine Kinder in diese Geschichte mit hineingezogen hatte. Sie würden darunter leiden müssen, und ich hatte sie nicht davor bewahrt.

Als wir uns hinsetzten, klingelte das Telefon. Aaron Lipsker, Barrys Vater, war am Apparat. Ohne nachzudenken, sagte ich: »Oh, hallo Dad.« Bob Morse fuhr in die Höhe, Elaine ließ erstaunt den Mund offenstehen. Jetzt wurde mir klar, was sie denken mußten. »Es ist *Barrys* Vater«, sagte ich. Alle lachten erleichtert.

Als man mir sagte, Elaine Tipton würde den Fall übernehmen, war ich zunächst sauer und sehr skeptisch. Warum beauftragte man sie mit der Sache, wenn Marty Murray der beste

Mann dafür war, wie man mir gleich zu Beginn gesagt hatte? War sie die beste *Frau* dafür? Ich war sehr mißtrauisch und konnte nicht verstehen, warum Marty den Fall nicht selbst weiterführte.

Dieses Treffen war das erste, bei dem ich mit dem Bezirksstaatsanwalt und dem Untersuchungsbeamten gleichzeitig Einzelheiten des Verbrechens diskutieren konnte. Man hatte mich vorher mehrfach gewarnt, ja keine tatrelevanten Informationen über das Telefon durchzugeben. Einige zusätzliche Details waren in meiner Erinnerung aufgestiegen, und ich brannte darauf, sie endlich loszuwerden.

Als erstes erklärte ich ihnen, warum ich George junior angelogen und ihm gesagt hatte, ich sei hypnotisiert worden. Es sei einfach die Angst davor gewesen, er würde mir nicht glauben. Dann erklärte ich, warum ich der Meinung sei, das Verbrechen könne nicht am Morgen geschehen sein; die Silhouette, die mein Vater gegen die Sonne abgab, lasse auf eine spätere Tatzeit schließen.

Ich war sehr verunsichert, als meine Gesprächspartner kaum eine Reaktion zeigten, während ich diese Dinge ansprach. Vergeudete ich ihre Zeit mit Trivialitäten? Ich schilderte die Erinnerung daran, wie mein Vater einen braunen Gegenstand, vielleicht Susans Schuh, wegwarf. Ich konnte mich genau daran erinnern, in welchem Winkel er zu mir stand, an die Beugung seines Armes, an den gepreßten Laut, den er bei der Ausführung der Wurfbewegung ausstieß, aber ich konnte nicht definitiv sagen, um was für einen Gegenstand es sich gehandelt hatte. Meine drei Zuhörer schienen mit dieser Information jedoch nicht viel anfangen zu können.

Dann sprach ich an, daß ich sicher war, Janice auf dem brachliegenden Feld in der Siedlung gesehen zu haben, als wir Susan mitnahmen; ob Janice aber auch zu uns in den VW-Bus eingestiegen sei, könne ich trotz dauernden Nachgrübelns nicht sagen.

Als ich die Mordszene schilderte, hatte ich Schwierigkeiten, mein visuelles Bild vom Standort des Busses und von meinem, Susans und meines Vaters genauen Aufenthaltsort zum Zeitpunkt des Geschehens in Worte zu fassen. Ich nahm einen Zeichenblock und machte eine primitive Zeichnung der Szene, wie ich sie vor Augen hatte. Als ich ein paar Wochen später eine Kopie des Berichtes über unser Gespräch erhielt, stellte ich zu meinem Erstaunen fest, daß man die Skizze nicht nur als Beweisstück vereinnahmt und als Anlage dem Bericht beigefügt, sondern sie auch der Verteidigung des Angeklagten zur Verfügung gestellt hatte.

Eine Sache mußte ich klarstellen. In der ersten Aussage über meine Vergewaltigung hatte ich behauptet, sie sei mit Hilfe meines Vaters von einem Schwarzen verübt worden. Inzwischen hatte ich mich jedoch daran erinnert, daß es sich dabei um Stew Smith, meinen Patenonkel und Freund meiner Eltern, einen Weißen, gehandelt hatte. Ich erklärte meinen Irrtum: An der Wand hatte ein Poster von Jimi Hendrix gehangen, und mein Kopf war in der Weise gedreht und festgehalten worden, daß ich während der ganzen Zeit des schrecklichen Geschehens dieses Poster anstarren mußte. Ich sprach Elaine direkt an und fragte sie: »Haben Sie nicht auch schon die Erfahrung gemacht, daß man, wenn man lange Zeit auf einen Gegenstand starrt, ihn dann auch noch lange Zeit vor seinem geistigen Auge sieht?«

Sie sah mich einen Augenblick reglos an, dann sagte sie: »Nein.«

Diese Frau schien nicht einmal den Versuch zu machen, mich zu verstehen. Wieviel ausführlicher sollte ich ihr meine Erlebnisse denn noch schildern? Nein, mit Elaine Tipton wollte ich nicht zusammenarbeiten. Ich erzählte alles noch einmal, holte weit aus, versuchte zu erklären, daß Stew Smith' Gesicht vom Gesicht Jimi Hendrix' auf dem Poster überlagert worden war. Ich war sehr frustriert und hoffte, diese Frau würde nicht mit dem Fall beauftragt.

Später erkannte ich, daß Elaine mit ihrem groben ›Nein‹ sehr professionell gehandelt und mich dazu gebracht hatte, über eine so peinliche und schwierige Angelegenheit ausführlich und ohne Scheu zu sprechen. Sie hatte mich damit einem Test als Zeugin vor Gericht unterzogen. Aber zur damaligen Zeit fand ich ihr Verhalten völlig unmöglich.

Elaine Tipton war als viertes von fünf Kindern in der Gegend von San Francisco aufgewachsen. Ein Bruder war jünger, zwei Schwestern und ein Bruder waren älter als sie. Ihre Familie lebte seit vielen Generationen in Kalifornien und hatte einmal zu den reichen und prominenten Clans in San Francisco gehört. Ihr Großvater war Anwalt der Southern Pacific Railroad und hatte zwei bedeutende Fälle vor dem Obersten Gerichtshof der USA ausgefochten. Ihr Urgroßvater war Arzt. Unter Tiptons Vorfahren waren aber auch bemerkenswerte Frauen; die Schwester ihres Urgroßvaters war die erste Frau, die ein Medizinstudium an der Universität von Kalifornien in Berkeley absolviert und um die Jahrhundertwende als Ärztin in San Francisco praktiziert hatte.

Tiptons Großmutter, die einen bedeutenden Einfluß auf ihr Leben ausgeübt hatte und an der sie sehr hing, wollte auch Ärztin werden und begann 1910 ein Medizinstudium an der Stanford-Universität. Aber dann traf sie einen Mann, der schon fertiger Anwalt war, und wenige Monate vor dem ersten Staatsexamen gab sie das Studium auf und heiratete ihn. Sie bekam fünf Kinder und sechzehn Enkelkinder.

Die bestmögliche Ausbildung der Kinder war immer ein wichtiges Ziel in der Tipton-Familie, und so war es selbstverständlich, daß Elaine und ihre Geschwister nach dem High-School-Abschluß studierten. Da die Familie nicht reich war, mußten sich die Kinder die Masse des Geldes dafür selbst verdienen. Alle erreichten einen akademischen Grad.

»Unsere Eltern gaben uns immer das Gefühl, daß sie uns uneingeschränkt lieben«, sagte Elaine zu diesem Thema. »Sie gaben uns die Chance, unsere Anlagen zu entwickeln, und eine gute Ausbildung war der Schlüssel dazu. Die Frage lautete nicht: ›Gehst du aufs College?‹, sondern: ›*Wo* gehst du aufs College?‹ Die akademische Ausbildung wurde als selbstverständlich vorausgesetzt. Genauso selbstverständlich war es aber auch, daß wir dafür selbst aufkommen mußten. Ihr älterer Bruder erwarb zwei Doktortitel in Harvard und wurde Professor für Theologie und Soziologie an der Emory-Universität in Georgia. Eine Schwester wurde Ärztin, die andere Lehrerin an einer High-School, der jüngere Bruder ging als Jurist in die staatliche Verwaltung.

Als Teenager betrachtete Elaine Tipton sich als die am wenigsten begabte unter ihren Geschwistern und spielte mit dem Gedanken, kein volles Studium zu absolvieren. Seit ihrer Mädchenzeit waren ihre Hauptinteressen eher auf sozial-gesellschaftliche Aspekte ausgerichtet als auf rein akademische. An der katholischen Mädchenschule, die sie besuchte, war sie Klassensprecherin und in einer Reihe schulischer Organisationen engagiert.

Sie warf ihre Selbstzweifel bald über Bord und begann ein Studium an einer Rechtsakademie, das sie erfolgreich abschloß. Sie hatte allerdings keine Vorstellungen, was sie mit dem Diplom anfangen sollte, bis ihr ein Freund riet, sich bei der Staatsanwaltschaft in San Mateo zu bewerben. Sie hatte nicht darüber nachgedacht, ob sie einmal bei den Strafverfolgungsbehörden tätig sein wollte, aber da sie keine anderen Pläne hatte, folgte sie dem Rat des Freundes. Sie hatte Erfolg und wurde im Alter von sechsundzwanzig Jahren als Untersuchungsbeamtin in die Staatsanwaltschaft San Mateo übernommen. Sie war froh, den Job bekommen zu haben, wurde aber von Zweifeln geplagt, ob sie auch die Fähigkeit besaß, die man als Vertreter der Anklage vor Gericht braucht.

Nachdem sie sich neun Monate lang eingearbeitet hatte, übergab man ihr einige leichtere Fälle, die sie mit Bravour meisterte. »Danach wußte ich, daß ich vor Gericht, vor meinen Vorgesetzten und vor mir selbst bestehen konnte«, stellte sie selbstbewußt fest. Inzwischen hatte sie fast zwölf Jahre als Staatsanwältin hinter sich und vor Gericht einen energischen, kämpferischen Stil entwickelt, ohne dabei ihre Fraulichkeit aufzugeben.

Elaine Tipton war acht Jahre älter als Eileen. Sie war eine schlanke, blonde, mittelgroße, gutaussehende Frau. Ihre zurückhaltende, ruhige Art im allgemeinen Umgang mit Menschen stand in krassem Gegensatz zu ihrem energischen, selbstbewußten Auftreten vor Gericht. Nicht ganz zu ihrem vernunftgesteuerten Charakter schien der weiße Jaguar zu passen, mit dem sie jeden Tag zum Dienst fuhr. Sie wohnte in einem komfortablen Haus in der Nähe des Gerichtsgebäudes, das sie mit Antiquitäten aus dem Besitz der Familie und einer Porzellansammlung geschmackvoll eingerichtet hatte.

Der Rückhalt in ihrem Privatleben war ihre Familie – sie hing besonders an ihren beiden Schwestern – und einige wenige enge Freunde. Anders als andere in ihrem Beruf sah sie die Tätigkeit bei der Staatsanwaltschaft nicht als Sprungbrett für ein öffentliches Amt an. Sie liebte den Einsatz in der Strafverfolgung und wurde darin durch Erfolge in einigen bedeutenden Fällen bestätigt. Der Fall Franklin sollte der Höhepunkt in einer bereits sehr erfolgreichen Karriere werden.

Elaines erster Eindruck von Eileen war besser als der, den sie auf Eileen gemacht hatte. Bei der Bedeutung, die ihre Familie der Ausbildung zumaß, konnte sie es kaum glauben, daß Eileen die High-School nicht abgeschlossen hatte. »Ich hatte sofort den Eindruck von ihr, daß sie nicht nur clever, sondern wirklich intelligent war, daß sie sich ausgezeichnet artikulieren konnte und daß sie geistigen Tiefgang hatte.« Diese gute Meinung vertiefte sich noch, als die beiden Frauen sich im Laufe der nächsten Monate näher kennenlernten und Elaine von den schrecklichen Kindheitstraumata hörte, die ›eine Frau mit Eileens angeborenen Fähigkeiten fast aus der Bahn geworfen hätten.‹ Später äußerte sie sich anerkennend über Eileens Qualitäten als Zeugin: »So eine Zeugin findet man ganz selten. Ihre Fähigkeiten, Zusammenhänge schnell zu erkennen, vorteilhafte Nuancen aufzugreifen und problematische Einzelheiten wegzulassen waren einfach großartig. Das kann man einer Zeugin nicht beibringen, das ist angeboren.«

Bei mehreren Gelegenheiten während des Dialogs, der in den folgenden Wochen zwischen den beiden Frauen stattfand, fragte Tipton, ob es nicht möglich sei, daß Eileen sich die ganze Zeit über an den Mord erinnert, aber aus guten Gründen mit niemand darüber gesprochen hätte. Tipton betonte, wenn es so sei, brauche Eileen sich dessen nicht zu schämen, es hätte für den Fall auch keine einschneidenden Konsequenzen. »Wir sagten ihr nicht, es sei besser oder schlechter, wir müßten uns nur darauf einstellen. Aber Eileen zögerte nicht einen Moment. ›Nein, es war so, wie ich von Anfang an gesagt habe. So hat sich das abgespielt. Ich kann es nicht erklären, aber so war's nun einmal. Seht zu, wie ihr damit fertig werdet.‹ Für uns klang das überzeugend.«

Tipton und ihr Team machten sich mit großer Gründlichkeit an die Arbeit, die Anklage vorzubereiten. Morse und Cassandro sprachen mit allen Leuten, die irgendwie mit dem Fall in Verbindung standen – den Nasons, allen Franklins, Nachbarn in Foster City, allen Beamten, die mit dem Mordfall Susan Nason zu tun gehabt hatten. Sie flogen sogar nach Philadelphia, um Leahs Schwester Jean DeBernardi zu vernehmen.

Tipton betrachtete Eileens zwanzigjährige Repression der Erinnerung als schwierige Hürde für die Anklage im bevorstehenden Prozeß und bereitete daher eine gründliche psychiatrische Untermauerung dieses Aspektes vor. Die von der Polizei zusammengestellte faktische Beweislage ergab sich ausführlich aus den Akten des Mordfalls Nason. Sie wurde noch einmal akribisch durchgeforscht, ob sich nicht doch noch reale Hinweise wie Haarfunde oder Fingerabdrücke ergaben, die mit George Franklin in Verbindung gebracht werden konnten. Man hoffte, damit eventuell die alleinige Last der Beweisführung von Eileen nehmen zu können.

Das ganze Frühjahr 1990 hindurch erhielt Eileen weitere Anrufe von den Mitgliedern ihrer Familie, alle mit dem Ziel, den Schaden aus der Sache für den jeweiligen Anrufer so klein wie möglich zu halten. Als George junior wieder einmal anrief und eine Reihe verdächtig detaillierter Fragen stellte, fragte ihn Eileen rundheraus: »Warum willst du das alles wissen, George? Arbeitest du etwa für die Verteidigung?« Zu ihrer Verblüffung antwortete er, ja, das tue er. Barry, der mitgehört hatte, riß ihr den Hörer aus der Hand und schrie George an, er solle es ja nicht wagen, noch einmal bei ihnen anzurufen. Dann knallte er den Hörer auf. Eileen erkannte Georges Offenheit an, konnte es aber nicht fassen, daß ihr Bruder, der am meisten unter der Brutalität ihres Vaters gelitten und mehr Angst vor ihm gehabt hatte als alle anderen Geschwister, sich jetzt so aggressiv gegen sie stellte und sich so hartnäckig für die Sache ihres Vaters einsetzte.

EILEEN

Etwa Mitte 1989, als ich mich dazu durchrang, die Polizei einzuschalten, wollte ich zunächst erreichen, daß meine Strafe wegen Prostitution aus den Akten gestrichen wurde. Da fünf Jahre vergangen waren und ich nicht wieder straffällig geworden war, konnte ich einen entsprechenden Antrag stellen, und ich ließ die Sache von der Anwältin, die mich damals so gut vertreten hatte, einleiten. Im August 1989 erhielt ich einen Durchschlag einer gerichtlichen Anweisung an die Polizeibehörden, die Strafe aus meiner Akte zu tilgen. Ich war grenzenlos erleichtert, daß dieses Kapitel meines Lebens abgeschlossen war.

Im November, als ich bei Morse und Cassandro die erste Aussage machte, bat ich darum, meine Polizeiakte überprüfen zu lassen. Bob Morse sagte mir, sie hätten das schon getan, die Akte sei sauber. Ich war überglücklich. Es stimmte also – der Schandfleck auf meinem Leben würde nie mehr zur Sprache kommen! Man würde mich nicht demütigen können! Und ich konnte ohne Angst den Weg der Gerechtigkeit gehen! Ich fühlte mich, als hätte ich einen großen Sieg errungen.

Kurz nachdem mein Vater verhaftet worden war, erhielt ich einen Anruf von Marty Murray, die Anwälte meines Vaters hätten Strafregisterauszüge über mich und andere Zeugen bei ihm angefordert. Ich sagte ihm, das sei kein Problem, sie würden höchstens ein oder zwei Strafzettel wegen Geschwindigkeitsüberschreitung darin finden. Ein paar Tage später rief Murray aufgeregt wieder an und sagte mir, in dem Auszug wäre mein Vergehen noch enthalten, und er müsse es der Verteidigung mitteilen.

Ich war am Boden zerstört. So ist das also, ging es mir durch den Kopf, du hast dein und deiner Kinder Leben ruiniert. An Sicas Schule wird man dir aus dem Weg gehen, und dein Amt im Kindergartenausschuß wirst du niederlegen müssen. Barry wirst du nicht mehr bei seinen Geschäften helfen können, denn niemand wird mehr Respekt vor dir haben. Und die Lipsker-Familie wird nichts mehr mit dir zu tun haben wollen. Du wirst Schande über alle Menschen bringen, die du liebst, und sie werden sich von dir zurückziehen. Es war klar, die Medien würden sich einen solchen Leckerbissen nicht entgehen lassen und in großer Aufmachung über meine Schande berichten. Und das alles hatte ich mir selbst eingebrockt, weil ich ein Verbrechen angezeigt hatte. Hätte ich doch nur die Finger davon gelassen! Ich war verzweifelt.

Marty beruhigte mich ein wenig und sagte, er würde der Verteidigung in einem Brief lediglich mitteilen, daß in meiner Akte ein Eintrag über ein lange Jahre zurückliegendes Vergehen enthalten sei, das keinen Einfluß auf meine Glaubwürdigkeit als Zeugin hätte. Die Art des Vergehens würde nicht erwähnt, und wenn die Verteidigung nachhaken würde, müsse der Richter entscheiden, ob es zulässig sei, die Sache vor Gericht anzusprechen.

Trotz der leisen Hoffnung, daß mein Vergehen der Verteidigung und damit der Presse nicht bekannt würde, fühlte ich mich scheußlich. Wie konnte das Strafregister eines Menschen an einem Tag ›sauber‹ sein und am nächsten Tag eine Bestrafung enthalten? Verdammte Computer, dachte ich.

Als Elaine Tipton später die Anklage übernahm und das Verfahren näherrückte, erklärte sie mir, meine Vorstrafe würde zu einem der Hauptpunkte bei der Voruntersuchung. Es ginge dann darum, ob ihre Erwähnung vor Gericht zulässig sei. Mein Name würde dabei nicht genannt, es würde nur von ›einem Zeugen‹ gesprochen.

Der Richter entschied später zu unseren Gunsten, und ich war unsäglich erleichtert. Elaine sagte mir, sie betrachte diese Entscheidung als wichtigsten Sieg im Vorfeld des Prozesses. Sie konnte diesen Sieg natürlich nicht hinausposaunen, und das tat mir für sie leid, aber doch wiederum nicht so, daß ich es andersherum lieber gehabt hätte. Auf jeden Fall wußte ich jetzt, daß Elaine Tipton voll auf meiner Seite stand.

Die Voruntersuchungen, die im Staat Kalifornien bei Verbrechen stattfinden, verfolgen denselben Zweck wie sogenannte ›Grand Jurys‹ in anderen Staaten. Der wesentliche Unterschied ist der, daß sie normalerweise öffentlich geführt werden und nicht hinter verschlossenen Türen wie die Grand Jurys. Sie sind darauf ausgerichtet, die wesentlichsten Elemente eines Falles darauf zu überprüfen, ob ausreichende Beweise vorliegen, um ihn an ein ordentliches Gericht abzugeben. Die Beweise werden dabei noch nicht ausführlich bewertet, wie das beim Prozeß geschieht, sondern nur überprüft, ob wichtige Lücken oder rechtliche Bedenken zu erkennen sind, die eine Abgabe an ein Gericht nicht rechtfertigen würden.

Wenn ein Richter bei einer Voruntersuchung den Überblick verliert, können engagierte Verteidiger des Angeklagten sie zur ausführlichen Vorwegnahme des bevorstehenden Prozesses umfunktionieren; sie lassen dann Scharen unbedeutender Zeugen aufmarschieren und hacken auf Nebensächlichkeiten herum.

Die Voruntersuchung im Fall Franklin begann am 21. Mai 1990. Vorsitzender Richter war James Browning jr., der im Verfahren gegen Patty Hearst die Anklage vertreten hatte. Die Untersuchung konzentrierte sich auf zwei Hauptfragen: Erstens, war Eileen Franklin eine glaubwürdige Zeugin und zweitens, war die Rückkehr ihrer Erinnerung durch Hypnose hervorgerufen worden? Der letztere Punkt war von großer Bedeutung, denn ihre Aussagen als Augenzeugin waren im Staat Kalifornien vor Gericht nicht zulässig, wenn sie auf Hypnose beruhten. Der ganze Fall wäre dann zusammengebrochen.

Ein früherer Feuerwehrkollege hatte George Franklin einen Anwalt namens Douglas Horngrad vom Anwaltsbüro Horngrad und Wachtel in San Francisco empfohlen. Horngrad war ein großer, freundlich wirkender Mann, Ende Dreißig, mit

Hornbrille und leicht gebeugter Haltung. Er machte einen fähigen, professionellen Eindruck. Sein Partner Arthur Wachtel war ziemlich klein gewachsen und hatte graue Haare, die nicht zu seinen achtunddreißig Jahren und seinem schwungvollen, jungenhaften Auftreten paßten. Während der Voruntersuchung traten beide im Gerichtssaal recht arrogant und überheblich auf. Hin und wieder blitzte besonders bei Horngrad Streitlust auf.

Noch vor Beginn der Voruntersuchung mußte entschieden werden, ob die Presse und die Öffentlichkeit zugelassen werden sollten. Franklins Anwälte hatten einen entsprechenden Antrag gestellt, da gegen ihren Klienten Vorwürfe erhoben wurden, die seine Privatsphäre berührten. Der Antrag wurde abgelehnt; sogar das Fernsehen wurde, wenn auch nur mit einer Kamera für alle Stationen, zugelassen.

Die größte Überraschung bei Beginn der Voruntersuchung war George Franklin selbst. Er hatte sein äußeres Erscheinungsbild dermaßen verändert, daß jemand, der den Fall verfolgt und ihn bei der Anhörung zur Anklage gesehen hatte, kaum glauben konnte, daß dieser unscheinbare Mann da auf der Anklagebank tatsächlich der Angeklagte George Franklin war. Auch gegenüber den Fotos, die von ihm nach seiner Festnahme gemacht und bei der NBC-Fernsehsendung gezeigt worden waren, war er kaum wiederzuerkennen.

Seit seiner Festnahme vor sechs Monaten hatte er fast vierzig Pfund abgenommen. Er wirkte nicht mehr stämmig, sondern fast schlank. Sein struppiges graues Haar war jetzt kurz geschnitten und korrekt gescheitelt. Den wilden Bart hatte er abrasiert, und zum Vorschein war ein gutmütiges Gesicht gekommen, das für seine fünfzig Jahre allerdings von extrem vielen Falten durchzogen war. Eine Brille mit Stahlfassung milderte das einzige noch verbliebene finstere Merkmal, die dichten, über seiner Nase ineinander übergehenden Augenbrauen. Der graue Anzug und die schlichte blaue Krawatte vervollständigten die Veränderung vom ungepflegten, wilden Brutalo zur unscheinbaren grauen Maus. Er sah aus wie der farblose Direktor einer High-School, war weit mehr Jekyll als Hyde. Während der folgenden Tage, auch in dramatischen Augenblicken, saß er gelassen und mit der Andeutung eines verbindlichen Lächelns auf seinem Stuhl.

Die Hauptpunkte, die Elaine Tipton in der Voruntersuchung herausstellen wollte, waren zum einen, daß Susan Nason tatsächlich ermordet worden war und keine andere Todesursache in Frage kam und zum anderen, daß Eileen Franklin Augenzeugin des Mordes war und den Mörder identifizieren konnte. Tipton bot eine Reihe von Nebenzeugen auf, die zu Randerscheinungen des Geschehens aussagten. Sie konnten zwar keinen Beitrag zum Beweis von Franklins Schuld leisten, stützten aber Eileens Version vom Ablauf des Verbrechens.

So widerlegte zum Beispiel Margaret Nason, inzwischen eine dünne, zerbrechliche Frau mittleren Alters, einen alternativen Erklärungsversuch der Verteidigung und sagte mit Nachdruck aus, ihre Tochter wäre niemals zu einem Fremden in ein Auto gestiegen.

Mehrere Polizisten und Gerichtsmediziner schilderten in grausamer Detaillierung die Todesart und den Zustand der Leiche bei der Entdeckung.

Bevor sie zu der Verhandlung nach San Francisco flog, bat Eileen die Lehrer an Sicas und Aarons Schule, die Kinder davor zu bewahren, durch Geschwätz und Gerüchte beunruhigt zu werden. Die Lehrer zeigten Verständnis und sagten zu, darauf zu achten. Eileen war erleichtert.

EILEEN

Am Morgen des Beginns der Vorverhandlung holte Bob Morse Barry und mich am Flughafen ab und brachte uns zum Gerichtsgebäude in Redwood City. Dort trafen wir Elaine. Ich hatte erwartet, ins Hotel zu fahren, ein wenig entspannen und mich umziehen zu können, aber Elaine ging noch einmal einige meiner Aussagepunkte mit mir durch. Schließlich war es zu spät, noch ins Hotel zu fahren; ich mußte mich auf der Toilette im Gerichtsgebäude umziehen.

Bob holte meinen Koffer aus dem Wagen, und wir stellten fest, daß mein Kleid völlig zerknittert war. Ein Bügeleisen war in den Amtsräumen nicht aufzutreiben, und Bob sauste los, um eines aus Elaines Wohnung, die nicht weit entfernt war, zu holen. Als er mit einem Bügelbrett unter dem Arm und einem Bügeleisen in der Hand wieder zurückkam und durch das Gebäude ging, erregte er einiges Aufsehen und mußte Spott und Hänseleien über sich ergehen lassen.

Seine Kollegen hätten noch mehr gegrinst, wenn sie gesehen hätten, wie er das Bügelbrett aufstellte und anfing, mein Kleid zu bügeln. Er hatte die Jacke ausgezogen, und es war schon ein seltsames Bild, einen Mann mit umgeschnalltem Holster und martialischer Pistole darin ein Damenkleid bügeln zu sehen. Ich protestierte und sagte, ich könne das auch selbst machen, aber Bob erinnerte mich an eine seiner früheren Aussagen: »Sie glauben gar nicht, was wir für unsere Zeugen alles tun!«

Nachdem ich mich auf der Damentoilette umgezogen hatte, wollte ich mein Haar richten, aber meine Hände zitterten so, daß ich es nicht schaffte, meinen Zopf zu einem Knoten im Nacken zusammenzustecken. Elaine kam rein und half mir, das Werk zu vollenden. Mit ein paar Haarnadeln im Mund sprach sie beruhigend auf mich ein, und ich wurde an die Tage erinnert, als wir Franklin-Schwestern uns gegenseitig beim Anziehen halfen. Ich war glücklich, Elaine Tipton und Bob Morse an meiner Seite zu haben.

12. KAPITEL

Bei Eileens erstem Auftritt im Gerichtsgebäude war der Flur voller Journalisten und Kameramänner, die diese erstaunliche Frau, die Mordanklage gegen ihren Vater erhob, sehen wollten. Tipton erklärte einem verblüfften Barry, daß Bob Morse Eileen auf dem Weg zum Gerichtssaal begleiten würde. Das Anklage-Team hatte festgestellt, daß Barry erheblich zu Eileens Verunsicherung beitrug, indem er ihr immer wieder einzutrichtern versuchte, wie sie aussagen solle und wie sie die Verteidiger austricksen könne. Er hatte auch fortlaufend an der Strategie der Anklage herumgemosert und ›gute‹ Ratschläge gegeben. Tipton hatte schließlich die Geduld verloren und sich entschlossen, Barry von Eileen fernzuhalten. Barry war darüber äußerst erzürnt.

Es war nicht einfach, Barry zu reglementieren, aber Elaine ließ ihn ganz einfach nicht in das Büro, in dem sie eine letzte Besprechung mit Eileen machte. Während er wütend im Wartezimmer auf und abging, verließen Morse und Cassandro mit Eileen das Gebäude durch einen anderen Ausgang und eilten über die Straße zum alten Gerichtsgebäude, dem sogenannten Justizzentrum, in dem die Verhandlung stattfand. Eileen hätte von sich aus Barry bestimmt keinen solchen Strich durch die Rechnung gemacht, aber an diesem Morgen war sie froh, daß es andere für sie taten.

Barry entging damit Eileens spektakuläres erstes Auftreten im Gerichtssaal und in der Öffentlichkeit, deren Interesse sich noch eine ganze Weile auf sie konzentrieren sollte. Als Reporter und Kameramänner sie auf dem Weg zum Gerichtssaal umdrängten, wirkte sie angespannt und verängstigt, aber sie sah hübsch aus; sie trug ein marineblaues, einfach geschnittenes Kleid mit weißen Accessoires – Perlenohrringe, Perlenkette und eine Perlenspange im Haarknoten.

Im Zeugenstand hielt sie sich trotz ihrer Scheu vor öffentlichen Auftritten und ihrer angespannten Gefühlslage großartig. Nachdem sie vereidigt worden war, legte Horngrad sofort los und stellte ihre Zulässigkeit als Zeugin in Frage, da sie sich einer Hypnose unterzogen hätte. Auf Weisung des Richters wurde sie zunächst von Horngrad, dann von Tipton ins Verhör genommen und zur Sache befragt. Eileen gab die Gründe für ihre Notlüge an und blieb kategorisch dabei, sie sei niemals in ihrem Leben hypnotisiert worden.

Der Richter behielt sich eine Entscheidung zu dieser Sache noch vor und ordnete die Befragung Eileens als Augenzeugin den Mordes an. Vor laufenden Fernsehkameras und den mehr als zwanzig eifrig mitschreibenden Reportern schilderte Eileen alle Einzelheiten des Geschehens, wie sie sie in Erinnerung hatte. Als sie zu dem Punkt kam, als ihr Vater über Susan stand und mit dem Stein in der Hand ausholte, um auf ihren Kopf einzuschlagen, hob Eileen den Arm, um die Szene bildlich zu untermauern. Das Foto der jungen Frau, die in einem überfüllten Gerichtssaal demonstrierte, wie ihr Vater ihre beste Freundin erschlug, ging durch alle Zeitungen der Vereinigten Staaten. Im Kreuzverhör stellte Horngrad zahllose Fragen über die Umstände der Rückkehr ihrer Erinnerung; auf den Mord selbst ging er kaum mehr ein.

Barry hatte keinen Zutritt zum Gerichtssaal erhalten, weil er später als Zeuge gehört werden sollte. Tipton konnte nicht verhindern, daß er in der Mittagspause in ihr Büro im Gerichtsgebäude kam. Er schimpfte im Beisein von Eileen sofort auf Murray und Tipton ein, es sei eine Unverschämtheit, ihn von seiner Frau fernzuhalten, er hätte wichtige Dinge mit ihr zu besprechen, zum Beispiel eines der Angebote für einen Film. Dem sonst eher sanften Murray platzte der Kragen, und er schrie Barry an, er habe ›durch seine dauernden Einmischungen, seine dämlichen Interviews und die verdammten Film- und Buchverhandlungen‹ der Sache der Anklage schon genug geschadet und solle endlich den Mund halten. »Es war wirklich eine äußerst erhitzte Atmosphäre«, erzählt Elaine Tipton später. »Auch ich sagte ihm, er lege es anscheinend darauf an, Eileen aus dem

Konzept zu bringen und die Geschlossenheit der Anklage zu torpedieren.«

Barry sah das alles keinesfalls ein, im Gegenteil, er schrie zurück, die Leute von der Staatsanwaltschaft hätten Eileen angelogen, sie würden im übrigen den Fall ganz falsch anpacken und ihn wie einen Blödmann behandeln. Für Eileen war diese lautstarke Auseinandersetzung ein zusätzlicher Alptraum an diesem ohnehin schon alptraumhaften Tag.

Kurz nach dem Krach traf ein Freund der Lipskers Barry auf der Straße, wo er mit seiner Tragetasche über der Schulter auf- und abging. Barry fragte den Freund, ob er ihn zum Flughafen fahren könne. »Ich haue ab hier«, fauchte er, »ich lasse mich nicht länger wie ein Kind behandeln. Diese Arschlöcher wollen nicht, daß ich mit meiner Frau zusammenkomme, na schön, dann sollen sie doch machen, was sie wollen. Gottverdammte Anwälte! Ich halte es mit diesen Typen nicht mehr aus!« Der Freund beruhigte ihn und sagte ihm, wenn Eileen erführe, daß er nach Hause gefahren sei, würde sie das völlig aus dem Konzept bringen.

Am Ende des ersten Verhandlungstages hatte sich Barry tatsächlich ein wenig beruhigt. Er aß mit Eileen in ihrem Hotel zu Abend, dann machten sie mit einem Freund eine Rundfahrt durch Foster City, das ja nur ein paar Minuten entfernt war. Als sie an ihrem früheren Haus im Harvester Drive vorbeikamen, wurde Eileen sehr still. Dann kamen sie an dem Apartmenthaus vorbei, in dem sie sich kennengelernt hatten, und beide wurden recht nostalgisch.

»Weißt du noch, wie wir die Enten gefüttert haben, Barry?« fragte Eileen, und er erinnerte sie an die verrückten Bootspiele auf dem künstlichen See, die sie mitgemacht hatten. Dann aber waren sie sich nicht einig, ob ein ehemaliger Freund hier oder dort gewohnt hatte, und daraus entstand ein ernsthafter Krach zwischen beiden. In den nächsten Tagen kam es öfter zu solchen Auseinandersetzungen; stets ging es darum, ob ihre Erinnerung oder seine zutreffender sei. Ein Außenstehender hätte sich sicher gewundert, daß solche banalen Dinge aus der Vergangenheit die beiden, vor allem Eileen, so auf die Palme bringen konnten. Für Eingeweihte hingegen war klar, daß für eine Frau, bei der es auf richtiges Erinnern in besonderem Maße ankam, auch solche Kleinigkeiten sehr, sehr wichtig waren.

Die Presseberichte waren nicht alle positiv – einige Reporter brachten ihre Skepsis gegen Eileens Aussagen zum Ausdruck –, aber keiner der Berichte unterstellte ihr, sie sei vielleicht geistig nicht ganz zurechnungsfähig, wie sie anfangs gefürchtet hatte. Am zweiten Tag ihrer Vernehmung trug sie ihr Haar offen und ein noch einfacheres Kleid. Sie wirkte erheblich entspannter als am ersten Tag, auch wenn sie in heftige Auseinandersetzungen mit Horngrad geriet. Als sie auf eine Frage von Horngrad antwortete, sie habe die angesprochene Sache nicht mit George junior besprochen, hakte er nach, ob sie denn Krach mit ihrem Bruder hätte. Sie sagte, ja, das hätte sie, und mit festem Blick auf Horngrad fügte sie hinzu: »Wenn Sie etwas von mir wissen wollten, hätten Sie mich fragen können. Es war nicht nötig, meinen Bruder als Spion auf mich anzusetzen.«

Am letzten Tag ihrer Zeugenaussage fragte Horngrad, ob sie nicht zugeben müsse, ihr Erinnerungsvermögen sei eingeschränkt. Sie antwortete, das Erinnerungsvermögen *aller Menschen* habe seine Grenzen. Horngrad wurde ärgerlich und fuhr sie an: »Wir sprechen hier nicht vom Erinnerungsvermögen im allgemeinen, sondern von der Erinnerung an eine Mordszene.« Aber Eileen hatte diese Runde gewonnen. Kurz bevor er sie aus dem Verhör entließ, stellte Horngrad ihr noch die Frage: »Haben Sie Ihren Vater geliebt?«

Eileen antwortete mit ruhiger Stimme, ohne ihren Vater anzusehen: »Ich glaube, ich habe meinen Vater immer geliebt.«

Eileen fragte später einen Freund, der im Gerichtssaal gesessen hatte, wie ihr Vater reagiert habe, als sie das sagte. Der Freund sagte, er hätte keine Veränderung im Gesichtsausdruck Franklins feststellen können. Und tatsächlich hatte George Franklin während der ganzen Aussage Eileens, selbst als sie beschrieb, wie er mit dem Stein auf Susans Kopf eingeschlagen hatte, mit unbewegter Aufmerksamkeit zugehört und eher den

Eindruck eines stolzen Vaters gemacht, der sein geliebtes Kind beim ersten öffentlichen Auftritt beobachtet, als den eines Mannes, der von eben diesem Kind eines schrecklichen Verbrechens angeklagt wird. Als Eileen erwähnte, sie habe einmal erwogen, sich hypnotisieren zu lassen, um ihr Übergewicht loszuwerden, lächelte Franklin breit und schien Augenkontakt mit ihr zu suchen. Eileen vermied es aber während der gesamten Verhandlung, ihn anzusehen.

Die Verteidigung hatte behauptet, Janice würde ein Alibi für den Angeklagten bezeugen. Sie bezog sich dabei auf die Aussage, die sie 1984 bei der Polizei gemacht hatte, als sie ihren Vater wegen des Mordes anzeigen wollte. Sie hatte damals gesagt, sie hätte ihren Vater ›etwa um vier Uhr‹ zu Hause angetroffen. Da Susan erst um kurz nach drei von der Schule gekommen war, wäre es für Franklin zeitlich nicht möglich gewesen, bis zum Tatort zu fahren, die Tat zu begehen und um vier Uhr wieder zurückzusein.

Im Zeugenstand sagte Janice, sie habe sich damals geirrt. Sie glaube jetzt, es sei eher fünf oder halb sechs gewesen. Außerdem gab sie zu Protokoll, wegen des ständigen verbalen, körperlichen und sexuellen Mißbrauchs durch den Angeklagten habe sich sich als Kind und Heranwachsende so wenig wie möglich im Hause aufgehalten. Auch Leah sagte als Zeugin der Anklage aus, es sei unerträglich gewesen, mit einem Monster wie George Franklin zusammenleben zu müssen, behauptete aber, sie könne sich an nichts Außergewöhnliches im Verhalten Franklins oder anderer Familienmitglieder in der Zeit der Ermordung Susan Nasons erinnern.

Barry hatte ungeduldig darauf gewartet, in den Zeugenstand gerufen zu werden. Er wollte die Gelegenheit nutzen, der Verteidigung ›eins reinzuwürgen‹, wie er sagte, und so viel Negatives wie nur möglich über seinen Schwiegervater aussagen. Als die Sprache auf die schlimmen Zustände im Hause Franklin kam, platzte er damit heraus, Eileens Vater habe sie einmal festgehalten, während ein Freund von ihm sie vergewaltigte. Natürlich hinterließ diese verbale Handgranate Schlagzeilen in der Presse des nächsten Tages.

Während des Verhörs durch Wachtel machte Barry jedoch einige mißverständliche Äußerungen und sagte Dinge, die die Position der Anklage schwächten. Tipton meinte dazu später einem Freund gegenüber: »Normalerweise nimmt man einen solchen Zeugen ins Kreuzverhör und versucht, den Schaden wieder halbwegs auszubügeln. Ich verzichtete aber darauf, denn Wachtel hätte Barrys unkontrollierbare Redesucht dazu nutzen können, noch mehr schädliche Dinge für die Anklage aus ihm herauszukitzeln. Ich wollte nichts anderes, als daß Barry so schnell wie möglich aus dem Zeugenstand verschwindet.«

Obwohl Barry ein Problem für die Anklage darstellte, schätzte ihn Elaine Tipton nicht nur negativ ein: »Während er im Zeugenstand einen Fehler nach dem anderen machte, fragte ich mich, wann dieser Mann endlich lernen würde, sich vorsichtiger zu äußern. Ich konnte meine Frage sofort selbst beantworten: nie. Keine Macht der Erde wird es je schaffen, Barry Lipsker zu ändern. Barry wird immer tun, was Barry für richtig hält.«

Aber dann fuhr sie fort: »Eines muß man ihm jedoch lassen – er hat ein sauberes, unbeirrbares Rechtsempfinden. Von allen Ehemännern dieser Erde – die meisten wahrscheinlich fürsorglicher, verständnisvoller und sensibler ihren Frauen gegenüber als Barry – hätten sicher achtzig Prozent in dieser Situation gesagt: ›Okay, Liebling, ich glaube dir, ich liebe dich und möchte nur das Beste für dich, bitte laß die Finger von dieser Sache, das bringt dir und der ganzen Familie nur Ärger, Leid und Kummer. Wir müssen uns was anderes überlegen, wie wir die Sache in den Griff kriegen, aber geh nicht zur Polizei, das wird unser Leben zerstören.‹ Aber Barry sagte nichts dergleichen. Er wollte, daß George Franklin für seine Taten bestraft wird. Auch die Angst vor seiner eventuellen Rache hielt ihn nicht davon ab. Barry Lipsker wollte das Richtige tun, und er hat es getan.«

Da die beiden nicht mehr für weitere Aussagen gebraucht wurden, machten sich Eileen und Barry auf den Rückweg nach

Canoga Park. Ein Freund fuhr sie zum Flughafen, und auf der Fahrt sagte er anerkennend zu Barry: »Mensch, das war vielleicht 'ne Bombe, die du da im Gerichtssaal über Eileens Vergewaltigung losgelassen hast!« Eileen, die bei Barrys Aussage nicht im Gerichtssaal sein durfte, war entsetzt, als sie auf diese Weise erfuhr, was er ausposaunt hatte. Sie weinte und schrie Barry an, er habe sie bloßgestellt und verraten.

»Warum regst du dich so auf?« fragte er. »Es geht doch wohl darum, der Welt zu zeigen, was für ein Unmensch George Franklin ist, und wir wollen ihn doch ins Zuchthaus bringen, oder?«

»Die Vergewaltigung war eine Scheußlichkeit, die man *mir* angetan hat«, schrie Eileen. »Ich will nicht, daß die ganze Welt das erfährt. Und wenn es sein müßte, dann wäre es *meine* Sache, es zu erzählen, nicht deine!« Sie konnte sich kaum beruhigen.

Später auf dem Flughafen suchten sie sich an einem Kiosk Zeitschriften aus. Zwischen ihnen standen zwei Geschäftsleute. »He, Eileen«, rief Barry ihr freudig zu, »du bist die Hauptperson im *Time*-Magazin heute!« Die beiden Geschäftsleute starrten Eileen an. »Barry«, zischte sie zurück, »halt endlich deine verdammte Schnauze!«

In der zweiten Woche der Voruntersuchung wurde Richter Browning immer ungeduldiger, als Horngrad und Wachtel nur noch unbedeutende Zeugen aufboten; er verlangte schließlich den Abschluß der Untersuchung. Horngrad faßte die Argumente der Verteidigung zusammen. Zur Zeit des Mordes, führte er aus, sei in Foster City ein verdächtiges Subjekt gesichtet worden, das die Tat begangen haben könnte; zwischen den Aussagen von Eileen und Janice gäbe es erhebliche Diskrepanzen; Eileen könne die Sache inszeniert haben, um daraus durch Buch- und Filmprojekte Kapital zu schlagen; und es sei nicht sicher widerlegt, daß Eileen hypnotisiert worden sei. Keines der Argumente überzeugte Richter Brwoning. Er stellte fest, daß die Beweislast ausreiche und keine rechtlichen Formfehler vorlägen. Am 1. Juni 1990 verkündete er das Urteil der Voruntersuchung: George Franklin war einem ordentlichen Gericht zu überstellen.

EILEEN

Nach der Voruntersuchung faßte ich den Entschluß, meiner Erinnerung freien Lauf zu lassen und die geschlossenen Tore aufzureißen, hinter denen sich immer noch viele Ereignisse meiner Kindheit verbargen. Die Strafverfolgung hatte einen ersten Sieg im Gerichtssaal errungen; ich wollte einen persönlichen Sieg über meinen Geist erringen und ihn von anderen unterdrückten Erinnerungen befreien.

Ich fragte mich, ob es möglich sei, meinen Geist so zu beeinflussen, daß er Erinnerungen nicht mehr unterdrückte, sondern sie hervorholte. Ich war neugierig, ob mir ein solches Experiment gelingen könnte. Es gab Bereiche in meinem Kindheitserleben, vor denen ich zurückschreckte; wenn ich anfing, an sie zu denken, schrillte eine Sirene in meinem Kopf auf: *VERBOTEN! NICHT BETRETEN!* Wenn es mir gelang, die Blokkade dieser erschreckenden Erinnerungen zu brechen und sie hervorzuholen, dann, so hoffte ich, würde ich dieses unbestimmte Gefühl des Horrors, das mein Leben verdüsterte, loswerden können. Ich wollte mich diesen Erinnerungen tapfer stellen, und vielleicht konnte ich es schaffen, sie in meinem Geist als ›normale Gegebenheiten‹ abzulegen.

Ich überlegte sorgfältig, welche Folgen es haben könnte, wenn ich Erinnerungen hervorholte, die ich bisher noch nicht gehabt hatte. Horngrads feindselige Befragung war sehr entnervend für mich gewesen, und ich wollte auf keinen Fall, daß er zusätzliche Gründe bekam, beim Prozeß auf mir herumzuhacken. Und ich hatte Angst davor, vielleicht etwas zu tun, das der Sache der Anklage schaden oder mich bei Elaine Tipton in Mißkredit bringen konnte.

Leider, so muß ich sagen, fühlte ich mich zu dieser Zeit ziemlich stark und selbstsicher, und so entschied ich mich, mein Erinnerungsexperiment zu starten. Ich bereitete mich verstandesmäßig auf diesen ›Reinigungsprozeß‹ vor, versäumte es aber, mich gefühlsmäßig auf eine weitere, höllische Rückerinnerung an einen Zwischenfall mit meinem Vater einzustellen. Sie hatte nichts mit Susans Ermordung zu tun. Sehr bald merkte ich, daß es doch besser gewesen wäre, diese Dinge aus dem Bewußtsein ausgesperrt zu lassen. Es entbehrte nicht einer gewissen Ironie – bei dem Versuch, mich zu heilen und zu stärken rief ich neue, schlimme, deprimierende Qualen hervor.

Ich entschloß mich, mein Experiment mit einer mentalen Reise durch unser Haus am Harvester Drive in Foster City einzuleiten. Ich stellte mir vor, wie ich durch das ganze Haus gehe... Das ›Familienzimmer‹ mit dem häßlichen braunen Linoleum auf dem Boden... Die Küche mit den Fenstern zum Nachbarhaus auf der einen und zur Einfahrt auf der anderen Seite... Das schmucklose, ungemütliche Wohnzimmer... Ich gehe durch die Diele, vorbei am Elternschlafzimmer, komme zum Badezimmer meiner Eltern... Ich muß stehenbleiben, kann nicht weitergehen... Ein Anflug von Angst überfällt mich... Wird stärker...

Ich weiß nicht, was mich festhält, will mich zwingen, weiterzugehen... Das Badezimmer macht mir Angst... Aber ich darf nicht davonlaufen, wenn ich mich erinnern will... Ich gehe ins Badezimmer rein...

Welche Erinnerung taucht auf? Ich sitze mit meinem Vater in der Badewanne. Ich bin noch sehr jung, mein Haar ist noch ganz kurz. Er hält mich mit beiden Händen unter den Armen, hebt mich hoch, läßt mich wieder ins Wasser fallen. Mir gefällt das, ich lache, bin glücklich. Mit den Zeigefingern kitzelt er mich unter den Armen, spricht fröhlich auf mich ein. Wir lachen beide. Aber etwas stört mich. Da ist etwas Hartes in seinem Schoß...

Nein, schreit es in mir auf, ich will mich nicht an diese widerliche Szene erinnern, will nicht wissen, was dann noch geschah... Warum bin ich nur durch diese Tür gegangen?

Aber ich kann mit der Angst vor diesem Badezimmer nicht weiterleben ... Ich muß weitermachen ...

Vielleicht ist gar nichts weiter passiert ... Warum krampft sich dann aber mein Magen zusammen, warum schüttelt mich ein schreckliches Angstgefühl? Bitte, lieber Gott, laß nichts weiter passiert sein, noch eine böse Erinnerung an meinen Vater kann ich nicht verkraften ...

Er spielt mit mir, das Wasser ist warm und voller Schaum, so wie ich es mag ... Ich sitze auf seinem Schoß, er drückt meine Schultern nach vorn, schiebt meinen Unterkörper auf seinen ... Ich spüre, wie er seine Härte gegen mich preßt ... Ich erschrecke, schreie auf ... Er kitzelt mich wieder unter den Armen, redet beruhigend auf mich ein, aber er drückt noch fester ... Es tut weh. Und er drückt immer fester ...

Nein! Ich will nichts mehr wissen! Mein Magen schmerzt, ich zittere vor Angst. Aber ich habe die Kontrolle verloren, die Erinnerung geht weiter, ich kann sie nicht aufhalten ...

Der Schmerz wird brennend, sengend ... Ich schreie – nein, ich winsele wie ein verwundetes Tier. Er drückt plötzlich meinen Kopf unter Wasser ... Läßt mich dann endlich los, ich schnappe nach Luft, würge, spucke Wasser aus – und weine. Meine Mutter kommt rein und fragt, was denn los sei. Er sagt, ich hätte Seife in die Augen bekommen.

Jetzt hatte ich mich also von einer Erinnerung ›befreit‹ – ich hätte es besser sein lassen. Ich fühlte mich schrecklich allein, und wie immer, wenn Erinnerungen an Untaten meines Vaters wieder aufgetaucht waren, auch schutzlos, verraten und betrogen. Verzweifelt wünschte ich mir, mit jemand darüber sprechen zu können. O Gott, wäre ich doch nur nicht in meinen Gedanken allein in dieses Badezimmer zurückgegangen ...

Bei Betrachtung der rechtlichen Konsequenzen wurde mein Gefühl der Isolation noch schlimmer; es war mir bei Strafandrohung verboten, mit irgend jemand über Dinge zu sprechen, die mit dem Fall Franklin zusammenhingen. Ich konnte nicht mit Barry sprechen; auch er unterlag dem Sprechverbot, und er würde mir wohl auch nicht helfen können und mir höchstens raten, die Sache zu vergessen. Meiner Mutter konnte ich es nicht sagen – sie würde es nicht einmal hören wollen. Janice hätte ich es gern erzählt, aber sie würde zu sehr mit mir leiden, und das wollte ich ihr in dieser schweren Zeit nicht zumuten. Auch mit Kirk Barrett konnte ich die Sache nicht erörtern, obwohl er der Mann war, der mir am ehesten hätte helfen können, aber er war als Zeuge im Prozeß vorgesehen. Sharon, Denise, Lynn und Lea kamen nicht in Frage. Wie sollten sie den Schmerz und die Angst verstehen können, die mich aufs neue peinigten, aber ihren Ursprung in einem so weit zurückliegenden Ereignis hatten? Und Elaine, die Quelle meiner Kraft, meine letzte Hoffnung? Ich mußte befürchten, daß sie in ihrer beruflichen Korrektheit die Sache an Horngrad weitergeben würde, wie es das Gesetz vorsah. Nein, ich konnte mit niemand sprechen. Ich war verängstigt und vereinsamt. Mein Vater hatte mich, seine eigene Tochter, als kleines Kind vergewaltigt, hatte mich geschändet – und ich war zum Schweigen verdammt, mußte es zulassen, daß er für ein weiteres seiner Verbrechen nicht büßen mußte. Mir waren die Hände gebunden. Er war der Gewinner.

Barrys Plan, seine Geschäfte in die Schweiz zu verlagern, verzögerte sich, weil noch keine der in Frage kommenden Firmen zugesagt hatte, mit ihm zusammenarbeiten zu wollen. Barry hatte sich entschlossen, noch ein halbes Jahr zu warten, wenn er dann noch keine Zusage eines potenten Klienten hatte, wollte er auf das Projekt in St. Gallen verzichten und im versmogten Los Angeles bleiben.

Kurz vor Ablauf der sechs Monate boten ihm dann sogar zwei bedeutende Schweizer Firmen lukrative Kontrakte an. Wir gerieten in Hektik. Am wichtigsten war aus meiner Sicht, ein Haus für uns und eine Schule für die Kinder zu finden. Barry übersiedelte in die Schweiz, ich pendelte zwischen St. Gallen und Canoga Park hin und her. Und über all unseren hektischen Aktivitäten hing das Damoklesschwert des Gerichtsverfahrens gegen meinen Vater, das im Oktober stattfinden sollte.

Mein Selbstwertgefühl hatte sich in den letzten Monaten drastisch verändert. Seit meiner Aussage bei der Voruntersuchung fühlte ich mich müde und traurig – und unzufrieden mit meinem Leben. Freunde hatte mich zum Essen mit anschließender Strandparty eingeladen, aber ich durchsuchte mißmutig meinen Kleiderschrank und fand nichts, was noch zu mir paßte. Alle Kleider schienen jemand anderem zu gehören; war das wirklich ich gewesen, der die gekauft hatte? Weich, weiblich und ein wenig sexy, das war mein Stil, aber jetzt schien er nicht mehr zu mir zu passen. Ich fühlte mich nicht mehr wohl, weich, weiblich und sexy zu sein, und ich wußte, daß das auf *den Fall* zurückzuführen war. Es hatte mir immer Spaß gemacht, die Aufmerksamkeit der Männer zu erregen, aber jetzt wollte ich das nicht mehr. Man hatte mich um meine Weiblichkeit gebracht. Die quälenden Tage im Zeugenstand von Redwood City hatten mich verändert, hatten mir Angst gemacht, auch nur im geringsten aufzufallen. Ich hatte bereits viel zu viel Aufmerksamkeit erregt. Die Medien hatten mich vergewaltigt.

Ich konnte natürlich die Kleider ausrangieren, aber das würde das Problem nicht lösen. Welche Kleider würden jetzt zu mir passen? Ich hatte keine Ahnung. Sinnvoller wäre es gewesen, die Gedanken auszurangieren, die dazu führten, daß ich mich in der gewohnten Aufmachung nicht mehr wohl fühlte. Aber das ging nicht so einfach. Schade. Wie zum Teufel sollte es denn aber mit meinem Leben weitergehen?

Mein Zustand verbesserte sich ein wenig, als Elaine Tipton für mich ein Treffen mit Dr. Lenore Terr, der Psychiaterin, die auch bei der NBC-Sendung dabei war, arrangierte. Der Hintergrund dafür war, daß Dr. Terr als Gutachterin im Prozeß über das Zustandekommen meiner Rückerinnerung aussagen sollte. Elaine wollte, daß ich dieses Thema mit ihr durchsprach. Ich flog also für zwei Tage nach San Francisco. Bob Morse holte mich am San-Jose-Flughafen ab. Zur Begrüßung hatte er mir einen süßen Teddybär mitgebracht. Meine Ansicht über die Polizei wurde immer positiver.

Wir hatten noch etwas Zeit und machten einen Einkaufsbummel am Union Square. Ich kaufte ein paar Kleider für die Kinder und suchte Bob eine schicke Krawatte für den Prozeß aus. Dann brachte er mich zu Dr. Terrs Büro. Ich wußte wenig über sie. Elaine hatte mir nur gesagt, sie sei eine Topexpertin über Kindheitstraumata und habe ein allseits anerkanntes Buch darüber geschrieben. Ich stellte ihr ein paar Fragen zu ihrer Tätigkeit – Bob hatte mir schon öfter gesagt, ich hätte mehr Talent, die Leute auszufragen als jeder Untersuchungsbeamter –, und als sie mir sagte, der Titel ihres Buches laute *Too scared to cry (Zu verängstigt zum Aufschrei)*, da wußte ich, daß sie der richtige Mensch war, mit dem ich sprechen sollte.

Unsere Gespräche waren sehr interessant. Sie stellte erhellende Fragen zum Neuerwachen meiner Erinnerungen, und ich war erstaunt, wie klar sie erkannte, worauf dieser Prozeß zurückzuführen sei. Sie sah mich nie an, als sei ich ein wenig absonderlich, selbst als ich ihr erzählte, daß ich als Kind meinte, ich könne mich unsichtbar machen. Auch mein Eingeständnis, daß ich vor Jahren einmal kokainabhängig war, irritierte sie nicht. Und daß ich eine Vergewaltigung und einen Mord mehr als zwanzig Jahre in meinem Unterbewußtsein vergraben hatte, war für sie ein natürliches Phänomen.

Als ich nach der letzten Besprechung ihr Büro verließ, fühlte ich mich gestärkt und ›normal‹. Die Gespräche mit ihr hatten mein Selbstbewußtsein gestärkt und mir Hoffnung für die Zukunft gegeben.

DRITTER TEIL

DER PROZESS

13. KAPITEL

Zum Vorsitzenden Richter im Franklin-Fall wurde Thomas McGinn Smith bestimmt. Der Gerichtssaal, in dem er seine Prozesse abhandelte, lag im zweiten Stock des Justizzentrums von Redwood City, einem großen, nüchternen Nachkriegsgebäude. Es lag gegenüber dem ehrwürdigen, von einer Kuppel überragten Gerichtsgebäude, in dem die Voruntersuchung stattgefunden hatte. Die Büros des Sheriffs und der Bezirksstaatsanwaltschaft befanden sich ebenfalls im Justizzentrum.

Den ganzen vierten Stock des Gebäudes nahm das Gefängnis ein, in dem mehr als fünfhundert Männer – das Frauengefängnis war in einem anderen Gebäude – ihre Strafen absaßen, sofern sie unter einem Jahr lagen oder die Insassen in Untersuchungshaft auf ihren Prozeß warteten. George Franklin hatte während der Gerichtsverhandlung also keinen weiten Weg von seiner Zelle im vierten Stock zum Gerichtssaal im zweiten. Elaine Tipton hatte ihr Büro in der dritten Etage.

Der Gerichtssaal war nicht groß; in vier Reihen gepolsterter Theatersessel fanden etwa sechzig Zuschauer Platz. Das war wenig für einen Prozeß, der die Aufmerksamkeit der ganzen Nation erregte. Die Presse- und Fernsehreporter belegten den größten Teil der Plätze. Fernsehkameras waren nicht zugelassen; NBC hatte zwar versucht, einen anderen Gerichtsbeschluß herbeizuführen, war aber gescheitert. Sechs bis acht Sitze waren ständig für die Prozeßparteien und für Leute reserviert, die vom Prozeß betroffen waren wie zum Beispiel die Nasons. Sie waren fast jeden Tag anwesend. Stehende Zuschauer waren nicht zugelassen. Die Berichterstatter der Medien stöhnten, denn sie mußten jeden Tag lange vor Verhandlungsbeginn im Saal sein, um sich Sitzplätze zu sichern.

Das Problem wurde dadurch etwas abgemildert, daß zur selben Zeit und auf der gleichen Etage der Prozeß gegen Ramon

Salcido stattfand, der im Kokainrausch seine Frau, zwei Töchter, seine Schwiegermutter, zwei Schwägerinnen, einen Arbeitskollegen und vier andere Leute umgebracht hatte. Dieser Prozeß näherte sich seinem Ende, und auch er machte natürlich Schlagzeilen. Die Reporter pendelten zwischen den beiden Prozessen hin und her, um ja nichts Wichtiges zu verpassen und die Sensationslust ihrer Leser und Fernsehzuschauer befriedigen zu können.

Die Einrichtung des Gerichtssaales war recht modern. Der Zeugenstand befand sich in der Mitte der dem Eingang gegenüberliegenden Wand, der erhöhte Richtertisch in der linken Ecke. Von dort aus hatte der Richter einen guten Blick auf die Zeugen, die Geschworenen und die Tische der streitenden Parteien. George Franklin saß mit seinen beiden Verteidigern an einem Tisch an der Wand links vom Eingang, so weit wie möglich von der Geschworenenbank an der gegenüberliegenden Wand entfernt. Zwischen dem Angeklagten und dem Richter saß an einem Pult die Gerichtsdienerin, eine Frau mittleren Alters namens Peggy Gensel. Sie ließ sich durch nichts beeindrucken und ordnete selbst in den aufregendsten Momenten mit ausdruckslosem Gesicht ihre Papiere. Hinter dem Zeugenstand hing ein großer Kalender für die nächsten drei Monate an der Wand. Man hatte die Dauer des Prozesses auf vier bis sechs Wochen veranschlagt, und während der endlosen, oft auch überflüssigen Zeugenanhörungen in den nächsten Wochen hing der Dreimonatskalender als stumme Drohung einer möglichen Prozeßverlängerung vor den Augen aller Beteiligten.

Bei der Einbringung der Anträge zu Beginn des Prozesses war einer der Hauptpunkte, ob auch die anderen strafrechtlich relevanten Verhaltensweisen George Franklins, wie zum Beispiel sein sexueller Mißbrauch der Kinder, in die Beweisaufnahme eingebracht werden durften. Tipton wolle erreichen, daß das Gericht anerkannte, daß Susan Nason vor ihrer Ermordung sexuell mißbraucht worden war; wenn das gelang, würde Franklin nach dem Strafrecht des Staates Kalifornien automatisch eines Mordes ersten Grades anzuklagen sein. Sie stellte daher den Antrag, von der bestehenden Regelung abzuweichen und bisher straflos gebliebenes Verhalten des Angeklagten in die Beweisaufnahme einbringen zu dürfen.

Horngrad war natürlich darauf bedacht, diesen für seinen Klienten äußerst schädlichen Antrag abzublocken und erklärte sich bereit, den Tatbestand zu akzeptieren, wer auch immer Susan Nason ermordet habe, habe sie vorher mißbraucht. Er nahm Tipton damit den Wind aus den Segeln, und der Richter lehnte auch prompt ihren ja viel weitergehenden Antrag ab. Manche ihrer Kollegen betrachteten das als schweren Rückschlag, aber es war Tipton immerhin gelungen, durch ihren Antrag vor der Öffentlichkeit aufzuzeigen, daß Franklin noch andere verdammenswerte Straftaten begangen hatte. Das Konglomerat von Gesetzen und Verordnungen zur Durchführung von Strafprozessen ist wie eine Mauer, die den Angeklagten vor nachteiligen, nicht direkt zum verhandelten Verbrechen gehörenden Aussagen und Informationen schützt. Tipton aber hatte aufgezeigt, daß es auch Schlupflöcher durch diese Mauer gibt.

In Befolgung des ›Gesetzes zur Offenlegung prozeßwidriger Unterlagen‹ hatte Tipton die Verteidigung informiert, daß ›einer der Zeugen der Anklage‹ wegen einer Verfehlung einen Eintrag ins Strafregister hatte. Horngrad argumentierte, man müsse ihm erlauben, dieser Sache auf den Grund zu gehen, denn es könne sich ja herausstellen, daß dieser Zeuge Mrs. Franklin-Lipsker sei. Richter Smith lehnte das ab und entsprach einem Antrag Tiptons, von keinem der Zeugen eine Bekanntgabe des Strafregisterauszuges zu erlauben. Das war ein Sieg für Elaine Tipton, aber sie wußte natürlich nicht, ob Horngrad die Wahrheit kannte. Sie nahm sich jedenfalls vor, sofort Einspruch zu erheben, wenn Horngrad im weiteren Verlauf des Prozesses auch nur eine Andeutung machte, Eileen könne vorbestraft sein. Sie wollte sich von ihm nicht so austricksen lassen, wie sie es in Sachen zusätzlichen Straftaten Franklins geschafft hatte.

Eileen war gerade in Zürich, als über diesen Antrag entschieden wurde. Als sie vom positiven Ausgang hörte, war sie sehr erleichtert, mußte aber bald doch wieder um ein Bekanntwerden ihrer Schande fürchten. Eine Reporterin der *San Mateo*

Times, Janet Parker Beck, schrieb in einem Artikel, entweder in einer gezielten Fehlinterpretation der ergangenen Entscheidung oder vor dem Hintergrund eines Insider-Wissens, ›die Erwähnung einer früheren Verhaftung von Mrs. Franklin-Lipsker wegen eines Vergehens ist vom Gericht als unzulässig verworfen worden, da sie die Glaubwürdigkeit der Zeugin nicht beeinträchtige.‹ Gottlob ging dieser ›Knüller‹ in der Masse der anderen Meldungen zum Prozeß unter.

Nach Abhandlung dieser Präliminarien konnte der eigentliche Prozeß beginnen. George Franklin betrat in Begleitung eines uniformierten und bewaffneten Justizbeamten den Gerichtssaal und schritt über die freie Fläche vor den Zuschauerreihen zum Tisch der Verteidigung. Unter einem Arm trug er einen Aktenordner, den anderen schwang er beim Gehen so forsch vor und zurück, daß die meisten Beobachter das für unangemessen in seiner Situation hielten. An seinem Platz angekommen, nahm er die Brille ab und rieb sich die Augen. Er wirkte älter als bei der Voruntersuchung. Als er die dunklen Augenbrauen, das hervorstechendste Merkmal seines Gesichts, wieder unter der Brille verbarg, machte er denselben unscheinbaren und verbindlichen Eindruck wie bei der Voruntersuchung. Sein kantiges, maskulines Gesicht war nicht mehr nur von Falten, sondern von tiefen Furchen durchzogen, und das ließ ihn viel älter aussehen als einundfünfzig, sein wirkliches Alter. Wenig schmeichelhaft für ihn war auch das Neonlicht im Saal, das seinem Gesicht einen gelblich-bleichen Schimmer verlieh.

Richter Smith, ein gutaussehender Mann mittleren Alters, erwies sich als bescheidener Mensch. Er wollte nicht, daß das Auditorium jedesmal aufstand, wenn er den Saal betrat, sondern erlaubte das nur morgens bei seinem ersten Erscheinen; aber auch dann schlüpfte er so schnell aus der Tür direkt hinter dem Richtertisch, daß kaum jemand dazu kam, wirklich aufzustehen, bevor er Platz genommen hatte. Im Umgang mit den Prozeßparteien und den Zeugen pflegte der Richter einen ausgesprochen ruhigen und höflichen, niemals autoritären Umgangston. Seine tiefe, leise Stimme wirkte beruhigend auf alle Prozeßteilnehmer.

Die Auswahl der Geschworenen konnte beginnen. Bevor er jeden einzelnen der vorgesehenen Geschworenen zur Befragung an die streitenden Parteien übergab, stellte der Richter einige allgemeine Fragen: »Was haben Sie bis jetzt über den Fall gehört? Wo wohnen Sie? Welche Zeitungen lesen Sie? Haben Sie sich Fernsehberichte über den Fall angesehen? Waren Sie selbst oder irgend jemand aus Ihrer Familie einmal von Kindesmißbrauch betroffen? Waren Sie jemals in psychiatrischer Behandlung? Wird es Ihnen berufliche oder persönliche Schwierigkeiten bereiten, wenn Sie vier bis sechs Wochen als Geschworener tätig sein müssen? Würden Sie sich in ihrem Urteil von anderen Geschworenen beeinflussen lassen, auch wenn Sie anderer Meinung wären? Glauben Sie, daß Sie Schwierigkeiten damit haben, bis zum Beweis der Schuld zunächst einmal von der Unschuld des Angeklagten auszugehen?«

Nachdem er eine Reihe von Kandidaten befragt hatte, kam allmählich Langeweile im Gerichtssaal auf, aber Richter Smith bewies, daß er zu launigen Bemerkungen und zur Auflockerung verkrampfter Situationen fähig war. Als er einen redegewandten Ingenieur der Firma Lockheed fragte, ob er Freunde bei den Strafverfolgungsbehörden hätte und dieser antwortete, nein, das wäre nicht der Fall, schob der Richter mit betont mitleidiger Stimme die Frage nach: »Haben Sie denn überhaupt irgendwelche Freunde?« In Gerichtssälen hat Humor nicht gerade Heimrecht, und so lachte das Auditorium dankbar über diesen Witz. Während der weiteren Verhandlung, das muß betont werden, neigte Richter Smith jedoch nicht etwa zu zynischen Übertreibungen; von ihm gingen vielmehr freundliches und wohlwollendes Verständnis aus. Er nahm sein Amt ernst und übte es souverän aus.

Wenn der Richter mit der Befragung eines der Kandidaten fertig war, übergab er ihn an die Anwälte der Verteidigung. Deren Verhalten hatte sich gegenüber der Vorverhandlung entscheidend verändert. Horngrad hatte die Maske des arroganten, überheblichen Anwalts fallengelassen, der kein Verständnis dafür aufbringt, daß man es wagt, seinen Klienten überhaupt anzuklagen. Statt dessen sah man jetzt einen höflichen Verteidiger, der jeden einzelnen Kandidaten äußerst korrekt und ohne jede Schärfe ansprach.

Diese Veränderung in Auftreten und Verhalten war nicht nur auf die Geschworenenkandidaten beschränkt. In den kurzen Besprechungen mit Elaine Tipton vor Beginn der Verhandlungen und bei Unterbrechungen vermied Horngrad sorgfältig jede Feindseligkeit und gab sich äußerst liebenswürdig und zuvorkommend. Tipton war zunächst verblüfft über diesen Wandel, ging dann aber darauf ein, und die Kommunikation zwischen ihr und Horngrad nahm den Stil einer Auseinandersetzung zwischen Doris Day und Rock Hudson beim Hochzeitstanz an. Für die Leute, die sich hitzige Konfrontationen zwischen den beiden erhofft hatten, war das eine Enttäuschung.

Horngrad unterlegte seine These von der Möglichkeit falscher Erinnerung mit einer volkstümlichen Anekdote vom Baseball-Spiel: Ein Vater besuchte mit seinem Sohn das Endspiel um die Weltmeisterschaft 1970. Die Zuschauer sprangen auf, als es zu einem siegbringenden *Home Run* über 140 Meter kam, nachdem der Schläger den Ball über den Zaun des Mittelfeldes gedroschen hatte. Der Sohn, zu klein, um über die Zuschauer vor ihm hinwegsehen zu können, verpaßte diesen historischen Augenblick völlig. »Der Junge hatte nichts mitgekriegt, weder das Landen des Balles noch den *Home Run*, denn da waren die Zuschauer längst aufgesprungen«, schloß Horngrad eindringlich, »aber wenn er heute, zwanzig Jahre später, davon erzählt, *sagte er, er hätte es gesehen.*«

Aus einigen seiner Fragen konnte man schließen, wie besorgt Horngrad war, daß die schrecklichen Fotos von der ermordeten Susan die Juroren gegen seinen Klienten aufbringen könnten. »Die Frage ist nicht, *ob* Susan brutal ermordet wurde«, betonte er, »die Frage ist, *wer es getan hat* ... Sind Sie sicher, daß Sie als Geschworener nicht dazu neigen würden, Ihre Wut über das Verbrechen auf Mr. Franklin zu übertragen?« Und um die Geschworenen von vorneherein zu beeinflussen, Eileen Franklin keinen Glauben zu schenken, fragte er die Kandidaten: »Kann man sich Ihrer Meinung nach auf die Aussage eines Zeugen immer verlassen?« Oder: »Nehmen Sie die Aussage eines Zeugen ohne weiteres hin, oder meinen Sie, sie müsse genau geprüft werden?«

Elaine Tipton befragte die Kandidaten für die Jury sehr direkt, fast schroff. »Glauben Sie, daß jemand, der eine Erinnerung unterdrückt, geistige Probleme hat?« (Ein Kandidat bejahte diese Frage und wurde natürlich sofort abgelehnt.) »Waren Sie jemals mit einer Frau befreundet, die sexuell mißbraucht wurde?« Horngrad erhob gegen diese Frage Einspruch, denn sie unterstelle, nur Frauen würden mißbraucht, und das sei nicht korrekt. Der Richter gab ihm sofort recht.

Eine ganze Reihe von Geschworenenkandidaten wurde nicht akzeptiert. Alarmierend war, daß drei Kandidaten hintereinander aussagten, in ihren Familien sei es zu Kindesmißbrauch gekommen. Demographisch betrachtet stammten die meisten der Kandidaten aus der Mittelklasse, weitaus mehr, als das in einer Großstadt der Fall gewesen wäre. Über die Hälfte hatten ein College besucht, und auch die restlichen Kandidaten machten einen recht aufgeweckten und intelligenten Eindruck.

Bei der Befragung über so schwerverständliche Phänomene wie Kindesmißbrauch und Repression von Erinnerungen zeigte sich, wie sorgfältig sie zwischen normalen und abnormen Verhaltensweisen unterscheiden können mußten, um nicht als befangen eingestuft zu werden. Ein Mann sagte rundheraus, er könne nicht glauben, daß jemand ein so einschneidendes Erlebnis wie die Beobachtung eines Mordes zwanzig Jahre lang vergessen könne. Ein anderer sagte, er könne es nicht glauben, daß ein Vater sein eigenes Kind sexuell mißbrauche.

Bei dem Frage- und Antwortspiel mußte natürlich auch beachtet werden, daß manche Kandidaten absichtlich die falschen Antworten gaben, um nicht bis zu sechs Wochen ihrer Zeit für diese Sache opfern zu müssen. Aber die Anwälte beider Seiten waren sich einig, daß man den Fall nicht mit unwilligen Geschworenen durchstehen könne. Also insistierte man nicht und sonderte alle Kandidaten aus, die die falschen Antworten gaben.

Richter Smith bot an, bei sehr persönlichen Fragen die Öffentlichkeit auszuschließen. Zwei der Kandidaten machten von dem Angebot Gebrauch. Einer von ihnen, ein junger Arzt namens Alger Chapman III, der seinem patrizierhaften Namen in Aussehen und Auftreten alle Ehre machte, begründete seinen Antrag damit, es sei in seiner Familie einmal zu einem Fall von Kindesmißbrauch gekommen. In der geschlossenen Sitzung gelang es ihm anscheinend, die verständlichen Bedenken der Verteidigung zu zerstreuen, und Chapman wurde Geschworener, später sogar ihr Sprecher.

Es dauerte fünf Tage, bis die Jury schließlich komplett war und vereidigt werden konnte. Obwohl es verständlich gewesen wäre, wenn die Verteidigung nur wenige Frauen akzeptiert hätte, weil man ihnen mehr noch als Männern eine emotionale Voreingenommenheit gegen einen Angeklagten, der offensichtlich seine Töchter mißbraucht hatte, zugestehen mußte, bestand die Jury aus acht Frauen und vier Männern. Zwei der Männer waren noch nicht dreißig, einer, ein Bankangestellter, weit über sechzig Jahre alt. Bei den Frauen reichte die Altersskala von dreißig bis sechzig.

Am ersten Tag des Prozesses, dem 31. Oktober 1990, versammelte sich eine große Menge von Zuschauern, Reportern und Fotografen im Flur vor dem Gerichtssaal. Fernsehteams, die beim Prozeß selbst nicht zugelassen waren, wollten die wichtigsten Beteiligten wenigstens beim Betreten des Saales filmen. Besonderes Interesse galt auch den vor kurzem geschiedenen Eltern des Opfers, Donald und Margaret Nason, die von ihrer Tochter Shirley und von Donalds Mutter begleitet wurden.

Um fünf Minuten nach neun Uhr begann Elaine Tipton mit dem Vortrag der Anklage des Staates Kalifornien gegen George Franklin. Sie ging dabei vor der Geschworenenbank auf und ab und sprach in ruhigen, wohlabgewogenen Worten. »Ich möchte Sie mit zwei kleinen Mädchen bekanntmachen«, sagte sie in Richtung der Jury, »zwei guten Freundinnen. Am 22. Oktober 1969 wurde eines der Mädchen vom Vater des anderen, dem

Angeklagten George Franklin, sexuell mißbraucht und ermordet.« Sie wandte sich dem Angeklagten zu, der sie bewegungslos ansah. »Einundzwanzig Jahre später haben wir uns hier versammelt, um diese Horrorgeschichte noch einmal zu durchleben und den Schuldigen seiner gerechten Strafe zuzuführen.«

Dann kam sie auf die letzten Tage Susan Nasons zu sprechen. Sie erzählte von der Freundschaft zwischen Susan und Eileen, vom Leben in der Franklin-Familie und von Eileens Sonderstatus als Lieblingstochter des Vaters, der dazu führte, daß sie häufig zu Besorgungen oder zu Ausflügen mitgenommen wurde. Sie beschrieb, wie Vater und Tochter an diesem Tag zu einer Spritztour im VW-Bus aufbrachen, daß sie Susan trafen, sie zum Mitfahren einluden und in die Berge westlich von Foster City und San Mateo fuhren. Die Mädchen, so schilderte es Tipton, spielten während der Fahrt auf der Matratze im Laderaum des Wagens, »voller Freude und Aufregung über das außergewöhnliche Erlebnis, zwei Freundinnen in der sicheren Obhut des Vaters der einen, aber es würden die letzten Minuten im Leben der anderen sein.«

Tipton machte eine Pause, dann fuhr sie fort: »Der Wagen biegt von der Hauptstraße ab, hält an, Franklin kommt zu den Mädchen nach hinten, sagt zu Eileen, sie solle nach vorne gehen, sie macht es, und als sie nach hinten schaut, sieht sie ihren Vater über Susan gebeugt, sieht, wie er mit einer Hand ihre Arme über ihrem Kopf festhält, sieht, daß er sein Becken über Susan auf und abbewegt.« Dann hob Elaine ihre Stimme. »Die letzte Berührung durch einen Mitmenschen, die Susan spürte, war eine Berührung perverser Begierde.«

Sie senkte die Stimme wieder. »Als das widerliche Geschehen zu Ende ist, taumelt Susan aus dem Wagen. Sie weint, beklagt sich, schimpft, und George Franklin muß erkennen, daß sie über das, was er ihr angetan hat, nicht schweigen wird.« Das war während des ganzen Prozesses das einzige Motiv, das die Anklage George Franklin zuschrieb.

»Als George Franklin den Stein über den Kopf des Mädchens hochhält«, fuhr Tipton fort, »hebt Susie in einem kindlichen Versuch, den Schlag abzuwehren, die Hände über den Kopf.

Was die verwirrte, verschreckte Eileen dann sieht und hört – vor allem hört! – ist, daß ihr Vater den Schädel ihrer besten Freundin zertrümmert ...«

Während dieser Schilderung des grausigen Geschehens hielten Margaret und Shirley Nason die Augen geschlossen. Donald Nasons Gesicht lief vor ohnmächtigem Zorn rot an, und wenn man sich vorstellte, was in ihm vorgehen mußte, bekam man Angst, er würde sich auf Franklin stürzen. George Franklin aber sah Tipton unbewegt an, als ob er da einer Schilderung eines Urlaubserlebnisses auf Bali lauschen würde. Als Tipton mit tonloser Stimme den häßlichsten Moment schilderte, das Niedersausen des Steines auf Susans Schädel, ging ein Raunen durch den Saal. Danach trat eine betretene Stille ein. Die Nason-Frauen öffneten die Augen wieder.

Mit leiser Stimme fuhr Tipton fort: »In diesem Moment endeten Susan Nasons Qualen. Eileen Franklins Qualen aber hatten gerade erst begonnen.« Sie beschrieb Eileens Entsetzen, ihren Versuch wegzulaufen, daß der Vater sie aber auf den Boden drückte und den Kern des Vergessens in ihren Geist pflanzte, indem er ihr mit unheilvoller Stimme zuzischte: »Es ist alles vorbei, niemand kann mehr was daran ändern. Es war deine Idee, sie mitzunehmen, du bist schuld daran, was passiert ist. Wenn du was erzählst, wird dir niemand glauben, sie werden dich einsperren, wie sie deine Mutter eingesperrt haben. Wenn du trotzdem was sagst, dann bringe ich dich um, darauf kannst du dich verlassen.«

Dann wechselte Tipton zu den Fakten, wie sie die Polizei rekonstruiert hatte. Sie zeigten auf, erklärte sie, daß Franklin die Leiche zu einem versteckteren Platz den Abhang hinunter gezerrt und mit einer Sprungfedermatratze zugedeckt hatte. Dann habe er einen Felsbrocken neben den Kopf der Leiche gelegt, um das Ganze nach einem Unfall aussehen zu lassen. Eileen erinnerte sich, daß er einen braunen Gegenstand weggeworfen habe. Und sie erinnere sich auch daran, daß mehrere Autos oben auf der Straße vorbeifuhren und sie sich gefragt habe, was die Leute in den Autos wohl denken würden, wenn sie wüßten, was da gerade geschehen war.

Tipton wandte sich dann wieder dem Aufruhr im Geist der kleinen Eileen zu. »Sie war völlig verstört, voller Schmerz, Qual und Kummer, konnte nicht fassen, nicht verarbeiten, was da passiert war. Sie wußte nur, daß sich etwas ganz Entsetzliches ereignet hatte. Sie hatten Susie im Wald zurückgelassen, und wenn es dunkel würde, würde sie frieren und Angst bekommen ...« Und dann wies Tipton auf die Übereinstimmung zur Erinnerung von Janice hin: Als Eileen an diesem Spätnachmittag nach Hause kam, war sie ganz durcheinander, sie schwitzte und zitterte, und Janice nahm sie mit zu sich ins Bett. Die erste Phase des Geschehens schloß Tipton mit den Worten ab: »Eileen würde das, was sie an diesem Tag erlebt hatte, tief in ihrem Unterbewußtsein begraben.«

Danach schilderte Tipton den weiteren Ablauf der Ereignisse in Foster City – die Suche Margaret Nasons nach ihrem Kind, die aufkommende Panik in der Bevölkerung, die umfangreichen Suchaktionen nach dem verschwundenen Mädchen. Sie zeigte damit auf, wieviel Leid, Sorge und Verunsicherung George Franklin durch sein Verbrechen zusätzlich auch über andere Menschen gebracht hatte. Er hätte das alles vermeiden können, sagte Tipton zornig, wenn er wenigstens noch so viel Gewissen gezeigt hätte, in einem anonymen Anruf die Polizei über Susan Nasons Verbleib zu informieren. Er hätte den Angehörigen und der Bevölkerung damit quälende Wochen der Unsicherheit nehmen können. Daß er es wahrscheinlich nicht getan hatte, weil an einer frischen Leiche eher Spuren entdeckt werden können als an einer verwesten, sprach Tipton nicht an.

»Niemand hatte Susans Verschwinden beobachtet«, stellte Tipton zum Abschluß dieses Themas fest. »Niemand wußte, was mit ihr geschehen war. Niemand außer einem verstörten, traumatisierten Kind und dem Mann, der sie ermordet hatte.«

Jetzt kam der scheußlichste Teil ihres Vortrages – die Schilderung des Leichenfundes. Man merkte Tipton an, daß sie sich zwingen mußte, ihre Stimme ruhig zu halten. »Alles, was von Susan Nason übriggeblieben war, waren das Skelett und einige mumifizierte Hautfetzen. Bei der Leiche fand man nichts, was zu ihrer Identifizierung beitragen konnte. Margaret Nason mußte es zu all ihrem Schmerz auch noch auf sich nehmen, ihre Tochter zu identifizieren.« Das war wieder ein gezielter Hinweis darauf, wieviel Leid George Franklin durch seine Brutalität hervorgerufen hatte. Er hatte nicht nur ein hilfloses kleines Mädchen vergewaltigt und grausam ermordet, sondern auch das Glück anderer Menschen brutal zerstört.

Tipton hob ihre Stimme, als sie fortfuhr: »Mehr als zwanzig Jahre hat Eileen Franklin dieses entsetzliche Erlebnis tief in ihrem Unterbewußtsein vergraben. Und mehr als zwanzig Jahre hat der Angeklagte verschwiegen, daß er dieses Verbrechen auf dem Gewissen hat. Er hat weiter in Freiheit leben dürfen, obwohl man ihn sofort von der Gesellschaft hätte isolieren müssen.«

Sie sprach in ruhigerem Ton weiter: »Eileen Franklin hat auch wichtige Erinnerungen an andere Erlebnisse in ihrer Kindheit unterdrückt. Sie mußte später mit Erinnerungen an verbalen, körperlichen und sexuellen Mißbrauch fertig werden.« Der Jury wurde mit dieser Aussage aufgezeigt, daß George Franklin nicht nur ein achtjähriges Mädchen ermordet, sondern auch seine Tochter sexuell mißbraucht hatte. Die Geschworenen wußten zu diesem Zeitpunkt allerdings noch nicht, daß diese zweite Anklage, für sich allein schon abstoßend und strafwürdig genug, im weiteren Verlauf des Prozesses nicht offiziell behandelt werden würde. »Zwischen Vater und Tochter bestand eine komplexe Beziehung«, erklärte Tipton. »Sie war auf Furcht und Gewalttätigkeit, aber auch auf kindlicher Liebe begründet. Hinter den geschlossenen Türen des Hauses der Familie Franklin kam es jedenfalls, das steht fest, immer wieder zu Gewaltanwendungen und zum Mißbrauch der Kinder.«

Dann machte Tipton einen Sprung ins Jahr 1989, zu Eileens plötzlicher Rückerinnerung an den Mord. Sie schilderte Eileens Panik und Angstgefühle bei diesem schockierenden Erlebnis, das monatelange Ringen, mit jemandem darüber zu sprechen, schließlich die Entscheidung, es doch einem Familienmitglied, und zwar George junior, zu erzählen. Sie sprach an, daß Eileen ihm sagte, die Rückerinnerung sei durch Hypnose hervorgerufen worden, ging aber erstaunlicherweise nicht auf die Gründe für diese Lüge ein.

Sie beschrieb danach Eileens qualvollen Entscheidungsprozeß, der Polizei ihre Erinnerung zu melden, die Angst vor ihrem Vater und die Angst vor den Behörden, nach zwanzig Jahren mit einer solchen Anklage herauszurücken. »Man versicherte ihr, die Behörden würden angemessene Maßnahmen zu ihrem Schutz veranlassen, wenn sie ihnen ihr Wissen mitteilen würde.« Tipton ließ nichts aus, was bei der Jury den Eindruck erwecken mußte, mit George Franklin säße ein bedrohlicher und gefährlicher Mann – selbst für eine seiner Töchter – vor ihren Augen.

Sie sprach an, daß Eileen sich darüber im klaren war, eine Anzeige bei den Behörden würde tiefgreifende Auswirkungen auf ihr Leben haben. Zwei Dinge hätten letztlich zu ihrer Entscheidung geführt: Zum einen der bedrückende Gedanke, sie sei tatsächlich an dem Drama mitschuldig, weil sie ihren Vater gebeten hatte, Susan mitzunehmen; zum anderen die Überzeugung, sie müsse den Mörder seiner gerechten Strafe zuführen und Mrs. und Mr. Nason endlich Klarheit verschaffen, wer ihre Tochter umgebracht hatte. »Die Anklage fußt jedoch nicht nur auf Eileen Franklins Augenzeugenbericht«, betonte Tipton, »wir werden der Jury Aussagen von Pathologen, Gerichtsmedizinern und Polizeibeamten aus der Zeit der Auffindung der Leiche präsentieren, die sich nahtlos in das einfügen, was Eileen Franklin aussagt.«

Alles, was Tipton bisher vorgetragen hatte, war auch bereits bei der Voruntersuchung angesprochen und von den Medien berichtet worden. Sie hatte sich aber für das Finale der Anklageerhebung einige Überraschungen aufgehoben. Sie sagte, die Jury werde von Aussagen und Verhaltensweisen des Angeklagten hören, die seine Schuld erhärteten. Und sie trug auch gleich ein erstes Beispiel vor: »Einige Tage nach Susans Verschwinden gab George Franklin seiner Frau Leah ein blutgetränktes Hemd zum Waschen. Er sagte, er hätte sich bei Malerarbeiten verletzt.«

Jeder, der die bisherigen Zeugenvernehmungen verfolgt hatte, fragte sich, warum Leah diese Aussage, wenn sie von ihr stammte, nicht bereits bei der Voruntersuchung gemacht hatte.

Aber Tipton wechselte schnell das Thema und trug eine weitere Äußerung Leahs vor: Sie habe George bei einer Auseinandersetzung einmal bezichtigt, er habe Susan Nason ermordet, und »er hat das damals nicht geleugnet.«

Auch die nächste Erwähnung eines neuen Beweises machte Schlagzeilen in der Presse, auch wenn es nur eine sehr vage Sache war. Tipton erklärte, daß die Polizei die Gräber von Opfern ungelöster Mordfälle an Jahrestagen der Beerdigung routinemäßig überwacht, und am ersten Jahrestag sei George Franklin am Grab Susan Nasons aufgetaucht.

Der nächste neue Beweis hatte schon eher einen handfesten Hintergrund. Tipton erwähnte Franklins Worte bei seiner Verhaftung: »Haben Sie mit meiner Tochter gesprochen?« Sie wollte damit den Geschworenen einhämmern, daß Franklin in der Annahme, die Polizei sei ihm auf die Spur gekommen, mit der einzigen Möglichkeit herausplatzte, die er sich dafür denken konnte. »Mehr als zwanzig Jahre haben Mrs. und Mr. Nason mit der quälenden Frage leben müssen, wer ihre Tochter ermordet hat«, schloß Elaine Tipton ihre Ausführungen. »Jetzt aber werden wir Ihnen, meine Damen und Herren Geschworenen, die Beweise vorlegen, die diese Frage beantworten werden, und ich bin sicher, daß Sie den Angeklagten George Franklin schuldig des Mordes an Susan Nason befinden werden.«

Elaine Tiptons Anklageerhebung hatte eine Stunde und vierzig Minuten gedauert.

Nach einer Pause von fünfzehn Minuten begann Horngrad mit der Gegenrede der Verteidigung. Er sprach fast zwei Stunden. »Wir alle stimmen überein«, begann er, »daß Susan Nason auf tragische Weise ums Leben gekommen ist. Mein Klient jedoch hat mit ihrem Tod *nichts zu tun*, das möchte ich von vorneherein klarstellen. Es gibt keinerlei Beweise, die Mr. Franklin mit dieser Sache in Verbindung bringen könnten. Die Jury wird feststellen, daß Eileen Franklin eine variable Geschichte erzählt, die sie immer wieder der vorhandenen Beweislage und den rechtlichen Erfordernissen anzupassen versucht. Sie hat den verschiedensten Leuten die verschiedensten Versionen ihrer Story erzählt. Das einzig Beständige daran ist ihr Versuch, den Zuhörer von der Wahrheit der Erzählung überzeugen zu wollen. Aber sie muß eingestehen, daß sie Dinge gesagt hat, die nicht wahr sind – sie hat also gelogen.«

Dann kam er sofort auf das Thema zu sprechen, das der Verteidigung die meisten Ansatzpunkte zur Kritik bot: Eileens Verhalten in den Monaten nach der ›angeblichen Rückkehr der Erinnerung.‹ Als erstes stellte er in Frage, ob Eileen tatsächlich drei bis fünf Monate gewartet hat, ehe sie mit jemand darüber gesprochen habe; sie sei in dieser Zeit bei einer Therapeutin namens Katherine Rieder in Behandlung gewesen, habe mit ihr auch eine andere unterdrückte Erinnerung besprochen, seltsamerweise jedoch nicht die Erinnerung an den Mord. Warum nicht? Denn einem anderen Therapeuten, Kirk Barrett, habe sie dann später, zwischen März und Mai, ihre Mord-Story vorgetragen. Eileen behaupte, sie habe ihm gesagt, sie hätte sich sofort erinnert, daß ihr Vater der Mörder war. Barrett aber erzähle eine ganz andere Geschichte – Eileen habe ihm gesagt, sie erinnere sich an den Ablauf des Mordes, könne aber das Gesicht des Mörders nicht erkennen. »Hier lügt doch jemand«, sagte Horngrad, und es war klar, wen er meinte.

Nachdem er diesen Punkt recht effektvoll abgehakt hatte, ging er zu Eileens Gespräch mit George junior über, in dem sie ihm gesagt hatte, ihre Erinnerung sei unter Hypnose zurückgekehrt. Anders als Tipton erwähnte er ihre Erklärung, sie habe George angelogen, um glaubwürdiger zu klingen. Etwa einen Monat später, fuhr Horngrad fort, habe sie dann mit ihrer Mutter, die bekanntlich Anwältin sei, über diese Sache gesprochen, und Leah Franklin habe ihrer Tochter gesagt, unter Hypnose zustandegekommene Aussagen seien in Kalifornien vor Gericht unzulässig. Es sei doch wohl seltsam, daß Eileen erst dann von der Hypnose-Story abgerückt sei.

Im Zeugenstand würde Leah später leugnen, Eileen das gesagt zu haben, aber Horngard stellte es zunächst einmal als Tatsache hin. Im übrigen, rundete er das Thema ab, habe Eileen zu Barry gesagt, »sie habe die ganze Zeit über mit dieser Erinnerung leben müssen.« Und als Barry bei seinem ersten Anruf die Polizei mit der Story seiner Frau konfrontiert habe, habe er mit keinem Wort erwähnt, es handele sich um eine bisher mental unterdrückte Erinnerung.

»Barry spielt eine große Rolle in Eileens Leben«, sagte Horngrad. »Aber, meine Damen und Herren Geschworenen, wir werden wohl nichts von Barry Lipsker hören, denn aus Gründen, die er selbst am besten weiß, hat er es vorgezogen, nicht hierherzukommen und auszusagen.« Tipton erhob sofort Einspruch gegen diese Feststellung, dem vom Richter auch stattgegeben wurde.

Dann wandte sich Horngrad einer weiteren wichtigen Zeugin der Anklage zu, Eileens Schwester Janice. Mit wohldosiertem Sarkasmus trug er vor, Janice habe 1984, ohne den geringsten Beweis zu haben, die Polizei informiert, sie verdächtige ihren Vater des Mordes an Susan Nason. »Sie sagte dabei unter anderem aus, sie habe am Tag des Mordes ihren Vater um 16 Uhr 15 zu Hause angetroffen. Als sich herausstellte, daß diese Angabe zu kurz hinter dem Zeitpunkt lag, an dem Susan letztmals gesehen wurde, änderte sie ihre Story und sagte, sie sei später nach Hause gekommen.«

Sein Sarkasmus wurde beißender: »Janice ist in seltsamer Weise omnipräsent in dieser Geschichte.« Sich an die Juroren wendend, fügte er erklärend an: »Sie taucht überall auf, wo man auch herumstochert.« Dann kam er zu den Fakten: »Janice sagt, sie hätte Eileen erst von ihrer Anzeige erzählt, nachdem Eileen selbst 1989 die Behörden eingeschaltet hatte. Eileen aber gibt zu, daß das Gespräch über dieses Thema bereits 1986 stattgefunden hat.«

Er machte eine Pause, ließ diese Abweichung der Aussagen sich bei den Geschworenen setzen, dann fuhr er fort: »Janice ist aber in mancherlei Hinsicht eine bedeutsame Figur in diesem Spiel. So waren zum Beispiel nach Eileens erster Version sie und ihr Vater allein im VW-Bus. Nachdem Janice 1989 zu Barry und Eileen gezogen war, änderte sich die Geschichte plötzlich und Janice war anfangs auch in dem Wagen. Als Susan einstieg, stieg sie aus. So hieß es damals jedenfalls.« Horngrad schien

Janice als angefaulten Tragebalken zu betrachten, der, wenn man nur genug auf ihm herumhämmerte, das ganze Gebäude der Anklage zum Einsturz bringen konnte.

Er spann seinen Faden weiter: »Als Barry im November 1989 mit der Polizei sprach und ihr sagte, seine Frau sei Augenzeugin des Mordes an Susan Nason gewesen, hat er zwei Punkte besonders betont: Erstens, seine Frau würde sich an Einzelheiten erinnern, die nicht in der Presse standen, und zweitens, es gäbe noch einen weiteren Zeugen – er meinte damit Janice Franklin. Was nun Eileens Erinnerung an Einzelheiten angeht – ich kann nur feststellen, es ist einfach nicht wahr, daß sie Dinge wußte, die nicht schon längst in der Presse breitgetreten worden waren. Der zerschmetterte Ring, Susans Kleidung, die Kopfverletzungen, die Matratze auf der Leiche, das Gebüsch und die Bäume ...« Horngrad sprach jetzt ganz langsam und emphatisch. »*Das alles war längst allgemein bekannt*. Und da feststeht, daß es keinen zweiten Zeugen gibt, kann man eindeutig feststellen, daß beide Behauptungen Barry Lipskers der Polizei gegenüber unzutreffend sind.«

Nun kam Eileen unter Horngrads Seziermesser. »In ihrer ersten Version des Geschehens sagte ihr die Erinnerung, es sei am Morgen gewesen. In ihrem großen Fernsehauftritt in der *Today Show* und in den Presseberichten war die Zeit plötzlich auf den Nachmittag verrutscht. So auch in der Voruntersuchung. Und dort war plötzlich Janice nicht mehr im VW-Bus. Aus der ursprünglichen Schlaglöcherstraße wird auf einmal der Highway 92, und ›das abgeschiedene Waldgebiet‹ liegt in der Nähe einer Straße, auf der Autos vorbeifahren. Sehr seltsam, diese Veränderungen. Plötzlich paßt alles besser in die inzwischen bekannten Fakten. Aber es gibt noch einen anderen Grund für Eileen, ihre Story schleunigst zu berichtigen. Sie ist eine nationale Berühmtheit geworden. Sie tritt im Fernsehen auf, man macht ihr Angebote für ein Buch und einen Film. Sie leistet sich einen Fachanwalt für Medienrecht in Beverly Hills, um die Angebote zu sichten. Anscheinend wird ein Abschluß vorbereitet. Wenn Franklin schuldig gesprochen wird, kann sie mit einer halben Million rechnen. Wenn er freigesprochen wird,

wird nichts aus der Sache, sie kriegt keinen Cent für ihre Story.«

Alle, die die Fakten kannten, waren sehr erstaunt über Horngrads falsche Darstellung der Tatsachen in dieser Sache und auch bei vielen anderen seiner Behauptungen. Er hatte sich bei der Anklagevertretung die Einsicht in den bereits abgeschlossenen Vorkontrakt über ein Buch erstritten und wußte – oder hätte wissen müssen –, daß in diesem Kontrakt keinerlei Regelungen enthalten waren, die sich auf den Ausgang des Prozesses bezogen. Das Buch würde geschrieben und herausgegeben werden, ob der Angeklagte nun schuldig- oder freigesprochen wurde, und die zu bezahlende Summe war unabhängig davon festgelegt. Dasselbe galt auch für einen Vorvertrag mit einer Filmgesellschaft.

Als man Horngrad später darauf ansprach, spielte er seine Aussage als ›technisches Detail‹ herunter. »Wenn Franklin freigesprochen wird«, sagte er, »wird der Verleger sauer sein, oder nicht?« Erstaunlich und unerklärbar war für die Prozeßbeobachter aber vor allem, daß Elaine Tipton, die doch so besorgt wegen Barrys Kontraktgeschäften mit den Film- und Buchverlagen gewesen war, die falsche und für die Anklage so schädliche Behauptung Horngrads nicht richtigstellte. Die Behauptung wurde später im Fernsehen als Tatsache dargestellt.

Horngrad schloß seine Bemerkungen über das Buch- und Filmgeschäft mit einem spöttischen Familienbild: »In diesem Moment sitzen Eileen und Barry Lipsker in der Schweiz beisammen und diskutieren darüber, wieviel von dem Geld Eileen Lipsker behält und wieviel sie an Barry Lipsker abgibt.« Er bezog sich mit seinem Spott auf Eileens Ankündigung, sie werde einen erheblichen Teil des Geldes für wohltätige Zwecke spenden.

Er wandte sich wieder den abweichenden Zeugenaussagen zu. Es sei eine unleugbare Tatsache, daß Eileen zu George junior gesagt habe, sie sei hypnotisiert worden, und das habe sie auch einer Reihe anderer Leute gesagt. Erst nach der Warnung ihrer Mutter sei sie von dieser Aussage abgerückt. Leah Franklin habe im übrigen niemals etwas von einem blutigen

Hemd erzählt. In der Voruntersuchung habe sie ausdrücklich zu Protokoll gegeben, *am Tag des Verschwindens von Susan Nason habe sie nichts Ungewöhnliches festgestellt.* Und es treffe auch nicht zu, daß Franklin während des Streites mit Leah damals ›nicht geleugnet hätte‹, er habe Susan umgebracht. Der von der Anklage zitierte Dialog habe sich in Wirklichkeit ganz anders abgespielt. Leah zu George: »Ich glaube, du hast Susan Nason umgebracht.« Seine Antwort: »Leah, du traust mir immer nur die schlimmsten Sachen zu.« »Was den Besuch Mr. Franklins am Grab Susan Nasons angeht«, fuhr Horngrad fort, »kann ich mir die Sache einfach machen. *Dieser Besuch hat nie stattgefunden!*«

Die Anklage, sagte er dann, werde wahrscheinlich Psychiater aufbieten, die bezeugen, daß die Repression von Erinnerungen möglich sei. Aber sie würden ganz sicher auch bezeugen, daß es ebenso möglich ist, eine *falsche* Erinnerung zu speichern. Eileen Franklins Erinnerung gehe auf das Jahr 1969 zurück, als ganz Foster City vom Verschwinden Susan Nasons in hellste Aufregung versetzt war und später bei der Entdeckung der Leiche des Mädchens in Panik ausbrach. Die massiven Nachforschungen hätten unter anderem ja aber auch ergeben, daß ein Mann versucht hatte, ein Kind aus der Nachbarschaft, Ann Hobbs, in seinen blauen Wagen zu locken. Die Polizei sei von einer Flut von Anrufen überschüttet worden, die diesen Mann im blauen Auto in der Gegend gesehen hatten. Diesen Mann habe man allerdings nie ausfindig machen können.

Nach diesem Hinweis auf ein alternatives Szenario kam Horngrad zu einer abschließenden Zusammenfassung: »Die Anklage wird nicht in der Lage sein, Ihnen, meine Damen und Herren Geschworenen, handfeste Beweise gegen Mr. Franklin vorzulegen. Und da es keinen zweiten Zeugen gibt, wird Eileen Franklin-Lipskers Aussage allein im Raum stehen. Alles, was uns hier als ›Augenzeugenbericht‹ präsentiert wird, ist in Wirklichkeit längst in der Öffentlichkeit bekannt gewesen. Sie werden die Wahl haben: Erstens, Eileen Franklin-Lipsker lügt. Zweitens, sie hat eine zwanzig Jahre unterdrückte Erinnerung. Drittens, ihr Geist spielt ihr einen Streich. Aber eines ist sicher,

Sie können Eileen Franklin-Lipskers Aussage nicht als Beweis dafür akzeptieren, daß ihr Vater dieses Verbrechen begangen hat. Deshalb werden Sie, meine Damen und Herren Geschworenen, George Franklin für nicht schuldig befinden müssen.«

EILEEN

In wenigen Tagen würde ich von Zürich nach Kalifornien fliegen und im Prozeß gegen meinen Vater aussagen müssen. Ich fühlte mich verpflichtet, den Lehrerinnen meiner Kinder zu sagen, warum ich so lange fortblieb, und ich hatte vor, ihnen zu erklären, warum das erforderlich war. Ich wollte nicht, daß sie überrascht würden, wenn sich die Nachrichten über den Prozeß bis Zürich verbreiten würden. Aber ich hatte Hemmungen, diesen fremden Frauen meine Geschichte zu erzählen, und so wartete ich bis zum letzten Moment damit.

Ich hatte die Direktorin der ›Englischen Schule Zürich‹ und die beiden Klassenlehrerinnen der Kinder schriftlich um einen gemeinsamen Termin gebeten, um meine Geschichte nicht mehrmals erzählen zu müssen. Der Termin kam zustande, und als er näherrückte, war ich ziemlich nervös. In Gedanken ging ich immer wieder durch, wie ich den Lehrerinnen mein Problem schildern wollte.

Wir trafen uns in einem Klassenzimmer, und ich trug den drei Damen meine ganze Geschichte vor, ohne etwas zu beschönigen. Dann erklärte ich, daß ich für mehrere Wochen nach Kalifornien zurückmüsse, um vor Gericht auszusagen. »Leider zeigen die Medien in den USA großes Interesse an dem Prozeß«, sagte ich. »Ich weiß, daß die meisten Amerikaner in der Schweiz die *USA Today* oder die *International Herald Tribune* lesen und die *CNN*-Nachrichten sehen, und ich habe Angst, daß man meine Kinder darauf anspricht und sie belästigt und verunsichert. Die Kinder wissen keine Einzelheiten, ich habe ihnen nur erklärt, daß ich einen bösen Mann angezeigt habe und jetzt in die Staaten muß, um gegen ihn auszusagen. Bitte helfen Sie, soweit es Ihnen möglich ist, diese Dinge von meinen Kindern fernzuhalten.«

Die Damen erklärten, sie seien dankbar, daß ich ihnen das alles gesagt habe. Sie verstünden meine Sorgen und würden meine Kinder besonders im Auge behalten und aufpassen, daß Gespräche über meine Verwicklung in den Prozeß entweder unterblieben oder in die richtigen Bahnen gelenkt würden. Ich verließ die Besprechung mit dem beruhigenden Gefühl, daß meine Kinder in guten Händen waren.

14. KAPITEL

Elaine Tipton glaubt, daß die letzten Tage vor Beginn eines Prozesses immer am schwierigsten sind. »Man denkt über all die Dinge nach, die man noch zu erledigen hat und quält sich mit den Dingen herum, die man hätte tun sollen, aber vergessen hat oder von denen man nicht einmal wußte, daß man sie anpacken muß.« Ein befreundeter Staatsanwalt hatte ihr gesagt, eine Verurteilung im Franklin-Fall sei unwahrscheinlich, und es gebe hundert Möglichkeiten, Tipton aufs Kreuz zu legen. »Ich fand«, sagte sie, »er hatte recht, und als der Prozeß begann, war ich ziemlich verunsichert und meinte, es gebe sogar hundertzehn Möglichkeiten, mich ins Leere laufen zu lassen oder sogar regelrecht abzuschießen.«

Für Elaine Tipton war der Ausgang des Prozesses von großer Bedeutung, und sie engagierte sich entsprechend, aber ihr war klar, daß für Eileen noch viel mehr auf dem Spiel stand. Entweder kam ihr Vater, den sie einmal geliebt hatte, für immer hinter Gitter oder er würde freigesprochen und eine permanente Bedrohung für sie und ihre Familie darstellen. Und Eileen würde in diesem Fall als intrigante, verlogene Bestie gebrandmarkt werden, als abscheuerregendes Beispiel für eine Tochter, die den eigenen Vater aus niedrigen Beweggründen ans Messer liefern wollte.

Tipton war sich der Verantwortung bewußt, die sie auf sich geladen hatte, als sie Eileen ermutigt hatte, die Sache voranzutreiben und als sie ihr versichert hatte, man würde eine Verurteilung Franklins mit Sicherheit erreichen. Jetzt aber mußte sie sich, wie jeder gute Jurist in einem solchen Fall, mit dem Gedanken vertraut machen, den Prozeß auch verlieren zu können. Und da Juristen, Staatsanwälte wie Verteidiger, mit dieser Realität leben müssen, beziehen sie ihren Trost aus einer statistischen Regel: Für jeden Fall, den man verliert, aber eigentlich hätte gewinnen müssen, gibt es auch wieder einen Fall, den man gewinnt, obwohl er eigentlich hoffnungslos war.

Am Nachmittag des 31. Oktobers 1990 rief Elaine Tipton ihren ersten Zeugen auf. Es war Mary Jane Larkin, eine kleine, dunkelhaarige Frau, die Susan Nasons Lehrerin in der vierten Klasse gewesen war. Sie bestätigte, daß Susan die Schuhe, die Celia Oakley vergessen hatte, mitnehmen und ihr bringen wollte. Sie erklärte auch, daß die Lehrer ihre Schüler regelmäßig belehrt hatten, sich nicht mit Fremden in Gespräche einzulassen. Im Kreuzverhör versuchte Arthur Wachtel, die Festigkeit ihres Erinnerungsvermögens zu erschüttern und sie dazu zu bringen, die Möglichkeit einzuräumen, die Schule sei an diesem Tag später als 15 Uhr aus gewesen. Das gelang ihm nicht. Sowohl Mrs. Larkin als auch alle anderen, die im weiteren Verlauf zu dieser Frage aussagten, bestätigten, daß die Schule manchmal früher, aber nie später als 15 Uhr zu Ende ging.

Die nächste Zeugin war Margaret Nason. Wie bei der Voruntersuchung war sie gefaßt und konzentriert. Sie beschrieb detailliert, wie Susan an diesem Tag von der Schule nach Hause kam und sich kurz darauf auf den Weg machte, Celia die Schuhe zu bringen; wie sie selbst, Margaret, gegen 16 Uhr 30 unruhig wurde, als Susan nicht zurückkam, bei den Oakleys anzurufen versuchte, noch kurze Zeit wartete und sich dann mit dem Fahrrad auf den Weg machte, nach ihrer Tochter zu suchen. Kurz nach 18 Uhr sei sie zum Haus der Oakleys gefahren, und auf der Straße vor dem Haus habe sie Celia angetroffen. »Ich geriet in Panik«, sagte sie mit bebender Stimme, »als Celia mir sagte, Susan hätte nur die Schuhe abgegeben und sei dann gleich wieder gegangen.« Tipton fragte, ob sie eine Pause wünsche, aber Margaret Nason versicherte, es sei alles in Ordnung, und richtete sich im Zeugenstuhl auf. Im Gerichtssaal war es sehr still.

Tipton ging sehr einfühlsam die weiteren Ereignisse am Abend des 22. September 1969 mit ihr durch. Mrs. Nason konnte jedoch nicht viel dazu sagen; alles sei wie hinter einem Schleier verborgen. Dann berichtete sie von den Erpresserbriefen, die in den folgenden Wochen bei ihnen eingegangen waren.

In einem davon sei angedroht worden, wenn nicht ein bestimmter Betrag bezahlt werde, würde man den Eltern einen von Susans Fingern schicken. Tipton fragte, in welcher geistigen Verfassung sie sich in diesen Wochen befunden habe.

»Man kann die Qual nicht beschreiben, wenn ein Kind plötzlich verschwunden ist, den Schmerz, die Verzweiflung . . .«

»Konnten Sie in diesen Wochen überhaupt klar denken?«

»Nein, ganz sicher nicht.«

Dann brachte Tipton den schwierigsten, grausamsten Teil der Befragung zur Sprache: die Entdeckung von Susans Leiche und die Identifizierung durch Mrs. Nason. Tipton hielt fest, daß Susans Ring noch nicht beschädigt war, als das Kind das Haus verließ. Auf Befragen erklärte Margaret Nason, sie habe über Einzelheiten am Fundort der Leiche und ihren Zustand mit keinem Nachbarn, Bekannten oder Freund gesprochen.

Bei Wachtels Kreuzverhör kam die tränenerregende Tatsache auf, daß die Nasons nach Susans Verschwinden, aber vor dem Auffinden ihrer Leiche für ein Pressefoto posiert hatten, das sie bei den Vorbereitungen für Susans Geburtstag zeigt. Sie hatten sich in ihrer Verzweiflung davon versprochen, bei einem möglichen Entführer Mitleid zu erregen und ihn zu bewegen, das Kind laufen zu lassen. Wachtel befragte Margaret Nason zur Freundschaft ihrer Tochter mit den Franklin-Mädchen und wollte dann wissen, ob sie jemals jemanden aus der Nachbarschaft in Verdacht gehabt hätte, Susan umgebracht zu haben. Tipton erhob sofort Einspruch, dem stattgegeben wurde. Als sie aus dem Zeugenstand kam, warf Margaret Nason ihren Angehörigen ein trauriges Lächeln zu. Nach der Pause setzte sie sich wie schutzsuchend neben ihren Mann, von dem sie gerade geschieden worden war.

Bei der Parade der Zeugen aus Foster City in den nächsten Wochen zeigte sich, daß diese Stadt Menschen aller sozialen Schichten beherbergte und hervorbrachte. Die Zeugen, die als Kinder in ähnlichen Straßen aufgewachsen waren, dieselben Schulen besucht und in denselben Parks miteinander gespielt hatten, waren jetzt einfache Arbeiter, wohlsituierte Handwerksmeister, gelehrte Akademiker und patrizierhaft auftretende Top-Manager.

Die nächste Zeugin, Celia Oakley, war wohl auf einem Rang zwischen Akademikerin und aufstrebender Top-Managerin einzustufen. Die nett und gepflegt aussehende junge Frau erzählte dem Gericht, sie sei kurz vor dem Abschluß ihres Ingenieurstudiums in Stanford und schreibe gerade ihre Doktorarbeit. Ihre Erinnerung an den fraglichen Tag war sehr verschwommen, aber sie wußte noch, daß Susan ihr die Schuhe gebracht hatte. Sie glaubte nicht, sagte sie aus, daß sie danach noch miteinander gespielt hatten, war sich aber nicht sicher. Nein, sie könne sich nicht an irgend etwas Ungewöhnliches an diesem Tag erinnern, auch nichts, das sie aufgeregt oder beunruhigt hätte. Wachtels Kreuzverhör ergab, daß Miss Oakley sich nicht sicher war, ob sie nach draußen gegangen war, als Susan vorbeikam. »Also konnten Sie wahrscheinlich gar nicht merken, ob etwas Ungewöhnliches vorging, nicht wahr?« Wachtel wollte damit klarstellen, daß die Möglichkeit offenblieb, Susan könne zu dem Fremden in den blauen Wagen eingestiegen sein.

Nachdem Susans Verschwinden abgehandelt war, ging Tipton zu den Zeugen über, die mit der Entdeckung der Leiche zu tun hatten. Von der Staatsanwaltschaft vorgewarnt, es würden bei diesem Thema recht grausige Details angesprochen, kamen die Nasons nicht in den Gerichtssaal. Tipton rief als ersten Zeugen Ephe Bottimore auf, den inzwischen pensionierten Aufseher im Wasserschutzgebiet, der Susans Leiche gefunden hatte. Er schien sich darüber zu freuen, vom sicherlich bedeutsamsten Ereignis in seinem Leben berichten zu können. Einige Leute gewinnen in der Lotterie, andere werden Eltern von Vierlingen, und einige wenige Auserwählte stoßen auf die Leiche eines vermißten Mädchens. Glück muß man eben haben – so schien der alte Mr. Bottimore zu denken. Er beschrieb unaufgefordert ausführlich den Fundort und den Zustand der Leiche.

Die Aussage Bottimores und die noch folgenden Anhörungen von Polizisten, die als erste am Fundort der Leiche waren, ergaben eindeutig, daß die Vermutungen der Verteidigung ausgeschlossen werden konnten, das Mädchen sei durch einen Sturz ums Leben gekommen oder seine Leiche sei aus einem vorbeifahrenden Auto geworfen worden. Die Geschworenen erfuhren, daß die skelettierte Leiche etwa elf Meter vom Fahrweg entfernt gefunden wurde und daß sie auf der linken Seite lag, das linke Bein unter dem ausgestreckten rechten eingeknickt. Etwas mehr als einen Meter vom Kopf der Leiche entfernt hatte man ein Rattennest gefunden. Neben dem Kopf lag ein Stein, an dem Haare klebten. Ein brauner Schuh lag etwa fünfundzwanzig Zentimeter neben dem rechten Fuß. Ungefähr zwei bis drei Meter entfernt hing an einem Busch eine Socke, die zu der am linken Fuß der Leiche paßte. Den zweiten Schuh hatte man nicht gefunden. Der Ring an der rechten Hand war »zerbrochen«; der an der linken Hand, ein goldfarbener Kinderring mit blauen Steinen, war nicht beschädigt.

Mehrere Fotografien wurden den Geschworenen als Beweisstücke übergeben. Sie zeigten verschiedene Aufnahmen vom Fundort; einige waren vom Fahrweg aus den Hang hinunter aufgenommen worden, andere zeigten aus der Nähe, durch die rostigen Spiralfedern der Sprungfedermatratze hindurch, die Überreste der Leiche. Diese Fotos waren besonders schrecklich; ein wenig unscharf, aber unzweideutig erkannte man auf ihnen den Schädel des Mädchens, der an einigen Stellen noch mit eingetrockneten Fleisch- und Hautfetzen bedeckt war. Unterhalb des Schädels sah man zwischen dem Wirrwarr aus Spiralfedern und Knochen einige Stoffreste in lustigem blauem Muster, ein quälender Hinweis darauf, daß diese scheußlichen ekelerregenden menschlichen Überreste einmal ein fröhliches, unschuldiges Mädchen gewesen waren.

Während die Fotos bei den Geschworenen langsam von Hand zu Hand gegeben wurden, lag düsteres Schweigen über dem Gerichtssaal. Niemand wagte mit seinen Nachbarn zu sprechen wie sonst, wenn gerade einmal keine Aussagen erfolgten. Tipton legte als nächste Beweisstücke die beiden Ringe und vergrößerte Fotografien von ihnen vor, danach dann die beiden Steine, die man bei der Leiche gefunden hatte. Der Stein, an dem die Haare hefteten, war knapp dreizehn Zentimeter breit. Als er den Verteidigern zur Begutachtung vorgelegt wurde, schaute George Franklin ihn sich mit der respektvollen Neugier eines Metallurgen an, der eine Erzprobe examiniert.

Als Dr. Peter Benson, der Gerichtsmediziner, der bei Susan die Autopsie durchgeführt hatte, in den Zeugenstand gerufen wurde, reckten die Zuschauer im Saal die Hälse, ob die Nasons in ihren Sesseln in der ersten Reihe saßen. Zur allgemeinen Erleichterung waren sie nicht da. Nach der sehr plastischen Beschreibung der verwesten Leiche schilderte Dr. Benson zwei große ›Defekte‹ auf der rechten Seite des Schädeldaches, beide mit ausstrahlenden Bruchlinien. Tipton demonstrierte an einem Schädelmodell die genaue Lage der Frakturstellen; sie waren mit dunkelroter Farbe gekennzeichnet. George Franklin sah sich das groteske Modell mit der üblichen Gleichgültigkeit an. Eingeschweißt in Plastikfolien wurden schließlich noch Susans weiße Unterhose und die beiden weißen Socken als Beweisstücke vorgelegt.

Tipton wollte mit Bensons Aussage vor allem klarstellen, daß die beiden ›Defekte‹ im Schädel des Mädchens von einem ungleichförmigen Gegenstand wie zum Beispiel einem größeren Stein stammten und nicht von einem künstlichen, von Menschenhand hergestellten, glatten Gegenstand. Benson bestätigte das; der Stein war mit größter Wahrscheinlichkeit die Tatwaffe. Im übrigen wurde festgehalten, daß man in einem Haarklumpen, der noch an dem Stein klebte, einen Fingernagel gefunden hatte.

Ein weiterer Punkt in Bensons Aussage war besonders grausig. Die Spitzen der Finger an der rechten Hand der Leiche fehlten; an der linken Hand waren die Knochen noch vollständig vorhanden. Benson stellte dazu fest, daß die Fragmente sich zwar im Prozeß des Zerfalls vom Rest der Finger ›desintegriert‹, nicht aber völlig aufgelöst haben könnten. Dazu seien die zehn Wochen, die die Leiche der Verwesung ausgesetzt war, eine zu kurze Zeitspanne. Man hätte sie bei der Leiche finden müssen. Da der Fundort offensichtlich sehr gründlich abgesucht worden sei, bleibe nur die Erklärung, daß die Fingerspitzen ›weggebracht‹ worden seien. Er könne sich das nur so erklären, daß die Finger des Mädchens verwundet gewesen und von Tieren wie Ratten oder Mäusen, die von blutigen Körperteilen besonders angezogen würden, ›entfernt‹ worden seien.

Wachtel ließ die Annahme, Susan habe in einer Abwehrbewegung die rechte Hand auf ihren Kopf gehalten und die Fingerspitzen seien bei den Schlägen auf ihren Schädel zertrümmert worden, nicht unwidersprochen im Raum stehen. Die Verletzungen, wenn es sie denn gegeben habe, könnten auch eine andere Ursache gehabt haben. Benson gestand zu, das sei möglich. Wachtel meinte, noch ein anderes gutes Argument zu haben. »Ist dieser Stein nicht viel zu klein, um so schwere Schädelfrakturen hervorzurufen?« fragte er Benson. »Nicht, wenn er mit großer Kraft und Geschwindigkeit auf den Schädel geschlagen wird«, war dessen Antwort.

EILEEN

Da ich sichergehen wollte, die bei mir besonders ausgeprägten physischen Probleme mit der Zeitverschiebung, den ›Jetlag‹, hinter mir zu haben, wenn ich den Zeugenstand betrat, flog ich einige Tage vor dem Gerichtstermin von Zürich nach Los Angeles. Ich versteckte mich vor den Nachstellungen der Presse bei meinem Schwager Lee und seiner Frau Denise und verriet niemandem, nicht einmal meinen Schwestern, wo ich war.

Meine Freundin Sharon Nelson, die mir schon während der Voruntersuchung zur Seite stand, würde sich auch beim Prozeß um mich kümmern. Sie ist eine wahre Freundin, und sie wußte, was ich psychisch durchmachte. Sie meinte, es könnte mir helfen, wenn ich meine Gedanken, Sorgen, Nöte und Ängste niederschriebe. Ich folgte ihrem Rat.

30. Oktober: Noch fünf Tage, dann muß ich in den Zeugenstand. Ich bin verängstigt. Nein, ich habe schreckliche Angst. Ich habe Angst vor der Presse, vor diesen rücksichtslosen Reportern, die wie eine Meute wilder Hunde auf mich lauern, sobald ich in die Nähe des Gerichtssaales komme. Bei der Voruntersuchung haben sie mich so in Angst versetzt, daß ich krei-

debleich wurde, als ich sie sah, und solches Herzklopfen bekam, daß mein ganzer Brustkorb schmerzte.

Ich hasse den Gedanken daran, daß da Geschworene sitzen und mich anstarren werden. Sie sehen mich im Profil, glaube ich, und das ist nicht sehr vorteilhaft für mich. Sie werden mich für häßlich halten. Und darüber hinaus werden sie vielleicht meine Zurechnungsfähigkeit anzweifeln. Kein schöner Gedanke.

Ich will nicht in den Zeugenstand. Ich will nicht aussagen. Wenn ich die Protokolle der Voruntersuchung lese, kriege ich Krämpfe, wie dumm ich mich angestellt habe. Horngrad wird mich nach dem genauen Datum jedes Telefonanrufs fragen. Ich hätte eine Liste über alle Anrufe führen sollen. Und ein Tagebuch über jedes Gespräch, über jede Rückkehr einer Erinnerung. Ich hätte daran denken müssen, alles zu dokumentieren. Aber ich wußte ja nicht, was es bedeutet, im Zeugenstand zu stehen. Und jetzt, da ich es weiß, habe ich schreckliche Angst davor.

1. November: Ich bin sehr froh, daß ich für diese paar Tage vor meinem Auftritt vor Gericht bei Lee und Denise sein kann. Ihre Kinder sind eine nette und willkommene Ablenkung. Ich koche gern, und so habe ich den Küchendienst übernommen, was Lee und Denise begrüßen, da beide berufstätig sind. Sie sind liebevoll und hilfsbereit zu mir. Ich vermisse meine anderen Freunde in Los Angeles nicht. Ich bin froh, in einem Haus sein zu dürfen, in dem ich mich geliebt und beschützt fühlen kann.

Eigentlich ist es dumm von mir, mich so zu ängstigen. Aber ich kann nichts dagegen tun. Um halb drei heute morgen wurde ich wach und konnte nicht mehr einschlafen; meine Gedanken kreisten immer aufs neue um das, was da auf mich zukam. Denise machte sich gestern abend Sorgen um mich; sie hatte mich weinen gehört. Ich möchte meine Tränen jetzt loswerden, damit sie mir beim Prozeß nicht kommen. Vielleicht bin ich dann leergeweint. Viele Monate lang hatte ich gar nicht weinen können, so gern ich es auch getan hätte. Aber jetzt sind meine Tränen zurückgekommen. Vor ein paar Tagen hatte ich so schlimme Kopfschmerzen, daß ich losheulen mußte. Dieses Weinen hat anscheinend meine Tränenschleuse geöffnet.

In den vergangenen Monaten habe ich mich immer wieder zusammenreißen müssen, um nicht von den Gefühlen des Schmerzes und des Verlassenseins überwältigt zu werden, die mich beim Gedanken an den Mord und den Prozeß überfielen. Dieser dauernde Kampf hat eine emotionale Leere in mir hinterlassen. Ich habe ihn insofern gewonnen, als ich es lernte, die Tränen zu unterdrücken; dafür habe ich ein Magengeschwür bekommen. Lee will mir mit einem Beispiel helfen: Das, was ich durchzumachen habe, sei mit dem Heilungsprozeß einer Schußwunde zu vergleichen. Die Wunde müsse ständig gesäubert, gesalbt und neu verbunden werden. Wenn man sich so um sie kümmere, heile sie gut. Ich weiß nicht, ob mir das hilft.

Ich wünsche mir, ich könnte den Weg zurück zu Gott finden. Vielleicht will er, daß ich diesen Weg gehe, aber ich weiß nicht, wie ich die ersten Schritte machen soll. Gebete helfen nicht viel. Ich habe das Gefühl, meine Seele sei abgestorben, mein Innenleben erloschen. Das Magengeschwür schmerzt und brennt, und das zeigt mir, daß mein Magen genauso aufgewühlt und verängstigt ist wie ich. Ich habe dauernd Kopfschmerzen; mein Gehirn scheint sich damit gegen den Terror der unaufhörlichen Gedanken an die bevorstehenden Qualen wehren zu wollen. Ich fühle mich so entsetzlich hilflos – und von aller Welt verlassen.

2. November: Ich muß bei Katherine Rieders Büro vorbeifahren, um mir die Daten meiner Besuche bei ihr geben zu lassen, bevor ich meinen schweren Gang antrete. Bei der Voruntersuchung konnte ich sie nicht genau nennen. Elaine meint aber, es sei wichtig, sie den Geschworenen anzugeben. Sie hat recht – sonst stellt mich Horngrad wieder als Lügnerin hin.

Im Frühjahr hatte ich Elaine versichert, ich würde mich während des Prozesses nicht an sie klammern und ihr nicht auf die Nerven gehen. Ich wisse, hatte ich ihr gesagt, sie brauche beim Prozeß alle Energie, um die Sache im Griff zu behalten. Ich hatte ihr aber auch gesagt, ich brauche ihre Hilfe, ihre ›Stütze‹: »Ich habe schreckliche Angst. Ich habe noch nie ein so starkes, mein ganzes Denken beherrschendes Gefühl gehabt. Diese Angst terrorisiert mich, ich kann sie nicht abschütteln.« Elaine antwortete ganz ruhig und einfühlsam, sie verstehe es, es sei eine ganz normale Reaktion, ich solle mich deshalb nicht beunruhigen. Sie war wirklich eine Stütze für mich.

Bevor ich zur Bay Area aufbrach, verbrachte ich noch ein paar Tage bei Barrys Eltern. Der Gedanke, daß ich zu meinen Schwiegereltern gehen mußte, weil ich kein liebendes Elternpaar hatte, stimmte mich traurig.

Sie waren wie üblich sehr nett zu mir. Lea sagte mir, wenn sie und Aaron von Bekannten und Freunden auf den Fall angesprochen würden, würden sie immer mit Bewunderung, Stolz und Respekt von mir sprechen, weil sie überzeugt seien, daß ich das Richtige tue. Und ganz einfach auch, weil ich ihre Tochter sei.

Ich liebe die beiden. Sie sagen den Leuten, sie seien stolz auf mich. Und weil ich sie liebe, habe ich Angst, sie zu enttäuschen, vielleicht auch ihre Liebe zu verlieren. Wie werden sie reagieren, wenn all die schrecklichen Details ans Licht gezerrt werden und sie erfahren, wie sehr ich physisch und psychisch geschädigt bin? Sie werden es bald erfahren, und ich habe Angst, auch noch ein zweites Elternpaar zu verlieren.

Wie verabredet traf ich mich am Samstag morgen mit Elaine in ihrem Büro. In den vergangenen Monaten hatte ich immer mehr Hochachtung und Bewunderung für sie entwickelt.

Wir redeten über alles mögliche, nur nicht über meine Zeugenaussage. Ich erzählte ihr von der Schweiz, von unserem noch leeren Haus in einem Dorf in der Nähe von Zürich, von den Kindern und ihrer Schule in Zürich, von meiner so glücklich empfundenen Anonymität dort drüben und Barrys Versuch, in diesem fremden Land im Geschäftsleben Fuß zu fassen.

Dann kamen wir doch auf den Prozeß zu sprechen, und sie sagte mir, wir müßten uns noch über die Vergewaltigung und die anderen Vorfälle des sexuellen Mißbrauchs unterhalten, denn man würde mich dazu im Zeugenstand intensiv befragen.

Außerdem wollte sie noch die Dinge mit mir durchgehen, bei denen ich in der Voruntersuchung nicht überzeugend aufgetreten war. Ich wußte, daß das alles erforderlich war, um mit Elaine an einem Strick zu ziehen, aber ich hatte Angst davor. Also machten wir zunächst einmal weiter wie bisher und sprachen über alles mögliche, nur nicht über meine Zeugenaussage.

Schließlich kamen wir auf ganz banale Dinge zu sprechen. Ich sagte Elaine, ich bräuchte im Lauf des Tages irgendwann eine Unterbrechung, um zum Friseur zu gehen und meine Haare schneiden zu lassen. Ihr sei das sehr recht, sagte sie, denn sie müsse zur Maniküre, und sie bot an, mich zu ihrem Stammsalon mitzunehmen. Also machten wir uns auf den Weg nach San Carlos. Die Besitzerin des Salons sprach Elaine auf den bevorstehenden Prozeß an, aber niemand schien in mir die Frau zu erkennen, die ihn ausgelöst hatte. Es war herrlich, anonym bleiben zu können.

Nach der Rückkehr ins Elaines Büro war unausweichlich die Zeit gekommen, die Dinge zu besprechen, die mir so schwer auf dem Magen lagen, für unsere Prozeßstrategie aber so wichtig waren. Als erstes ging es um meine Vergewaltigung. Ich beneidete Elaine, die distanziert und emotionslos meiner Schilderung zuhören konnte und nicht wie ich erneut die Qual und den Schmerz durchleben mußte. Wir hatten dasselbe Ziel, aber wenn wir letztlich die Einzelheiten der verschiedenen Ereignisse besprachen, war es für mich eine Tortur, für Elaine aber schlichtweg Arbeit, die sie zu leisten hatte.

Ich wollte erreichen, daß Elaine verstand, wie mein Erinnerungsvermögen arbeitet und was es für mich bedeutete, die Rückerinnerungen zu haben und mit ihnen leben zu müssen. Wenn sie verstand, wie ich fühlte und dachte, dann konnte sie das, so hoffte ich, auch den Geschworenen vermitteln.

Ich erzählte ihr, wie frisch die Gefühle waren, die ich bei den auftauchenden Erinnerungen empfand. Sie waren für mich nicht zwanzig Jahre alt, sondern neu, als ob alles gerade erst geschehen wäre. Mein Geist hatte eben nicht zwanzig Jahre Zeit gehabt, die Ereignisse zu verarbeiten und zu verkraften; für mich waren die Erinnerungen erst ein Jahr oder sechs Monate oder zwei Tage alt. Ich mußte versuchen, die Erinnerungen eines achtjährigen Mädchens in den Geist einer neunundzwanzigjährigen Frau einzupassen, und es war sehr schwer, als Erwachsene die erschreckenden Erinnerungen eines Kindes zu verarbeiten. Meine Gefühle des Grauens, der Hilflosigkeit und des Verlustes einer eigenen Identität waren sehr stark, und ich versuchte Elaine zu erklären, wie schrecklich frustrierend es war, als ich erkannte, daß mein Geist nicht so arbeitet wie der anderer Leute. Und ich sagte ihr, wie sehr ich es haßte, diese Rückerinnerungen zu haben, die mein Leben durcheinanderbrachten, Narben in meine Seele kratzten und mich in ständige Angst versetzten, weitere böse Erinnerungen könnten auftauchen.

Dann ließ ich meinen Ängsten vor den Journalisten und Reportern freien Lauf. Ich sagte ihr, wie sehr ich den Gedanken haßte, daß diese Meute im Gerichtssaal sitzen und gierig die intimsten, schmerzvollsten Einzelheiten aus meinem Leben aufschnappen würde, um sie dann in ihren Berichten breitzutreten. Warum nahm man mir zu allem anderen auch noch mein Recht auf eine Privatsphäre?

Ich sprach zu Elaine darüber, wie verwirrt und verzagt ich im Hinblick auf meine Fraulichkeit und meine Sexualität sei, nachdem meine Identität nun auch noch mit einer Vergewaltigung und anderen Vorgängen des sexuellen Mißbrauchs belastet war. Wie konnte ich das verkraften? Ich brauchte dringend eine Therapie in dieser Sache, aber wegen des Prozesses hatte ich sie noch nicht in Angriff nehmen können. Wie sollte, wie konnte ich noch Freude am Sex empfinden, nachdem ich nun wußte, wie schmerzhaft, erschreckend und ängstigend er sein konnte? Wie schwer war der Schaden, den man mir da zugefügt hatte? Würde ich es je schaffen, wieder ›normal‹ zu werden? All diese Fragen quälten mich – eine zusätzliche Belastung kurz vor meinem Auftritt vor Gericht.

Ich erzählte Elaine, welch einen hohen Preis meine Anzeige und der Prozeß von mir forderten. Die familiäre Bande zu fast allen meinen Geschwistern war zerstört, und ich schämte mich sehr, daß so viele private Dinge aus unserem früheren Zusammenleben in der Öffentlichkeit diskutiert wurden. Das vergangene Jahr hatte für mich fast nur darin bestanden, mit der Rückkehr von Erinnerungen an schreckliche Ereignisse in meiner Kindheit fertig zu werden, mich auf einen nervenaufreibenden Prozeß einzustellen und um meine geistige Gesundheit zu kämpfen – nicht aber, mich an der Entwicklung meiner Kinder zu erfreuen oder das Leben in einem neuen, schönen Land zu genießen. Meine Sexualität, ein Jahr im Leben meiner Kinder, meine Geschwister, meine geistige Stabilität, meine Privatsphäre – was denn noch konnte mein Vater mir rauben.

Ich sprach auch meine Angst an, vor Gericht zu erscheinen. Ich wußte nichts von den einzelnen Geschworenen, von denen alles abhing, aber sie wußten sehr viel von mir und würden ihr Urteil im wesentlichen auf ihren Eindruck von mir gründen. Konnten diese Juroren überhaupt verstehen, woran ich mich da erinnerte?

Ich sagte ihr, welche Angst ich davor hatte, daß mein Vater freigesprochen werden könnte. Und ich klagte ihr mein Leid, daß ich so lange mit niemand über all diese Dinge sprechen durfte und fast daran erstickt wäre. Und daß ich mit keinem Menschen einen normalen Umgang pflegen konnte, weil ich immer so tun mußte, als ginge es mir gut, während ich in Wirklichkeit schrecklich unter meiner Einsamkeit, meiner Angst und meiner Verzweiflung litt.

Schließlich konnte ich es nicht länger hinausschieben, und so fing ich stockend an, ihr von der Vergewaltigung zu berichten. Es war das erste Mal, daß ich es jemandem in allen Einzelheiten schilderte. Ich beschrieb, wie man meine Beine auseinandergehalten, wie ich gestrampelt und darum gekämpft hatte, sie schließen zu können, es schließlich aber aufgeben mußte, weil es zwecklos war. Mein Vater hatte mir mit einer Hand den Mund zugehalten und gewaltsam meinen Kopf zur Seite nach links gedreht. Mit der anderen Hand hatte er mich an der linken Schulter fest auf den Tisch gedrückt. Schon nur beim Sprechen darüber tat mir die linke Schulter wieder weh.

Ich muß mich zwingen, die Einzelheiten zu schildern, und dabei ist die Erinnerung an den Schmerz so stark, daß ich kaum weitersprechen kann. Ich möchte vor dieser Erinnerung davonlaufen, vor dem gräßlichen Schmerz, vor der Qual der Erinnerung, vor dem Verrat durch meinen Vater. Ich möchte davonlaufen, um diese schreckliche Erinnerung loszuwerden, aber ich weiß, daß mein Geist schneller laufen wird als mein Körper und mich die Erinnerung wieder einholt. Nein, ich kann nirgends auf dieser Welt hinlaufen, um meine Erinnerung hinter mir zu lassen.

Ich muß alle Gefühle unterdrücken und nüchtern schildern, was passiert ist. Ich muß ganz ruhig bleiben und beschreiben, wie es ist, wenn ein kleines Mädchen von einem erwachsenen Mann vergewaltigt wird. Muß pedantisch aufzählen, was mein perverser Vater tat, was mein verruchter Patenonkel tat. Wie es ist, wenn man sich verzweifelt zu wehren versucht. Und wie es ist, wenn man nach der Vergewaltigung von diesem Tisch aufsteht. Muß schildern, wie schrecklich mir mein kleiner Körper weh tat. Niemand war da, der mir helfen konnte, mich wieder anzuziehen. Ich war so entsetzlich allein. Sie hatten mich einfach in dem Raum ihres Verbrechens zurückgelassen. Aber ich hörte ganz schwach die Stimmen der Männer in einem benachbarten Zimmer. Als ich mich bückte, um meine Schuhe anzuziehen, taten mein Unterkörper und mein Gesäß fürchterlich weh. Als ich davonwankte, fühlte ich etwas Klebriges zwischen meinen Beinen. Ich wußte nicht, was es war.

Um nicht von der Erinnerung an den Schmerz übermannt zu werden, muß ich das Geschehen distanziert betrachten – als Erwachsene, sage ich mir. Worauf es jetzt ankommt ist, daß ich das Ereignis im Gerichtssaal korrekt schildern kann. Die irrsinnige Pein der Vergewaltigung wird nicht nachlassen, wenn ich heule oder schreie oder davonlaufe. Die Tatsache, daß es geschehen ist, läßt sich nicht aus der Welt schaffen. Aber ich habe keine Zeit mehr, mich mit meinen Reaktionen darauf zu beschäftigen; wir werden den Prozeß nicht gewinnen, wenn ich über jede einzelne meiner Qualen jammernd aufstöhne.

Elaine fragte ganz sanft: »Hat irgend jemand etwas gesagt?« Und ganz plötzlich kam die Erinnerung an die Stimme zurück. O Gott, dachte ich, nein, ich will mich nicht an noch mehr erinnern! Wie bei der Rückkehr der anderen Erinnerungen überfiel mich Panik, irrsinnige Furcht und der Drang, aufzuschreien und loszuheulen. Warum um Gottes willen stellte Elaine diese Frage? Sie rief doch nur weitere Qualen hervor! Und Elaine wußte doch, daß ich mich nicht an weitere Einzelheiten erinnern wollte!

Ich sah Elaine an. Sie erwiderte meinen Blick, und ich erkannte nichts als Anteilnahme und Besorgnis darin. Sie mußte einen Grund für ihre Frage haben. Ich wollte sie beantworten, aber meine Stimme versagte. Dann schaffte ich es, ihr zu sagen, was ich gehört hatte. Mein widerlicher Patenonkel hatte gesagt: »Das wird ihr doch Spaß machen, was, George?« Mein Vater lachte gackernd. Ja, sein böses Lachen klang wirklich wie Hühnergackern. Die Erinnerung daran war fast zu viel für mich. Wieder fühlte ich mich von Gott im Stich gelassen. Er hätte es nicht zulassen dürfen, daß diese Erinnerung zurückkam. Ich konnte sie kaum verkraften.

Ich fing an zu weinen, als ich weitersprach. Ich vermied es, Elaine anzusehen, wäre am liebsten unsichtbar geworden. Aber ich sah doch, daß auch sie weinte. Ich hatte Barry, Leah und George junior von der Vergewaltigung erzählt, aber zum ersten Mal war da jemand, der wirklich Anteil nahm. Ich war mit meinem Schmerz und meiner Qual nicht mehr allein. Selbst wenn wir den Prozeß nicht gewinnen würden, ich wußte jetzt, daß es jemanden gab, der verstanden hatte, mit welchen Problemen ich leben mußte.

Ich mußte jetzt also ein weiteres schreckliches Detail verkraften: die Worte, die bei dem widerlichen Geschehen gefallen waren. Aber diesmal war ich nicht allein; Elaine war bei mir. Sie sah mich liebevoll und verstehend an, und dann sagte sie ruhig, aber sehr entschlossen: *»Ich werde dafür sorgen, daß dieser Bastard verurteilt wird!«*

Ich erzählte Elaine auch von dem Zwischenfall in der Badewanne und von der widerlichen Erinnerung, daß mein Vater einmal beim Gute-Nacht-Sagen seinen Finger in meine Vagina geschoben hatte, als ich etwa sieben Jahre alt war. Elaine gab mir eine Hilfestellung, indem sie alle Zwischenfälle und Geschehnisse mit der juristischen Einstufung bezeichnete. Alles Böse, das mein Vater mir angetan hatte, war schlicht und einfach ›strafwürdiges Verhalten‹; der Zwischenfall in der Badewanne war ›widernatürliche Unzucht‹; die Sache beim Gute-Nacht-Sagen fiel unter die Bezeichnung ›widernatürliche Penetration‹. Die Möglichkeit, alle bösen Zwischenfälle unter ›strafwürdiges Verhalten‹ einordnen zu können, half mir sehr, Distanz zu den Ereignissen zu gewinnen und sie weniger emotional zu betrachten.

Eine der schwierigsten Fragen, die Elaine mir stellte, war die nach dem Geräusch bei der Ermordung Susans. Ich bat sie, es mir zu ersparen, darüber zu sprechen. Alles in mir sträubte sich dagegen, an dieses Geräusch zu denken. Auch Dr. Lenore Terr hatte mich drängen, ja zwingen müssen, es zu beschreiben. Ich wollte es nicht wieder tun, weder Elaine gegenüber noch vor der Jury. Ich sagte Elaine, sie habe meine Aussage dazu doch in Dr. Terrs psychiatrischen Gutachten gelesen und wisse also, wie das Geräusch geklungen habe. Wir diskutierten noch eine Weile über meinen Widerwillen, auf diesen Punkt einzugehen. Sie betonte die Notwendigkeit, darauf vor Gericht einzugehen, und ich mußte das letztlich widerstrebend einsehen.

Am Sonntag morgen gingen Elaine und ich zusammen zur Messe in die Kirche in Menlo Park. Ich hatte das Gefühl, daß ihre Gebete sich in dieselbe Richtung bewegten wie meine. Nach der Kirche kehrten wir in ihr Büro zurück, um unsere Arbeit fortzusetzen.

Ich hatte die Protokolle über die Voruntersuchung – fast vierhundert Seiten – sehr sorgfältig gelesen, ebenso meine Aussagen Morse und Cassandro gegenüber und die Mitschnitte unerer Telefongespräche. Dennoch gab es eine Menge zu besprechen. Bei der Voruntersuchung hatte Horngrad auf Unstimmigkeiten herumgehackt, aber als wir die Aussagen jetzt noch einmal durchgingen, stellten wir fest, daß sie zum größten Teil übereinstimmten. Horngrad hatte die Aussagen aus dem Zusammenhang gerissen und sie so zurechtgebogen, daß sie ihm in den Kram paßten und er mich damit verunsichern konnte.

Ich war ganz aufgeregt, als ich feststellte, daß ich gar nicht so viel falsch gemacht, sondern Horngrad schlicht und einfach die Tatsachen verdreht hatte. Mehrfach rief ich Elaine zu: »Hören Sie sich das an! Genau das habe ich gesagt! Und Horngrad hat es später einfach ins Gegenteil verkehrt, um mich beim Richter in Mißkredit zu bringen!« Mir wurde klar, daß man sich im Zeugenstand gegen solche Verfälschungen nur zur Wehr setzen kann, wenn man sich genau an jede Präposition, jedes Adjektiv und jedes Verb seiner vorausgegangenen Aussage erinnern kann. Ich nahm mir vor, sorgfältig darauf zu achten.

Danach spielte Elaine mir die Kassetten mit den anonym geführten Gesprächen mit Inspektor Etter vor. Ich hätte am liebsten geheult, als ich mir sie anhörte. Ich klang so schrecklich verängstigt, mißtrauisch und nervös. In einem der Gespräche drückte ich meine Besorgnis aus, daß in einem eventuellen Prozeß womöglich ich als die Angeklagte dastehen könnte statt mein Vater. Zu meinem Leidwesen mußte ich jetzt feststellen, daß meine Befürchtung von vor einem Jahr sich zum Teil bewahrheitet hatte.

Ich hoffte, Elaine würde die Kassetten dem Gericht vorspielen. Meine Stimme klang zwar aufgeregt, aber vor allem zutiefst besorgt und ernst. Die Geschworenen sollten das unbedingt hören!

Elaine fragte mich, ob ich mich meinem Vater noch verbunden fühle. Ich sagte ihr, sein starres Leugnen der Tat habe dazu geführt, daß alle guten Gefühle für ihn bei mir endgültig abgestorben seien. Scheu und ein wenig verlegen fragte ich dann doch, wie es meinem Vater gehe und wie er aussehe, was natürlich im krassen Gegensatz zu meiner vorherigen Aussage stand. Ich erzählte ihr – zum ersten Mal übrigens – von meinem Besuch bei ihm. Sie fragte: »Sie haben doch nichts dagegen, wenn ich Sie vor Gericht dazu befrage?« Ich hatte Vertrauen zu ihr und stimmte zu.

Als ich Elaines Büro verließ, war mein Selbstvertrauen gestärkt, und ich war sicher, daß wir beide wußten, was wir zu tun hatten. Ich brauchte ja nur einfach die Wahrheit zu sagen; aber ich mußte mir noch sorgsamer als in der Voruntersuchung den Wortlaut jeder Frage anhören. Wenn Horngrad mir wieder eine Aussage unterstellte, die ich nicht für zutreffend hielt, mußte ich darauf bestehen, daß das Protokoll der Aussage hinzugezogen wurde. Elaine hatte mir geraten, vor der Beantwortung jeder Frage eine kleine Pause zu machen, damit sie gegebenenfalls Einspruch dagegen einlegen könne.

Ich übernachtete im Sofitel Hotel. Morgen würde ich bezeugen, daß mein Vater ein Kinderschänder und ein Mörder war. Der Tag der Gerechtigkeit für Susan Nason war gekommen.

In der Nacht vor meiner Aussage vor Gericht war meine Furcht so stark wie immer, aber ich hatte das beruhigende Gefühl, daß ich in guten Händen war. Elaine würde den juristischen Kampf ausfechten; Bob Morse würde sich als Chauffeur, Wächter und Essenbeschaffer um mich kümmern; meine Freundin Sharon würde mir als moralische Stütze zur Seite stehen; und Barry würde in Zürich auf meine Anrufe warten. Ich würde mit Sicherheit schlecht schlafen können, aber die Vorschläge einiger Freunde, Valium zu nehmen, befolgte ich dennoch nicht; seit meinen bösen Erfahrungen mit Drogen lehnte ich solche Mittel strikt ab.

Ich konnte ein wenig schlafen, stand aber früh auf und machte einen langen Spaziergang am Strand hinter dem Hotel. Ich wollte den kühlen, frischen Morgen genießen. Und ich wollte erreichen, daß meine Sinne geschärft und mein Geist ruhig und ausgeglichen wurden. Die Angst durfte nicht länger meine Gefühle beherrschen. Ich zog ein smaragdgrünes, einfach geschnittenes Kleid mit elfenbeinfarbenem Kragen und Manschetten an. Es sollte zum Ausdruck bringen: »Seht her, ich bin sanft und feminin. Ich bin eine einfache Frau. Ich bin schwach und verletzlich.« Die Geschworenen, so wünschte ich mir, sollten hinter mein Gesicht, meine Kleidung, meinen Lebensstil sehen und eine einfache Frau erkennen, eine Frau, die einmal ein kleines Mädchen mit einer Freundin gewesen war. Sie sollten verstehen, daß ich vor ihnen stand, um die Wahrheit zu sagen, nicht, um ihnen durch Schönheit, modische Kleidung oder Raffinesse zu imponieren.

Bob Morse rief an, er warte in der Lobby auf mich, und ich fuhr mit dem Aufzug nach unten. In der Lobby wechselte Morse ein paar Worte mit einem sehr nach einem Juristen aussehenden Mann, der mit mir im Aufzug gewesen war. Es stellte sich heraus, daß er der Anklagevertreter im Prozeß gegen den Massenmörder Salcido war.

Auf dem Weg zum Auto war Bob so aufmerksam und zuvorkommend zu mir, daß ich mir sehr schwach und zerbrechlich vorkam. Machte ich wirklich diesen Eindruck? Ich sah, daß er nicht die Krawatte trug, die ich ihm bei Macys ausgesucht hatte. Ich betrachtete das als schlechtes Omen. Er sagte mir, er würde sie erst morgen tragen, denn dann sei mit dem Kreuzverhör der schwierigste Tag für mich. Ich war beruhigt.

Im Gerichtsgebäude wartete Sharon auf mich. Sie hatte einen rosa Papierbogen in der Hand, auf dem geschrieben stand: »Jesaja 54, Vers 17: Einer jeglichen Waffe, die wider dich zubereitet wird, soll es nicht gelingen; und alle Zunge, die sich wider dich setzt, sollst du im Gericht verdammen. Das ist das Erbe der Knechte des HERRN.» Darunter hatte sie geschrieben: »Das bist du!«

Als die Zeit gekommen war, Elaines Büro zu verlassen und mit dem Fahrstuhl nach unten zum Gerichtssaal zu fahren, kam ich mir vor, als würde man mich zum Schafott führen. Mein Herz klopfte, und ich hatte schreckliche Angst. Wie sehr ich es haßte, daß mich die Leute so unverfroren anstarrten!

Bevor das eigentliche Verfahren fortgesetzt werden konnte, mußte ich unter Ausschluß der Öffentlichkeit zum Mißbrauch der Kinder im Franklin-Haus durch den Angeklagten aussagen. Der Richter mußte entscheiden, ob es zulässig war, den körperlichen und sexuellen Mißbrauch, dem ich als Kind ausgesetzt war, vor Gericht vorzubringen. Janice und Diana hatten dazu bereits ausgesagt. Die Zuschauer und auch die Geschworenen waren dabei ausgeschlossen.

Ich ging zum Zeugenstand, setzte mich und sah zu meinem Vater hinüber. Da meine Aussage darauf beschränkt war, die Behandlung seiner Kinder zu schildern, hatte ich keinerlei Hemmungen, ihm gegenüberzutreten. Er sollte wissen, was er mir angetan hatte. Und ich wollte sein Lügengebäude durchbrechen, wollte ihn zwingen, die Schutzmauer einzureißen, die es ihm ermöglicht hatte, seine Kinder gnadenlos zu verprügeln und sexuell zu mißbrauchen. Er mußte erfahren, wie verdammenswert sein Handeln gewesen war.

Die einzelnen Punkte, über die der Richter befinden mußte, waren meine Erinnerungen an die widernatürliche Penetration, die widernatürliche Unzucht in der Badewanne, die Vergewaltigung durch Stew Smith unter Beihilfe durch meinen Vater und die körperliche Gewalttätigkeit meines Vaters gegen seine Kinder. Die kurzen Aussagen, die ich dazu im fast leeren Gerichtssaal machte, waren anstrengend und aufreibend für mich, aber sie erleichterten mich auch sehr.

Was die Geschworenen und die Reporter nicht mitbekamen – ich schaute meinem Vater in die Augen, sofern er sie nicht abwandte, während ich von den Vergehen an seinen Kindern berichtete. Ich zeigte ihm, daß ich keine Angst vor ihm hatte. Ich griff ihn frontal an, richtete meine Worte direkt an ihn, nicht an den Richter, und ich legte allen Zorn, der sich in mir aufgestaut hatte und alle Leidenschaft, zu der ich fähig war, in diese Worte. Als ich meine Aussage beendet hatte, war ich sicher, daß er verstanden hatte, wie unverantwortlich und schrecklich seine Vergehen an mir waren.

Ich kam mir vor, als sei ich durch eine Mangel gedreht worden. Aller Zorn über den Verrat an seinem Kind, aller Schmerz und alle Gefühle der Demütigung waren zum Ausdruck gebracht, hatten sich endlich aus mir befreien können. Wenn er sich vorher noch nicht viele Gedanken darüber gemacht hatte, jetzt wußte er, wie entsetzlich er mich verletzt und seelisch geschädigt hatte. Und er wußte jetzt, wie grundlos, wie brutal und sadistisch seine Prügelorgien gewesen waren. Ich hatte letztlich, *endlich*, über ihn gesiegt, hatte mich endgültig von ihm befreit.

Noch lag die eigentliche Aussage vor mir, aber ich hatte mich in diesem kurzen Vorspiel emotional schon sehr verausgabt. Es war es wert. Ich hatte den brutalen Schläger, den Vergewaltiger und Kindesverführer gebrandmarkt. Jetzt galt es noch, den Mörder zu überführen.

Die Presse berichtete später, ich hätte meinen Vater im Gerichtssaal nicht angesehen. Die Reporter konnten das von dieser geschlossenen Sitzung, in der ich von seinen Verbrechen gegen mich berichtete, gar nicht wissen. Nein, bei dieser persönlichen Auseinandersetzung mit meinem Vater hatte ich ihn fortwährend angesehen, hatte nur zu ihm gesprochen, hatte ihm endlich die Wahrheit gesagt. Am Abend des Tages, nachdem ich auch vor den wieder zugelassenen Zuschauern und Geschworenen ausgesagt hatte, sagte mir Keith, ein Jurastudent und Gehilfe Elaines, meine Aussage unter Ausschluß der Öffentlichkeit hätte ihm besser gefallen, da mein Zorn offensichtlicher gewesen sei. Auch Elaine meinte nach dieser ersten Erfahrung, ich solle im Zeugenstand ruhig mehr Emotionen zeigen, solle mich nicht zurückhalten, meinen Schmerz und die Gefühle der Demütigung, der Ohnmacht und der Angst zu offenbaren.

Elaine und Keith hatten noch nicht verstanden, wie sehr ich mich vergewaltigt fühlte – von der Presse im allgemeinen und den Boulevardzeitungen im besonderen, von Produzenten aller Schattierungen, von Fernsehleuten und anderen Ungeheuern, die meine schrecklichen Erlebnisse und die Pein, die sie mir verursacht hatten, ausschlachten und Geschäfte damit machen wollten. Als ich vor zugelassenem Publikum aussagte, ich sei sexuell mißbraucht worden, hörte ich, wie die Journalisten und Reporter fieberhaft auf ihren Notizblöcken mitschrieben, um ja kein delikates Wort zu verpassen. Das Geräusch des Gekritzels hallte in meinen Ohren wider, während ich von Vergewaltigung, Mord, Kindesmißbrauch und Demütigungen der schlimmsten Art berichtete. Ich kam mir vor, als ob ich eine spannende Schauergeschichte erzählen würde. Nein, vor diesen Leuten wollte ich so wenig Emotionen wie möglich zeigen. Nur dann, wenn es um die direkte Auseinandersetzung mit meinem Vater ging, würde ich meinen Gefühlen freien Lauf lassen.

Es hatte sich herumgesprochen, daß Eileen am Montag morgen, dem 5. November, aussagen würde, und vor dem Gerichtssaal versammelte sich eine Zuschauermenge, die fast noch größer war als am Tag der Anklageerhebung. Einige Reporter hatten sich schon am frühen Morgen vor der Tür angestellt, um ja noch Platz im Gerichtssaal zu bekommen. Eileen hatte, vor allem als Folge ihres Magengeschwüres, seit ihrer Aussage bei der Voruntersuchung im Mai fünfzehn Pfund abgenommen. Ihr grünes Seidenkleid mit dem großen Kragen aus elfenbeinfarbener, alter Spitze wirkte fast aufreizend steif und altmodisch, aber er bildete einen hübschen Kontrast zu ihrem langen, vollen roten Haar, das bis über die Schultern fiel. Als sie im Zeugenstand Platz nahm, lächelte sie leicht, als sie auf Elaine Tiptons »Guten Morgen, Mrs. Franklin-Lipsker« antwortete.

Zu Beginn ihrer Befragung ging Tipton auf Eileens Grundschulzeit und ihre Freundschaft mit Susan ein. Dabei fragte sie auch, wie Eileen als Viertklässlerin ausgesehen habe, sicherlich eine Erkundigung von fragwürdiger Relevanz. Eileen antwortete lächelnd: »Ich war, glaube ich, ein ziemlich häßliches Kind – rote Haare, voller Sommersprossen, schiefe Zähne.« Die Zuschauer im Saal hatten wohl Mühe, sich die toll aussehende Frau im Zeugenstand als früher einmal ›häßlich‹ vorzustellen.

Dann kam Tipton auf den Tag von Susans Verschwinden zu sprechen. Sie fragte Eileen, ob es normal gewesen sei, daß ihr Vater sie allein und nicht auch andere seiner Kinder in seinem VW-Bus zu Einkäufen oder Spritztouren mitgenommen habe. Ja, das sei oft der Fall gewesen, antwortete Eileen. »Wie war denn Ihre Beziehung zu Ihrem Vater in dieser Zeit?« fragte Tipton. Horngrad erhob Einspruch, die Frage sei zu unbestimmt. Der Richter wies ihn zurück.

»Ich war sein Lieblingskind. Ich war öfter mit ihm zusammen als die anderen.«

Tipton stellte noch eine Reihe von Fragen zu Eileens Kindheit, dann kam es zu der unerläßlichen Identifizierung. »Ist Ihr Vater im Gerichtssaal anwesend?« Ja, das sei er, antwortete Eileen. »Bitte zeigen Sie ihn uns.« Eileen wandte langsam den Kopf und sah ihren Vater gequält an. Dann deutete sie mit einer schnellen Geste auf ihn. Er schaute ausdruckslos zurück.

Eileen beschrieb dann detailliert den Ablauf der Ereignisse, die zu dem Mord geführt hatten: Sie fährt mit dem Vater durch die Straße, sie treffen Susan, sie steigt zu ihnen in den Bus, die beiden Freundinnen spielen auf der Matratze im Rückraum des Fahrzeugs, der Vater trinkt ein Bier aus der Dose, sie fahren am Crystal Springs Reservoir vorbei, biegen ab, halten an. Und der Vater kommt nach hinten zu den Mädchen ...

Die Geschworenen, die das Ergebnis dieses Ausfluges noch deutlich vor Augen hatten – den eingeschlagenen Schädel, den verwesten Körper unter der Sprungfedermatratze, die Fetzen des Kinderkleides – sahen sehr nachdenklich aus, als sie von dem fröhlichen, harmlosen Ausflug erfuhren, der ihm vorausgegangen war; ein Vater macht mit seiner Lieblingstochter und ihrer besten Freundin eine Spritztour in die wunderschönen Berge oberhalb von San Mateo, die Mädchen freuen sich über diese Abwechslung und sind glücklich ...

Eileens Stimme war bis dahin fest und unbewegt. Aber ihr Gesichtsausdruck spiegelte tiefe Trauer wider. Sie griff den Faden wieder auf: »Wir spielten hinten im Wagen. Plötzlich wurde die Straße holprig, kurz darauf hielten wir an. Mein Vater stieg aus. Er trank immer noch an seinem Bier und rauchte eine Zigarette. Ich sah ihn ein Stück entfernt von uns stehen. Dann kam er durch die Schiebetür an der Seite zu uns rein und spielte mit uns. Kurz danach ging ich nach vorne und setzte mich auf den Beifahrersitz. Ich kniete mich schließlich auf den Sitz und schaute über die Rückenlehne nach hinten. Susan lag auf der Matratze, mein Vater über ihr. Er hielt ihre kleinen Arme über ihrem Kopf zusammen. Ihre Beine streckte sie seitlich in die Luft, sie berührten den Boden nicht.

In einem recht weit hergeholten Versuch, Eileens Aussage zu zerrupfen, hackte die Verteidigung später darauf herum, wenn sich Eileen an die Ereignisse aus der Sicht eines achtjährigen Mädchens erinnern würde, hätte sie nicht ›kleine Arme‹ sondern nur ›Arme‹ gesagt.

»Ihre Arme waren so über ihrem Kopf«, fuhr Eileen fort und streckte die an den Handrücken gekreuzten Arme hoch. »Er hielt sie mit einer Hand an den Handrücken fest. Er drückte sein Becken gegen ihres, zwischen ihren Beinen, und bewegte es auf und ab. Ihr Kleid war hochgeschoben. Ich sah etwas Weißes. Er hatte seine Hose an, aber ich sah später, wie er den Reißverschluß vorne zuzog.«

»Was machte Susan mit den Armen?«

»Sie zuckte damit, wollte sich aus seinem Griff befreien. Und sie wimmerte: ›Nein, nicht‹. Er sagte: ›Ach komm, Susie‹.«

»Wie oft hat er das gesagt?«

»Ich weiß nicht, wie oft er das gesagt hat.« Eileens Stimme war jetzt sehr angespannt. Sie stand kurz vor einem Tränenausbruch.

»Was geschah dann?«

»Ich ging zwischen den Vordersitzen durch.« Ihre Stimme war jetzt ganz leise. »Hinter dem Fahrersitz hab' ich mich zusammengekauert.«

»Tut mir leid«, sagte Tipton, »ich habe Sie nicht verstanden.«

»Ich hab' mich auf den Boden gelegt und mich zusammengerollt!« wiederholte Eileen mit ärgerlicher und überlauter Stimme. Dann brach sie in Schluchzen aus. Fast eine Minute konnte sie nicht weitersprechen. Dann hatte sie sich wieder gefaßt und fuhr mit ruhiger Stimme fort: »Ich hatte schreckliche Angst ...« Tipton reichte ihr ein Glas Wasser, und sie trank einen Schluck. Ein widerwärtiges Verbrechen war jetzt abgehandelt, aber Eileen und die Zuhörer mußten sich nun dem nächsten zuwenden. »Ich sah Susan den Hang hinuntersteigen. Sie bewegte sich ganz langsam und unsicher. Mein Vater war auch ausgestiegen und stand irgendwo links von mir. Ich stand am Bus, vor der Schiebetür. Ja, er stand links unterhalb von mir im Hang.«

Anscheinend ging es Tipton zu schnell voran mit der Geschichte, denn die Geschworenen sollten die Einzelheiten ja richtig aufnehmen und verdauen können. Sie unterbrach daher die Schilderung des Ablaufs und ließ Eileen den Ort des Geschehens beschreiben, den ›wüsten Abfallhaufen‹, den sie unten im Hang sah, das Gebüsch, überhaupt alles, an das sie sich erinnerte. Dann führte sie Eileen zu einer großen weißen Tafel, die hinter dem Zeugenstand an der Wand hing, und bat sie, eine Skizze des Busses zu zeichnen und einzutragen, wo sie und Susan gespielt hatten, wo sie hingegangen war, als ihr Vater in den Bus kam, von wo aus sie gesehen hatte, wie er sich an Susan zu schaffen machte sowie den Platz, an dem sie sich schließlich am Boden zusammengerollt hatte. Dann ging es weiter mit der Schilderung der Tat:

»Susan kauerte auf dem Boden, mit den Knien vor der Brust.«

»Wie weit war sie von Ihnen weg?«

»Vielleicht sechs bis sieben Meter, aber ich kann es nicht genau sagen. Susan weinte. Mein Vater ging auf sie zu; er hatte die Hände über den Kopf erhoben, hielt einen Stein darin. Ich schrie . . .« Im Gerichtssaal war es totenstill. Einer der Geschworenen schloß die Augen.

»Susan legte die Hände über den Kopf. Er ließ die Arme runtersausen, schlug zu. Ich schaute weg. Ich hörte zwei Schläge. Es klang jedesmal wie ein Knall. Zweimal.«

Tipton unterbrach die Schilderung ein zweites Mal, sicher wieder aus dem Grund, daß sich das Gehörte bei den Juroren setzen konnte. Sie stand auf und kam mit Bob Morse nach vorne. Sie bat Eileen, sie beide so hinzustellen, wie Susan und George Franklin sich in dieser Situation zueinander befunden hatten. Tipton übernahm wie selbstverständlich Susans Rolle, Morse die George Franklins. Nach Eileens Erinnerung standen die beiden unterhalb von ihr im Hang, aber nicht senkrecht darunter, sondern schräg versetzt; Susan mußte ihren Kopf nach links drehen, um Eileen anzusehen.

»Nachdem ich die Schläge gehört hatte, erinnere ich mich, Susan vornüber liegen zu sehen. Ich ging den Hang runter zu ihr und schaute auf ihren Kopf. Ich sah Blut, losgelöste Haarbüschel und etwas Weißes; das war auch blutig. Ich schaute auf ihre Hand. Auch die war voller Blut. Ich sah, daß ihr silberner Ring zerdrückt war. Ich mußte wegsehen. Es war so schrecklich, zu schrecklich für mich. Ich konnte nicht mehr hinsehen. Ich wollte weglaufen, weg von Susan. Aber mein Vater packte mich und schmiß mich auf die Erde. Er sagte: ›Es ist vorbei: mach jetzt keinen Quatsch mehr.‹ Ich weinte, schrie. Er hob mich hoch, setzte mich auf sein Knie. Sagte, ich müsse das alles vergessen. Wenn ich es jemand sagen würde, gäbe er mir die Schuld an der Sache. Es würde mir sowieso niemand glauben, und man würde mich einsperren. Und er sagte, wenn ich nicht aufhören würde zu weinen, müßte er mich umbringen. Ich war schrecklich verängstigt. Ich glaubte ihm aufs Wort.

Ich stieg hoch zum Bus. Er holte eine Schaufel oder einen Klappspaten aus dem Wagen, und ich hörte ihn links von Susan rumgraben. Dann kam er wieder zurück zum Wagen und zog irgendwas von der Ladefläche. Er wollte, daß ich ihm helfe. Ich erinnere mich, daß er sagte: ›Verdammter Mist, Eileen.‹ Er nannte mich kaum einmal Eileen, meistens sagte er ›Pooh‹ oder ›Pooh Bear‹ zu mir. Er hatte den rechten Arm ausgestreckt, zog an irgendeinem sperrigen Ding. Ich sah die Autos drüben auf der Straße vorbeifahren, und ich weiß noch, daß ich dachte: ›Wenn die Leute wüßten, was hier passiert!‹ Ich fühlte mich schrecklich allein.

Als ich im Bus saß, habe ich ihn nicht mehr beobachtet. Nur einmal guckte ich noch zu ihm hin. Ich weiß nur noch, daß er über Susans Körper gebeugt war und Steine darauf legte. Er sagte: ›Ich mach's so, daß es aussieht, als ob sie gestürzt wär'.‹ Ich glaube auch, daß ich gesehen habe, wie er dieses Ding über ihren Körper legte . . .«

Dann berichtete Eileen, wie sie nach Hause kamen, schilderte ihre Verängstigung und Verwirrung, erzählte, wie Janice sie tröstete, und erklärte, daß sie nie von der Polizei befragt wurde. Sie sprach von den Schwierigkeiten, die sie an der Schule bekam. Und sie sagte, daß sie nie mehr an den Mord gedacht hätte. Tipton wechselte das Thema und stellte ihr Fragen zu den Gewalttätigkeiten, denen sie in ihrem Elternhaus ausgesetzt war. Eileens Stimme zitterte, als sie sagte: »Mein Elternhaus war ein sehr gewalttätiger, angsterregender Ort.« Tipton fragte: »Wer war gewalttätig?«

»Mein Vater, hin und wieder auch meine Mutter.« Eileen fing an zu weinen, bekam sich aber bald wieder unter Kontrolle. Tipton forderte sie auf, Einzelheiten zu der Gewalt im Hause Franklin zu berichten. Eileen sprach zunächst von der ›alltäglichen Gewaltanwendung‹, wenn ihr Vater ihr zum Beispiel beim Essen mit dem Vorleglöffel auf den Kopf schlug oder sie durch eine Tür zu Boden schleuderte, wenn er meinte, sie würde zu langsam gehen. »Es waren keine Strafen für Regelverstöße. Wir wußten nicht, wofür wir bestraft wurden. Und wir wußten genausowenig, wann es passieren würde.«

Tipton fragte, ob es auch schlimmere Gewalttätigkeiten gegeben habe. »Ja. Er verprügelte uns. Wenn ihn irgendwas ärgerte, schlug er zu.« Eileen ballte die Fäuste. »Es war ihm egal, welche Körperstellen er traf. Er verdrosch uns alle immer wieder, am meisten jedoch Janice und George junior.« Sie schilderte im Detail einige Szenen, in denen Franklin Janice und George junior verprügelt hatte. Und sie berichtete von den Alkoholexzessen und den dauernden Streitereien zwischen ihm und Leah. Zu Leah fragte Tipton: »Wie war ihr mütterliches Verhalten?«

»Ich erinnere mich nicht daran, daß es das bei ihr gegeben hätte«, antwortete Eileen.

Dann trug sie vor, daß ihr Vater sie nach dem Mord nicht mehr verprügelt hatte; sie könne sich jedenfalls nicht an ein einziges Mal erinnern. Bei den Geschwistern sei es aber wie vorher weitergegangen. Tipton fragte, ob sie sich an andere ungewöhnliche Dinge aus ihrer Kindheit erinnere. Eileen erzählte von ihrer Vorliebe, sich an verschiedenen Plätzen im Haus zu verstecken, von ihrem Drang, sich ganze Haarbüschel auszureißen, wenn sie nervös war, und von einem zwanghaften Abzählen ihrer Finger auf dem Heimweg von der Schule. Sie berichtete auch, daß sie mit fünfzehn einen recht kindlichen Selbstmordversuch mit Tabletten gemacht hatte und daß sie die High-School nicht abgeschlossen hatte.

Nachdem die Geschworenen nun von Eileens schwerer Kindheit und Jugend erfahren hatten, kam Tipton auf das zurück, was sie als Hauptgrund für Eileens gerade angesprochene Störungen ansah: den sexuellen Mißbrauch durch den Vater. Sie forderte Eileen auf, die erste Szene des Mißbrauchs zu schildern, an die sie sich erinnere. Bis jetzt war der sexuelle Mißbrauch der Franklin-Töchter nur ganz allgemein angesprochen worden; in Erwartung der Details setzten sich die Reporter aufrecht und zückten ihre Stifte.

Bei der ersten Szene, an die sie sich erinnere, müsse sie etwa fünf Jahre alt gewesen sein, sagte Eileen. Sie beschrieb das Vorkommnis in der Badewanne, das erst vor wenigen Monaten wieder in ihrem Gedächtnis aufgetaucht war. Dann schilderte sie die Vergewaltigung durch Stew Smith: Ihr Vater hält ihre Hände fest, drückt ihr den Mund zu, die Männer lachen, und Stew Smith sagt: »Das wird ihr doch Spaß machen, was, George?« Eileen konnte kaum weitersprechen, aber Tipton ließ nicht locker:

»Welche Ihrer Körperöffnungen hat er penetriert?«

Eileen weinte, hielt den Kopf gesenkt, und ihr langes Haar fiel über ihr Gesicht. Dann sagte sie leise: »Ich weiß es nicht.« Etwas lauter fuhr sie fort: »Es war das qualvollste Erlebnis meines Lebens. Es war so entsetzlich schmerzhaft. Für mich besteht die ganze Sache nur aus einem einzigen, höllischen Schmerz.« Einige Jahre später, sagte sie dann, sei sie bei einer Veranstaltung unverhofft auf Stew Smith gestoßen. Als sie ihn begrüßen wollte, sei er entsetzt zurückgezuckt und habe sich wortlos davongemacht. Diese Szene zeigte allen Beobachtern die Fallstricke einer unterdrückten Erinnerung: Man tritt jemand unbefangen und freundlich entgegen, den man, wenn man sich erinnern würde, am liebsten kastriert sehen möchte.

Tipton kam jetzt auf die Art und Weise zu sprechen, wie die Erinnerungen zurückgekommen waren. Sie kamen nicht alle auf einmal, sagte Eileen, sondern im Verlauf von Monaten in kurzen Ausschnitten. Sie schilderte ausführlich, wie die Erinnerung an den Mord im Wohnzimmer in Canoga Park plötzlich aufgetaucht war. Tipton fragte, ob sie den Versuch gemacht habe, weitere Einzelheiten dieser Erinnerung hervorzuholen.

»Nein, keinesfalls«, sagte Eileen heftig. »Ich habe im Gegenteil alles versucht, die Erinnerung wieder loszuwerden. Ich wollte nicht, daß sie meine Gedanken beherrscht.« Danach kam es zu einer längeren Darstellung ihrer Besuche bei Therapeuten. Sie legte die Gründe dar, warum sie eine Therapie brauchte und erklärte, warum sie nicht mit den Psychologen die Rückkehr der Erinnerung an den Mord erörtert hatte. Eileen sagte, sie habe Angst gehabt, mit Therapeuten darüber zu sprechen. »Warum?« fragte Tipton. »Weil ich Angst hatte, es könne sich zeigen, daß ich geistig nicht ganz gesund bin. Und weil ich nicht sicher war, ob die Therapeuten rechtlich verpflichtet sind, so etwas der Polizei zu melden.« Eileens Stimme klang erregt.

Tipton ging dazu über, sie zu den Gesprächen mit George junior und Leah zu befragen, in denen sie den beiden von der Rückkehr ihrer Erinnerung berichtet hatte. Die Gründe, warum sie George gegenüber gelogen und gesagt hatte, sie sei hypnotisiert worden, wurden sorgfältig dargelegt. Eileen betonte mit großem Nachdruck, sie sei niemals in ihrem Leben hypnotisiert worden. Als Ergebnis ihres Gespräches mit George junior stellte sie fest: »Er war bereit, mir zu glauben, daß ich den Mord beobachtet hatte, aber er wollte es nicht akzeptieren, daß ich ein so dramatisches Erlebnis vergessen haben könnte.« Horngrad erhob sofort Einspruch gegen diesen Versuch, seinen Hauptzeugen in einen Zeugen der Anklage umzumodeln. Richter Smith gab dem Einspruch statt und wies die Geschworenen an, die eben dargelegte Äußerung des Bruders der Zeugin nicht in die Bewertung des Falles einzubeziehen.

Man kam jetzt zum Thema der Anzeige des Falles bei den Strafverfolgungsbehörden. Eileen berichtete, daß sie einen Anwalt konsultiert hatte, um die Möglichkeit einer anonymen Anzeige prüfen zu lassen. Sie trug auch die andere Möglichkeit vor, die sie erwogen hatte: Ehe sie Barry im November 1989 ins Vertrauen zog, habe sie sich entschlossen gehabt, zur Polizei zu gehen, aber erst nach den Ferien und nach Sicas Geburtstag. Bei der Erwähnung von Sicas Namen stockte sie, schluchzte auf, beruhigte sich aber sofort wieder.

Dann erzählte sie ausführlich von den ersten Kontakten mit dem Büro der Staatsanwaltschaft, von ihrer Angst um sich selbst und ihre Familie, von der Befürchtung, in der Behördenmühle von einem zum anderen weitergereicht zu werden und von den Ängsten, ihre Aussage könne für eine Verurteilung nicht ausreichen oder der Prozeß könne an irgendwelchen juristischen Fallstricken scheitern. Tapfer ging Tipton auch auf Eileens Anruf bei George junior ein, in dem sie ihn zunächst gebeten hatte, niemand von der Hypnosesache zu erzählen, später dann ja aber gesagt hatte: »Streich das wieder. Geh ruhig und sag's allen Leuten, dann hab ich wenigstens nichts zu verbergen.« Dann schilderte Tipton den Ansturm der Presse, nachdem Eileens Name bekannt geworden war, Eileens Bestürzung, als sie erfuhr, daß jedermann über sie schreiben durfte, den Entschluß, NBC ein Interview zu geben und später dann auch die Zustimmung zu Buch- und Filmangeboten.

»Welche Vorstellung hatten Sie davon, die Buch- und Filmangebote unter Kontrolle zu behalten?« fragte Tipton.

»Es ging mir nicht hauptsächlich darum, die Dinge zu kontrollieren, ich wollte vor allem Leute aussuchen können, die die Geschehnisse nicht verfälschen und die nicht lügen. Ich habe im übrigen nie den Wunsch oder die Absicht gehabt, daß aus der Sache irgend etwas in dieser Richtung gemacht wird.«

Befragt, wieviel Geld sie für die Buchrechte erhalten hatte, gab sie an, fünfundvierzigtausend Dollar bekommen zu haben, von denen ein Teil für die Anwaltsgebühren draufging. Von den zehntausend Dollar, die sie für Filmrechte erhalten hatte, habe sie fünftausend Dollar der Organisation *Children of the Night* gespendet, die sich darum bemüht, gefährdete Teenager von der Prostitution fernzuhalten. Den Rest der Summe habe sie Waisenhäusern gespendet. Seltsamerweise ließ Horngrad diese relativ bescheidenen Summen im Raum stehen. Im Kreuzverhör spielte er zwar darauf an, daß Eileen ›sicher alles in allem viel mehr Geld einsacken‹ würde, aber er nannte keine Summen, obwohl er wußte, daß sie erheblich höher waren.

Tipton stellte klar, daß es vor allem Barry gewesen war, der diese Geschäfte betrieben hatte. Dann fragte sie Eileen: »Haben Sie im Zusammenhang mit den Geldgeschäften immer dieselbe Auffassung vertreten wie Ihr Mann?«

Horngrad legte Einspruch ein, da Tipton versuche, Barry Lipsker zum Zeugen zu machen. Elaine änderte daraufhin die Fragestellung und bat Eileen, sich dazu zu äußern, wie sie über diese Geschäfte denke. Mit stockender Stimme sagte Eileen: »Ich bin der Auffassung, daß es falsch ist, aus dieser Sache Geld herauszuschlagen. Ich will es nicht. Es wäre ein Preisgeld für die Wahrheit. Es wäre ein Preisgeld für Susans Tod. Und für meine Beziehung zu meinem Vater. Als ich die Sache angezeigt habe, kam es mir nicht eine Sekunde in den Sinn, man könne daraus ein Buch oder einen Film machen.«

Tipton ging zu intimeren Fragen über: »Welche Gefühle haben Sie für Ihren Vater?« Die Antwort fiel Eileen sichtlich schwer. »Ich meinte immer, daß ich ihn liebe. Aber nach der Rückkehr der Erinnerungen machte er mir schreckliche Angst. Was er getan hatte, war so scheußlich . . . Ich mußte mich von ihm lösen, mich frei von dem Gedanken machen, daß er mein Vater war. Es war, als ob er auf einmal ein Fremder für mich wäre. Und dann kamen andere Gedanken dazu. Ich meinte, ich schulde es den Nasons, die Wahrheit ans Licht zu bringen. Als Mutter kann ich mir vorstellen, wie schlimm es sein muß, über all die Jahre nicht zu wissen, wer dein Kind getötet hat. Und selbst wenn nichts dabei herauskam – ich mußte es versuchen. Ich habe lange gezögert, aber dann wußte ich, was ich zu tun hatte.«

Als letzten Punkt ging Tipton auf Eileens Besuch bei ihrem Vater im Gefängnis ein. Sie stellte ganz groß heraus, daß Franklin auf das Zeichen *Gespräche können bei Vorliegen der rechtlichen Grundlagen mitgehört werden* gezeigt hatte, als Eileen ihn aufforderte, die Wahrheit zu sagen. Dann setzte sie ihre Attacke fort: »Hat Ihr Vater in irgendeiner Weise angedeutet, daß er Sie nicht sprechen will?«

»Nein.«

»Hat er Sie bezichtigt, ihn fälschlich anzuklagen?«

»Nein.«

»Hat er Sie gebeten oder aufgefordert, ihre ›falschen‹ Bezichtigungen zurückzunehmen?«

»Nein.«

»Hat er irgendwann im Verlauf des Gesprächs Zorn oder Wut darüber geäußert, daß Sie ihn angezeigt haben?«

»Nein.«

»Hat er jemals im Verlauf des Gesprächs geleugnet, Susan Nason getötet zu haben?«

»Nein.«

»Was hat er zu Ihnen gesagt?«

»Er fragte mich, ob ich ihn noch mal besuchen käme.«

»Euer Ehren, ich habe keine weiteren Fragen.«

Die letzte Aussage Eileens in diesem Wechselgespräch mochte vielleicht einige Sympathie für den Angeklagten geweckt haben, aber das konnte den Schaden, der insgesamt für ihn entstanden war, nicht wettmachen. Er hätte ihn nur verringern können, wenn er in den Zeugenstand getreten wäre, aber das wäre viel zu gefährlich gewesen; in dem Augenblick, in dem er irgend etwas gesagt hätte, was ihn als ehrenwerten Menschen erscheinen lassen würde, hätte Tipton sofort eine Parade von Zeugen aufmarschieren lassen, die das Gegenteil groß herausgestellt hätten. Horngrad präsentierte später verschiedene Erklärungen für das Schweigen seines Klienten bei dem Gespräch im Gefängnis, aber er machte gar nicht erst den Versuch, Eileens Aussage dazu in Frage zu stellen.

Nachdem er sah, welche Auswirkungen diese Aussage bei der Jury und den anderen Prozeßbeobachtern hatte, ärgerte sich Horngrad maßlos darüber, daß er sich damit einverstanden erklärt hatte, daß das Thema angesprochen wurde. Tipton hatte ihn am Abend vorher angerufen und gefragt, ob er größere Einwände hätte, wenn sie es vorbrächte. »Nein, warum sollte ich?« hatte Horngrad gesagt. »Aber ich verstehe nicht, warum Sie das ansprechen wollen. Es schadet Ihrer Sache doch mehr als es nutzt.«

Jetzt aber stellte er einen Sonderantrag und brachte leidenschaftlich vor, das Gericht dürfe Eileens Aussage über den Gefängnisbesuch insgesamt nicht zulassen, auch wenn er es versäumt habe, früher Einspruch einzulegen. »Ich muß wohl geschlafen haben, Euer Ehren«, sagte er zerknirscht. Der Antrag wurde abgelehnt. Tipton erklärte später, sie habe Horngrad nicht eher über ihr Vorhaben informiert, weil er sonst vielleicht auf die Idee gekommen wäre, nach dem Inhalt des Gespräches zu fragen. Der Vorfall ist ein gutes Beispiel dafür, daß in einem solchen Prozeß auch die kleinsten Details von den streitenden Parteien im Auge behalten und sorgfältig beurteilt werden müssen, weil sie bedeutsame Auswirkungen auf den Ausgang haben können.

Daß Eileen zu ihrem Vater ins Gefängnis gegangen war, war an sich schon außergewöhnlich. Die Geschworenen erkannten sicherlich, daß jemand, der einen anderen Menschen fälschlich anklagt, wohl kaum ein Motiv haben konnte, diesen Besuch zu machen; er hätte ihn im Gegenteil bestimmt vermieden. Eileen mußte von der Rechtmäßigkeit ihrer Sache überzeugt sein, wenn sie es getan hatte. Sie war ja tatsächlich aus keinem anderen Grund zu ihrem Vater gegangen, als ihn in ihrer Naivität zu bitten, seine Schuld einzugestehen und so allen Beteiligten einen qualvollen Prozeß zu ersparen. Das war eine zu bizarre Aktion, als daß man sie als geplante Strategie beurteilen konnte. Für Außenstehende waren die Gründe für ihren Besuch vielleicht nur schwer zu begreifen, aber die Leute, die Eileen kannten, verstanden sie.

EILEEN

Die langen Gespräche, die ich mit Elaine Tipton am Wochenende vor meiner Zeugenaussage führte, hatten mir sehr geholfen. Fast ein Jahr lang war es mir verboten gewesen, über Dinge zu sprechen, die im Zusammenhang mit dem Fall standen; jetzt endlich konnte ich mich von den aufgetauchten, bösen Erinnerungen befreien.

Als ich Elaine die schreckliche Vergewaltigungsszene schilderte, halfen mir ihre sichtbare Anteilnahme und ihr Mitleid, den Schmerz zu überwinden. Zum Schluß fühlte ich mich leer, als ob ich eine schwere Last losgeworden wäre. Und das Ganze erschien mir gar nicht mehr so schlimm.

Im Zeugenstand, als ich dem Gericht die Vergewaltigung und die anderen sexuellen Belästigungen erneut schildern mußte, sprach ich wieder nur zu Elaine. Ich nahm keinen anderen Menschen im Saal wahr. Obwohl ich wußte, daß die Reporter jedes Wort gierig aufschnappten, daß Horngrad sich eifrig Notizen machte und daß die Geschworenen besonders aufmerksam zuhörten – für mich existierte nur Elaine Tipton. Ich hätte es ja auch sonst niemand erzählen können. Es schmerzte zu sehr. Nur weil ich mich ausschließlich an Elaine wandte, brachte ich es überhaupt fertig, meine intimste Qual vor dieser Horde von Fremden auszubreiten.

Bei der anschließenden Befragung forderte mich Elaine auf, der Jury zu sagen, welcher Körperteil meines Vaters bei dem Badewannenvorkommnis hart geworden sei. Ich konnte es nicht glauben, daß sie das von mir verlangte. Mit ruhiger, aber ungläubiger Stimme sagte ich: »Muß ich das wirklich sagen?«

Und plötzlich verlor der psychologische Trick, meine Worte ausschließlich an Elaine zu richten, seine Wirkung. Plötzlich nahm ich die Menschen im Gerichtssaal wieder wahr. Den Richter. Die zwölf Geschworenen. Die drei Ersatzgeschworenen. Reporter, Journalisten, fremde Gesichter. Auch Mr. Nason. Da waren auch die Gesichter von Freunden unter den anderen – Carol, Sharon, Terrilynn, Lynn. Auch nachdem sie gehört hatten, was mein Vater mir angetan hatte, wandten sie sich nicht von mir ab, das sah ich. Ich hatte befürchtet, sie würden mich als Gebrandmarkte, als Besudelte, als Andersartige ansehen und mich meiden. Nein, sie standen zu mir.

Ich weiß nicht, was mich mehr beschämt, die Tatsache, daß ich ein Objekt der sexuellen Perversion meines Vaters war oder die Tatsache, daß ich zwanzig Jahre lang keine Erinnerung daran hatte. Und ich weiß nicht, an wen ich mich wenden kann, um eine Antwort zu bekommen.

15. KAPITEL

Als Horngrad mit dem Kreuzverhör begann, erkannte man sofort, daß sich mit ihm und Eileen zwei eindrucksvolle Gegner gegenüberstanden. Das System der Rechtsprechung hatte diese beiden noch jungen Menschen einander gegenübergestellt und sie in eine Gegnerschaft verstrickt, bei der es um Gerechtigkeit für einen Dritten ging, um Strafe oder Freispruch, und jeder der beiden mußte alle Kräfte mobilisieren – Intelligenz, geistige Beweglichkeit, Charme, Nervenstärke, Scharfsinn, Überzeugungskraft und vor allem Ausdauer –, um für seine Vorstellungen von Gerechtigkeit zu kämpfen und sie durchzusetzen.

Für jeden der beiden stand bei dieser Auseinandersetzung sehr viel auf dem Spiel, aber das Ergebnis des Kampfes würde letztlich über die Zukunft von George Franklin entscheiden, der machtlos zusehen mußte, wie seine Tochter, die ihn eines Schwerverbrechens bezichtigte, und ein Fremder, den er für seine Dienste bezahlte, den Kampf ausfochten. Natürlich, der Krieg wurde zwischen Horngrad und Tipton geführt, aber es war allen Prozeßbeobachtern klar, daß die entscheidende Schlacht zwischen Douglas Horngrad und Eileen Franklin geschlagen wurde.

Seine ersten Fragen zielten auf Eileens enge Verbindung zu ihrem Vater ab, vor allem auf die vielen gemeinsamen Autofahrten. Er stellte besonders die Fahrt nach Mexiko im Jahre 1978 heraus, bei der die beiden hinten in Franklins VW-Bus geschlafen hatten. Horngrad bot später Psychiater auf, die bezeugten, es sei sehr unwahrscheinlich, daß sich ein traumatisiertes Opfer freiwillig mit dem Verführer in eine solche Situation begibt, selbst wenn es das Trauma in sein Unterbewußtsein verbannt hat.

Dann wandte er sich Eileens therapeutischen Besuchen bei Katherine Rieder im Jahre 1988 zu und fragte, warum sie den

Namen der Therapeutin nicht genannt habe, als sie die Besuche bei Therapeuten angeben sollte. Eileen sagte, man habe sie nur nach Unterlagen von Therapeuten gefragt, die sie besucht hatte, und von Rieder hätte sie keine gehabt. Sie habe dann ja aber den Namen freiwillig genannt. Horngrad hakte nach und wollte wissen, warum Eileen Mrs. Rieder nichts von der Rückkehr ihrer Erinnerung an den Mord gesagt habe, obwohl die beiden über den Mord an Susan und auch an die Rückkehr einer anderen Erinnerung gesprochen hatten. Und noch etwas sei seltsam: Rieder habe ihr erklärt, die Unterdrückung einer Erinnerung sei möglich, als sie aber sieben Monate danach mit Kirk Barrett gesprochen und ihm von ihrer Rückerinnerung an den Mord erzählt habe, habe sie sich sehr erstaunt gezeigt, daß es so etwas wie Repression einer Erinnerung gebe. Eileen sagte dazu, man müsse sicherlich zwischen dem *Vergessen* des Erlebens einer sexuellen Belästigung und der *Repression* des Miterlebens eines Mordes unterscheiden. Am Ende des Verhandlungstages unterhielten sich zwei junge Reporterinnen über ihre Beobachtung, daß George Franklin sich bei Pausen und Unterbrechungen umgedreht und, wie sich eine der beiden ausdrückte, ›in sehr unangenehmer, bedrohlicher Weise‹ sie und andere Frauen angestarrt habe.

»Vielleicht hat er geübt, wie er die Frauen in der Jury einschüchtern kann«, meinte die andere Reporterin.

Als erstes am nächsten Morgen fragte Horngrad Eileen, warum sie fünf Monate nach der Rückkehr der Erinnerung zu Kirk Barrett gesagt habe, es sei *vor einer Woche* geschehen. Eileen erwiderte, sie könne sich nicht erinnern, das gesagt zu haben; vielleicht habe sie »vor kurzem« gesagt. »Sind fünf Monate für Sie ›vor kurzem‹?« fuhr Horngrad sie in einem ersten Anflug von Feindseligkeit an. »Ja«, gab Eileen zurück, »wenn Sie bedenken, daß wir über etwas sprechen, das vor zwanzig Jahren geschah.«

Horngrad ließ es dabei bewenden und ging zum nächsten Punkt über, dem Gespräch mit George junior während seines Besuches in Canoga Park im Sommer 1989. Nachdem er die

Umstände lang und breit dargelegt hatte, fragte er, warum Eileen so besorgt war, George würde ihr nicht glauben.

»Ich glaubte, daß man es für eine sonderbare Sache halten muß, wenn jemand Augenzeuge eines Mordes wurde und es dann vergißt.«

Die Tatsache, daß Horngrad so viel Zeit verwendete, auf Eileens Lüge herumzuhacken, sie sei hypnotisiert worden, war ein deutliches Zeichen dafür, welche Bedeutung die Verteidigung diesem Punkt bemaß. Sie hatte natürlich auch zwei Vorteile: Zum einen wurden erneut die Zweifel an der rechtlichen Zulässigkeit von Eileens Aussage insgesamt dargelegt, zum anderen wurde herausgestellt, daß sie gelogen hatte – und wer einmal lügt, dem sollte man in anderen Fällen auch nicht glauben... Horngrad wollte vor allem aufzeigen, daß Eileen bei der Voruntersuchung abgestritten hatte, sie hätte George junior gebeten, niemand von ihrer Hypnosegeschichte zu erzählen, hätte dann aber doch eingestanden, es getan zu haben. Dabei war nichts anderes geschehen, als daß Horngrad seine Frage dazu so formuliert hatte, daß es für Eileen nicht möglich war, sie korrekt zu beantworten. Nach der Verhandlung hatte Tipton Horngrad aufgefordert, seine Fragestellung in dieser Sache abzuändern. Jetzt versuchte er, es einfach so aussehen zu lassen, als ob Eileen ihre Meinung geändert und ›das Leugnen eines Tatbestandes‹ aufgegeben hätte. Er fragte sie dann, ob es wahr sei, daß sie die Hypnosestory der Staatsanwaltschaft erst im Mai 1989, zur Zeit der Voruntersuchung, erzählt habe. Eileen antwortete, sie hätte sie gerne früher mitgeteilt, aber es sei ihr ja verboten gewesen, über verfahrensrelevante Dinge zu sprechen. Man habe sie immer wieder ermahnt, in dieser Hinsicht nur ja äußerst korrekt zu sein, um keinen Anlaß für rechtliche Einsprüche zu geben. Diese glatte Antwort brachte Horngrad aus der Fassung, und er fauchte sie an: »Sie haben es nicht vor Mai gesagt. Ist das wahr oder falsch?« Auf diese klare Frage fiel Eileen eine klare Antwort nicht schwer: »Es ist wahr.« Dann ritt er in x-fachen Variationen auf der Frage herum, ob sie ihrer Mutter erzählt habe, sie sei hypnotisiert worden, weil sie befürchtet hätte, Leah würde ihr nicht glauben. Eileen überlegte längere Zeit, dann antwortete sie: »Das ist so nicht korrekt. Ich habe es ihr gesagt, weil ich nicht erklären konnte, warum ich mich zwanzig Jahre lang nicht daran erinnert habe.«

»Hat Ihnen Kirk Barrett das nicht erklärt?«

»Ich hatte keine Ahnung, ob ihm so ein Fall erst dreimal oder schon dreimillionenmal begegnet war«, fauchte Eileen wütend.

»Warum meinten Sie, Hypnose wäre die bessere Story?«

»Ich meinte, *jede* Story wäre besser als die, ich sei ein psychisch angeknackster Mensch, bei dem plötzlich solche schwer verdaulichen Rückerinnerungen auftauchen . . .«

Nachdem Eileen eingestanden hatte, daß sie ihren Bruder und ihre Mutter angelogen hatte, sie sei hypnotisiert worden, war es für die meisten Prozeßbeobachter schwer zu verstehen, warum Horngrad weiterhin so lange darauf insistierte. Vielleicht verfolgte er damit ganz einfach nur die Absicht, diese für die Anklage nicht gerade vorteilhafte Sache den Geschworenen so lange wie nur irgend möglich vor Augen zu halten. Natürlich, es war schwer zu verstehen, *warum* sie in dieser Sache gelogen hatte, sicher auch für die Geschworenen, und es fiel damit ein Schatten auf Eileens Glaubwürdigkeit, aber es konnten ja keinesfalls daraus Rückschlüsse auf Franklins Schuld oder Unschuld gezogen werden. Hier zeigte sich einer der Fälle, in denen die Handhabung des Rechts und der gesunde Menschenverstand miteinander kollidierten und sich abstruse prozessuale Nuancen ergeben. Eine solche Zwickmühle, die im amerikanischen Prozeßrecht begründet ist, muß der Richter durch entsprechende Erläuterungen und Anweisungen an die Geschworenen im Griff behalten. In den nächsten zwei Stunden stellte Horngrad Fragen über Fragen, die alle darauf abzielten, Eileen eine Änderung ihrer ursprünglichen Aussagen nachzuweisen: Hypnose oder keine Hypnose, steigt Janice anfangs in den Bus oder nicht, zieht Franklin eine Matratze aus dem Bus oder ›einen größeren Gegenstand‹, folgt der Schlaglöcherstraße eine Ausfahrt oder nicht, geschieht die Tat morgens oder nachmittags. Er nahm Eileen auch wegen der Häufigkeit ihrer Treffen mit Tipton und der vielen Telefongespräche mit ihr sowie wegen der Konsultation von zwei Anwälten in die Mangel.

Im Zusammenhang mit der Matratzengeschichte fragte Horngrad, ob sie sich das Fernsehinterview in der ›Today-Show‹ angesehen hätte. »Nur ein paar Sekunden lang«, antwortete Eileen. Hatte sie den Ausschnitt mit den Aufnahmen des Tatortes aus dem Jahr 1969 gesehen, in dem die Sprungfedermatratze auf Susans Leiche gezeigt wurde? »Nein.« Was die Änderung der Zeit von morgens auf nachmittags angeht – hatte sie mitbekommen, daß Chuck Scarborough bei seiner Einleitung gesagt hatte: ›Am *frühen Nachmittag* kam Susan Nason aus der Schule, und dann hat sie niemand mehr gesehen?‹ Hatte das nicht den Sinneswandel bei ihr hervorgerufen? »Nein«, sagte sie. »Als das Interview gesendet wurde, hat Barry mir aus dem Wohnzimmer zugerufen: ›Eileen, du bist im Fernsehen!‹ Ich habe den Kopf ins Zimmer gesteckt, um zu sehen, wie ich mich im Fernsehen mache. Das war aber auch schon alles.« Horngrad fragte ungläubig, ob sie sich denn tatsächlich die Videoaufnahme der Sendung, die sie monatelang im Haus hatte, nie angesehen hätte.

»Mr. Murray hatte mich strengstens ermahnt, das nicht zu tun.«

»Waren Sie denn gar nicht neugierig?«

»Nein!« sagte sie zornig. »Ich war *nicht* neugierig, diesen Bericht über die Ermordung meiner besten Freundin zu sehen!«

Horngrad kam auf den Ordner mit Zeitungsberichten über den Fall zu sprechen, den Barry angelegt hatte. Hatte Eileen sich diese Artikel angesehen? »Nein.« Er schloß noch einige ähnliche Fragen an, dann brachte er seine These auf den Punkt: »Sind die Veränderungen bei Ihren Rückerinnerungen nicht darauf zurückzuführen, daß Sie sie monatelang für sich behalten haben und damit Zeit hatten, sie neuen Erkenntnissen anzupassen?«

»Nein, so war es nicht.«

Am nächsten Tag wandte sich Horngrad wieder der Zeit kurz nach dem Mord zu:

»Sind Sie am nächsten Tag zur Schule gegangen?«

Eileen: »Ich weiß es nicht mehr.«

Horngrad: »Haben Sie bei der Voruntersuchung gesagt, Ihre

Erinnerung an den Mord wäre in dem Moment blockiert worden, als Sie Susans blutige Hände sahen?«

Eileen: »Das ist nicht exakt das, was ich gesagt habe.«

Horngrad: »Was haben Sie denn gesagt?«

Eileen: »Ich sagte: ›Als ich auf Susans Kopf schaute und mir klar wurde, was passiert war, richtete ich meinen Blick auf ihre Hand und blockierte die Erinnerung an alles, was vorher geschehen war.,«,

Horngrad: »Als Sie in der folgenden Nacht zitternd bei Janice im Bett lagen, haben Sie sich da an den Mord erinnert?«

Eileen: »Ich weiß es nicht mehr.«

Horngrad: »Bis Januar 1989 ist die Erinnerung nicht wieder aufgetaucht?«

Eileen: »Nein.«

Horngrad: »Erinnern Sie sich daran, was Sie bei einem der ersten Telefongespräche mit Inspektor Etter am 21. November zu ihm gesagt haben?« Eileen: »Nicht genau.«

Horngrad: (liest aus dem Protokoll vor) »Nachdem man die Leiche gefunden hatte, war ich eine Zeitlang sehr verängstigt, aber mein Leben mußte ja schließlich weitergehen ... Warum haben Sie das gesagt?«

Eileen: »Ich war verängstigt, aber nicht im Zusammenhang mit dem was passiert war. Es war seltsam ...«

Horngrad: »Aber warum haben Sie gesagt, ›mein Leben mußte ja schließlich weitergehen?‹ Und warum haben Sie gesagt, ›ich mußte weitermachen, um die Lüge zu vertuschen?‹ Welche Lüge meinten Sie damit, Mrs. Lipsker?«

Eileen: »Die Lüge, daß in meinem Leben alles in Ordnung ist.«

Kurz danach fragte Horngrad, warum sie in ihrem ersten Gespräch mit Etter nicht erwähnt hatte, daß sie die Erinnerung unterdrückt hatte. »Ich ging davon aus, daß Barry es ihm gesagt hatte«, antwortete sie. »Warum haben Sie in der *Today Show* zu Chuck Scarborough gesagt, sie hätten *viele Wochen* gebraucht, die Sache Ihrem Mann zu erzählen, obwohl es in Wirklichkeit zehn Monate waren?« hielt Horngrad ihr vor. »Ich ging davon aus, daß das Scarborough im Detail nicht interessierte«, konterte sie.

»Aber Sie haben wörtlich gesagt, sie hätten ›viele Wochen‹ gebraucht.«

»Ich denke, zehn Monate sind viele Wochen, oder nicht?«

Diese Art von Geplänkel ging hin und her, bis Horngrad auf Eileens Beobachtung der Vergewaltigung Susans durch ihren Vater einging. Mit dem Ausdruck tiefster Geringschätzung für ihre Aussage in der Stimme fragte er: »Kann irgend jemand außer Ihnen bezeugen, was da hinten in dem Kleinbus geschah?«

»Ja«, sagte Eileen ganz ruhig.

Horngrad schreckte verblüfft auf. »Wer?«

»Mein Vater kann es bezeugen.«

Das war ein Volltreffer. Horngrad sackte in sich zusammen und lehnte sich an Peggy Gensels Aktentisch. Er konnte mehrere Sekunden nicht weitersprechen. Eileen sagte später, sie habe sich natürlich gefreut, eine solche Kontermöglichkeit bekommen zu haben, aber es habe ihr auch leid getan, daß ihr Vater in diesem Moment so schlecht von seinem Anwalt vertreten wurde. »Ich wollte gewinnen, aber nicht durch solche Fehler«, sagte sie.

Horngrad wechselte schnell das Thema: »Ist es wahr, daß Sie Ihren Verdacht niemand mitteilten, bis Sie im August mit Ihrem Bruder sprachen?« Eileen Tipton sprang erregt auf: »Einspruch, Euer Ehren! Der Herr Verteidiger mißachtet die Aussagen der Zeugin! Sie hat nie von ›Verdacht‹ gesprochen!« Der Richter gab dem Einspruch statt, und Elaine setzte sich mit einem entrüsteten Kopfschütteln wieder hin. Man einigte sich schließlich auf den Ausdruck ›bildliche Vorstellung‹ für Eileens Erinnerung an den Mord.

Dann beschäftigte Horngrad sich und das Gericht längere Zeit mit dem Thema ›vergrabenes Tagebuch‹. Er fragte Eileen, wann sie sich zum ersten Mal erinnert habe, daß ihr Vater ›etwas vergraben‹ hätte. Im Dezember 1988, sagte sie. »Wo waren Sie, als Sie diese Erinnerung hatten?« Eileen wurde wütend: »Auf der Zufahrt von der Winnetka Avenue auf den Freeway 101 in Los Angeles!« Horngrad lächelte über ihren Zornesausbruch und las ihr ihre Aussage vom Mai vor, nach der sie ausgesagt hatte, die Erinnerung daran sei ihr ›in den letzten zwei oder drei Monaten‹ gekommen. Daß sie jetzt plötzlich behauptete, sie habe sich *vor* der Rückkehr der Erinnerung an den Mord an diese Sache erinnert, auch ein Jahr, bevor sie von ihrer Tante Jean von dem Tagebuch erfahren habe, sei doch wohl sehr seltsam.

»Sie hofften doch, in dem Tagebuch eine Bestätigung für Ihre Story zu finden, nicht wahr?«

Eileen antwortete nicht. Er zeigte ihr das Protokoll. Die meisten Anwesenden fragten sich, warum Horngrad auf dieser Sache so herumritt. Sie hätte für die Anklage ja nur etwas gebracht, wenn in einem Tagebuch Schuldbekenntnisse des Angeklagten enthalten gewesen wären, aber man hatte ja gar keines gefunden. Was wollte Horngrad also erreichen? Eileen und die Staatsanwaltschaft hatten versucht, eine zusätzliche Bestätigung für die Schuld Franklins zu finden, und das sprach ja nur für Eileens Aufrichtigkeit; wenn sie eine Lügnerin war und eine falsche Anklage gegen ihren Vater erhob, hätte sie sicher die Finger von der Sache gelassen, denn es konnten ja auch Eintragungen in dem Tagebuch zu finden sein, die ihr Lügengebäude erschüttert hätten.

Wenn Horngrad Eileen nach ihren früheren Aussagen befragte, sagte sie oft, sie könne sich nicht erinnern, um keinen Fehler zu machen. Dann war Horngrad gezwungen, auf die Protokolle zurückzugreifen. »Dann wollen wir Ihrem Gedächtnis mal nachhelfen.« Zwangsweise ergaben sich dann längere Suchaktionen in den Protokollstapeln, was bei seiner sowieso schon quälend langatmigen Fragerei zu zusätzlichem Leerlauf und Langeweile führte. Bei einer ganzen Reihe solcher Gelegenheiten wurde die richtige Stelle nicht gefunden, oder, was noch peinlicher war, es stellte sich heraus, daß Eileen gar nicht so ausgesagt hatte, wie er behauptet hatte.

Eileen wirkte mehr und mehr erschöpft. Sie brach in Tränen aus, als Horngrad sie fragte, wann sie sich erstmals erinnert hatte, daß ihr Vater einen Schuh – oder Schuhe weggeworfen hatte. Horngrad zeigte sich als Gentleman und bot ihr eine Pause an, aber sie lehnte ab. »Es geht schon wieder, mir geht's gut.«

Als Schlußattacke hatte sich Horngrad die Buch- und Filmgeschäfte der Lipskers aufgespart. Unerklärlicherweise zählte er alle Filmgesellschaften auf, die Eileen Angebote gemacht hatten und bestätigte damit doch nur ihre Klage, sie sei einem unglaublichen Ansturm ausgesetzt gewesen. Dann wandte er sich den abgeschlossenen Kontrakten zu und ging sie mit einer Akribie durch, die eher dem Agenten, der ihn abgeschlossen hatte, angestanden hätte. Wieder erwähnte er seltsamerweise nicht die weitaus höhere Summe, die Eileen für das Buch zu erwarten hatte als die 45 000,– Dollar, die sie bereits angegeben hatte. Wenn er die Absicht hatte, bei den Juroren den Eindruck zu erwecken, Eileen klage ihren Vater fälschlich eines Kapitalverbrechens an, um daraus Geld zu schlagen, war die tatsächliche Summe, auch wenn man sie nur schätzen konnte, doch von großer Bedeutung. Aber er ließ diesen Punkt aus – vielleicht einfach aus Vergeßlichkeit.

Er schloß sein Kreuzverhör mit einer Salve anklagender Suggestivfragen ab:

»Können Sie der Jury versichern, daß es keine Veränderungen mehr bei Ihren Erinnerungen geben wird?«

»Einspruch!«

»Stattgegeben.«

»Können Sie der Jury versichern, daß es keine Veränderungen der verschiedenen Versionen Ihrer Erinnerungen mehr geben wird?«

»Einspruch!«

»Stattgegeben.«

»Sind Sie sicher, daß es keinerlei Veränderungen . . .?«

»Einspruch!«

»Stattgegeben.«

»Keine weiteren Fragen, Euer Ehren.«

Obwohl die übliche Zeit für den Abschluß der täglichen Sitzungen, 16 Uhr 30, bereits gekommen war, rief Tipton noch eine Zeugin, eine kleine, dunkelhaarige Frau Mitte Vierzig, in den Zeugenstand. Sie hieß Carolyn Adams und stammte aus

Nevada. Sie sagte aus, sie habe mit dem Angeklagten eine ›Liebesbeziehung‹ gehabt und vier Jahre lang mit ihm zusammengelebt.

»Hat er irgend etwas gesagt, das zur Beendigung Ihrer Beziehung führte?«

»Ja.«

»Was war das?«

»Er sagte, er habe Sex mit seiner Tochter gehabt.«

»Und wie haben Sie darauf reagiert?«

Horngrad legte Einspruch ein und bekam recht. Tipton sagte, sie habe keine weiteren Fragen. Horngrad verzichtete darauf, der Zeugin Fragen zu stellen, und so verließ Mrs. Adams nach vier Minuten wieder den Zeugenstand.

Tipton war mit der Vorführung dieser Zeugin ein brillantes Manöver gelungen. Die Jury hatte drei Tage lang zugehört, wie Eileen von George Franklins körperlichem und sexuellem Mißbrauch seiner Kinder berichtet hatte, von seiner Beihilfe bei der Vergewaltigung einer seiner Töchter, von der Vergewaltigung und dem anschließenden Mord an Susan Nason. In die Köpfe der Geschworenen war ein erschreckender Katalog böser Taten des Mannes, der da so still und harmlos aussehend vor ihnen saß, eingehämmert worden. Alle diese schwerwiegenden Anklagen konnte man vergessen, wenn die Tochter, die sie erhob, sich als Lügnerin, als geistig Irregeleitete oder geistig Gestörte erwies.

Aber Eileen war kaum aus dem Gerichtssaal, als die Anklage eine Frau präsentierte, die nichts mit Eileen zu tun hatte, ihr völlig fremd war, aber bezeugte, daß Franklin ihr gestanden hatte, er habe Inzest mit einer seiner Töchter betrieben. Natürlich war das ein weniger schwerwiegendes Delikt als der Mord, aber es brandmarkte ihn als äußerst amoralischen, perversen Menschen. Mit dem Auftritt der Zeugin wurde den Geschworenen gesagt: »Die Tochter des Angeklagten, der Sie jetzt drei Tage zugehört haben, ist nicht rachsüchtig, verblendet oder geistesgestört. Sie sagt die Wahrheit über einen gemeinen, abgrundbösen, skrupellosen Mann, über den Sie ein Urteil fällen müssen.« Carolyn Adams' kurze Aussage unterstrich und bestätigte, wenn auch nur bis zu einem bestimmten Grad, Eileens über Stunden und Stunden verstreute Beschuldigungen. Zum Abschluß des ersten Satzes des Concerto grosso hatte Elaine Tipton den Gerichtssaal noch einmal mit einem kurzen, schmetternden Trompetensolo kräftig durchgeschüttelt.

EILEEN

Lange Monate hatte ich mich vor dem Kreuzverhör durch Horngrad gefürchtet, und als es begann, wußte ich schon nach den ersten Minuten, daß es in der Tat nervenaufreibend werden würde. Er nannte den Geburtstag meiner Tochter sofort nach unserem Hochzeitstag, so daß der Jury nicht entgehen konnte, daß ich bei Sicas Geburt noch nicht verheiratet war. »Er fängt sofort an, im Schmutz zu wühlen«, dachte ich. Aber bei nüchterner Betrachtung wurde mir klar, daß mein Vater ihn ja dafür bezahlte, damit er mich diskreditierte. Und wenn Sicas uneheliche Geburt alles war, was sie mir ankreiden wollten, dann konnte ich das leicht verkraften. Dennoch, diese Taktik ärgerte mich sehr, sie hatte aber auch zur Folge, daß ich von Anfang an für den bevorstehenden Kampf gerüstet war.

Am letzten Tag meiner Aussage sagte mir Elaine draußen im Korridor, sie wolle mich zu einem Zusatzverhör noch einmal in den Zeugenstand rufen. Sie hatte mir schon vorher erklärt, daß Horngrad dabei wie im Kreuzverhör meine Aussagen hinterfragen konnte. Ich war erschöpft und meinte, ich könne die Kraft, noch einmal mit Horngrad in den Ring zu steigen, nicht aufbringen. Ich hatte Angst, ich könnte zum Schluß noch irgend etwas Falsches sagen.

Elaine sagte, sie würde mir nur drei Fragen stellen, aber die seien alle sehr bedeutsam. Die erste beziehe sich auf meinen Kindheitsglauben, ich würde eines Tages einmal ermordet. Sie wußte, daß das einer der peinlichen Punkte war, die ich nicht vor der Öffentlichkeit darlegen wollte. Ich haßte den Gedanken, mein Innerstes noch weiter entblößen zu müssen. Jede neue Offenbarung meines recht wirren Kindheitsdenkens würde mich zwangsweise demütigen, und je mehr ich davon erzählte, um so mehr müßten mich die Leute für ausgeflippt, wenn nicht gar für geistesgestört halten.

Nach dem Gespräch mit Elaine machte ich einen kurzen Spaziergang mit Sharon. Ich war so erschöpft, daß ich dauernd gähnen mußte. Mir fiel wieder ein, wann ich zum erstenmal meinen Glauben, ich würde unausweichlich eines Tages ermordet, ausgesprochen hatte: im Gespräch mit Kirk Barrett. Es hatte sich ergeben, als Kirk mich gefragt hatte, welche Vorstellungen ich als Kind von meiner Zukunft hatte.

Ich hatte bis dahin nicht viel darüber nachgedacht, aber dann war mir schockartig klar geworden, daß ich eigentlich immer davon ausgegangen war, mein Leben würde mit meiner Ermordung enden. Ich hatte versucht, Kirk zu erklären, daß ich mich weniger davor fürchtete, eines Tages umgebracht zu werden, daß ich auch vor dem Tod selbst keine Angst hatte, sondern daß ich in meinen Gedanken einfach immer davon ausgegangen war, ich müsse die Pläne für mein künftiges Leben auf den Tag ausrichten, an dem ich ermordet würde. Ich hatte mir nie überlegt, ob diese Gedanken ›normal‹ waren; es war ein so fester Glaube, daß ich ihn ohne jeglichen Zweifel hinnahm.

Nachdem ich die Sache mit Kirk besprochen hatte, war ich in ein verstörtes Lachen ausgebrochen, und Kirk hatte verständnisvoll zurückgelächelt. Er versicherte mir, nach allem, was ich erlebt und durchgemacht habe, seien solche Gedanken absolut verständlich und normal. Jetzt aber hatte ich meine Zweifel, ob die Jury und die Presse auch so urteilen würden.

Elaine hielt diese Sache aber für wichtig, und so stimmte ich einer Befragung zu. Für Elaine würde ich auch noch andere Dinge aus meinem verkorksten Ego offenbaren – und mich dem feindlichen Sperrfeuer Horngrads aussetzen. Wie gut, dachte ich, daß ich so fest an Elaine glaube und ihr vertraue, denn diese Sache gefällt mir überhaupt nicht.

Sie rief mich also in den Zeugenstand und fragte, welche Hoffnungen, Träume und Pläne ich als Kind für mein künftiges

Leben gehabt hätte, und ich sprach die demütigenden Worte aus: »Ich ging immer davon aus, eines Tages ermordet zu werden.« Ein Raunen ging durch den Saal.

In seiner Befragung machte Horngrad einen letzten Versuch, mich unglaubwürdig erscheinen zu lassen, indem er sich auf Elaines Hinweis auf meine Träume stürzte. »Hat die Zeugin nicht sehr viel geträumt? Kann sie nicht auch anderes nur geträumt haben?« Tipton erhob Einspruch, und der Richter gab ihm statt.

Das war die letzte Aktion. Ich hatte es hinter mir!

»Mein Gott, bin ich froh, daß es vorbei ist«, sagte ich zu Sharon auf dem Weg aus dem Saal.

Sharon lächelte und drückte meine Hand. »Ich bin so froh, daß es vorbei ist«, sagte ich noch mal. Ich sehnte mich so danach, endlich wieder unbeschwert leben zu können, aber ich mußte mich noch daran gewöhnen, daß der Prozeß zunächst einmal für mich vorbei war. Auf dem Flug nach Zürich ging ich alles, was ich im Gerichtssaal erlebt hatte, noch einmal durch. Am schlimmsten war die Erinnerung daran, daß ich vor der Öffentlichkeit über die Vergewaltigung hatte sprechen müssen. Es war die tiefste Demütigung, die ich in meinem bisherigen Leben erlitten hatte.

In der ersten Nacht nach meiner Rückkehr drängte sich Barry im Bett an mich, und ich verstand, was er wollte. Ich versuchte, darauf einzugehen, aber ich fühlte mich wie eine sterile Plastikpuppe. Die Schilderung der Einzelheiten der Vergewaltigung vor gerade einer Woche war noch zu neu; ich hatte das Gefühl, sie sei gerade erst geschehen.

Während Barry weiter versuchte, mich zu verführen, dröhnten immer wieder die schrecklichen Worte durch meinen Kopf: *»Das wird ihr doch Spaß machen, was, George? Das wird ihr doch Spaß machen, was, George?«*

Ich wünschte mir so sehr, Barry könnte die Stimme zum Schweigen bringen. Ich selbst konnte nichts tun, war völlig hilflos, machtlos den Dingen ausgeliefert. Aber es würde so unsinnig klingen, wenn ich Barry um Hilfe anflehte. Er würde mich nicht verstehen. Und Worte konnten die widerliche Erinnerung sowieso nicht vertreiben. Konnten nichts ausrichten gegen das Gefühl der Ohnmacht. Und das Gefühl des Verratenseins. Und das Gefühl des Horrors. Und dieses neue Gefühl für mich – das Gefühl sexueller Verwirrung.

Wie kann der Terror, der wahnsinnige Schmerz, den mir diese Männer zugefügt haben, die sich mein Vater und mein Patenonkel nennen, ihnen denn um Himmels willen nur Spaß gemacht haben? Was sind das für Menschen? Wieso ist die Erinnerung an ihre Brutalität nach zwanzig Jahren des Vergessens noch so deutlich? Wieso ist die Erinnerung so klar und real, wo mir mein gegenwärtiges Leben doch so nebelhaft und irreal vorkommt? Ich wollte Barry aufklären, warum ich auf sein Liebeswerben nicht eingehen konnte. Aber ich glaubte nicht, daß er verstehen würde, was ich ihm sagen wollte: »Weißt du denn nicht, daß ich vergangene Woche wieder einmal vergewaltigt worden bin?«

16. KAPITEL

Nachdem Eileen Franklin-Lipskers Zeugenaussage beendet war, ging die Zahl der Zuschauer im Gerichtssaal schlagartig zurück. Es blieb nur eine Handvoll Reporter und eine Gruppe unentwegter Zuschauer übrig. Die meisten dieser Zuschauer waren Dauerbesucher von Gerichtsverhandlungen, die sich aus den unterschiedlichsten Motiven dazu einfinden. Einige werden vom Geruch der Gesetzlosigkeit angezogen, der von den Angeklagten ausgeht, von diesen Einzelgängern, die die Schranken des Normalverhaltens durchbrochen haben. Oft sind es einfach nur Ruheständler, die nach Abwechslung suchen, oder einsame Menschen, die auf die Gespräche aus sind, die sich in den Pausen nach den Zeugenaussagen ergeben. Gelegentlich sind es auch Leute, die ähnliche Dramen, wie sie bei den Verhandlungen aufgerollt werden, selbst schon einmal erlebt haben – oder *beinahe* erlebt haben oder auch nur *meinen*, sie hätten sie erlebt. Sie hoffen dann, eine Gelegenheit zu finden, ihre Storys an irgend jemanden loszuwerden. Sie betrachten den Gerichtssaal als kommunale Dorflinde, unter der exotische Geschichten erzählt werden; wenn sie nur geduldig genug warten, so meinen sie, kommen sie auch mal an die Reihe.

Was immer auch die Motive sein mögen, sich Kriminalprozesse anzusehen und anzuhören, man kann diese Prozeß-Groupies eigentlich nur beglückwünschen. Als reales Theaterstück kann ein Mordprozeß emotionale Höhen erreichen, die auf der Schauspielbühne gar nicht darzustellen sind. Ein erdachtes Theaterstück mag noch so brillant geschrieben und aufgeführt worden sein, es kann sich der dramatischen Intensität höchstens annähern, wie sie sich zum Beispiel ergab, als Eileen Franklin gegen ihren Vater aussagte. Da waren keine Schauspieler, die sich bemühten, Gefühle darzustellen – da war eine leibhaftige Tochter, die das reale Drama ihres Lebens schilderte, das ihr leiblicher Vater, zehn Meter von ihr entfernt sitzend, über sie gebracht hatte.

Nach Eileens Aussage wurden mehrere Spezialisten vom Kriminallabor des FBI in Washington in den Zeugenstand gerufen, um Einzelheiten über den zerborstenen Ring und andere Beweisstücke vom Tatort darzulegen. Morse und Cassandro war es mit ihrer üblichen Gründlichkeit gelungen, George Franklins VW-Bus, den er 1969 besessen hatte, ausfindig zu machen. Die Anklage legte Fotos und Muster des Bodenbelags sowie der Sitzbezüge als Beweisstücke vor, mußte jedoch bestätigen, daß die gründliche Untersuchung des Fahrzeuges keinen Beweis dafür erbracht hatte, daß Susan Nason je in ihm gewesen war; gleichzeitig hielten Elaine Tiptons Experten jedoch fest, daß nach so vielen Jahren kein anderes Ergebnis zu erwarten war. Cassandro wurde zum Ergebnis der Überprüfung der Fahrzeit von der Straßenecke, an der Susan in den Bus gestiegen war, bis zur Abzweigung von der Route 92 zum Tatort befragt. Seine Antwort: siebzehn Minuten.

Am Donnerstag, dem 8. November, wurde nach der Mittagspause Janice Franklin in den Zeugenstand gerufen. Sie war am Tag vorher mit dem Flugzeug von Los Angeles gekommen und hatte mehrere nervenaufreibende Stunden im Gespräch mit Elaine Tipton verbracht. Wegen der unterschiedlichen Aussagen, ob sie nun im VW-Bus war oder nicht, als Susan entführt wurde, sah Elaine in ihr einen Schwachpunkt der Anklage.

Die größten Schwierigkeiten waren aber wohl daraus zu erwarten, daß Janice in ihrer Aussage vor der Polizei im Jahre 1984 angegeben hatte, sie habe ihren Vater am Tag von Susans Verschwinden ungefähr um 16 Uhr 15 zu Hause angetroffen. Das würde ein Alibi für George Franklin bedeuten, denn er hätte dann rein zeitlich den Mord nicht ausführen können.

Die Janice Franklin, die einst vor der Bowditch Middle School frechen Mitschülern aufgelauert hatte, um ihre Rechnung mit ihnen zu begleichen, freute sich jetzt geradezu darauf, für ein paar Runden mit Horngrad in den Ring steigen zu können. Tipton aber riet ihr dringend davon ab, sich mit dem Verteidiger auf unnötige Streitereien einzulassen. Als Janice den

Zeugenstand betrat, hatte sie anscheinend die Freude an der Auseinandersetzung mit Horngrad verloren, denn sie wirkte recht nervös.

Janice war wohl die eleganteste der Franklin-Töchter. Sie trug ein hellviolettes Kleid mit einfachem, raffiniertem Schnitt, das ihre Figur betonte. Sie sah großartig aus, und die Männer im Saal reckten die Köpfe. George Franklin, der bisher alle Zeugen mit gutmütigem Interesse betrachtet hatte, auch wenn sie ihr Bestes gaben, ihn für immer hinter Gitter zu bringen, änderte sein Verhalten: Er starrte Janice kalt und feindselig an.

Tipton befragte sie zunächst nach ihren Erinnerungen an den Tag, als Susan verschwand. Sie sei zum Spielen draußen gewesen, sagte Janice, wisse aber nicht mehr wo. Vielleicht hätte sie ihre Freundin Terry Dalmau getroffen, um mit ihr Seilhüpfen zu spielen, aber das sei nur eine vage Erinnerung. Hatte sie mit Terry Dalmau vor kurzem Kontakt aufgenommen? Ja, um sie zu fragen, ob sie sich daran erinnere, mit ihr an diesem Tag gespielt zu haben, aber Terry habe es auch nicht mehr gewußt. Tipton ging zu ihrer Rückkehr nach Hause an diesem Tag über. Sie sei grundsätzlich immer so spät wie möglich nach Hause gegangen, sagte Janice. Man hatte ihr untersagt, den Grund dafür zu nennen, den sie noch bei der Voruntersuchung angegeben hatte: um dem körperlichen und sexuellen Mißbrauch durch ihren Vater zu entgehen. Jetzt beschränkte sie sich darauf, nur noch die Uhrzeit ihrer Rückkehr zu nennen: es sei etwa 17 Uhr 30 oder 18 Uhr gewesen. Ihr Vater habe im Wohnzimmer gesessen und ›hallo‹ zu ihr gesagt. Das habe sie sehr erstaunt, denn sonst habe er sie immer mit sarkastischen oder beleidigenden Bemerkungen empfangen.

»Es war ungewöhnlich, daß er Sie mit ›hallo‹ begrüßte?«

»Ja, das war sehr ungewöhnlich«, sagte Janice bedeutungsvoll, aber es klang doch sehr viel gedämpfter als die Beschreibung, die sie im Mai dazu gegeben hatte. Damals hatte sie ausgesagt, ihr Vater hätte sie mit einer so fremdartigen Stimme begrüßt, daß sie sich schrecklich gefürchtet habe. Mit der richterlichen Entscheidung, keine Zeugenaussagen über Franklins weitere Vergehen und Verbrechen an Kindern zuzulassen, hatte

Horngrad erreicht, daß Janice mit ihren Anklagen gegen den Vater, die sie sich von der Seele reden wollte, nicht zum Zuge kam. Auf Tiptons Fragen schilderte sie nun, wie Eileen am Abend dieses Tages weinend, zitternd und schwitzend bei ihr im Bett lag. Sie erzählte auch, wie sie an der Tür mit der Polizei gesprochen und wie ihr Vater sie getreten und ihr Steißbein verletzt hatte, als sie am Telefon weitere Fragen der Polizei beantworten sollte.

Als man Susan gefunden hatte, war Janice ins Büro des Schuldirektors gerufen worden, um Susans Ringe zu identifizieren. Diese Tatsache wurde zunächst unkommentiert festgehalten. Dann ging Tipton dazu über, sie zu ihrem Kontakt mit der Polizei im Jahre 1974 zu befragen, als sie ihren Vater wegen des Mordes an Susan anzeigen wollte. Ihre Mutter habe denselben Verdacht gehabt, sagte Janice. Sie berichtete von dem Gespräch mit Sergeant Richie, der ihr mehr oder weniger suggeriert hatte, sie habe ihren Vater um 16 Uhr 15 zu Hause angetroffen. »Er schien 16 oder 16 Uhr 15 zu favorisieren, also ließ ich ihm seinen Willen.«

»Haben Sie oder Sergeant Richie diese Zeit zuerst genannt?«

»Sergeant Richie.«

»Waren Sie sicher, daß er recht hatte?«

»Nein.«

»Haben Sie sich denn 1984 daran erinnert, um welche Zeit Sie am Tag von Susans Verschwinden nach Hause kamen?«

»Nein.«

Horngrad begann sein Kreuzverhör damit, daß er Janice wegen ihrer neuen Erinnerung unter Beschuß nahm, sie hätte an diesem Tag mit Terry Dalmau gespielt. Als das zu nichts führte, wandte er sich Susans Ringen zu. Ja, sagte Janice, sie habe sie identifiziert. Ja, sie habe inzwischen auch mit Eileen darüber gesprochen. »Glauben Sie denn nicht, daß diese Ringe zu den Fakten des Falles gehören, über die vor der Verhandlung nicht gesprochen werden darf?« Doch, sie glaube das, gestand sie ein. »Haben Sie mir nicht gesagt, sie hätten die Fakten des Falles nicht mit Eileen diskutiert? Haben Sie in der Zeit, als sie bei ihr wohnten, nicht auch über andere relevante Dinge mit

Eileen gesprochen?« Einspruch. Stattgegeben. »Haben Sie mit ihr irgendwelche anderen Fakten des Falles besprochen?« Tipton erhob wieder Einspruch: »Er geht sehr großzügig mit dem Wort *Fakten* um.«

»Haben Sie mit ihr über irgendwelche Beweise zu diesem Fall gesprochen?« insistierte Horngrad. Einspruch. Stattgegeben. Später, als Horngrad mit ihr verschiedene Aussagen durchging, die sie bei der Staatsanwaltschaft gemacht hatte, fragte er: »Als Franklin-Mädchen hat es Sie beunruhigt, daß Susan Nasons Mörder nie gefunden wurde, nicht wahr?«

Janice antworte giftig: »Es hat mich nicht ›als Franklin-Mädchen‹ beunruhigt, aber es hat mich beunruhigt.« Die Leute kicherten. Tipton sah das nicht gern. In der nächsten Pause warnte sie Janice: »Sie lassen Ihren geistreichen Witz ein wenig zu häufig aufblitzen.«

Es ging weiter mit ihrem Kreuzverhör. Warum, so Horngrad, hatte sie in ihrer Aussage drei Wochen vor der Voruntersuchung angegeben, sie hätte Eileen nie davon erzählt, daß sie 1984 zur Polizei gegangen war, dann aber bei der Voruntersuchung gesagt, sie hätte Eileen darüber informiert? »Ich hatte das vergessen.« Hatte sie denn davor den Verdacht gegen Ihren Vater Eileen gegenüber einmal geäußert? »Ja.« Wann? »Ich kann mich nicht erinnern.«

»Sie haben ihr von Ihrem Verdacht erzählt, aber nicht erwähnt, daß Sie damit zur Polizei gegangen waren?«

»Es muß wohl so gewesen sein.«

»Und dann, am 1. August diesen Jahres, haben Sie Detective Morse in einem Telefongespräch gesagt, Sie hätten Eileen Ihren Verdacht bereits im August 1989, also drei Monate vor der Rückkehr Ihrer Erinnerung, mitgeteilt ... Was soll man denn nun glauben?«

Alle diese Daten und unterschiedlichen Versionen von Gesprächen, Erklärungen und Zeugenaussagen waren ganz sicher sehr verwirrend für die Geschworenen. Wenn man davon ausging, daß sie in der Lage waren, der allgemeinen Argumentationslinie Horngrads zu folgen, dann konnten sie folgende Schlüsse ziehen: Janice war verwirrt und durcheinander, und

Eileen war verwirrt und durcheinander. Janice hatte etwas behauptet, es sich dann aber anders überlegt. Janice änderte Tatsachen, um die Anklage zu unterstützen. Janice und Eileen widersprachen sich.

Wenn sich die Geschworenen die letzte Feststellung näher ansahen, mußten sie aber auch erkennen, daß die Widersprüche überflüssig und auf Nachlässigkeit zurückzuführen waren. Wenn sich Eileen und Janice vorher auch nur ein klein wenig besser abgesprochen hätten, wären sie nicht zustande gekommen. Allerdings – den einen Aspekt ihrer Darstellung, sie hätten während ihres monatelangen Zusammenlebens nicht über den Fall gesprochen, nahm ihnen wohl keiner ab.

Tipton erklärte später ihr Interesse an Janices Erinnerung an den besagten Tag vor zwanzig Jahren, auch wenn sie noch so verschwommen war. »Ich halte es für sehr wahrscheinlich, daß Janice anfangs in irgendeiner Weise zugegen war. Sie hat vielleicht auf dem Bauplatz gespielt, ihren Vater und Eileen in dem Bus gesehen, ist zu ihnen gelaufen und vielleicht sogar kurz eingestiegen. Keine der Schwestern weiß mehr, wie der Kontakt sich abgespielt hat, aber beide haben vage Ahnungen, sich bei dieser Gelegenheit getroffen zu haben.«

George Franklin muß diese Begegnung für sehr gefährlich gehalten haben, meinte Tipton. »Wie könnte man es sich sonst erklären«, fragte sie, »daß Franklin so darauf aus war, Janice einzuschüchtern, zum Schweigen zu bringen? Bei allem Wissen um seine Brutalität – warum hätte er sie sonst so wüst treten sollen? Warum sie so drohend begrüßen?« George junior und auch andere würden später die Frage aufwerfen, warum Franklin Eileen nicht auch umgebracht hatte, um sie am Reden zu hindern. Wenn Tiptons Theorie stimmte, daß Franklin glaubte, die eine Tochter durch einen Fußtritt und ein finsteres Gesicht zum Schweigen bringen zu können, dann kann man annehmen, daß er auch glaubte, dasselbe bei der anderen Tochter durch Todesdrohungen erreichen zu können.

Horngrad versuchte jetzt darzustellen, daß Janice und Eileen, auch schon als Kinder, die Zeitungsberichte über den Fall gelesen hätten, daß Janice die ›Today Show‹ mit Eileens Interview und andere Berichte gesehen und Eileens Rückerinnerungen mit Barry diskutiert hätte. Janice sei also auf diese Weise mit den Einzelheiten des Falles vertraut gemacht worden. Sie stecke mit Eileen unter einer Decke, und die beiden hätten ihre Storys aneinander angepaßt, noch *bevor* Eileen zur Polizei ging. Janice sagte, sie habe nicht gewußt, daß Barry und Eileen die Staatsanwaltschaft eingeschaltet hatten, und die Telefongespräche der beiden seien immer hinter geschlossenen Türen geführt worden. »Hat Eileen Sie eigentlich nie gefragt, ob Sie Susan in den Bus steigen sahen?« fragte Horngrad dann. »Nein«, antwortete Janice. »In der ganzen Zeit, die Sie mit den Lipskers zusammengelebt haben, hat sie Ihnen nie diese Frage gestellt?«

»Nicht, soweit ich mich erinnere«, antwortete Janice. Sie leugnete auch, jemals mit Barry darüber geredet zu haben, sie hatte eine vage Ahnung, gesehen zu haben, wie Susan in den Bus stieg. Horngrad hob darauf ab, daß Barry der Staatsanwaltschaft ursprünglich gesagt hatte, es gäbe noch einen anderen Zeugen. Wenn er nachweisen konnte, daß Janice und Barry über das Thema gesprochen hatten, kam wieder der Verdacht einer Konspiration gegen seinen Mandanten auf, und das hätte ihm natürlich gut in den Kram gepaßt. Alles, was aber dabei herauskam, war Janices vage Erinnerung an den Tag von Susans Verschwinden, über die sie, wie sie sagte, nicht mit Eileen oder Barry gesprochen hatte.

Horngrad wanderte bei diesem Thema auf einem schmalen Grat. Während er versuchte, die Wahrscheinlichkeit einer Absprache zwischen Barry, Eileen und Janice nachzuweisen, kam zwangsweise aber auch zutage, daß die drei offensichtlich keinerlei Anstrengungen unternommen hatten, ihre Geschichten aufeinander abzustimmen. Janice verließ jedenfalls den Zeugenstand, ohne daß bei ihrem Kreuzverhör irgend etwas Positives für die Verteidigung herausgesprungen wäre.

Tiptons nächster Zeuge war der stellvertretende Chef der Feuerwehr des San Mateo County, Jerry Johnson. Einziger Zweck seiner Aussage war die Bestätigung, daß George Franklin am Nachmittag des 22. September 1969 nicht gearbeitet hatte. Johnsons äußerst korrekte Führung der Dienstbücher kamen der Anklage später noch sehr zustatten, als Horngrad in letzter Minute noch eine besondere Überraschung aus dem Hut zog.

Am nächsten Morgen um 10 Uhr lief Eileen, noch im Nachthemd, unruhig durch ihr Zimmer im Sofitel-Hotel, versuchte zu packen und machte sich Gedanken, wie sie an Bargeld kommen und ihren Leihwagen wieder zurückgeben könne. Sie hatte es eilig, in die Schweiz und zu ihren Kindern zurückzukommen. Elaine hatte ihr gesagt, es könne sein, daß sie noch einmal als Zeugin aufgerufen würde, aber frühestens in neun Tagen – genug Zeit, so meinte Eileen, um die 1500,– Dollar für das Rückflugticket zu rechtfertigen. Elaine hatte auch gesagt, es könne sein, daß man sie gar nicht mehr brauche und sie in der Schweiz bleiben könne. Für Eileen gab es aber keine Frage – zur Urteilsverkündung wollte sie auf jeden Fall wieder in Redwood City sein. Sie würde weder Zeit noch Kosten scheuen, im Gerichtssaal anwesend zu sein, wenn das befreiende Wort *schuldig* gesprochen wurde.

Jetzt aber wollte sie nach Hause, zu ihrer Familie. »Ich muß schleunigst zu meinen Kindern«, sagte sie zu einer Freundin, die gekommen war, um ihr bei den letzten Erledigungen zu helfen. »Sica gibt eine Übernachtungsparty für eine Horde Kinder in unserem Haus. Und meine beiden Los-Angeles-Kinder sind schon ganz wild auf den ersten Schnee in ihrem Leben. Wenn ich mich nicht eile, verpasse ich das alles! Ich will nach Hause!«

Irgendwie kamen sie auf Eileens Aussagen und die Fragen der Verteidigung im Zusammenhang mit George junior zu sprechen. »Er wird stinksauer sein«, grinste Eileen, »wenn er hört, daß ich ihn die ganze Zeit immer nur ›Georgie‹ genannt habe. Er haßt das.«

»Hast du das gemacht, um ihn zu ärgern?« fragte die Freundin.

Eileen wurde ernst. »Nein, natürlich nicht, das würde ich niemals tun. Ich habe ihn so genannt, um ihn von meinem Vater zu unterscheiden.« Dann lächelte sie wieder breit. »Trotzdem, er wird ausflippen!«

Während Eileen die letzten Sachen packte, unterhielten sich die beiden über die Geschworenen. »Da ist dieser eine Mann«, sagte Eileen, »der Typ mit dem Bart in der ersten Reihe ganz rechts, erinnerst du dich? Er hat mich immer ganz intensiv angeschaut, mit einem so verständnisvollen, mitleidigen Blick, daß mir das ein gutes Gefühl gab. Es hat mein Vertrauen gestärkt.«

»Hast du gemerkt, daß die Geschworenen, die sich Notizen machen – alle tun das ja nicht! –, bei deinen direkten Aussagen wie wild mitgeschrieben haben, beim Kreuzverhör dann aber nicht mehr?« fragte die Freundin.

»Wirklich? Das ist gut!« freute sich Eileen. »Sag mal, hab' ich das richtig gesehen, daß die eine Geschworene, die ältere Frau, manchmal eingenickt ist? Das hat mich gestört. Es gab mir das Gefühl, als ob meine kleinen Tragödien langweilig wären.«

»Ja, ich habe es gesehen, der Gerichtsdiener hat sich ein paarmal geräuspert, um sie aufzuwecken. Dann hat er sich was Besseres einfallen lassen und ein Glas Wasser geholt.«

»Um es nach ihr zu werfen?« Eileen war sichtlich gut gelaunt.

»Das wäre wohl am besten gewesen, aber er schickte es durch die Reihe zu ihr. Sah aus wie die Eimerreihe bei der Feuerwehr. Ich habe aber gehört, der Richter hätte sich schon mit Tipton und Horngrad unterhalten, um die Dame durch einen Ersatzgeschworenen zu ersetzen.«

Dreimal platzten Telefonanrufe in das Gespräch. Beim letzten Mal war es Barry, der eine Einkaufsliste durchgab. Als es jetzt zum viertenmal läutete, griff Eileen verärgert nach dem Hörer, sagte dann aber sehr sanft und freundlich: »Hallo, Elaine.« Sie hörte eine Weile zu, dann schrie sie auf: *»Nein! Das kann doch nicht wahr sein!«* Sie legte die Hand auf die Muschel und flüsterte der Freundin zu: »Horngrad hat einen Zeugen aufgetrieben, der aussagen wird, der Holzrahmen und die Matratze wären am Mordtag nicht im Bus gewesen!« Dann sagte sie zu Elaine: »Das ist einfach nicht wahr. Ich bin sicher, Sie werden damit fertig, Elaine.«

Elaine Tipton hatte sich bereits über das Wochenende nicht wohl gefühlt, und als sie am Dienstag ihren wichtigsten und einzigen psychiatrischen Gutachter, Dr. Lenore Terr, aufrief, laborierte sie an einer Grippe. Der Prozeß war noch nicht einmal zur Hälfte abgewickelt, und Elaine mußte den Rest in einer schlechten körperlichen Verfassung durchstehen. An manchen Tagen wurde sie von einer Kehlkopfentzündung geplagt und konnte kaum sprechen, aber sie war fest entschlossen, die Sache ohne Verzögerung, das heißt ohne Unterbrechung der Verhandlungen, zu Ende zu bringen. Alle Leute in ihrer Umgebung wußten, was sie durchzumachen hatte und versuchten, ihr zu helfen. Morse und Cassandro schafften alle möglichen Mittelchen und Medikamente herbei, der Bürogehilfe holte laufend heiße Zitrone und Tee aus der Cafeteria in Untergeschoß, Freunde kochten die nahrhaftesten Gerichte für sie und stellten sie ihr abends in Warmhaltebehältern vor die Haustür. Sie war froh, daß sie an diesem ersten Tag des Krankseins eine ausgesprochene Expertin in den Zeugenstand rief, eine Frau, die Erfahrung als Sachverständige vor Gericht hatte und deren Befragung nicht allzuviel Aufwand erforderte.

Horngrad stellte den Antrag, eine Aussage Dr. Terrs nicht oder nur eingeschränkt zuzulassen, weil die Geschworenen verleitet werden könnten, ihre Fachexpertise über die Repression von Erinnerungen als Beweis für die Wahrheit von Eileens Rückerinnerungen auszulegen. Tipton hielt dagegen, die Anklage habe das Recht, den falschen Glauben zu bekämpfen, das Vergessen eines so einschneidenden Ereignisses wie das Miterleben eines Mordes sei nicht möglich. Horngrad wiederum konterte, bisher sei ein solcher ›falscher Glaube‹ in den Zeugenaussagen nicht vorgekommen, und außerdem seien alle Geschworenen ausgesondert worden, die sich beim Auswahlverfahren entsprechend geäußert hatten. Richter Smith gab dem Antrag nicht statt und verfügte darüber hinaus, es dürfe nicht angesprochen werden, daß Eileen von Dr. Terr vorher examiniert worden war, um bei den Geschworenen nicht den Eindruck hervorzurufen, die Zeugin Dr. Terr sei voreingenommen. Gerichtsverhandlungen sind meistens recht unterhaltsam, aber manchmal bricht auch die große Langeweile aus, und das ist oft der Fall, wenn ›sachverständige Experten‹ ihre Aussagen machen. Alle Anwesenden versinken in dumpfes Brüten, während Doktoren, Professoren, Psychiater und Gerichtsmediziner freudig die Gelegenheit ergreifen, in ihr fachliches Horn zu stoßen. Sie sind kaum zu bremsen, und ihre akademischen Grade, Titel, Auszeichnungen und Mitgliedschaften in hochgestochenen Fachgesellschaften erwecken bei den eingeschüchterten Zuschauern den Eindruck, daß ein Mensch mit diesem Image ganz bestimmt die Wahrheit sagt.

Dr. Lenore Terr, der einzige psychiatrische Gutachter der Anklage, brachte die Empfehlung mit, die herausragende Expertin der Nation für traumatisierte Kinder zu sein. Ihr besonderes Interesse galt den Auswirkungen von Traumata auf das Gedächtnis von Kindern. Sie hatte vor kurzem ein Buch mit dem Titel *Too Scared to Cry (Zu verängstigt zum Aufschrei)* herausgebracht, in dem sie sich anhand aktueller Fälle mit diesem Thema beschäftigte. Kernpunkt war eine Untersuchung über die Auswirkungen, die die Entführung eines Schulbusses in der kalifornischen Stadt Chowchilla auf die Psyche der Kinder hatte.

Dr. Terr, eine attraktive, jugendlich wirkende Frau knapp über fünfzig, beantwortete Tiptons Fragen sehr direkt und klar. Ihre Ausdrucksweise war frei von dem sonst üblichen Fachchinesisch, mit dem solche Experten normalerweise ihre Zuhörerschaft erschlagen, um Respekt vor ihrem wissenschaftlichen Fachgebiet und vor sich selbst hervorzurufen. Tipton entlockte ihr eine prägnante Lektion zum Thema des menschlichen Gedächtnisses und des Erinnerungsvermögens. Seit den Anfängen der Psychiatrie etwa um das Jahr 1880, sagte Terr, war das Gedächtnis – und damit verbunden die Erinnerung – ein bedeutendes Studienobjekt der Psychologie und der Psychiatrie. Man hat fünf Grundformen der Erinnerung identifiziert: Erstens die ›unmittelbare Erinnerung‹; sie speichert zum Beispiel einen gerade gesprochenen Satz im Gedächtnis. Zweitens die ›Wissen- und Können-Erinnerung‹; mit ihr werden grundlegende Kenntnisse wie Rechnen und Schreiben gespeichert. Drittens die ›instruktive Erinnerung‹; sie ermöglicht das Erlernen von Fertigkeiten auf der Grundlage bereits vorhandener Instruktionen – wenn man Dreirad fahren kann, ist es leichter, Fahrrad fahren zu lernen.

»Als vierte . . .«, sagte Dr. Terr und stockte. Nach einer peinlichen Pause stotterte sie kopfschüttelnd: »Ich fürchte, ich habe ein Blackout. Es ist einfach weg.« Dieser akute Gedächtnisschwund der Expertin für menschliche Erinnerung während der wissenschaftlichen Erklärung der Erinnerungsarten war so verblüffend-komisch, daß der Gerichtssaal in brüllendes Lachen ausbrach. Elaine Tipton kam der schamroten Expertin zu Hilfe:

»Ich möchte Sie fragen, ob es auch eine *assoziative* Erinnerung gibt.«

»O ja, natürlich, das *ist* es! Danke!« Dr. Terr fand ihre Fassung wieder. »Also viertens die ›assoziative Erinnerung‹; sie führt dazu, daß man sich an etwas auf Grund einer Assoziation, also einer gedanklichen Verbindung, erinnert. Fünftens haben wir dann die ›episodische Erinnerung‹; sie speichert die Erlebnisse und Erfahrungen eines Menschen . . .«

Nachdem nun die grundsätzlichen Arten der Erinnerung dargestellt waren, ging Terr nahtlos zum Thema der Repression einer Erinnerung über. Es sei ein schon seit langem bekanntes Phänomen, sagte sie, daß ein Ereignis wieder ins Bewußtsein aufsteigt, das jahrelang im Unterbewußtsein vergraben war. »Repression unterscheidet sich vom einfachen Vergessen dadurch, daß es ein aktiver Prozeß ist, bei dem eine Erinnerung ›bewußt‹ unterdrückt wird – sie ist ein Verteidigungsmechanismus, ein Bewältigungsmechanismus.« Sie zitierte mehrere Beispiele für Repression aus ihrer eigenen Erfahrung. Tipton fragte, wie verläßlich solche Erinnerungen seien. »Sie können im Detail verändert sein«, war Terrs Antwort, »aber das ist auch bei anderen Erinnerungen möglich. Unterdrückte Erinnerungen sind weder zuverlässiger noch unzuverlässiger, nur weil sie unterdrückt waren.« Gefragt, welche Voraussetzungen für eine Unterdrückung gegeben sein müßten, sagte Terr, sie würde eher aus fortlaufenden Ereignissen als aus einem einzigen Trauma entstehen.

Es war für Tipton sehr wichtig, das herauszustellen. Sie benutzte es als Hintertür, um auf Franklins sexuellen Mißbrauch seiner Kinder eingehen zu können; Horngrad hatte bei der Voruntersuchung ja geschickt zugestanden, Susan Nason sei vor ihrer Ermordung sexuell mißbraucht worden und hatte damit das Thema blockiert. Da Dr. Terr nun aber aussagte, die Repression einer Erinnerung sei bei einem Kind, das *wiederholt* Traumata erleidet, eher zu erwarten, als wenn es nur *ein einziges* Trauma durchgemacht habe, ließ der Richter jetzt auch Zeugenaussagen zu den anderen traumatischen Erlebnissen Eileens zu. Sie mußten im Zusammenhang mit Eileens Erinnerungsrepression stehen und durften nicht auf die Darstellung von Franklins bösem Charakter abheben, aber es war ein Sieg für Tipton, wahrscheinlich der raffinierteste unter den vielen Siegen, die sie über Horngrad davontrug.

Dr. Terr stellte den Repressionsvorgang wie folgt dar: Kinder können es sich selbst verbieten, an bestimmte Erlebnisse zu denken. Wenn sie instinktiv vorausahnen, daß sie doch dabei sind, an das verbotene Ereignis zu denken, flüchten sie sich in die verschiedensten Vorstellungen, die sie davor bewahren sollen, den verbotenen Schritt zu tun – sie verstecken sich, wollen unsichtbar sein und ähnliche Handlungen. Es sind meist Drohungen, die bei Kindern die Repression einer Erinnerung hervorrufen – Vater oder Mutter, die mit Schlägen drohen oder damit, das Kind umzubringen, es vielleicht auch nur in Angst versetzen, indem sie ihm sagen, wenn der Vater oder die Mutter ins Gefängnis müsse, sei niemand da, der sich um das Kind kümmern würde. Scham- und Schuldgefühle spielen bei Erinnerungsrepressionen ebenfalls eine wichtige Rolle, besonders bei Kindern, die sich durch Traumata minderwertig fühlen. Sie sehen, daß andere Kinder ihr Leben unter Kontrolle und nicht mit den Belastungen zu kämpfen haben, die sie mit sich herumschleppen. Sie selbst, so meinen sie, seien schuld daran, daß sie ihr Leben nicht unter Kontrolle haben und es nicht unbeschwert führen können. Wenn traumatisierte Kinder einen Teil der Verantwortung für die schrecklichen Dinge auf sich nehmen, die sie erlebt haben und noch erleben, bekommen sie ihr Leben besser unter Kontrolle, aber sie entwickeln dann natürlich um so größere Schuldgefühle.

Tipton fragte nach den Auslösern für die Rückkehr einer unterdrückten Erinnerung. »Die wichtigste Voraussetzung dafür ist, daß die betroffene Person sich sicher fühlt; sicher in dem Sinn, daß sie nicht selbstzerstörerisch etwas hervorruft, an dem sie zerbrechen könnte. Eine wichtige Rolle kann dabei die persönliche Unabhängigkeit spielen, zum Beispiel, daß der oder die Betroffene aus dem Haus gezogen und von der Person, die die Traumata verschuldet hat, nicht mehr abhängig ist. Die Rückkehr der Erinnerungen kann dadurch hervorgerufen werden, daß die betroffene Person auf etwas stößt, das dem ähnlich ist, was sie zur Zeit der Entwicklung der Repression gesehen hat – eine Person, einen Ort, ein Gesicht . . .«

Nach Entscheid des Richters sollte vor den Geschworenen nicht angesprochen werden, daß Dr. Terr ein intensives Gespräch mit Eileen geführt hatte, aber zuweilen kamen Dr. Terrs detaillierte Kenntnisse des Falles doch in gefährlicher Weise zum Vorschein.

Alles, was sie sagte, war natürlich fachlich begründet, aber sie hatte ihre Aussage fast zu offensichtlich auf Eileens Geschichte ausgerichtet. Das war jedoch gar nicht nötig, denn Tipton lenkte Terrs Aussage auch ohne jede Hilfestellung geschickt in die richtigen Bahnen. So zum Beispiel mit der Frage: »Kann die Tatsache, daß man Kinder etwa in dem Alter hat, in dem man selbst war, als die Repression zustande kam, zur Rückkehr der Erinnerung führen?«

Dr. Terr bejahte eifrig.

Zur Vorbereitung auf das Kreuzverhör brachte Tipton das Thema falscher traumatischer Erinnerung zur Sprache. »Das ist ein Phänomen«, sagte Terr, »das sehr viel seltener zu beobachten ist als richtige Erinnerung.« Wie man beides auseinanderhalten könne, wollte Tipton wissen. »Richtige Erinnerungen werden von bestimmten Symptomen und Anzeichen begleitet. Ein Kind entwickelt dann zum Beispiel Phantasien, in denen es jemand den Tod wünscht, es zeigt Ängste vor dem Heranwachsen, hat Zukunftsängste bis hin zu der Überzeugung, überhaupt keine Zukunftsperspektive zu haben.« (Das klang wieder sehr nach Eileen).

Terr brachte einige eindringliche Beispiele aus ihrer Praxis für bezeichnende Symptome bei der Unterdrückung einer traumatischen Erinnerung: Ein Junge hatte miterlebt, wie sein Bruder durch einen Schuß in den Kopf getötet wurde; er hatte die Erinnerung unterdrückt, ihm waren dann aber an derselben Stelle am Kopf, an der er den Einschuß bei seinem Bruder gesehen hatte, die Haare ausgefallen. Ein anderer Junge hatte die Erinnerung an sexuellen Mißbrauch unterdrückt, aber jegliches Gefühl für seinen Körper verloren, so daß er Verletzungen nicht wahrnahm. Solche Symptome kämen bei Patienten mit falschen Erinnerungen nicht vor. Leute mit falschen Erinnerungen könnten auch keine Details angeben. So habe zum Beispiel ein junges Mädchen behauptet, sie erinnere sich plötzlich, von ihrem Psychiater zum Sex gezwungen worden zu sein. »Als ich sie fragte, welcher Art dieser Sex gewesen sei, antwortete sie, es sei eben Sex gewesen, mehr wisse sie nicht. Eine so vage Antwort läßt mit ziemlicher Sicherheit darauf schließen, daß das Mädchen eine falsche Erinnerung gespeichert hatte, was sich später dann auch bestätigte.«

Richtige Erinnerungen seien immer von Emotionen begleitet, fuhr Terr fort und schilderte die scheußliche Geschichte eines Kleinkindes, das im Beisein seiner beiden älteren Geschwister in das Abflußrohr eines Schwimmbeckens gesaugt worden war und nicht mehr gerettet werden konnte. Eine dritte Schwester, die in der Nähe gespielt hatte, das Drama aber nicht mit eigenen Augen gesehen hatte, meinte Jahre später sich zu erinnern, sie sei doch dabeigewesen und habe alles miterlebt. »Als sie mir die Szene beschrieb, zeigte sie bei weitem nicht die Emotionen, wie sie die beiden anderen Schwestern bei der Schilderung ihrer Erinnerung gezeigt hatten. Sie konnte auch keine Einzelheiten schildern außer denen, die sie von ihren Schwestern gehört haben konnte. Sie hatte sich falsch erinnert.«

Zum Schluß stellte Tipton die Frage, ob Repression eine Erinnerung eher abschwächen oder eher verstärken würde. Eher verstärken, antwortete Dr. Terr, wenn es keinen zusätzlichen

Input von außen gegeben hätte, sie zu verschlechtern. Die Möglichkeit, daß unterdrückte Erinnerungen manchmal durch Beeinflussung von außen verändert würden, vor allem durch andere Zeugen des Vorfalles, sei grundsätzlich gegeben; da Eileen jedoch alleinige Zeugin des Geschehens war, sei bei ihr eine solche Beeinflussung auszuschließen.

Horngrad begann sein Kreuzverhör mit ungewohnter Vitalität und Direktheit. Wie oft sie in ihrer Praxis bereits dem Phänomen begegnet sei, daß jemand die Erinnerung an die Beobachtung eines Mordes unterdrückt habe, fragte er. Sie habe schon mehrmals damit zu tun gehabt, antwortete Dr. Terr. Horngrad stellte ihr dann sehr ausführlich Fragen zu den Fallbeispielen in ihrem Buch. Sie zielten auf drei Komplexe ab: Erstens, manche unterdrückte Erinnerungen können nicht als echt oder falsch erkannt werden, wenn es keine bestätigenden Beweise gibt; zweitens, traumatisierte Kinder werden sich höchstwahrscheinlich weigern, sich freiwillig noch einmal in dieselbe Situation zu begeben, in der das Trauma entstand; drittens, posttraumatische Eindrücke eines Menschen können sich auf einen anderen übertragen, der gar kein Trauma erlitten hat. Natürlich hatten sich beide, Horngrad wie Tipton, mit Dr. Terrs Buch beschäftigt, um durch Zitate daraus die jeweilige Position untermauern zu können. Wenn er eine Stelle gefunden hatte, die ihm in den Kram paßte, ritt Horngrad in Variierung immer derselben Fragen endlos darauf herum, ohne aber Terrs festen Standpunkt erschüttern zu können, ein geschulter Psychiater könne sehr wohl eine echte Erinnerung von einer falschen unterscheiden.

Ein paarmal ließ Tipton sich das gefallen, dann riß ihr der Geduldsfaden. »Euer Ehren, ich lege Einspruch dagegen ein, daß dieselbe Frage zum fünften Mal gestellt wird!« Richter Smith wies den Einspruch hinterhältig-humorvoll ab: »Ich habe sie erst dreimal gehört.«

Nach vielen weiteren Fragen zur Erinnerungsrepression im allgemeinen wandte sich Horngrad wieder gezielt Eileens Problemen zu. Er hinterfragte Terrs Aussage, es sei förderlich für die Rückkehr einer Erinnerung, wenn die betroffene Person sich sicher fühle. »Was halten Sie denn davon«, giftete er, »wenn wir da jemanden haben, der dabei ist, seine Scheidung zu betreiben, der bereits einen Antrag auf Unterstützung bei der Fürsorge eingereicht hat, der befürchten muß, sein Ehepartner laufe ihm mit dem gesamten Geld davon, der noch im selben Monat vor den Scheidungsrichter ziehen soll und nicht sicher sein kann, daß ihm das Sorgerecht für seine Kinder zugesprochen wird? Was meinen Sie, Dr. Terr, kann sich eine solche Person sicher fühlen?« Tipton legte mit der erstaunlichen Begründung, die Frage sei nicht relevant, Einspruch ein, der natürlich sofort abgeschmettert wurde.

»Kann sich eine Person mit all diesen Problemen sicher fühlen?« insisierte Horngrad.

»Wahrscheinlich nicht«, antwortete Terr, »es sei denn, sie hätte Sie als Anwalt.« Alles lachte, und Horngrad lächelte geschmeichelt.

Er zitierte dann mehrere Beispiele für verzerrte und entstellte Erinnerungen nach traumatischen Erlebnissen aus Dr. Terrs Buch. Am hilfreichsten für seine These war die Geschichte eines jungen Mädchens, das die Schulbusentführung in Chowchilla mitgemacht hatte. Sie erinnerte sich, einer der Entführer sei eine blonde Frau gewesen; in Wirklichkeit hatte es sich aber um einen Mann gehandelt. Das Mädchen hatte an diesem Morgen einen heftigen Streit mit seiner Mutter gehabt, die blond war. Tipton entkräftete den Zusammenhang, den Horngrad damit herstellen wollte, mit einem hypothetischen Beispiel: »Wenn die Decke des Gerichtssaals in diesem Moment einstürzen würde, könnte es sein, daß sich einer von uns erinnern würde, sie sei grün gewesen anstatt braun. Aber das ändert nichts an der Tatsache, daß die Decke eingestürzt ist und der Betroffene sich daran auch erinnert.« Dieses Beispiel wurde im weiteren Prozeßverlauf noch häufiger zur Entkräftung zitiert, wenn Horngrad immer wieder darauf zurückkam, das Gedächtnis könne einem Menschen gehörige Streiche spielen.

Das sei sicher richtig, ging Horngrad auf das Beispiel ein, es sei denn aber, die ganze Erinnerung wäre falsch. Terr wiederholte, falsche unterdrückte Erinnerungen seien äußerst selten.

Horngrad fragte, ob es denn überhaupt Studien zu diesem Thema gäbe. Dr. Terr wurde ungeduldig: »Es besteht keine Möglichkeit, darüber Studien zu betreiben. Das wäre so, als wolle man eine Studie über freilebende Giraffen in Ohio machen. Es gibt zu wenige davon.«

Es war interessant zu beobachten, daß Dr. Terr, die für ihre gutachterliche Aussage natürlich bezahlt wurde (etwa 4000,– Dollar), sonst ja aber keinen Grund für ein besonderes Engagement in der Sache hatte, sich so über den Verdacht erregte, Eileens Erinnerung könne falsch sein. In einem Interview nach dem Prozeß sagte sie, nach der psychiatrischen Untersuchung Eileens im August sei sie überzeugt gewesen, daß Eileen den Mord tatsächlich beobachtet hatte. Dazu sei sie im Prozeß aber nicht gefragt worden, es sei auf richterliche Anweisung sogar verboten gewesen. Nun, ihre Verärgerung mag durch die angedeuteten Zweifel an ihrer Kompetenz hervorgerufen worden sein, aber im Gerichtssaal konnte man sie ihr durchaus als unwissenschaftliche Parteinahme auslegen.

Danach kam es zu einer längeren Diskussion über Träume. Terr hatte sie in ihrem Buch als mögliche Symptome sehr hoch eingestuft, besonders bei den Chowchilla-Opfern. Horngrad hob darauf ab, daß Eileen ausgesagt hatte, sie habe keine relevanten Träume gehabt. Terr betonte, Träume würden bei einem unterdrückten Trauma manchmal auftreten, aber das sei nicht unausweichlich so. Schon bei der Befragung Dr. Terrs war Tipton entschieden gegen ein anderes Argument Horngrads aufgetreten, das er aus Beispielen in Terrs Buch ableitete. Es ging um die Frage, ob ein traumatisiertes Kind freiwillig mit dem Verursacher seines Traumas in einem Kleinbus übernachten würde. Horngrad bezog sich dabei auf Eileens Reise mit ihrem Vater nach Mexiko. Tipton stellte den Unterschied zwischen der Furcht der Chowchilla-Kinder vor den *fremden* Tätern und der möglichen Furcht Eileens vor dem Vater, den sie liebte, heraus.

Horngrad fragte Terr, ob sie diese These Freuds akzeptiere, daß Kinder, die für die Repression von Erinnerungen empfänglich seien, auch für suggestive Beeinflussungen zugänglich wären. Terr antwortete, sie kenne keine Studien, die diese These bestätigten. »Wollen Sie etwa Freuds Erkenntnisse nicht anerkennen?« fragte Horngrad spöttisch-entrüstet. »Er war naturgemäß kein *moderner* Psychoanalytiker«, entgegnete Terr und fügte herablassend hinzu: »Nun ja, einige seiner frühen Werke sind auch heute noch von Bedeutung, die Studien über seine Patienten zum Beispiel.«

»Stimmt es denn nicht, daß es eine psychiatrische Schule gibt, die die These vertritt, eine hysterische Persönlichkeit, die für Erinnerungsrepression empfänglich ist, sei auch für eine suggestive Beeinflussung besonders zugänglich?«

»Ich nehme an, ein paar Leute, die sich nicht von Freud lösen können, verfolgen irgendwelche Gedanken dieser Art«, sagte Terr und ließ Freudsche Analyse wie eine Nebensache von zweifelhaftem wissenschaftlichem Wert klingen. Dann schien ihr doch zu dämmern, daß sie mit dem Begründer der Psychoanalyse zu respektlos umgesprungen war. »Freud hat sich nicht besonders für Traumata interessiert. Die modernen Erkenntnisse zeigen, daß viele Menschen unter Traumata leiden, aber auch Wege finden, damit zurechtzukommen.«

Die Diskussion ging noch ein wenig hin und her, aber kurz nach 16 Uhr hatte Horngrad keine Fragen mehr. Die Behandlung der psychiatrischen Seite des Falles aus der Sicht der Anklage hatte fast einen vollen Tag in Anspruch genommen.

17. KAPITEL

Dr. Lenore Terr hatte die Sache der Anklage mit Intellekt und Wissenschaft angereichert; Tiptons nächster Zeuge, Eileens Mutter, brachte sie wieder auf den Boden emotionaler Verstrickungen zurück. Um 16 Uhr 20 betrat Leah Peluffo den Gerichtssaal und ging zum Zeugenstand. Sie wirkte sehr gepflegt in ihrem schwarzen Blazer und der goldfarbenen Bluse. Ihr dunkles Haar fiel ihr bis auf die Schultern und umrahmte sanft die hübschen Gesichtszüge. Leah sah feinfühlig, attraktiv und mindestens zehn Jahre jünger aus, als sie mit ihren fünfzig tatsächlich war.

Der Richter hatte angeordnet, daß die Jury nach der Pause zunächst noch draußen blieb; er fragte Tipton, warum diese Zeugin aufgeboten würde und welche Aussage sie zu bieten hätte. Tipton erklärte, Leah habe George Franklin im Verdacht gehabt, Susan Nason ermordet zu haben und ihm dies auch Ende der 70er Jahre einmal vorgehalten. Und sie würde auch zu der Atmosphäre der Feindseligkeit, der Gewalt und des Mißbrauchs im Haus der Franklins aussagen. Die Jury würde jedoch von den schändlichsten Beispielen seines körperlichen und sexuellen Mißbrauchs nichts zu hören bekommen.

Horngrad wies darauf hin, daß rein auf Emotionserregung ausgerichtete Aussagen nicht zulässig seien. »Wir bestreiten ja gar nicht, daß sie den Angeklagten mit diesem Verdacht konfrontiert hat; und was die Atmosphäre im Haus Franklin angeht, sie gibt keine Auskunft darüber, ob der Angeklagte schuldig ist oder nicht.« Tipton hielt dem entgegen, Leah würde die verbale und körperliche Gewaltanwendung ihres Mannes bestätigen, die für Eileens Traumata mitverantwortlich seien, die wiederum ihre Erinnerungsrepression begünstigt hätten.

»Aber Mr. Horngrad hat recht – das zeigt ja nicht, daß er des Mordes schuldig ist«, sagte der Richter nachdenklich.

Horngrad griff dieses Zugeständnis auf. »Wenn es nur darauf ankommt, Eileens geistigen Zustand darzustellen, dann schlage ich vor, die Aussagen der Zeugin Leah Peluffo auf dieses Thema zu beschränken.« Der Richter stimmte zu.

Als Leah vereidigt wurde, gab sie ihren Familienamen mit Franklin an, nicht mit ihrem neuen Namen Peluffo, ein Versuch, den später auch ihre Tochter Kate Glenn machte, soviel Anonymität wie möglich zu bewahren. Tiptons erste Frage lautete: »Befanden sich im Jahre 1969 ein Holzrahmen und eine Matratze im Laderaum des VW-Busses ihres damaligen Mannes?«

»Ja«, antwortete Leah.

Sie beschrieb dann, was George Franklin damals in seiner Freizeit gemacht hatte – die Restaurierung heruntergekommener Häuser, die Schwarzarbeit als Anstreicher, und daß er sein Werkzeug und das Material im Bus transportiert hatte. Sie bestätigte, daß Eileen die Lieblingstochter ihres Vaters war und daß er sie oft zu Besorgungen und Spritztouren mitgenommen hatte. Auf die Frage nach der Atmosphäre im Haus sagte sie: »Sie war sehr stressig. Es kam dauernd zu verbalem und körperlichem Mißbrauch.« Ihre Stimme schwankte. »Es war ein Leben in Terror. Ja, wir wurden terrorisiert. Ich fühlte mich in meinem eigenen Haus meines Lebens nicht sicher.« Sie fing an zu weinen. »Ich war meines Lebens nicht sicher, und meine Kinder waren es auch nicht. Der verbale Mißbrauch – Anbrüllen, Angiften, Verhöhnen, Drohen – war alltäglich, und der körperliche Mißbrauch – schreckliche Prügel – kam immer wieder vor.«

Nach einer Reihe von Fragen über die Zeit von Susan Nasons Verschwinden spielte Tipton ihre Trumpfkarte aus: »Geschah etwas Ungewöhnliches nach Susans Verschwinden im Hinblick auf ein Wäschestück?«

»Ja. Mein Mann gab mir ein Hemd mit Blutflecken und sagte, ich solle es waschen.«

»Wie erkannten Sie die Flecken als Blutflecken?«

»Er sagte es mir. Er sagte, er hätte sich bei Malerarbeiten verletzt.«

»Wie haben Sie darauf reagiert?«

»Ich dachte mir, die Flecken könnten nicht von einem Unfall bei Malerarbeiten sein. Da benutzt man doch höchstens mal einen Schraubenzieher, um eine Farbdose aufzumachen oder einen Hammer, um sie wieder zuzumachen. Auf dem Hemd war zu viel Blut.«

Horngrad sprang auf. »Einspruch! Die Zeugin zieht unzulässige Folgerungen!« Der Richter akzeptierte.

Tipton änderte ihre Frage ab: »Warum betrachteten Sie seine Erklärung als ungewöhnlich?«

»Auf dem Hemd war mehr Blut als nach einem kleinen Unfall hätte sein können.« Horngrad erhob gegen diese Formulierung keinen Einspruch.

Es folgte eine längere Erörterung darüber, warum Leah diesen Vorfall nicht eher mitgeteilt hatte. Sie sagte, die Erinnerung daran sei ihr während der Zeugenaussage bei der Vorverhandlung gekommen, aber sie hätte sie zunächst für sich behalten. Dann habe sie sie aber doch Detective Morse erzählt.

Tipton mußte hart kämpfen, um die Granate, die Leah da losgelassen hatte, glaubwürdig zu machen. Und es war ja auch schwer genug, die Leute glauben zu lassen, daß Franklin kurz nach Susans Verschwinden, wo man jederzeit mit der Auffindung der Leiche rechnen mußte, etwas so Verdächtiges getan haben könnte, vor allem der ihm feindlich gesinnten Ehefrau gegenüber. Horngrad wies hämisch darauf hin, Franklin habe gewußt, wie man die Waschmaschine bedient und hätte sein Hemd ganz gewiß selbst waschen können. Außerdem hätte er ein so gefährliches Beweisstück auch einfach verschwinden lassen können.

Selbst wenn man Leah dennoch ihre Erklärung abnahm, es erschien kaum glaubhaft, daß sie nach dem Auffinden der Leiche zehn Wochen später keinen Verdacht schöpfte und das blutbefleckte Hemd nicht in Zusammenhang mit dem Mord brachte. Sie kannte ihren gewalttätigen Mann, ahnte vielleicht auch seine Vorliebe für junge Mädchen. Auch zwanzig Jahre später, als ihr Mann wegen des Mordes längst angeklagt war, erinnerte sie sich nicht an den Vorfall und erwähnte ihn in

Gesprächen mit ihrer Tochter Eileen und den Behörden nicht. Erst bei der Vorverhandlung fiel ihr das blutbefleckte Hemd wieder ein, aber sie sparte sich die öffentliche Aussage darüber bis zur Gerichtsverhandlung auf – ein seltsames Verhalten, das schwer zu vermitteln war.

Die meisten Leute im Gerichtssaal glaubten ihr nicht. Seltsamerweise aber hatten Leahs Schwester Sue und ihre Tochter Janice, die beide sonst kein gutes Haar an Leah ließen, keinerlei Zweifel an ihrer Aussage. Janice faßte ihr Urteil so zusammen: »Leah mag sein, was sie will, aber sie ist keine Lügnerin.« Und Leahs Schwester Sue glaubte ihr aus folgenden Gründen: »George Franklin war viel zu arrogant, um anzunehmen, irgend jemand könne ihn verdächtigen, und er war ein viel zu großer Chauvinist, als daß er sein Hemd selbst gewaschen hätte.«

Tipton fragte Leah dann, ob sie denn ihren Mann nie in Zusammenhang mit dem Mord an Susan Nason gebracht habe. Doch, das habe sie. Ende der 70er Jahre habe sie ihn einmal in ihrem Haus in Beach Park gefragt, ob er Susan ermordet hätte. Er habe etwa in dem Sinne geantwortet: »O Leah, warum denkst du nur immer solche Sachen von mir?«

»Hat er jemals klar gesagt, er hätte ›eine solche Sache‹ nie getan?«

»Nein.«

»Hat er Ihnen einmal etwas von seinem Tagebuch gesagt?«

»Ja. Ich erinnere mich, daß ich mich gewundert habe, was ein achtunddreißigjähriger Mann denn getan oder erlebt haben könnte, das es wert ist, in ein Tagebuch geschrieben zu werden. Er erzählte mir, er hätte es in eine Plastikhülle gesteckt und in der Nähe der Star Hill Road vergraben. Ich wunderte mich sehr, warum er das getan hatte, aber er hat es mir nicht erklärt.«

Dann schilderte Leah, daß sie ein oder zwei Gespräche mit Janice geführt habe, in denen sie ihren Verdacht gegen Franklin geäußert habe, er hätte Susan Nason umgebracht. In einem Gespräch mit Eileen kurz danach habe sie ihr geraten, einen Anwalt einzuschalten. Sie habe jedoch Eileen niemals gesagt, daß Zeugenaussagen, die auf Hypnose basieren, vor Gericht nicht zulässig sind.

»Ich wußte damals gar nicht, daß es so eine gesetzliche Bestimmung gibt«, sagte sie.

»Hat Eileen Sie später einmal aufgefordert, nicht darüber zu sprechen, daß sie Hypnose erwähnt hatte?«

»Nein.«

Horngrad begann sein Kreuzverhör. »Hat Eileen in dem Telefongespräch, in dem sie Ihnen gesagt hatte, sie sei Augenzeugin des Mordes gewesen, Sie auch gefragt, ob Sie irgendwelche Veränderungen nach dem Mordtag bei ihr bemerkt hätten? Und hat sie beim zweiten Anruf, am 26. Oktober 1989, gesagt, sie sei hypnotisiert worden?«

»Sie hat mir drei Dinge gesagt«, antwortete Leah mit zitternder Stimme. »Sie hat mir gesagt, daß ihr Vater sie sexuell mißbraucht hat. Sie hat mir gesagt, daß er sie festgehalten hat, als jemand sie vergewaltigt hat. Und sie hat mir gesagt, sie hätte gesehen, wie er Susan Nason ermordet hat.« Sie brach in Schluchzen aus.

»Wie haben Sie darauf reagiert?«

»Ich war geschockt. Ich habe Eileen gefragt, was ich tun könne, um ihr zu helfen.«

Horngrad versuchte vergeblich, zeitlich genau festzuhalten, wann Eileen erwähnt hatte, sie sei hypnotisiert worden. Dann ließ er Leah wieder ihre Reaktionen auf Eileens Neuigkeiten schildern. »Es war für mich, als ob eine Bombe eingeschlagen wäre. Ich spürte, wie sehr mich Eileen jetzt brauchte, aber ich wußte nicht, wo ich mit meiner Hilfe beginnen sollte. Ich bin immer für sie da gewesen . . .« Wieder wurde sie von Emotionen überwältigt. Sie weinte. »Ich dachte, was wird Barry dazu sagen? Und was wird mein jetziger Mann dazu sagen?« brachte sie noch heraus.

Horngrad sagte nur noch: »Ich habe im Moment keine weiteren Fragen, Euer Ehren.«

Als Leah aus dem Saal ging, schloß sich ihr Margaret Nason an. Todd Kirk, Eileens Freund aus High-School-Zeiten, der sich an diesem Tag die Verhandlung anhörte, kommentierte Leahs Auftritt später im Flur: »Das war typisch für Leah. Immer alles auf sich beziehen. Das arme Opfer Leah! ›Was wird mein Mann dazu sagen?‹ als ob das von irgendeiner Bedeutung wäre im Vergleich dazu, daß ihre Tochter Augenzeugin eines Mordes wurde!«

Nachdem ein Angestellter des Skylawn-Friedhofes die Lage des Grabes von Susan Nason erläutert hatte, rief Tipton Mr. William Hensel, einen pensionierten Untersuchungsbeamten der Polizei von Foster City, in den Zeugenstand. Hensel war maßgebend an der Untersuchung des Falles Nason im Jahre 1969 beteiligt gewesen. Er schilderte sämtliche damaligen Polizeiaktionen, angefangen vom ersten Anruf bei der Polizei um 19 Uhr 45 am 22. September 1969. Er erinnerte sich, ›eine Franklin-Tochter‹ an der Haustür befragt zu haben, wußte aber nicht mehr, welche es gewesen war. Er berichtete von der Suche nach dem Mädchen, von den vielen falschen Spuren, von den Verhören aller polizeibekannten Sexualverbrecher in der Gegend, von der Annahme, der Täter müsse ein Fremder sein.

Tipton fragte ihn dann, ob er an der Beerdigung Susans teilgenommen hätte, und als er bejahte, warum er es getan hätte. »Zum einen, weil es Susan war . . .« (Margaret Nason sagte später dazu, Hensel habe sich geradezu besessen in dem Fall engagiert). »Und zum anderen wollten wir sehen, wer an der Beerdigung teilnimmt.« Tipton fragte, welche Maßnahmen die Polizei am Jahrestag von Susans Verschwinden getroffen hatte. Er und ein Kollege hätten ihr Grab beobachtet, sagte Hensel, um zu sehen, wer hinkam oder vorbeifuhr. »Warum machten Sie das?«

»In der Polizeischule und bei der Mordkommission wird uns beigebracht . . .« Horngrad legte lautstark Einspruch ein. Es sei unbedeutend, warum sie das Grab beobachtet hätten. Der Richter stimmte zu.

In einem späteren Zeitungsinterview erklärte Detective Bryan Cassandro die Gründe. »Wie wir wissen, besuchen Mörder häufig die Gräber ihrer Opfer, besonders an Gedenktagen. Warum sie es tun, wissen wir nicht. Scheint irgendein Drang oder Zwang zu sein. Sie kommen hin, fahren vielleicht auch nur im Wagen vorbei. Manchmal schänden sie das Grab auch.

Irgendwie hat man den Verdacht, es könnten dabei auch sexuelle Dinge eine Rolle spielen. Wir hatten mal einen Fall, da hat der Mörder auf das Grab seines Opfers uriniert.«

Hensel sagte, er und ein Kollege hätten aus ihrem abseits geparkten Wagen das Grab beobachtet und die Nummern aller Autos aufgeschrieben, die bei ihm anhielten oder daran vorbeifuhren. Die Liste der Nummern hatte er dann seinem Vorgesetzten übergeben, der sie von der Kfz-Zulassungsstelle mit Namen und Anschrift der Kfz-Halter versehen ließ. Als Tipton ihm eine Liste zeigte, identifizierte er sie als die, die er seinem Vorgesetzten damals übergeben hatte. Sie trug das Datum vom 13. Oktober 1970, drei Wochen nach dem Jahrestag der Ermordung Susans.

»Steht die Nummer VXJ 707 – die Nummer des damaligen Wagens von George Franklin – auf der Liste?«

»Ja.«

Horngrad stürzte sich ins Kreuzverhör. »Haben Sie diese Liste später zurückbekommen?«

»Nein.«

»Sie haben die Liste Ihrem Vorgesetzten gegeben, und der hat sie an die Kfz-Zulassungsstelle geschickt?«

»Ja, so war das.«

»Sie haben sie also bis heute nie wiedergesehen?«

»Nein.«

»Wieso hat es drei Wochen gedauert, bis die Liste abgeschickt wurde?«

»Ich weiß es nicht.«

Zu Beginn des Prozesses hatte Horngrad in seiner Gegenrede zur Anklageverlesung getönt, einen Besuch des Angeklagten am Grab der Ermordeten Susan Nason am Jahrestag der Ermordung habe es nicht gegeben, aber jetzt machte er erstaunlicherweise keine Anstalten, die Aussage des Zeugen Hensel zu widerlegen. Es würde sich später zeigen, daß Horngrad zu diesem Punkt einen Gegenangriff vorbereitete, der die Behauptung tatsächlich entkräftete und die Grundmauern der Anklage ins Wanken brachte.

Horngrad wandte sich dem Thema zu, daß drei Tage vor dem

Verschwinden Susan Nasons ein anderes Kind in Foster City, Ann Hobbs, behauptet hatte, ein fremder Mann habe versucht, es in seinen blauen Kombiwagen zu locken. Er hob darauf ab, daß die Polizei damals diesen Fremden im Kombiwagen als heiße Spur betrachtet habe, denn in einem an alle Haushalte verteilten Handzettel sei ausdrücklich auf ihn hingewiesen worden. Hensel und auch andere Zeugen sagten dazu jedoch, die Polizei sei damals ziemlich ratlos gewesen und habe sich auf jede Spur gestürzt, auch wenn sie noch so vage war.

Der letzte Zeuge, den die Anklage aufbot, war Detective Robert Morse. Er sollte – nach dem blutbefleckten Hemd und dem Besuch Franklins an Susans Grab – zum dritten bestätigenden Beweis aussagen: der Bemerkung Franklins bei seiner Verhaftung. Morse schilderte, wie er und Cassandro zu seiner Wohnung in Carmichael gegangen waren und ihm gesagt hatten, sie wollten ihm zur Ermordung Susan Nasons ein paar Fragen stellen. Franklin habe daraufhin gesagt: »Haben Sie mit meiner Tochter gesprochen?« Tipton hatte sich diesen Punkt als abschließende Trommelfeuersalve aufgespart.

Horngrad nahm Morse ins Kreuzverhör, und es brachte zutage, daß Morse und Cassandro in dieser Sache nicht übereinstimmten. Cassandro hatte in einer besonderen Anhörung ausgesagt, Franklin habe in der geschilderten Situation ›mit meinen Töchtern‹ gesagt, nicht ›mit meiner Tochter‹. (Daß die beiden Partner diese Diskrepanz nicht intern bereinigten und sich auf eine gemeinsame Aussage einigten, zeugt von dem hohen Grad an Korrektheit und Gründlichkeit dieser beiden Polizeibeamten.) Horngrad wandte sich einer anderen Sache zu. Morse habe in einer polizeiinternen Stellungnahme festgehalten: »Ich habe die Zeitungsartikel aus der Zeit des Mordes durchgelesen, und darin ist nichts darüber zu finden, daß Susans Hand verletzt oder der Ring beschädigt war.« Horngrad stellte heraus, Morse habe sich auf ›die Zeitungsartikel‹ bezogen, also im Plural. Morse sagte nun, es sei nur dieser eine gewesen.

Horngrad fragte dann, ob Morse bei der Durcharbeitung der Akten des Nason-Falles darauf gestoßen sei, daß Janice den zerquetschten Ring Susans identifiziert hatte. Tipton legte Einspruch ein und bekam recht. Horngrad formulierte seine Frage neu: »Haben Sie einmal im Beisein Eileen Franklins erwähnt, daß Janice im Jahre 1969 den Ring identifiziert hatte?« Morse sagte, er könne sich nicht erinnern. »Würden Sie?« fragte Horngrad ganz allgemein, »nach Ihrem Wissensstand von heute sagen, es gäbe irgend etwas, was Eileen Franklin über den Mord weiß, das nicht bereits bekannt war?« Wieder legte Tipton Einspruch ein und bekam auch wieder recht. Dann erhob sich Elaine Tipton und sagte feierlich: »Die Anklage schließt damit ihre Zeugenvernehmung ab.« Die Anhörungen hatten zwei Wochen gedauert. In dieser Zeit hatte die Anklage den Geschworenen vor Augen geführt, daß der Angeklagte kurz nach dem Mord an Susan Nason seiner Frau ein blutbeflecktes Hemd in die Wäsche gab, daß er nicht ausdrücklich geleugnet hatte, Susan umgebracht zu haben, als ihn Jahre später seine Frau und auch seine Tochter Eileen darauf ansprachen, und daß er in einer spontanen Reaktion auf seine Festnahme gefragt hatte, ob die Polizei mit seiner Tochter gesprochen hatte.

Und Tipton hatte herausgestellt, daß das Zuhause, in dem Eileen aufwuchs, ein Alptraum an körperlichem und sexuellem Mißbrauch war, daß sie aber trotzdem eine enge und liebevolle Bindung an ihren Vater, den Verursacher des Alptraums, hatte. Tipton hatte einen psychiatrischen Experten aufgeboten, der den Repressionsmechanismus und die dabei auftretenden Symptome erklärt und aufgezeigt hatte, daß man bei Eileen von wahren Erinnerungen ausgehen konnte. Vor allem aber hatte die Anklage eine Augenzeugin des Verbrechens präsentiert, die einen soliden, vernünftigen, überzeugenden Eindruck gemacht hatte, die auch unter dem rigorosen Kreuzverhör nicht ins Wanken geraten war und die keinen Anlaß zu der Vermutung gegeben hatte, ein Motiv für eine falsche Anklage zu haben, weder aus Rachsucht ihrem Vater gegenüber noch aus Sucht nach Publicity und dem Geld, das diese mit sich bringen würde. Die Verteidigung, die jetzt zum Zuge kam, würde viele der Argumente und Beweise der Anklage anfechten; vor allem aber mußte und würde es ihr darauf ankommen, die Glaubwürdigkeit der Augenzeugin Eileen Franklin-Lipsker in Frage zu stellen.

18. KAPITEL

Der erste Zeuge der Verteidigung war Jay Jaffe, der Anwalt aus Beverly Hills, den Eileen in der Phase der Unschlüssigkeit um Rat gefragt hatte, wie sie ihr Problem anpacken solle. Er war ein würdevoll wirkender, betont konservativ gekleideter Enddreißiger, dem man zutraute, daß er in die Luft gehen würde, wenn es jemand wagte, seinen geheiligten BMW auch nur zu berühren. Horngrad stellte ihm eine Reihe von Fragen, die alle darauf abzielten, Eileen in Mißkredit zu bringen und ihre Glaubwürdigkeit als Zeugin zu untergraben, vor allem im Hinblick auf ihre Motive für die Anklage. Hatte sie Jaffe jemals erzählt, ihre Erinnerung sei lange Jahre verloren gewesen? Jaffe wußte es nicht mehr. Daß sie sich schon längere Zeit damit herumgequält hatte? Nein. Daß sie diese ›bildhafte Vorstellung‹, die sogenannte Rückerinnerung, gehabt hatte? Tipton erhob Einspruch, dem stattgegeben wurde.

»Eine Sache, an die sich Eileen erinnert hat«, sagte Jaffe, »war der zerquetschte Ring. Ich habe sie gefragt, ob sie etwas darüber gelesen oder ob es ihr jemand erzählt habe. Sie sagte, beides treffe nicht zu, es sei wirklich ihre Erinnerung.« Ob er Eileen informiert habe, welche Dinge ihre Aussagen rechtsungültig machen würden? »Ich habe mir keine Gedanken über ihre Glaubwürdigkeit gemacht, ich habe nur versucht, ihr in ihrer traumatischen Situation zu helfen.« Hatte Jaffe mit ihr über die Unzulässigkeit einer unter Hypnose zustandegekommenen Aussage gesprochen? »Das kann sein, aber ich weiß es nicht mehr.« Nach ein paar weiteren Fragen entschuldigte sich Jaffe für sein schlechtes Gedächtnis; wenn er gewußt hätte, daß er mit dieser Sache in den Zeugenstand müsse, hätte er sich natürlich Notizen gemacht.

Im Kreuzverhör fragte Tipton, ob Eileen Widerwillen oder Traurigkeit gezeigt hätte, mit der Sache zur Polizei zu gehen.

»Widerwillen ja, aber keine Traurigkeit.« Hatte sie gesagt, sie wolle sich an ihrem Vater rächen? »Nein, sie hat es weder gesagt noch hatte ich das Gefühl, daß das ihr Motiv war.« Hatte sie Furcht um ihre Sicherheit geäußert? »Ja.« Horngrad erhob Einspruch, wurde aber abgewiesen. Hatte Jaffe ihr gesagt, sie dürfe sich keine Informationen aus fremden Quellen über das Verbrechen beschaffen? »Ja, das habe ich ihr gesagt.« Danach wurde Jaffe aus dem Zeugenstand entlassen.

Der zweite Zeuge der Verteidigung spielte eine wichtige Rolle in dem Drama: Eileens Therapeut Kirk Barrett. Er war der erste, dem Eileen von ihrer Rückerinnerung erzählt hatte. Barrett war ein nett aussehender Mittvierziger mit dem sanften, höflichen Gehabe eines Priesters. Zunächst wurden die Zeiten ihrer Besuche bei ihm rekapituliert; dann berichtete Barrett, daß Eileen ihm zunächst nur von Susan Nasons Ermordung erzählt hatte, ohne einen Hinweis auf den Mörder zu geben. Da Barrett in seiner Praxis auch mit Hypnose arbeitet, fragte Horngrad, ob er mit Eileen über dieses Thema gesprochen habe. »Nur einmal«, sagte Barrett, »als sie mich fragte, ob Hypnose zur Gewichtsabnahme nach einer Geburt hilfreich sein könne. Ich habe sie jedoch nie hypnotisiert, um das von vornherein klarzustellen.«

Eileens Erwähnung des Mordes hatte damit begonnen, berichtete Barrett, daß sie ihm sagte, sie würde von beunruhigenden ›Bildern‹ gequält. Das erste sei ein Stapel schmutziger Wäsche auf einem Bürgersteig, das nächste sei ein zerborstener Fingerring. Auch ein Fahrzeug wie der Kleinbus ihres Vaters spiele in den Bildern eine Rolle. »Den Wäschestapel konnte sie mir nie erklären, über die Entwicklung der Erklärungen für die anderen Bilder kann ich keine zeitlich klaren Angaben mehr machen.« Tipton erhob Einspruch gegen die Verwendung des Wortes *Entwicklung*, dem stattgegeben wurde.

»Eileen«, fuhr Barrett fort und erklärte, was er mit ›Entwicklung‹ gemeint hatte, »hat mir nach und nach immer mehr erzählt, bis sie mir schließlich sagte, sie habe ihren Vater mit einem Stein auf Susan Nason einschlagen sehen. Der Vortrag der ganzen Geschichte hat von Anfang Juni bis zum 18. Juli

1989 gedauert, aber ich kann mich nicht mehr daran erinnern, was sie mir an welchem Tag erzählt hat.«

»Hat sie Ihnen gesagt, die Rückerinnerung sei ein paar Tage vorher erfolgt, also ein paar Tage, bevor sie mit Ihnen darüber sprach?« fragte Horngrad.

»Ich erinnere mich daran, geglaubt zu haben, sie hätte das gesagt«, antwortete Barrett geschraubt und stellte damit seine irreführende Aussage bei der Voruntersuchung richtig. »Ich erinnere mich aber nicht daran, daß Eileen das auch wirklich gesagt hat.«

»Bevor sie Ihnen gesagt hat, ihr Vater sei mit im Spiel, hat sie Ihnen aber erzählt, sie würde Bilder, jedoch keine Personen sehen, nicht wahr?«

»Nein, sie sagte, sie würde eine Person sehen, könne aber nicht erkennen, wer es sei.«

Es war schon recht seltsam, daß Horngrad so viel Wert darauf legte, Eileens Zögern, ihre Rückerinnerung den Leuten zu erzählen, so groß herauszustellen. Auch seine Vorwürfe dagegen, daß sie es schließlich nur scheibchenweise getan hatte, waren zunächst nicht leicht zu verstehen. Eileen hatte immer wieder betont, die beiden Hauptgründe für ihr Zögern seien die Ängste gewesen, für verrückt gehalten zu werden und eine Lawine rechtlicher Auswirkungen loszutreten, die sie nicht mehr unter Kontrolle halten könne. Als sie sich dann entschlossen hatte, die Sache doch vorzubringen, war sie schrittweise vorgegangen, um herauszufinden, wie die Leute darauf reagierten und um zu vermeiden, daß jemand voreilige Aktionen startete, was Barrett ja dann auch getan hatte. Für Eileen war die Verzögerung ein Mittel gewesen, Schritt für Schritt ihren Mut und ihre Entschlossenheit zu überprüfen; Horngrad hoffte, es so erscheinen lassen zu können, als ob sie die Zeit gebraucht – und auch genutzt – hätte, um ihre fabrizierte Märchenstory Schritt für Schritt den neuesten Entwicklungen anpassen zu können.

Barrett sagte, daß Eileen, nachdem sie ihm alles erzählt hatte, verzweifelt nach einer Erklärung suchte, wie man etwas so Bedeutsames wie einen Mord vergessen könne. »Hat sie Ihnen gesagt, sie hätte dasselbe Thema bereits mit einem anderen Therapeuten besprochen?« fragte Horngrad. Tipton erhob erfolgreich Einspruch gegen den erneuten Versuch, Eileen zu unterstellen, sie hätte bei ihrem Gespräch mit Barrett bereits alles über Erinnerungsrepressionen gewußt.

Horngrad fragte dann, ob Eileen, als sie Barrett zum ersten Mal von einem zerquetschten Ring erzählt hatte, dieses Bild mit Susan Nason in Verbindung gebracht hätte. Er glaube nicht, meinte Barrett. Hatte sie erwähnt, daß Janice ihr gesagt hatte, sie hätte den Ring 1969 identifiziert? Tipton erhob wieder erfolgreich Einspruch; der Richter stimmte ihr zu, daß Horngrads Aneinanderreihung von Fragen die Jury zu unzulässigen Schlüssen verleiten könnte.

Viele der Fragen Horngrads zielten darauf ab, ein Bild von Eileens Rückerinnerungen zu zeichnen, das sie als vage, unzusammenhängend und unzuverlässig darstellte. Barretts Aussage war letztlich zwar nicht gerade schädlich für Eileens Sache, aber sie hätte sehr viel hilfreicher sein können, wenn er sich daran erinnert hätte, daß Eileen ihm eine klare Beschreibung ihrer Rückerinnerung an den Mord gegeben hatte. Er erinnerte sich offensichtlich wirklich nicht daran, aber das ließ nun den Verdacht aufkommen, er habe sich mit Eileen verschworen, um eine schwerwiegendere Sache zu verdunkeln: Sie sei vielleicht doch von ihm hypnotisiert worden. Ihre Aussage, Barrett habe sie nicht hypnotisiert, war ein wackeliger Punkt in Eileens Story. Barett hatte zwar bestätigt, er habe es nicht getan, aber der leise Geruch, er sage aus Verbundenheit mit seiner Patientin nicht die Wahrheit, um sie vor dem Kollaps ihrer ganzen Geschichte zu bewahren, blieb in den Nasen der meisten Beobachter haften.

Horngrad ließ Barrett noch bestätigen, daß Eileen ihm nie von Träumen über ihren Vater berichtet oder Angst vor dem Einsteigen in Franklins VW-Bus geäußert hatte (Eileen hatte jedoch in der Voruntersuchung ausgesagt, sie hätte Barrett von ihrer Angst vor dem Bus berichtet). »Hat Eileen Ihnen je gesagt«, fragte Horngrad, »daß sie Ihnen mit Absicht nicht mitteilt, wer der Mörder in ihrer Rückerinnerung war?« Nein, das hatte sie nicht gesagt. Horngrad übergab den Zeugen an die Anklage.

»Ist es richtig«, begann Tipton das Kreuzverhör, »daß Eileen niemals zu Ihnen gesagt hat: ›Ich werde Ihnen nicht sagen, wer der Mörder ist‹?« Nein, das hatte sie nicht getan. »Wußten Sie, ob Eileen wußte, wer der Mörder war?« Nein, das wußte er nicht. »Ist es ungewöhnlich, daß ein Patient einem Therapeuten gegenüber manchmal Informationen zurückhält?« Horngrad erhob mit Erfolg Einspruch.

Nach diesem Hickhack zu der Frage, ob Eileen ihren Vater erst nachträglich als Mörder ins Spiel gebracht haben könnte, schloß Tipton das Verhör mit einer Reihe von Fragen ab, die auf Barretts Bestätigung ausgerichtet waren, daß Eileen bei den Gesprächen keinen wirren, ungewöhnlichen Eindruck gemacht hatte, sondern in das Muster eines Trauma-Opfers paßte. Horngrad wurde wütend, daß die Anklage einen *seiner* Zeugen dazu benutzte, Eileens geistige Gesundheit zu beweisen. Er sprang auf und schoß eine Serie von Fragen auf Barrett ab, die beweisen sollten, daß er kein Experte auf psychologischem oder psychiatrischem Gebiet sei: »Haben Sie einen Doktorgrad?« Nein. »Haben Sie wissenschaftliche Werke veröffentlicht?« Nein. »Sind Sie Mitglied in wissenschaftlichen Gesellschaften?« Nein. »Sind Sie zur klinischen Psychologie zugelassen?« Nein. »Waren Sie jemals als Gutachter bei einem Gericht tätig?« Nein.

Horngrad wandte sich dem Richter zu: »Euer Ehren, ich beantrage hiermit, daß Mr. Barrett nicht als qualifizierter Experte in diesem Prozeß betrachtet wird.« Die Geschworenen schauten recht verwirrt drein.

Während der verdutzte Barrett sich plötzlich vom Geruch eines südkalifornischen Gurus umschwebt sah, stellte ihm Tipton noch ein paar Fragen, die alle darauf ausgerichtet waren, den Geschworenen einzuhämmern, daß er, welches auch immer seine Qualifikationen waren, Eileen Franklin-Lipsker nicht hypnotisiert hatte.

Von allen Zeugen im Mordprozeß Franklin war der Sohn des Angeklagten, George Franklin junior, wohl der, der den Beobachtern die meisten Rätsel aufgab. Bei den vorangegangenen Zusammentreffen mit Elaine Tipton hatte er aus seiner Verachtung für die Staatsanwaltschaft keinen Hehl gemacht und sie dreist verdächtigt, auf Kosten seines Vaters politische Ambitionen zu verfolgen. Er hatte dann auch seine Zustimmung verweigert, daß seine Aussagen auf Band aufgenommen wurden, da er davon ausgehen müsse, Tipton würde sie manipulieren und verfälschen.

Wenn man betrachtete, wie wenig George junior über Elaine Tipton und den Fall insgesamt wußte, war das eine sehr unüberlegte, voreingenommene Beschuldigung, die man wohl eher als wütenden Versuch betrachten mußte, das Streben nach der Wahrheit in diesem Prozeß zu unterminieren und das kriminelle Verhalten auf die zu schieben, die geschworen hatten, der Gerechtigkeit zu dienen. Sicherlich gibt es Korruption im Rechtswesen, seine Beschuldigungen waren jedoch auf nichts anderem gegründet als auf seinem Glauben, ein solches skrupelloses und verbrecherisches Verhalten gehöre bei den staatlichen Organen zur Regel. Im Zeugenstand gab er sich Horngrad gegenüber recht umgänglich, Tipton gegenüber jedoch ausgesprochen feindselig. Es fiel den meisten Beobachtern schwer, seinen Zorn zu verstehen. Da er offensichtlich glaubte, sein Vater sei das unschuldige Opfer einer korrupten Staatsanwaltschaft, die sich auf die Sinnestäuschung seiner Schwester gestürzt hatte, um durch einen Sensationsprozeß in die Startlöcher für politische Karrieren zu kommen, mußte man damit rechnen, daß er alles tun würde, um das Anliegen seiner Schwester zu hintertreiben. Eine mögliche Erklärung für seinen Zorn war wohl auch darin zu sehen, daß er glaubte, eine Verschwörung zwischen Eileen und der Staatsanwaltschaft mache ein monströses Fehlurteil unumgänglich.

George trug einen leichten grauen Anzug mit weißem Hemd und dezenter Krawatte, die unauffällige Kleidung eines Mannes, der nichts von Gewalttätigkeit, Kindesmißbrauch und gestörtem Familienleben zu wissen schien. Er war siebenundzwanzig, sprach aber wie ein älterer Akademiker. Seine schneidige, knappe Sprache hatte einen zornigen Unterton, etwa wie bei einem Professor, der sich bei seinem Vortrag über das Unverständnis seiner Studenten ärgert. Er drückte sich sehr gewählt, oft aber auch geschwollen aus.

Horngrad ließ George zunächst das Gespräch schildern, das er im August 1989 bei seinem Besuch in Canoga Park mit Eileen geführt hatte. »Sie schimpfte ziemlich heftig über unsere Eltern und redete dauernd von ihren Versäumnissen an uns Kindern«, sagte er. »Sie verglich immer wieder ihre Kindheit mit der ihrer eigenen Kinder – schicke Privatschule, beste medizinische Versorgung, die Kinderzimmer voller Spielzeug. Sie war sehr ärgerlich, weil man erst vor kurzem eine Allergie gegen Milchprodukte bei ihr festgestellt hatte. In unserer Kindheit, sagte sie, habe sich kein Mensch darum gekümmert, ob eines von uns Kindern mit solchen Dingen belastet sei; sie könnte längst von der Allergie geheilt sein, wenn man rechtzeitig etwas unternommen hätte. Sie hat mir auch von ihren Therapien erzählt und behauptet, ihre psychischen Schwierigkeiten seien auf unser gestörtes Elternhaus zurückzuführen.

»Hat sie Ihnen gesagt, sie hätte eine ›gedankliche Vorstellung‹ gehabt, Ihr Vater hätte einen Mord begangen?«

»Am Abend des zweiten Tages meines Besuches sagte sie mir, bei ihr wäre eine Erinnerung aufgetaucht, unser Vater hätte Susan Nason ermordet. Sie sagte mir, die Erinnerung sei unter Hypnose zurückgekehrt. Als unser Vater verhaftet war, rief sie mich an und sagte, die Erinnerung sei nicht unter Hypnose zurückgekommen, ich solle aber niemandem sagen, daß sie das früher mal behauptet hatte. Ich habe ihr gesagt, ich würde nicht lügen.«

Horngrad stellte noch eine Reihe von Fragen, die zusammengefaßt ergaben, daß Eileen George junior in einem Anruf kurz vor Weihnachten 1989 bezichtigt hatte, er würde mit der Verteidigung zusammenarbeiten. Dann, nachdem sie ihm klargemacht hatte, daß sie ihm nicht mehr trauen könne, habe sie ihm gesagt, die Rückerinnerung sei bei einer psychotherapeutischen Behandlung aufgetaucht. Horngrad übergab mit zufriedener Miene den Zeugen zum Kreuzverhör an die Anklage.

Als Elaine Tipton mit dem Kreuzverhör begann, versteifte sich Georges Haltung, und seine Antworten wurden knapper und schnippischer. »Haben Sie Eileen geglaubt, als sie Ihnen sagte, Ihr Vater hätte Susan Nason ermordet?« Nein. »Haben Sie Eileen ermuntert, die Sache anzuzeigen?« Nein. »Haben Sie ihr davon abgeraten?«

»Sie war kurz davor, nach Europa zu fliegen. Ich habe ihr gesagt, sie solle das erst einmal hinter sich bringen und mich nach ihrer Rückkehr anrufen, dann würden wir uns noch mal beraten. Ich würde inzwischen die Lokalzeitungen von damals studieren und ein paar Erkundigungen einziehen, und dann könnten wir entscheiden, was zu tun sei.«

»Haben Sie gesagt, Sie würden nur ›ganz vorsichtig drin rumrühren‹?«

»Ja.«

»Was sollte das bedeuten?«

»Wir sollten nach meiner Vorstellung die Sache zunächst einmal aus sicherer Distanz betrachten.«

»Ist es richtig, daß ›diese Sache‹ Sie sehr beunruhigt hat?«

»Irgendwie schon.«

»Haben Sie das, was Eileen Ihnen gesagt hat, als ›Enthüllung‹ bezeichnet?«

»Ja.«

»War das Ihre Wortwahl?«

»Ja.«

»Betrachten Sie Hypnose als eine wichtige Sache in der Beurteilung dieses Falles?«

Horngrad erhob Einspruch und bekam recht. Tipton kam zu der neuen Behauptung, Eileen habe gesagt, sie hätte die Rückerinnerung unter psychotherapeutischer Behandlung gehabt. »Haben Sie mir Kenntnisse vorenthalten, als ich Sie kurz vor der Voruntersuchung, am 15. Mai, vernommen habe?«

Georges Stimme wurde schneidend: »Ich habe versucht, alle Ihre Fragen zu beantworten, Miss Tipton.« Elaine fragte ihn dann, ob er sich geweigert habe, vor dem 15. Mai mit der Anklage überhaupt zu sprechen. »Ja, das habe ich.« Aber er hatte mit der Verteidigung gesprochen? »Ja, das habe ich.« Tipton machte eine längere Pause, um dieses deutliche Anzeichen von Voreingenommenheit sich bei den Geschworenen setzen zu lassen. »Und Sie haben mir bei der Anhörung am 15. Mai nichts davon gesagt, daß sich Eileen Ihnen gegenüber geäußert hatte, sie habe die Rückerinnerung unter dem Einfluß einer psychotherapeutischen Behandlung gehabt, das stimmt doch, nicht wahr?«

»Als ich damals Ihr Büro verließ, hatte ich den Eindruck, alle Fragen zu Ihrer Zufriedenheit beantwortet zu haben, *Miss Tipton.*« Er zischte den Namen giftig heraus.

Elaine zischte zurück: »Aber Sie haben mir nicht alles gesagt, was Sie wußten, nicht wahr, *Mister Franklin*?«

Sie wartete einen Moment, um die Gemüter abkühlen zu lassen. Dann fuhr sie mit ruhiger Stimme fort: »Sie haben auch ausgesagt, Eileen hätte Ihnen erzählt, ihre Rückerinnerung sei in Form eines Alptraumes aufgetaucht. Wann hat sie Ihnen das gesagt?«

»Im Februar, glaube ich.«

»Wann haben Sie zum letzten Mal mit ihr gesprochen?«

»Ich glaube, das war im Februar«, antwortete er und fügte giftig hinzu: »Es war an dem Tag, als sie ihren Auftritt in der ›Today Show‹ hatte.«

»Das hat Sie sehr verbittert, nicht wahr, *Mr. Franklin*?«

Horngrad legte Einspruch ein. Stattgegeben.

Tipton fuhr fort: »Haben Sie der Staatsanwaltschaft mitgeteilt, daß Eileen Ihnen von dieser Alptraum-Geschichte erzählt hat?«

»Das weiß ich nicht mehr. Sie haben ja das Protokoll, Miss Tipton.«

Elaine erklärte, daß im Protokoll *nichts* darüber zu finden sei. George behauptete, er habe es in einem Gespräch vor dem offiziellen Verhör erwähnt. Tipton ging nicht weiter darauf ein, obwohl sie damit indirekt eine recht schwerwiegende Nachlässigkeit eingestand. Wenn er diesen Punkt in einem informellen Gespräch angesprochen hatte, hätte sie ihn in der formellen Anhörung natürlich aufgreifen müssen. »Nachdem Eileen Ihnen gesagt hatte, sie sei hypnotisiert worden, hat sie Ihnen später aber erklärt, sie hätte das nur gesagt, um ihre Rückerinnerung glaubwürdiger zu machen. Stimmt das?«

»Ja, das hat sie gesagt.«

»Als sie Ihnen von ihrer Rückerinnerung erzählte, haben Sie ihr nicht geglaubt, oder?«

»Nein, ich habe ihr nicht geglaubt, habe aber nichts gesagt.«

George war nicht bereit, auch nur das kleinste Stück der Geschichte seiner Schwester zu bestätigen, wenn er nicht dazu gezwungen wurde. Tipton fragte ihn, ob er seinen Vater im Gefängnis besucht hätte. Ja, etwa dreimal. Wie lange er seinen Vater vor der Festnahme nicht mehr gesehen habe? Etwa vier oder fünf Jahre.

»Sie haben bei Ihren Besuchen dem Angeklagten doch sicher alles erzählt, was Eileen Ihnen gesagt hatte, oder nicht?«

»Ich habe ihm alles erzählt, was mit dem Fall zu tun hatte. Alle persönlichen Dinge behielten wir für uns.« Tipton stellte ihm noch ein paar Fragen, die seine Unterstützung der Verteidigung herauskehrten. Dann sagte sie: »Sie haben eine bestimmte Hoffnung oder Erwartung, was den Ausgang dieses Prozesses angeht, nicht wahr?«

Er antwortete etwa in dem Sinne, er mache sich durchaus seine Gedanken, er sei schließlich auch davon betroffen.

Horngrad griff noch einmal ein und fragte: »Haben Sie gerne heute hier ausgesagt?«

»Nein.«

»Was unsere gemeinsame Vorbereitung angeht, wieviel Zeit haben wir zusammen verbracht?«

»Zwanzig Minuten. Gestern zehn und heute zehn.«

Als George junior den Gerichtssaal verließ, stampfte er in einem letzten Ausdruck von Verärgerung heftig mit den Füßen auf. Er hatte eine außergewöhnliche Vorstellung gegeben.

Bis jetzt war es vor dem Gericht nur zu wenigen heftigen Auseinandersetzungen gekommen. Die Verhandlungen hatten in einer ruhigen Atmosphäre stattgefunden, und das Bestreben der Prozeßparteien, in diesem Fall einer sehr schwerwiegenden Anklage die Wahrheit zu finden, war deutlich spürbar gewesen. Manche Zeugen – besonders Eileen, Janice und Leah – waren gequält worden, weil sie in der Öffentlichkeit sehr persönliche Dinge offenbaren mußten; vor dem Auftritt von George Franklin junior hatte jedoch niemand das Recht des Staates und der Gesellschaft in Frage gestellt, die schrecklichen, bösen Geheimnisse der Franklin-Familie aufdecken zu dürfen, um dem Recht zum Sieg zu verhelfen.

Die Geschworenen konnten natürlich nicht ahnen, welche niedrigen Motive der junge Franklin der Staatsanwaltschaft für ihr Vorgehen gegen seinen Vater unterstellte. Das Ergebnis seines betont ablehnenden, ja schroffen Auftretens gegenüber der Anklage war daher nicht, daß er etwa an den Grundfesten der Anklage gerüttelt hätte, wie er sich wohl erhofft hatte, sondern daß die Jury ihn als einen anscheinend etwas verwirrten, geistig nicht ganz ausgeglichenen jungen Mann betrachtete. Die meisten Leute im Gerichtssaal schüttelten ganz einfach den Kopf über sein schroffes Auftreten gegenüber der Staatsanwältin. Andere, die von den Mißhandlungen wußten, die dieser Mann in seiner Kindheit erlitten hatte, fühlten sich seltsam berührt, wenn sie den aufgestauten Zorn dieses Produktes permanenten Kindesmißbrauches sahen, der sich nicht etwa gegen den Peiniger wandte, sondern gegen vermeintliches Unrecht, das man ihm antun wollte. Und so mancher fühlte sich seltsam berührt, wenn er daran dachte, daß dieser junge Mann jetzt fast so alt war wie sein Vater, als dieser das ihm zur Last gelegte Verbrechen begangen hatte.

Der nächste Zeuge der Verteidigung war die jüngste der Franklin-Töchter, Diana. Mit ihren großen, dunklen Augen, der schlanken Figur und dem vollen, kastanienbraunen Haar war sie die auffälligste im Quartett der attraktiven Franklin-Mädchen. Nachdem er darauf hingewiesen hatte, daß Diana nicht freiwillig bereit war, mit der Verteidigung zusammenzuarbeiten, stellte Horngrad ihr nur eine einzige Frage: »Erinnern Sie sich daran, daß Sie mir und Miss Tipton während der Voruntersuchung bei einem Gespräch im Flur einmal gesagt haben, Ihre Schwester Eileen habe George junior *am nächsten Tag* angerufen und ihre Hypnosegeschichte widerrufen und nicht erst mehrere Wochen später, wie Eileen ausgesagt hat?«

»Das ist das, was *ich* gesagt habe, nicht was *sie* gesagt hat«, antwortete Diana.

Tipton fragte sie, warum sie sich denn so versprochen hätte, und Diana gab die Antwort, die viele Zeugen in Gerichtsverhandlungen geben: »Ich habe ›am nächsten Tag‹ gesagt, weil ich nervös war. Ich bin es nicht gewöhnt, daß man jedes Wort von mir auf die Goldwaage legt. Was ich damals sagte, waren auf jeden Fall *meine* Worte, nicht Eileens.«

Damit war die Zeugin Diana Franklin entlassen.

19. KAPITEL

Horngrad bot eine Reihe von Zeugen auf, die beweisen sollten, daß es rein zeitlich für Franklin nicht möglich gewesen wäre, den Mord zu begehen. Allen gemeinsam war, daß sie am Mordtag mit Susan Nason in irgendeiner Weise Kontakt gehabt hatten. Das einzige, was dabei jedoch zweifelsfrei herauskam war, wie unzuverlässig, wenn nicht völlig falsch diese Aussagen waren. Die meisten meinten sich zu erinnern, Susan zwischen 15 Uhr, als die Schule aus war, und 18 Uhr, als es Abendbrotzeit wurde, gesehen zu haben. Auf Tiptons Fragen, ob die angegebenen Zeiten wie zum Beispiel 15 Uhr 30 oder 16 Uhr auch früher gewesen sein könnten, mußten alle zugeben, das wäre möglich.

Horngrad verfolgte mit seinem Zeugenaufgebot aber noch einen anderen Zweck: Er wollte nachweisen, daß es den mysteriösen Mann im blauen Kombiwagen in der Zeit um Susans Verschwinden tatsächlich in Foster City gegeben hatte. Horngrad machte sich Hoffnungen, ein handfestes Gegenszenario aufbauen zu können, als er Susanna Banks in den Zeugenstand rief.

Sue Banks, inzwischen längst verheiratet und nicht mehr in Foster City wohnhaft, war eine recht füllige Frau in mittleren Jahren mit Brille und blondiertem Haar. Im September 1969 hatte sie in einem Haus an der Ecke Balclutha- und Matsonia Avenue in Foster City gewohnt. Am Tag ihres Verschwindens hatte Susan Nason kurz nach 15 Uhr bei ihr geläutet und gefragt, ob das das Haus der Oakleys sei. Mrs. Banks war mit ihr ein Stück die Matsonia Avenue heruntergegangen und hatte ihr das richtige Haus gezeigt. Auf dem Weg zurück hatte Mrs. Banks ihre Tochter Linda auf dem noch unbebauten Feld auf der anderen Straßenseite spielen sehen und ihr zugerufen, es sei Zeit, nach Hause zu kommen.

Dann hatte sie gesehen, daß an der Straßenecke ein unbekannter Wagen parkte. Er war ›entweder weiß, grün oder blau‹. Als sie im Haus war, hörte sie ihren Hund bellen. Sie schaute aus dem Küchenfenster. Durch die Spalten im Zaun, der ihr Haus vom Nachbarhaus abgrenzte, sah sie den Kopf eines Kindes auf der Straße. Sie konnte die Gesichtszüge nicht erkennen, aber es hatte rotblondes Haar, und sie meinte, es wäre Susan. Der Hund hörte nicht auf zu bellen, er ›wollte raus zu dem Auto‹. Der Wagen fuhr dann aber weg.

Als Tipton sie fragte, ob sie das alles damals der Polizei erzählt hätte, sagte sie: »Ich weiß es nicht mehr, aber ich muß es der Polizei wohl gesagt haben.« Die protokollarischen Vorschriften verbieten es, im Gerichtssaal ›so ein Blödsinn‹ zu rufen, und man muß oft hinnehmen, daß sich solche vagen Phantasiegeschichten zunächst einmal bei den Geschworenen festsetzen, ehe man die Gelegenheit bekommt, sie zu widerlegen. In diesem Fall mußte Tipton zehn Tage warten, bis sie Polizeiinspektor a. D. William Hensel aufbieten konnte, der Mrs. Banks 1969 befragt hatte. »Wir waren froh über die kleinste Spur«, sagte er, »und ich bin mir völlig sicher, daß Mrs. Banks damals keinerlei Hinweis gegeben hat, sie hätte etwas Verdächtiges bemerkt.«

Tipton konnte die Story auch dadurch widerlegen, daß sie Fotos zeigte, auf denen zu erkennen war, daß die Enden des Zaunes an der fraglichen Stelle zusammenstießen und man nicht hindurchsehen konnte (›Ich weiß doch aber, was ich gesehen habe!‹) Niemand hatte zur fraglichen Zeit auch einen Hund bellen hören.

Linda Banks war die nächste Zeugin, und sie bestätigte weitgehend die Aussagen ihrer Mutter. Als sie auf dem Bauplatz spielte, sah sie ihre Mutter mit Susan die Straße runtergehen. Nachdem ihre Mutter ihr zugerufen hatte, sie solle nach Hause kommen, sei sie auf dem Heimweg an einem geparkten Auto vorbeigekommen, dessen Fahrer sie angesprochen hätte. Ihre Aussagen hielten Tiptons Kreuzverhör jedoch nicht stand; sie mußte zugeben, daß sie bereits bei früheren Anhörungen eingestanden hatte, sie wisse nicht genau, wieviel ihrer Erinnerung echt sei und wieviel sie aus den Erzählungen ihrer Mutter aufgeschnappt hatte.

Die Zeugenaussagen der Banks-Frauen hatten viele Stunden gedauert; Horngrad hatte sich bemüht, ein anderes mögliches Szenario für die Ermordung Susans aufzuzeigen und es den Geschworenen in die Köpfe zu pflanzen. Bis Tipton es endgültig vom Tisch fegen konnte, würden sie das Bild eines wütend bellenden Hundes und eines Kindesentführers in der Nähe der allein herumlaufenden Susan kurz vor ihrem Verschwinden vor Augen haben.

Ebenso zweifelhaft waren die Aussagen einer jungen Frau namens Penny Stocks. Sie gab an, eine Freundin von Shirley Nason gewesen zu sein. Ihre Geschichte, die sich später als falsch herausstellte, hätte für jeden Psychoanalytiker ein Musterfall für eingebildete Schuldgefühle sein können. Sie verdrehte die Ereignisse so, daß weder George Franklin noch der Fremde im blauen Kombiwagen für Susans schreckliches Schicksal verantwortlich waren, sondern *sie*, Penny Stocks.

Am besagten Nachmittag, sagte sie aus, spielte sie mit Shirley Nason Fußball auf dem Baugrundstück. Susan kam vorbei und fragte, ob sie mitspielen dürfe. Bei einer früheren Anhörung hatte sie die Zeit mit 17 Uhr angegeben, was der Verteidigung natürlich sehr gut in den Kram gepaßt hatte; jetzt sprach sie plötzlich von ›ungefähr 16 Uhr‹, was George Franklin immer noch als Täter ausgeschlossen hätte.

Sie und Shirley, erzählte Penny Stocks schmerzgepeinigt weiter, hätten Susan aber gesagt, sie wollten sie nicht beim Spielen dabeihaben, sie solle verschwinden. Diese herzlose Zurückweisung hatte nach Miss Stocks Meinung dazu geführt, daß Susan davonlief, geradewegs in ihr Verderben. Zwanzig Jahre lang habe sie sich deshalb schuldig gefühlt, jammerte sie.

Als sie gefragt wurde, welche Kleidung Susan getragen habe, antwortete sie ebenso überzeugt wie falsch, sie habe ein schwarzrotes Kleid mit einem schmalen weißen Streifen angehabt. Mit schriller Stimme ergänzte sie: »Ich hab' mindestens zwanzig Stoffläden durchstöbert, wollt' so 'n ähnliches Muster finden, um's Ihnen heut' zu zeigen.«

Im Kreuzverhör bewies Tipton das wirre Gedächtnis der Zeugin, indem sie aufzeigte, daß Penny Stocks zu dieser Zeit auf eine ganz andere Schule gegangen war, als sie angegeben hatte. Um ihre Geschichte noch auszuschmücken und zu dramatisieren, erzählte Miss Stocks, ihre Freundschaft mit Shirley Nason sei noch am selben Tag ›zerbrochen‹, weil auch Shirley sie für den Tod – man hätte zu dieser Zeit natürlich höchstens von ›Verschwinden‹ sprechen können! – ihrer Schwester verantwortlich gemacht habe.

Tipton brachte auch zutage, daß Stocks im Jahre 1969 ausgesagt hatte, sie sei sich nicht sicher, ob sie wirklich am Tag von Susans Verschwinden mit Shirley gespielt hätte. Auf die Frage, warum sie das damals gesagt hatte, antwortete sie, sie sei ›verängstigt‹ gewesen.

Um Penny Stocks endgültig zu widerlegen, mußte Tipton wieder einmal eine ganze Woche warten. Erst als Shirley Nason in den Zeugenstand gerufen wurde und aussagte, sie habe an dem besagten Tag mit niemandem gespielt und sie habe nie ein Kind mit Namen Penny Stocks gekannt, konnte dieses wirre Kapitel geschlossen werden.

Die Verteidigung hatte auf die versuchte Entführung von Ann Hobbs durch den Mann im blauen Kombiwagen so oft hingewiesen, daß sie schon zum Dauerthema geworden war. Es war daher sehr erstaunlich, als Ann Hobbs im Zeugenstand erklärte, sie könne sich an nichts erinnern – weder an einen Zwischenfall mit einem Mann im blauen Auto noch daran, daß sie damals eine Aussage bei der Polizei darüber gemacht habe. Sie wisse auch nichts mehr von dem Tag, als Susan verschwand oder überhaupt auch nur, daß im September 1969 irgend etwas Ungewöhnliches geschehen sei. Als man ihr das Protokoll ihrer Aussage von 1969 zeigte, meinte sie nur bedauernd, auch das würde ihre Erinnerung nicht auffrischen. Sie wurde vom Richter aus dem Zeugenstand entlassen. Tipton spekulierte später, Ann Hobbs sei wohl auch ein Opfer unterdrückter Erinnerung.

Horngrad ließ sich jedoch nicht davon abbringen, in der Zeit von Susans Verschwinden habe sich ein Mann im blauen Kombiwagen in Foster City herumgetrieben, und er bot eine Reihe weiterer Zeugen zu diesem Thema auf. Dann rief er Eileens Mutter auf und stellte ihr Fragen, die nachweisen sollten, daß Eileen damals Zugang zu Zeitungen und zum Fernsehen hatte und somit über die Geschehnisse informiert war. Er versuchte ihr auch zu unterschieben, daß sie George Franklin wegen der Scheidung haßte. Dann befragte er sie nach der Ausstattung des Rückraums des VW-Busses zur damaligen Zeit, konnte ihr aber nicht entlocken, es sei keine Matratze im Wagen gewesen. Leah widerstand tapfer allen Fragen, die Eileen hätten schaden können, bis er auf ihre Qualitäten als Mutter zu sprechen kam. Jetzt gab sie Antworten, die Horngrad sehr gut ins Konzept paßten und nicht mit dem übereinstimmten, was Dr. Terr als ›förderlich für die Repression von Erinnerungen‹ spezifiziert hatte.

»War Eileen ein glückliches Kind, auch nachdem Susan verschwunden war?« fragte Horngrad.

»Ja, damals dachte ich, sie wäre es«, antwortete Leah.

Nach diesem Teilsieg ging Horngrad zu der Sache über, die der Verteidigung am meisten zu schaffen machte: dem blutbefleckten Hemd. »Erinnern Sie sich daran, daß man Sie bei der Voruntersuchung gefragt hat, ob Ihnen an George Franklin am Tag von Susans Verschwinden irgend etwas seltsam vorgekommen sei?« Ja, sie erinnere sich. »Sie fragten damals ›seltsam in welcher Hinsicht‹, und ich habe Ihnen gesagt: ›Wie zum Beispiel ein blutbeflecktes Hemd oder etwas Ähnliches.‹ Sie haben ganz klar mit ›Nein‹ geantwortet.«

Leah gab zu, sie hätte jegliche Erinnerung an das Hemd geleugnet, als sie direkt danach gefragt wurde, aber während der Befragung sei bei ihr die Erinnerung immer klarer zurückgekommen. Sehr rätselhaft fügte sie hinzu: »Die Erinnerung kam und ging.« Horngrad verstärkte seine Attacke: »Sie haben vor dem 24. September 1990 nichts von dem blutigen Hemd gesagt?« Ja, das sei richtig. »Das heißt, auch vier Monate nach der Voruntersuchung haben Sie darüber noch kein Wort verloren?« Ja. »Über zehn Monate nach der Verhaftung des Angeklagten?« Ja. »Bis drei Wochen vor dieser Verhandlung?«

»Ja«, sagte Leah, »da fiel mir die Erklärung, die der Angeklagte mir damals für die Blutflecken gegeben hatte, wieder ein.«

»Stimmt es, daß Sie von Buchverlagen und Filmleuten angesprochen worden sind?« Tipton legte mit Erfolg Einspruch ein. Jetzt rächte sich ihr Versäumnis, die falsche Behauptung des Verteidigers, die verschiedenen Buch- und Filmgeschäfte hingen von der Verurteilung des Angeklagten ab, unwidersprochen gelassen zu haben. Sie mußte es hinnehmen, daß jetzt auch ein zweiter ihrer Zeugen mit dem Stigma belegt wurde, er würde aus materiellen Gründen eine Verurteilung Franklins anstreben.

Im Kreuzverhör ging Tipton auf Leahs möglichen Haß auf Franklin ein. »Hat es Ende der sechziger, Anfang der siebziger Jahre Dinge gegeben, die Ihre Fähigkeit, alles mitzubekommen, was in Ihrem Hause vorging, beeinträchtigt haben könnten?« Leah antwortete, zu der Zeit hätte sich ihre Ehe mit Franklin zu einem Alptraum entwickelt. »Meine Eltern sind seit fünfundvierzig Jahren glücklich verheiratet, ich bin katholisch erzogen worden und habe die Ehe immer als etwas betrachtet, das sich zu behüten lohnt. Ich habe Franklin alles durchgehen lassen, nur um unsere Ehe zu retten, selbst seine Prügelorgien, die immer schlimmer wurden.«

Die Fragen an Leah erschöpften sich. Tipton trug noch einmal ihre Erklärung für Leahs verzögerte Mitteilung der Sache mit dem blutbefleckten Hemd vor, Horngrad stellte noch ein paar bedeutungslose Fragen zum VW-Bus, dann wurde Leah entlassen.

Nachdem er halbherzig versucht hatte, ein drittes Mordszenario aufzubauen, bei dem es um ein blaues Baumwollhemd ging, das am Tatort gefunden worden war, ging Horngrad zum Hauptangriff über. Jetzt kamen seine psychiatrischen Experten zu Wort, die den Aussagen Dr. Terrs widersprechen und versuchen würden, Zweifel an Eileens Geschichte von der unterdrückten Erinnerung zu wecken.

Gutachterliche Aussagen in Kriminalprozessen sind zum großen Geschäft für Wissenschaftler geworden. Ein Psychiater wie Dr. Lenore Terr zum Beispiel berechnet sein Gutachten auf der Basis der dafür aufgewendeten Gesamtstundenzahl, und das macht die Sache so lukrativ. Bei einem Patienten in ihrer Praxis kann sie nur die direkt mit ihm verbrachte Zeit in Rechnung stellen, ihre gedankliche Vor-und Nachbereitungszeit sowie die administrativen Arbeiten werden nicht bezahlt. Natürlich sind die Stundensätze entsprechend hoch angesetzt, aber eben diese Stundensätze werden bei gutachterlichen Aussagen vor Gericht auch für die Vorbereitungen des Experten bezahlt, und das bedeutet, daß er für eine Aussage im Zeugenstand, die nicht einmal eine Stunde gedauert hat, in der Regel zwölf bis fünfzehn Arbeitsstunden geltend macht. Rechnungen über drei- bis fünftausend Dollar sind somit der Normalfall; oft sind sie auch noch viel höher. Expertenaussagen sind also teuer. Und wenn man bedenkt, daß die hochwerten Damen und Herren Wissenschaftler selten mehr als tausend Dollar für ein gelehrtes Buch bekommen, kann man sich vorstellen, daß sie sich um Gutachtertätigkeiten geradezu reißen.

Wenn eine der Prozeßparteien einen Gutachter aufbietet, setzt die andere seinen Aussagen natürlich die Weisheit eines Gegengutachters entgegen, der pflichtgemäß zerrupft, was kurz zuvor als unumstößliche wissenschaftliche Erkenntnis verkauft worden ist. Die Gutachten heben sich demnach auf; die Damen und Herren Gutachter haben kräftig abgesahnt, das Gericht aber ist oft genauso schlau wie vor der teuren, meist kaum verständlichen und widersprüchlichen Darlegung des Expertenwissens. Es sei denn natürlich, einer der Gutachter wirkt überzeugender, kann sich und sein Wissen besser verkaufen oder ist so beredt, daß er seine Thesen besser in die Wahrnehmungszentren der Gehirne der Geschworenen einklopfen kann als sein Kontrahent.

Der Ritter, der von der Verteidigung in die Schlacht geführt wurde, um Dr. Terr aus dem Feld zu schlagen, war Dr. David Spiegel, ein Psychiater, der das Gericht informierte, er sei seit fünfzehn Jahren Professor an der medizinischen Fakultät der

Stanford-Universität, sei Mitherausgeber zweier psychiatrischer Fachzeitschriften und habe fortlaufend Artikel über sein Spezialgebiet, dissoziative Störungen, veröffentlicht. Huldvoll erklärte er, was ›dissoziative Störungen‹ sind: eine krankhafte Entwicklung, bei der die Denkabläufe in Einzelheiten zerfallen und der Kontrolle des Betroffenen entzogen bleiben. Und er betonte besonders, daß Gedächtnisstörungen unter diese Rubrik fallen.

Er hatte kaum mit seiner Aussage begonnen, als auch schon das große Gähnen im Gerichtssaal ausbrach. Seine Antworten auf Horngrads Fragen waren mit geschraubten Ausdrücken und distanzheischenden Konstruktionen gespickt. Er sprach zunächst von den therapeutischen Anstrengungen, unterdrückte Erinnerungen hervorzuholen, damit der Patient sie ›in ein neues kognitives Gerüst‹ einfügen könne. Solche hochgestochenen Ausdrücke verlangten natürlich nach einer Erklärung, aber das erschien ihm wohl zu banal; ganz anders als Dr. Terr mit ihrer liebenswürdigen Anpassung an die Erfordernisse der Verständlichkeit wollte er offensichtlich von vornherein klarstellen, daß er nicht bereit war, sein Niveau den niedrigen Bedürfnissen seiner Zuhörerschaft anzupassen.

Opfer posttraumatischer Streßsituationen, so erklärte er, zeigen normalerweise drei Arten von Symptomen. Erstens, sie haben quälende Erinnerungen an das Trauma, durchleben es häufiger noch einmal. Zweitens, sie leiden unter Gleichgültigkeit, freuen sich nicht mehr an Dingen, die ihnen vorher Spaß gemacht haben. Drittens – wegen Eileens enger Bindung an ihren Vater auch noch nach dem Mord war das der Punkt, den Horngrad hören wollte – sind sie stimulussensitiv, das heißt, sie vermeiden Situationen wie die, in denen das Trauma ausgebildet wurde; wenn sie dennoch in eine solche Situation geraten, zeigen sie Angstsymptome.

Spiegel definierte *Dissoziation* als die Unfähigkeit eines Menschen, bestimmte Aspekte aus seinem Leben in sein Bewußtsein zu integrieren, die normalerweise integriert sind. Die Erinnerung hört auf, ein ständiger Fluß zu sein. In einem bestimmten Zustand ist die dissoziative Person nicht in der Lage, sich daran zu erinnern, was sie in einem anderen Zustand getan hat. Das führt zur Ausbildung multipler Persönlichkeiten, manchmal zur Persönlichkeitsspaltung. »Es gibt immer mehr Anzeichen dafür, daß physisch mißbrauchte Kinder dissoziative Störungen entwickeln«, sagte er. »Wir sehen die Dissoziation als einen Weg an, sich vor einem Trauma zu schützen. Sie wird bei den Betroffenen zur mentalen Gewohnheit.«

Horngrad fragte Dr. Spiegel, wie einfach oder schwer es für einen Psychiater sei, eine wahre Erinnerung von einer falschen zu unterscheiden. Spiegel antwortete, das könne sehr schwer sein, vor allem, wenn man nur auf die Aussage des Patienten zurückgreifen könne und keine sonstigen Beweise hätte. Auch beim besten Willen des Patienten, es nicht zuzulassen, könne seine Erinnerung von außen beeinflußt werden. Kinder, die wiederholt Traumata erlitten hätten, seien eher gefährdet, falsche Erinnerungen auszubilden als solche mit nur einem Trauma. Diese Darstellung stand in krassem Gegensatz zu der Aussage von Dr. Terr, die nur festgestellt hatte, wiederholte Traumata begünstigten eine Repression, nicht aber die Ausbildung einer falschen Erinnerung.

Beim Kreuzverhör stellte Tipton als erstes mit Nachdruck heraus, daß Dr. Spiegel *kein* Kinderpsychiater sei, während *ihre* Expertin eine landesweit bekannte und anerkannte Autorität auf dem Gebiet traumatisierter Kinder sei. Nachdem so die Relevanz seiner Expertise abgegrenzt war, entlockte sie ihm auch das Zugeständnis, daß die Psychiatrie ›eine Wissenschaft mit weniger klaren Erkenntnissen‹ sei als andere Wissenschaften. Schließlich brachte sie ihn auch noch zu der Aussage, daß es möglich sei, eine Erinnerung zu unterdrücken, ohne dissoziative Störungen zu haben.

Dann führte sie breit aus, daß Spiegels Erfahrungen sich vornehmlich auf extreme Fälle dissoziativer Störungen abstützen, was seine Kompetenz für Eileens viel schwächeres Symptom, die Repression einer Erinnerung, zusätzlich in Frage stellte. Er hatte, wie Tipton aus ihm herausholte, tatsächlich niemals einen Fall von Repression bearbeitet. Dann versuchte sie, ihn zu präziseren Definitionen der Begriffe Suppression, Repression,

Dissoziation zu bewegen, aber es kam nicht viel dabei heraus; es war etwa so, als wolle man große Medizinbälle in ein Pillendöschen stecken. Vielleicht ein wenig verbittert über ihr geringes Gehalt im Verhältnis zu ihren Anstrengungen erklärte sie dem Gericht zum Schluß noch, daß Dr. Spiegel dreihundert Dollar pro Stunde für seine Aussage bekam, die sich eigentlich jeder hätte verdienen können, der sich ein paar Fernsehfilme mit der Thematik des Traumas angesehen hätte. Spiegel gab an, er habe etwa zwölf Stunden seiner Arbeitszeit für den Fall aufgewendet, und Tipton fragte ihn, ob er dann tatsächlich zwischen zwei- und dreitausend Dollar für seine Aussage bekäme. Er antwortete gequält: »Das hoffe ich.« Horngrad gelang daraufhin zu Beginn seiner Gegenfragen einer seiner geistreichsten Aussprüche: »Wenn ich das bedenke, muß ich mich ja wohl kurz fassen.«

Er bemühte sich, die angeschlagene Reputation seines Experten wiederherzustellen. Er brachte Spiegel zu der Aussage, Symptome wie ein Gefühl der Zukunftslosigkeit könnten vielerlei Ursachen haben; man könne ein solches Symptom nicht als Beweis für ein bestimmtes Trauma betrachten. Mit diesen und ähnlichen Fragen brachte Horngrad, wahrscheinlich unbeabsichtigt, das ganze Gebäude psychiatrischer Bezeugungen ins Wanken – ob für oder gegen Eileens Behauptung, sie habe eine Erinnerungsrepression gehabt. Auftretende Symptome oder das Fehlen von Symptomen können darauf *hindeuten,* daß ein Mensch unter einem posttraumatischen Syndrom leidet, aber sie können es niemals beweisen oder widerlegen.

Zum Schluß kam Horngrad auf sein Lieblingsthema zurück – alle Detailangaben Eileens zum Verbrechen seien längst allgemein bekannt gewesen. Diesmal gelang ihm eine besonders interessante Fragestellung: »Wenn wir einmal von der Richtigkeit der Erinnerung einer traumatisierten Person ausgehen, käme es Ihnen da nicht verdächtig vor, wenn sie sich nur an Dinge erinnert, die längst allgemein bekannt waren?«

Tipton sprang auf, und ihrem Einspruch wurde stattgegeben. Als sie mit Gegenfragen an der Reihe war, fragte sie Dr. Spiegel: »Wenn eine Person eine Vielzahl von Details über ein Geschehnis angegeben hat, einige von ihnen bereits bekannt, andere nicht...« – Horngrad erhob jetzt Einspruch gegen die letzten beiden Worte und bekam recht – »würde das ihre Geschichte erhärten?«

»Nein. Die Zahl der Details spielt keine Rolle. Manche Leute erzählen einem kunstvoll konstruierte Geschichten über eine falsche Erinnerung.«

Der ganze Nachmittag – und viertausend Dollar – waren darauf verwendet worden, psychiatrische Federbälle hin- und herzuspielen. Das Ergebnis war, daß die Köpfe der Geschworenen rauchten, und eine Pattsituation eingetreten war: Die geringen Gewinne der Verteidigung wurden durch die der Anklage wieder ausgeglichen.

Am nächsten Morgen, dem 19. November, präsentierte die Verteidigung den Überraschungszeugen, von dem Eileen noch kurz vor ihrer Abreise durch einen Anruf Tiptons im Hotelzimmer erfahren hatte. Die Nachricht, daß es diesen Zeugen gebe, hatte Eileen einen gehörigen Schrecken eingejagt. Es handelte sich um Mr. Bill Mann, einen dunkelhaarigen, freundlichen Mann, der sich mit George Franklin bei der Feuerwehr von San Mateo im Jahre 1969 angefreundet hatte. Franklin hatte sich damals nebenher als Essensbeschaffer für die Belegschaft betätigt und die erforderlichen Lebensmittel mit seinem Bus herbeigeschafft. Bill Mann hatte ihm *etwa zwanzigmal* dabei geholfen, die Lebensmittel zu entladen. Er sagte mit großer Bestimmtheit, es habe zu dieser Zeit keinen Holzrahmen und keine Matratze in Franklins Bus gegeben. Franklin habe damals auch nie gesagt, daß er so was für das Fahrzeug hätte. Mann hatte, wie er auf Befragen einräumte, George Franklin einmal im Gefängnis besucht.

Tipton stürzte sich mit Bravour auf diesen Zeugen. Nachdem sie zunächst bekanntgemacht hatte, daß Mann sich vor dem Prozeß mit der Verteidigung zusammengesetzt, die Anrufe der Anklage aber nicht beantwortet hatte, nahm sie die zeitliche Abfolge aufs Korn. Es stellte sich heraus, daß Mann erst Mitte

Oktober 1969 als Lehrling bei der Feuerwehr San Mateo angefangen hatte, also einige Wochen *nach* der Ermordung Susans. Er war damals auch nie in dem Bus mitgefahren, sondern hatte nur immer beim Ausladen der Lebensmittel geholfen. »Wieso können Sie sich dann zwanzig Jahre später noch so genau an das Innere des Fahrzeugs eines anderen erinnern?« fragte Tipton. »Das ist eben was, an das ich mich erinnere«, antwortete er.

»Haben Sie Tagebuch geführt oder sich Notizen gemacht, um so sicher über den damaligen Zustand von Mr. Franklins Bus aussagen zu können?«

»Nein.«

»Haben Sie sich Fotos von Mr. Franklins Bus angesehen?«

»Gibt es einen Grund dafür, daß Sie sich so für Mr. Franklins Bus interessiert haben?« Nein, auch das war nicht der Fall. Aber Mann erinnerte sich, daß Franklin später einmal die Matratze in den Bus gelegt hatte, als er einen Ausflug machte. Tipton wies auf Manns Freundschaft mit Franklin hin, dann stellte sie ihre Ich-weiß-doch-daß-du-lügst-Frage: »Sind Sie sich der Bedeutung der Matratze für diesen Fall bewußt?« Ja, er hatte was darüber gelesen. »Aber Sie wissen, daß es für den Mordfall, der hier verhandelt wird, sehr bedeutsam ist, ob die Matratze im Bus des Angeklagten war oder nicht?«

»Ich weiß . . .«, stotterte Mann, »ich weiß nichts von dem Grad der Bedeutung . . . Nein.«

»Aber Sie wissen, daß es um Kindesmißbrauch auf einer Matratze geht, oder nicht?«

»Ja, das weiß ich.«

»Wann haben Sie sich zum ersten Mal Gedanken über das Innere von George Franklins Bus gemacht?«

»Als ich ihn zum ersten Mal gesehen habe.«

»Und Sie haben in den vergangenen zwanzig Jahren fortlaufend an das Innere dieses Fahrzeuges gedacht?«

»Ich habe mich immer an diesen Bus erinnert. Das ist was, das man ganz einfach kennt. Wie zum Beispiel das Wohnzimmer zu Hause.«

»*Ihr* Wohnzimmer oder *mein* Wohnzimmer?« fauchte Tipton

verächtlich. Horngrad daraufhin: »Einspruch!« Der Richter: »Stattgegeben«. Tipton: »Ich habe keine weiteren Fragen, Euer Ehren.«

Es gab keinen Zweifel, Manns Aussage hatte trotz ihrer Mängel Eileens Geschichte erschüttert. Wenn bewiesen werden konnte, daß ein so wichtiger Bestandteil von Eileens Erinnerung – eine Matratze, auf der sie mit Susan während der Fahrt gespielt hatte und auf der Susan später mißbraucht worden war – zum Zeitpunkt des Mordes noch gar nicht existierte, dann schien das die Behauptung der Verteidigung zu beweisen, daß sich ihre Erinnerung aus Einzelteilen zusammensetzte, die sie nachträglich erfahren hatte.

Mit großem Interesse sah man dem nächsten Zeugen der Verteidigung entgegen. Es war Katherine Rieder, die Psychotherapeutin, von der Eileen sich so schwer trennen konnte, ehe sie zu Kirk Barrett überwechselte. Horngrad hatte sich schon mehrmals während seiner Befragungen auf sie bezogen, so daß man folgern konnte, er messe der kleinen blonden Frau Anfang Vierzig einige Bedeutung zu.

Er kam sehr schnell zur Sache: Eileen hatte ihre Besuche bei Rieder im späten Frühjahr 1988 begonnen, etwa sechs Monate vor der Rückkehr ihrer Erinnerung, sie aber auch danach noch fortgesetzt. In zwölf einstündigen Sitzungen, die nach der Erinnerungsrückkehr noch folgten, hatte Eileen der Therapeutin nichts von ihrem schockierenden Erlebnis gesagt. Ebenso bedeutsam war für Horngrad, daß sie Rieder hingegen von der plötzlichen Rückkehr einer anderen Erinnerung berichtet hatte, der Erinnerung, sie sei von ihrem Vater sexuell belästigt worden, als sie sechs oder sieben Jahre alt war.

Als Eileen ihre Zeugenaussage machte, hatte Horngrad sie mit betonter Skepsis auch gefragt, wieso sie im Juni in einer Sitzung bei Kirk Barrett größtes Erstaunen gezeigt habe, daß es so etwas wie Repression einer Erinnerung gibt, obwohl sie erst ein paar Monate vorher eine unterdrückte Erinnerung mit Rieder ausführlich besprochen hatte. Horngrad unterstellte damit ohne jeden Beweis, daß Rieder schon im Dezember 1988 Eileen das Phänomen der Erinnerungsrepression erklärt habe.

Eileen hatte im Zeugenstand einen Unterschied zwischen der Unterdrückung einer Erinnerung aus der sehr frühen Kindheit und der Repression eines traumatischen Geschehens in späteren Kindheitsjahren gemacht. Und ihr sei klar gewesen, wieviel schwerwiegender die Auswirkungen wären, wenn sie jemand von einem Mord berichte, als wenn sie einem Therapeuten von einem sexuellen Mißbrauch durch ihren Vater erzähle.

Im Kreuzverhör fragte Tipton, ob Rieder irgendeine Möglichkeit sehe, herauszufinden, ob ein Patient Informationen zurückhält. Nein, solche Möglichkeiten gebe es nicht. Ob es ungewöhnlich sei, daß Patienten bestimmte Dinge aus der Diskussion heraushalten? Nein, keinesfalls. Hatte Rieder irgendwelche Möglichkeiten gehabt, herauszufinden, wann Eileen Franklin sich daran erinnert haben könnte, die Ermordung Susan Nasons miterlebt zu haben? Horngrad erhob Einspruch, die Frage setzte Fakten voraus, die nicht zur Beweisführung dienten.

»Sie dient *sehr wohl* der Beweisführung«, fauchte Tipton wütend, und der Einspruch wurde abgewiesen. Tiptons Fragen wurden direkter: Konnte Rieder irgendwie erkennen, wenn Patienten bestimmte Dinge für sich behielten. Nein. Konnte sie Gedanken lesen? Nein.

Rieder trug wenig zur Untermauerung der Thesen der einen oder anderen Seite bei. Tipton machte aber noch einen letzten Versuch, etwas für die Anklage aus ihr herauszuholen: »Sind Sie darin geschult, Anzeichen und Symptome für geistige Störungen bei Ihren Patienten zu erkennen?«

»Ja.«

»Haben Sie irgendein Anzeichen oder Symptom dafür bei Eileen Franklin entdeckt?«

»Nein.«

20. KAPITEL

Wenn die psychiatrischen Experten den Mordprozeß gegen George Franklin mit intellektuellem Fleisch angereichert hatten, dann gaben die Angehörigen der Franklin-Familie die emotionale Soße dazu. Aber sie hatten auch für einige Verwirrung gesorgt. Zwei von ihnen, Janice und Leah, hatten sich auf die Seite Eileens und der Anklage geschlagen. Einer, George junior, unterstützte geradezu aggressiv die Verteidigung. Diana hielt sich aus allem heraus. Aber alle hatten ihre ursprünglichen Aussagen in Teilen verändert.

Im Zeugenstand sorgte Kate Franklin-Glenn für Einheitlichkeit innerhalb der Familie; auch sie änderte ihre ursprüngliche Aussage. Da sie bei der Voruntersuchung nicht als Zeugin gehört worden war, kannten die meisten Leute im Gerichtssaal sie nicht. Sie war recht klein und hatte leichtes Übergewicht, war aber unübersehbar mit dem guten Aussehen aller Franklins gesegnet, wobei eher die zarten Linien Leahs zum Vorschein kamen als die ausgeprägten Gesichtszüge George Franklins, wie sie Eileen geerbt hatte.

Ihre bedeutsamste Aussage war, daß Eileen ihr gesagt habe, die Rückerinnerung sei bei einem Alptraum gekommen. Mit der Hypnose, der Therapie und dem Alptraum hatte die Jury jetzt drei Versionen über die Auslösung der Rückerinnerung gehört, und alle drei wichen von den ursprünglichen Aussagen ab.

Und Kate brachte noch andere Dinge vor, die für Eileen und die Anklage schädlich waren. Eileen habe ihr gesagt, behauptete sie, Janice sei in dem Bus gewesen und aufgefordert worden auszusteigen, als Susan einstieg; ihr Vater sei mit ihnen »in die Wälder« gefahren; und wegen der »Alpträume, die die Erinnerung zurückgebracht haben«, sei sie wieder zur Therapie gegangen. Ihre Aussagen schienen gezielt darauf ausgerichtet zu sein, Eileen unglaubwürdig zu machen.

Im Kreuzverhör stürzte sich Tipton mit aller Macht auf diese feindliche Zeugin. Ehe sie jedoch auf die Kernpunkte einging, stellte sie zum Erstaunen des Gerichts einige allgemeine Fragen zu Kates Schwiegergroßmutter, einer älteren Dame namens Helen Elkins. Dann kam sie zur Sache: »Haben Sie und Ihr Mann Mrs. Elkins nicht jeden Tag, an dem Eileen Lipsker aussagte, in den Gerichtssaal geschickt, damit sie Ihnen nachher alles berichten konnte, was sie ausgesagt hatte?« Kate bestritt das heftig. Sie bestritt auch, sie hätte Eileen davon abhalten wollen, zur Polizei zu gehen und daß sie je gesagt hätte, Eileens Aktionen würden den Namen Franklin besudeln und ihr und ihres Kindes Zukunft verdüstern. »Eileen und Barrett waren erwachsen«, sagte sie steif. »Ich wußte, sie würden tun, was sie für richtig hielten.«

Eileen, Barrett und auch andere Familienmitglieder waren über Kates Abkehr von dem, was sie früher gesagt hatte, sehr erstaunt. Ob sie Eileen vom Gang zur Polizei abhalten wollte oder nicht – alle hatten gehört, daß sie es mit Nachdruck gefordert hatte–, war nicht mehr von Bedeutung für George Franklins Schicksal. Man konnte ja verstehen, daß ein Familienmitglied ein anderes davon abhalten wollte, ein drittes zwanzig Jahre nach der Tat wegen Mord anzuzeigen, selbst wenn es an die Möglichkeit seiner Schuld glaubte. Daß sie aber, nachdem die Entscheidung gefallen war und der Staat die Sache verfolgte, in den Zeugenstand trat und kaltblütig Dinge leugnete, die viele andere bezeugen konnten, machte sie für die Anklage zu einer gefährlichen Gegnerin.

In Gesprächen mit Familienmitgliedern war deutlich geworden, daß es Kate offensichtlich egal war, ob ihr Vater den Mord begangen hatte oder nicht. Für sie lag das alles in einer fernen Vergangenheit, in der sie alle so viel gelitten hatten, daß es jetzt an der Zeit war, endlich ein ruhiges und problemfreies Leben zu führen. Wenn das Kates Gründe für ihre Falschaussagen waren und sie dabei in Kauf nahm, daß ein Mörder ungestraft davonkam, dann waren darin sicher auch die langfristigen psychischen Auswirkungen eines Mißbrauchs in der Kindheit zu erkennen.

Mehr als jeder andere Zeuge hatte sich Kate in direkte Opposition zu Eileens Aussagen gestellt. Der Zuhörer konnte daraus nur einen Schluß ziehen: Eine von den beiden nahm einen Meineid auf sich und log. Tipton stürzte sich natürlich besonders auf diese gegensätzlichen Aussagen und versuchte vehement, den Makel der Lüge von Eileen zu nehmen.

Als Tiptons Fragen immer hitziger wurden, sagte Kate plötzlich in gönnerhaftem Ton: »Wir alle wollen doch die Wahrheit herausfinden, Elaine...« So wie George junior verächtlich ›Miss Tipton‹ gefaucht hatte, so benutzte Kate jetzt spöttisch Tiptons Vornamen, als wolle sie sagen: »Du magst ja hier im Gerichtssaal eine große Nummer sein, Schätzchen, aber ich weiß doch, daß du auch nur eines von uns Mädchen bist.«

Tipton schoß unbeeindruckt ihre Fragen ab: »Als Detective Morse und ich Sie im Mai 1990 vernommen haben, haben Sie uns nichts von Eileens Aussagen über Alpträume erzählt. Das stimmt doch, oder?« Ja. »Auch nichts davon, daß sie angeblich gesagt hat, sie gehe wieder zur Therapie?« Richtig. »Oder daß sie gesagt hat, sie seien ›in die Wälder‹ gefahren?« Richtig. »Oder daß sie gesagt hat, Janice sei im Bus gewesen?« Richtig. »Als Detective Morse Sie fragte, ob Sie noch andere wichtige Dinge zu sagen hätten, haben Sie ›nein‹ gesagt. Richtig?« Richtig. »Haben Sie Eileen gesagt, die Nasons hätten nach so vielen Jahren den Mord an Susan längst vergessen?« Nein. »Warum haben Sie Ihren Namen mit Franklin angegeben anstatt mit Glenn?« Kate legte ihre Einsilbigkeit ab und antwortete hochmütig: »Ich möchte, daß meine Privatsphäre geschützt bleibt, und das werde ich auch weiterhin anstreben.«

Dann kam wieder Tiptons Ich-weiß-daß-du-lügst-Frage: »Betrachten Sie Ihre Alptraum-Aussage als bedeutsam in dieser Verhandlung?« Ja.

»Wie war Ihre Reaktion, als Eileen Ihnen zum ersten Mal von ihrer Rückerinnerung an den Mord erzählt hat?«

»Es war ein Schock für mich. Ich wußte nicht, wie ich darüber denken sollte. Ich war entsetzt. Ich meinte, ich müßte mich übergeben. Ich war damals schwanger, müssen Sie wissen, und jede Aufregung schlug mir auf den Magen.«

Tipton überdachte noch einmal den Katalog an neuen Aussagen, mit dem Kate ihr zu schaffen machte. Sie behauptete, Eileen habe ihr gesagt, Janice sei im Bus gewesen, als Susan einstieg; sie seien ›auf Wälder‹ zugefahren; sie habe die Rückerinnerung bei Alpträumen bekommen; sie gehe wieder zur Therapie.

»Haben Sie ein gutes Gedächtnis, Mrs. Glenn?«

»Ja, das habe ich.«

»Haben Sie den Behörden gesagt, Sie hätten keine Erinnerung an Ihre Kindheit und Jugend vor dem achtzehnten Geburtstag?«

»Ich habe gesagt, ich könne mich nur an ein paar Dinge aus dieser Zeit erinnern.«

George Franklin, der während Kates Aussagen so unbeteiligt zugehört hatte wie bei allen Zeugenaussagen vorher, stieß deutlich hörbar einen Laut aus, der für Uneingeweihte wie ein verächtliches Knurren klang, den einige Familienmitglieder aber als Seufzer der Erleichterung interpretierten. Bei den Gegenfragen wollte Horngrad von Kate wissen, warum sie die neuen Fakten nicht eher dargelegt hätte. Kate antwortete, man habe sie bei den Anhörungen nicht danach gefragt.

»Meinten Sie denn nicht, daß es dennoch angebracht gewesen wäre?« fragte Horngrad.

»Angebracht ist nicht das richtige Wort«, sagte Kate. »Ich war der Meinung, die Dinge seien nicht relevant.« Kate wußte es vielleicht nicht, aber sie hatte sich jetzt ihrer Mutter und ihrem Bruder zugesellt, die beide dem Gericht ebenfalls wichtige Informationen vorenthalten hatten. Keiner von ihnen konnte jedoch wissen, welche Auswirkungen dieses Verhalten auf die Jury haben würde. Jeder einzelne der drei Franklins mag gedacht haben, man hätte Verständnis dafür, daß sie erst nach etwa einem Jahr mit der vollen Wahrheit herausrückten; daß sie es aber mit so wichtigen Informationen gemacht hatten, wirkte sich auf die Aussage jedes einzelnen sehr nachteilig aus; man neigte dazu, alle drei für unglaubwürdig zu halten. Auch wenn sie es selbst nicht so empfanden, Horngrad und Tipton merkten es sehr wohl – wie sie da nacheinander in den Zeugenstand traten und ›vergessene‹ Fakten zu Protokoll gaben, klangen sie wie ein Chor von Lügnern und Heuchlern. Weil sich der Schaden einigermaßen aufteilte – ein Zeuge war Tiptons, zwei Horngrads –, machten sich die beiden Anwälte keine allzu großen Gedanken über die Auswirkungen für die jeweilige Sache. Und was die Franklins angeht, sie könnten für sich in Anspruch genommen haben, wenn Eileen zwanzig Jahre lang einen Mord vergaß, dann müsse man ihnen doch wohl auch zubilligen, so unbedeutende Dinge wie Alpträume oder blutige Hemden vorübergehend mal vergessen zu haben.

Nach Kates Entlassung präsentierte Horngrad sein eindrucksvollstes Beispiel für Kleinarbeit der Verteidigung. Dieses Meisterstück würde nicht nur beweisen, wie er angekündigt hatte, daß Franklin am Jahrestag von Susan Nasons Beerdigung nicht an ihrem Grab war, sondern auch einen Schatten auf die Korrektheit der Methoden werfen, mit denen die Anklage arbeitete.

Zunächst wurden vier Zeugen aufgeboten, die aussagten, sie seien Besitzer von Wagen, deren Nummernschilder auf der Liste von Detective Hensel aufgeführt waren. (In Kalifornien verbleiben Nummernschilder auch bei einem Verkauf am Fahrzeug). Alle vier hatten an Susans Beerdigung teilgenommen; keiner von ihnen war aber am Jahrestag auf dem Friedhof gewesen, wie sie nachweisen konnten. Wie kamen dann die Wagennummern auf die Liste, die angeblich am Jahrestag erstellt worden war? Einer der vier, ein Gebrauchtwagenhändler aus Warsonville, konnte sogar nachweisen, daß er den auf der Liste vermerkten Wagen in der fraglichen Zeit hatte stillegen lassen.

Es zeigte sich, daß die Liste, die dem Gericht als *vom Jahrestag des Mordes stammend* präsentiert worden war, ohne jeglichen Zweifel eine Liste war, die *bei der Beerdigung* selbst erstellt worden war. Es erhob sich natürlich sofort die Frage, wie ein solcher Fehler entstanden sein konnte. Da die Zeugen zur Klärung dieser Frage keine Beiträge liefern konnten, verzichtete Tipton auf das Kreuzverhör. Sie mußte auf die prozedurale Phase der Gegenbeweisaufnahme warten, die nach der

Beweisaufnahme anstand, um den dunklen Schatten über ihrer Sache vertreiben zu können.

Nach diesem Coup hatte die Verteidigung einen Vorteil, der sich aus der zeitlichen Planung ergab, und man konnte davon ausgehen, daß Horngrad das gezielt so inszeniert hatte: Das Gericht vertagte sich über die Thanksgiving-Ferien, so daß die Geschworenen fünf Tage darüber nachdenken konnten, was für ein falsches Spiel man ihnen mit dieser Liste hatte vorführen wollen.

Im Korridor vor dem Gerichtssaal meinte ein Journalist zu Horngrad und Wachtel, die falsche Liste sehe doch verdächtig nach Fälschung von Beweismaterial aus. Die beiden sahen das anders. »Nein«, sagte Horngrad lächelnd, »das ist nichts als ein ganz normaler menschlicher Irrtum.« Und Wachtel meinte: »Wenn das der Fall wäre, wäre der Prozeß zu Ende und wir könnten alle nach Hause gehen; aber damit wäre der Gerechtigkeit für unseren Klienten nicht gedient.«

Es ist erstaunlich, daß Horngrad, dessen Strategie darauf angelegt war, die vermutete Unglaubwürdigkeit der Hauptzeugin der Anklage nachzuweisen, die Möglichkeit einer bewußten Fälschung eines Beweises ausschloß. Vor Gericht machte er immer wieder klar, daß er nicht nur Eileen, sondern auch Leah und Janice nicht glaubte. Seine häufige Frage, »Wann hatten Sie diese Rückerinnerung zum ersten Mal?« konnte man nur so auslegen, daß er damit sagen wollte: »Wann haben Sie sich dazu entschlossen, die Lüge Nummer eins durch die Lüge Nummer zwei zu ersetzen?«

Obwohl er also unterstellte, daß die Zeugen der Anklage logen, schien es ihm dennoch undenkbar, die Anklage habe Beweise gefälscht. Offensichtlich machte er einen Unterschied zwischen lügenhaften Zeugen und ehrenwerten Beamten der Staatsanwaltschaft. Eileen und ihre Familienangehörigen waren private Bürger, und wenn sie falsche Aussagen machten, war das ein schwerwiegendes, mit Strafe bedrohtes Vergehen; noch viel schwerwiegender aber wären die Folgen für Beamte des Staates, wenn sie es wagen würden, Beweise zu manipulieren. Horngrads Einstellung schien zu sein: »Irgendwelche Laien mögen ja in den Gerichtssaal marschieren und unter Eid lügenhafte Dinge sagen, aber wir Profis in diesem Geschäft kämen überhaupt nicht auf die Idee, so was zu machen.«

Zu Beginn der letzten Woche des Verfahrens holte Horngrad als ersten Bill Hensel wieder in den Zeugenstand, hatte aber keinen Erfolg damit, die Geschichte mit dem Mann im blauen Kombiwagen zu seinen Gunsten weiter auszubauen.

Dann brachte Horngrad eine Sache auf, die schon längere Zeit in der Luft gehangen hatte: Er bat den Richter um Erlaubnis, aus dem Protokoll der Anhörung von Barry Lipsker bei der Voruntersuchung zitieren zu dürfen; er habe alles mögliche versucht, Lipsker dazu zu bringen, aus der Schweiz herzukommen und als Zeuge der Verteidigung auszusagen, aber Lipsker habe das mit billigen Ausreden abgelehnt. Er, Horngrad, habe ihm persönlich zwei Einschreibebriefe geschickt und ihm sogar die telegrafische Überweisung von tausendfünfhundert Dollar als Reisespesen angeboten, aber keinen Erfolg damit gehabt. »Mr. Lipsker«, sagte er pikiert wie die Gastgeberin eines schlechtbesuchten Kaffeeklatsches, »hat klar zum Ausdruck gebracht, daß er keinen Wert darauf legt, hier bei uns zu sein.«

Elaine Tiptons Grippe besserte sich kaum, und der Druck des Prozesses lastete sichtbar auf ihr. Als sie nach einem besonders anstrengenden Vormittag einmal in ihr Büro kam, fand sie einen großen Blumenstrauß auf ihrem Schreibtisch vor. Er kam von ihren Schwestern, die ihr auch ein paar liebevolle und aufmunternde Worte dazu geschrieben hatten. Elaine schloß die Tür, legte den Kopf auf den Tisch und weinte.

»Ich hatte mich gerade mal wieder mit Eileens Schwestern auseinandergesetzt und die Schnauze voll von ihnen«, sagte sie ein paar Monate später zu einer Freundin. »Ich saß da und heulte und dankte Gott, daß ich eine Tipton-Schwester war und keine Franklin-Schwester.«

In ihrem Schreibtisch bewahrte Tipton ein Foto von Susan Nason auf; viele Staatsanwälte wollen sich in irgendeiner Form an das Verbrechensopfer erinnern, für das sie zu Felde ziehen. Tipton fühlte sich Eileen sehr verpflichtet und schätzte ihren moralischen Mut, die Sache überhaupt angezeigt zu haben, aber ihr Hauptantrieb war die Suche nach Gerechtigkeit für Susan Nason. »Ich hatte einen enormen Respekt vor dem, was Eileen getan hatte und was sie dafür auf sich nehmen mußte«, sagte sie nach dem Prozeß einmal, »aber hauptsächlich fühlte ich mich Susan Nason verpflichtet.«

EILEEN

Nachdem ich eine Woche bei Barry und den Kindern gewesen war, mußte ich mich wieder von ihnen verabschieden. Ich hatte einen Flug am späten Morgen von Zürich nach San Francisco gebucht. Ich sagte den Kindern *Good-bye*, als sie zur Schule aufbrachen. Als wir dann später mein Gepäck zum Wagen brachten, sahen wir einen Wagen in unserer Zufahrt stehen. Da unser Haus am Ende einer Sackgasse direkt am Feld steht, war das ziemlich seltsam. Eine Frau stieg aus dem Wagen und ging auf Barry zu. »Sind Sie Barry Lipsker?« fragte sie.

Als Barry erstaunt bejahte, drückte ihm die Frau ein Formular in die Hand. Es war eine von Horngrad und Wachtel unterzeichnete ›Vorladung als Zeuge im Prozeß gegen George Franklin‹. Die Frau entschuldigte sich, daß sie uns zu so früher Stunde belästigt hatte und wollte gehen. Barry hielt sie auf. »Sie wissen sicher«, sagte er scharf, »daß dieses Paper hier in der Schweiz keine Gültigkeit hat!« Die Frau sagte, das wisse sie, aber man habe sie trotzdem dafür bezahlt, es Barry auszuhändigen.

Barry hatte schon seit längerer Zeit erwartet, in Übereinstimmung mit dem internationalen Recht von einem Schweizer Gericht zum Prozeß gegen George Franklin vorgeladen zu werden. Die Tatsache, daß Horngrad und Wachtel jemanden angeheuert hatten, dieses wertlose Stück Papier zu übergeben, war eine klare Mißachtung der Rechtslage und eine Verschwendung des Geldes ihres Klienten. Barry hatte immer gesagt, wenn er formgerecht vorgeladen werde, würde er natürlich seine Aussage vor Gericht machen, aber er sähe keine Veranlassung, die Kinder und seine Arbeit im Stich zu lassen, wenn Horngrad nicht in der Lage sei, ihm eine korrekte Vorladung zustellen zu lassen.

Zu dieser Sache kann man geteilter Meinung sein. Es ist tatsächlich eine zeit- und geldaufwendige Sache, einem Amerikaner außerhalb der USA eine formgerechte Vorladung zu einer Gerichtsverhandlung zukommen zu lassen. Vielleicht hatte Horngrad erwartet, Barry würde Eileen nach Kalifornien begleiten und er könne dann die Vorladung zustellen, um damit die aufwendigen internationalen Prozeduren zu umgehen. Eine andere Möglichkeit war aber, daß Horngrad gar nicht wirklich wollte, daß Barry beim Prozeß erschien; nach Monaten des Überdenkens der Dinge und Absprachen mit Eileen und der Staatsanwaltschaft war er sicher kein so ›nützlicher Idiot‹ mehr für die Verteidigung wie bei der Voruntersuchung. Vielleicht zog Horngrad vor Gericht also nur eine große Show ab, um seine ›extensiven Bemühungen‹, Barry vorzuladen, darstellen zu können.

Das Problem beim Verlesen des Protokolls einer früheren Aussage liegt darin, daß man keine Möglichkeit hat, bestimmte Dinge besonders herauszustellen, wie man es mit einem Zeugen im Saal machen kann. Es wird von einem Stenographen vorgelesen, und der ist gehalten, es mit unbewegter Stimme zu tun, damit die Geschworenen nicht in einer bestimmten Richtung beeinflußt werden.

Horngrad erhielt die richterliche Erlaubnis, daß aus Barrys Kreuzverhör durch Wachtel bei der Voruntersuchung zitiert werden durfte, aber auf Tiptons Verlangen hin nicht nur die Stellen, die der Verteidigung in den Kram paßten, sondern jeweils die ganzen Abschnitte. Ein Stenograph machte sich also mit monotoner Stimme ans Werk.

Es begann mit Barrys Bericht, wie er erstmals von Eileen über ihre Rückerinnerung informiert worden war und die Staatsanwaltschaft angerufen hatte. Auf Wachtels Fragen hatte er wie folgt geantwortet: Ja, Eileen hatte gesagt, sie wolle mit ihm keine Einzelheiten des Verbrechens besprechen. Ja, er habe gesagt, er würde Franklin am liebsten umbringen. Ja, er habe gesagt, ›sie konnte nicht länger damit leben‹, aber das sei *seine* Interpretation gewesen, nicht Eileens Worte. Ja, er könne gesagt haben, er wisse nicht, warum Eileen so viele Jahre gebraucht habe, um mit der Sache herauszurücken.

Das Frage- und Antwortspiel war dann wie folgt weitergegangen: Wachtel: »Haben Sie gesagt, Eileen wisse alle Details über den Fall, weil sie ihn in den Medien verfolgt hatte?« Barry: »Ich war damals sehr nervös, und ich habe manchmal Eileen Dinge in den Mund gelegt, die sie nicht gesagt hatte. Es war ja nicht so, daß sie bei mir auf dem Schoß saß und mir zugeflüstert hat, was ich sagen sollte.« Wachtel: »Wie war denn Eileens Beziehung zu ihrem Vater?« Barry zynisch: »Ihre physische Beziehung? Nun, sie hat mir erzählt, daß ihr Vater sie für ein paar Joints mal festgehalten hat, damit ein Freund von ihm sie vergewaltigen konnte.« Wachtel: »Haben Sie einem Reporter der Radiostation KCBC mal erzählt, Eileen habe ihre Rückerinnerung ›vor ein paar Wochen‹ gehabt?« Barry entwaffnend: »Offensichtlich waren einige meiner Aussagen nicht korrekt.« Wachtel: »Haben Sie mal gesagt, Eileen habe ›Rückblenden‹ gehabt?« Barry: »Das war *mein* Wort, nicht ihres.« Wachtel: »Haben Sie mal gesagt, Janice und Eileen hätten ›ihre Storys zusammengelegt‹?« Barry: »Daran erinnere ich mich nicht.«

Für die vielen von Eileen abweichenden Aussagen, die Barry vor dem Verfahren gemacht hatte, waren ihm bei der Voruntersuchung plausible Erklärungen eingefallen, wenn auch oft nur die, er sei nervös gewesen, habe falsche Schlüsse gezogen oder Eileen mißverstanden. Die vorgelesenen Aussagen zeichneten aber auch das Bild eines Mannes, der tief beunruhigt und verunsichert war über das, was seine Frau ihm berichtet hatte und der sich große Sorgen machte, in welche Gefahr sie sich begeben würde, wenn sie damit zur Polizei ging.

Als Eileen im Haus ihrer Tante Sue in Portola Valley angekommen war, erhielt sie einen Anruf von Elaine Tipton, sie solle mit keinem der Familienangehörigen sprechen, die auf der Zeugenliste standen. Einer von ihnen – Elaine sagte nicht, wer – würde wahrscheinlich noch einmal in den Zeugenstand gerufen, und Horngrad würde eine Menge Ärger machen, wenn sie inzwischen mit diesem Zeugen gesprochen hätte. Eileen rief daraufhin ihren Großvater an und bat ihn, Leah zu erklären, daß sie sich nicht mit ihr in Verbindung setzen könne und auch Leah sie nicht anrufen dürfe.

Helen Elkins, die achtundachtzigjährige Großmutter von Kates Mann, sagte im Zeugenstand aus, sie habe bisher noch keine Sitzung des Gerichts besucht und widerlegte damit Leahs Behauptung, Mrs. Elkins habe jeden Tag nach der Sitzung Kate über die Aussagen der Zeugen informiert. Die Wahrscheinlichkeit, man habe diese altersschwache Dame tatsächlich als Spionin mißbraucht, war tatsächlich so gering, daß man nur vermuten konnte, Kate und ihr Mann – ein Anwalt! – hätten Leah diese falsche Story untergejubelt, um sie vor Gericht unglaubwürdig zu machen. Als Helen Elkins den Zeugenstand verließ, ging sie auf den verdutzten George Franklin zu und nickte ihm ein freundliches »Hi« zu.

Fünf Wochen waren inzwischen seit Beginn des Prozesses vergangen. Alle Franklin-Kinder hatten ihre Aussagen gemacht, ebenso Franklins Exfrau, eine Exgeliebte und eine Reihe früherer Arbeitskollegen und Nachbarn. Keiner dieser Zeugen hatte ihn bisher mit mehr als einem kurzen Kopfnicken gegrüßt. Der freundliche Gruß der alten Dame, die Franklin vorher noch nie gesehen hatte, wirkte daher recht befremdlich; aber wahrscheinlich hatte sie die schweren Anklagepunkte gegen Franklin verdrängt und sah nur die familiäre Verbindung: Sein Enkelkind war ihr Urenkelkind.

Bevor Horngrad die Zeugenvernehmung der Anklage abschloß, machte er einen letzten Versuch, Zeitungsberichte aus der Zeit des Mordes als Beweismittel vorlegen zu dürfen. Er wollte damit nachweisen, daß Eileen ihr Detailwissen über den Mord aus den Medien erfahren haben konnte. Tipton hielt dagegen, daß in den Medien sowohl falsche wie auch richtige Darstellungen erfolgt seien; die Tatsache, daß Eileen keines der falschen Details aufgegriffen und zu Protokoll gegeben habe, beweise zur Genüge, daß sie ihr Wissen nicht aus den Medien habe. Der Richter entschied dann auch gegen Horngrad, weil ›die Gefahr, daß die Geschworenen verwirrt werden, den möglichen Beweiswert dieser Presseberichte überwiegt‹.

Der letzte Zeuge der Verteidigung war Cinde Chorness, eine attraktive, blonde Reporterin der *San Mateo Times*. Es zeigte sich, daß Horngrad mit ihr erneut versuchte, Barry Lipsker ins Spiel zu bringen, denn Miss Chorness hatte ihn interviewt und in ihrem Bericht darüber einige Dinge geschrieben, die für die Anklage nachteilig waren. Die Reporterin versuchte zwar, Horngrads Drängen zu widerstehen, er holte aber doch aus ihr heraus, daß Barry ihr gesagt habe, Eileen und Janice hätten ›ihre Storys zusammengelegt‹.

»Hat er Ihnen auch gesagt, daß Janice an dem bewußten Tag mit Eileen und Susan Nason zusammen war?«

»Ja.«

»Keine weiteren Fragen.«

Tipton sprang auf. »Sie haben das von Barry gehört?«

»Ja.«

»Nicht von Eileen?«

»Nein.«

Jetzt nutzte Tipton die Gelegenheit, den Geschworenen eine kleine Charakterstudie von Barry vorzuführen. »Fanden Sie, daß Barry Lipsker ein gesprächiger Typ ist?«

»Ja.«

»Eifrig darauf aus, seine Meinung zu sagen, ob man sie hören will oder nicht?« Horngrad erhob Einspruch, wurde aber abgewiesen.

»Ja«, antwortete Chorness, »er war ganz wild darauf, alles mögliche zu erzählen.«

»Hat er das Einverständnis seiner Frau gehabt, Ihnen das Interview zu geben?«

»Das weiß ich nicht.«

»Hat er Sie öfter unterbrochen und selbst weitergeredet?«

Tipton schien es so viel Spaß zu machen, dieses Porträt von Barry zu zeichnen, daß sie kaum mehr zu bremsen war.

»Ich erinnere mich nicht mehr.«

Um 14 Uhr 05 am 26. November schloß die Verteidigung ihre Zeugenanhörung ab.

Die falsche Autonummern-Liste bereitete der Anklage gehöriges Kopfzerbrechen (»Ich muß Tomaten auf den Augen gehabt haben«, stöhnte Tipton in ihrem Büro, »aber wir müssen damit zurechtkommen«), aber auch der Verteidigung blieben schwerwiegende Rückschläge nicht erspart. Jerry Johnson, der stellvertretende Chef der Feuerwehr von San Mateo, wurde von Tipton noch einmal in den Zeugenstand gerufen. Er sagte, er habe am Vortag mit Bill Mann gesprochen, dem Feuerwehrmann, der darauf bestanden hatte, es habe 1969 keinen Holzrahmen und keine Matratze im VW-Bus von George Franklin gegeben.

Bill Mann hatte sich anders besonnen und Johnson erklärt, er sei sich nicht mehr sicher, ob er schon 1969 Franklin so oft beim Entladen von Lebensmitteln aus dem Bus geholfen habe; es sei wahrscheinlich doch erst 1974 gewesen, als er Franklin besser kennengelernt hatte. Johnson hatte dieses Eingeständnis aus Mann herausgeholt, als er ihn mit den Eintragungen im Dienstbuch der Abteilung konfrontiert und nachgewiesen hatte, daß Mann 1969 nur an einem einzigen Tag mit Franklin zusammen in der Schicht war. Es war somit widerlegt, daß Mann Franklins Bus schon 1969 so gut kennen konnte, wie er behauptet hatte. Ob Bill Mann aus Solidarität unter Feuerwehrmännern so falsch – und so sicher! – ausgesagt hatte oder nur aus Vergeßlichkeit, blieb, wie die falsche Nummernschild-Liste, ein ungeklärtes Rätsel des Prozesses.

21. KAPITEL

Abweichend von der sonst üblichen Reihenfolge wollte Richter Smith die Belehrung der Geschworenen vor den Schlußplädoyers durchführen. In Abwesenheit der Jury forderte er die Anwälte der Prozeßparteien auf, die Punkte, die er in die Belehrung aufnehmen wollte, mit ihm zu diskutieren. An Horngrad und Tipton gewandt, fragte er förmlich: »Sind Sie bereit zur Diskussion der Belehrungspunkte?«

»Jederzeit«, antwortete Horngrad, ging dann aber nicht auf das anstehende Thema ein, sondern versuchte, durch die Hintertür noch einige umstrittene Punkte in die Beweisaufnahme einzubringen. Einer davon war der Vorvertrag zwischen dem Herausgeber dieses Buches und Eileen Lipsker. Richter Smith war nicht geneigt, das zuzulassen. »Aber, Euer Ehren«, sagte Horngrad, und seine Stimme klang wütend, »als ich versucht habe, ähnlich gelagerte Zeugenaussagen vorzubringen, haben Sie das mit der Begründung verboten, die Sache sei mit der Erwähnung des Vorvertrages abgedeckt. Und wenn ich jetzt diesen Vertrag ausführlicher zur Kenntnis der Jury bringen will, lassen Sie es nicht zu!«

»Ich habe diesen Vertrag gründlich studiert«, antwortete der Richter gelassen und ging auf den Vorwurf der Doppelzüngigkeit nicht weiter ein. »Ich kann nicht erkennen, daß er einen beweiskräftigen Wert hätte. Seine weitere Vorbringung trägt höchstens zur Verwirrung bei. Ich lehne es ab.«

Als Horngrad versuchte, die falsche Autonummern-Liste als Punkt für die Geschworenenbelehrung einzubringen, sprang Tipton auf. »Jedermann weiß inzwischen, daß Detective Hensel einen Fehler gemacht hat! Das hat nichts in der Belehrung zu suchen!« Der Richter stimmte ihr zu.

Dann machte Horngrad einen letzten Versuch, Presseberichte von 1969 einzubringen, mit denen bewiesen werden sollte, daß

Eileen ihr Wissen über das Verbrechen aus ihnen bezogen haben könnte. Er zitierte aus einigen Artikeln, in denen Details erwähnt wurden, die Eileens Schilderung gestützt und ihr Glaubwürdigkeit verliehen hatten. Tipton konterte, sie könne genauso viele falsche Berichte aus den Veröffentlichungen von 1969 zitieren. »In einem Artikel steht zum Beispiel, Susans Ring sei ›am Tatort‹ gefunden worden, nicht an ihrem Finger, wie Eileen ausgesagt hat.«

»Es ist für unsere Sache von höchster Bedeutung, daß diese Artikel erwähnt werden«, erregte sich Horngrad. »Die Jury hat den Saal mit dem Eindruck verlassen, Eileen wisse Einzelheiten, die sie nur als Augenzeugin erfahren haben könne. Das ist ja sicher nicht schädlich für die Anklage, und die Verteidigung muß Gelegenheit bekommen, Gegenargumente vorzubringen! Wenn Sie, Euer Ehren, die Zeitungsartikel nicht in die Belehrung aufnehmen, ist das ein unvertretbarer Nachteil für die Sache der Verteidigung!« Richter Smith hielt dagegen, es sei in den Zeugenaussagen ausführlich dargestellt worden, daß Eileen viele der Fakten, die sie angegeben hatte, aus Zeitungsartikeln erfahren haben könnte. »Und im übrigen lasse ich es nicht zu, daß dieser Prozeß zu einer Schlacht um Presseberichte degeneriert.«

Horngrad gab noch nicht auf. »Die Sache ist *nicht* durch Zeugenaussagen abgedeckt«, widersprach er mutig, »und die Geschworenen werden ein falsches Urteil sprechen, wenn ihnen nicht klar aufgezeigt wird, daß die Einzelheiten des Mordes allgemein bekannt waren.« Der Richter ließ sich nicht beirren und lehnte es ab, die Zeitungsartikel in der Belehrung zu erwähnen.

Schließlich ging er mit Horngrad und Tipton die Liste der Punkte durch, die er in der Belehrung ansprechen wollte. Ein großer Kuhhandel begann, als das Für- und Wider jedes einzelnen Punktes diskutiert wurde, bis man sich schließlich nach dem Motto ›gibst du hier nach, dann gebe ich da nach‹ einigte. Letztlich aber lag die Entscheidung beim Richter. Horngrad kämpfte verbissen darum, daß eine Erwähnung des Kindesmißbrauchs nicht erfolgen sollte, auch wenn die Geschworenen ausdrücklich ermahnt wurden, ihn nicht bei der Urteilsfindung zu berücksichtigen; der Richter lehnte das jedoch ab.

Nachdem man sich schließlich geeinigt hatte, wurden die Geschworenen in den Saal geführt, und Richter Smith begann die sehr ausführliche Belehrung:

»Meine Damen und Herren Geschworenen, Sie müssen sich bei allen Überlegungen im Rahmen der Gesetze bewegen, ob Sie mit ihnen übereinstimmen oder nicht. Sie dürfen sich nicht von Gefühlen, vor allem nicht von Mitgefühl oder Mitleid, leiten lassen. Sie müssen die Beweise abwägen und dem Gesetz folgen, welche Konsequenzen sich auch immer ergeben. Sie dürfen keinen Beweispunkt überbewerten oder unbeachtet lassen. Die Feststellungen, die von den Anwälten der Prozeßparteien getroffen wurden, sind nicht als Beweise zu betrachten. Sie dürfen auch keine Spekulationen über die Gründe von Einsprüchen der Anwälte anstellen.

Auch Fragen der Anwälte sind keine Beweise. Sie dürfen nur Beweise beachten, die sich im Verlauf des Prozesses ergeben haben und sich nicht verleiten lassen, eigene Schlußfolgerungen als Beweise zu betrachten.

Sie dürfen mit niemandem außer mit anderen Geschworenen über die anstehende Sache sprechen und dann auch nur, wenn alle anwesend sind. Beachten Sie: Ein Indizienbeweis ist ein Beweis, der nur darauf schließen läßt, daß ein bestimmter Sachverhalt wahr ist. Ein Schuldspruch aufgrund von Indizienbeweisen setzt zwingend voraus, daß er sich auf die einzig mögliche rationale Folgerung abstützt.

Wenn zwei Beweise sich widersprechen, müssen Sie den verwerfen, der für die Schuld des Angeklagten spricht. Wenn eine Interpretation auf eine verbrecherische Absicht des Angeklagten hindeutet und eine andere dagegen spricht, so ist letztere bei der Bewertung zugrunde zu legen. Bestimmte Beweise sind im Verlauf des Prozesses nur zu eng begrenzten Zwecken zugelassen worden; Sie dürfen sie nur im Hinblick auf diese Zwecke in Betracht ziehen. Alle Zeugenaussagen, die in einem früheren Verfahren einmal als Beweise gegolten haben und in diesem Verfahren zitiert worden sind, müssen so bewertet werden, als seien sie in diesem Verfahren gemacht worden. Bei der Beurteilung eines Zeugen müssen Sie die Art und Weise seiner Aussage sowie sein Benehmen und sein Auftreten berücksichtigen. Sie müssen insbesondere prüfen, ob er voreingenommen ist oder niedrige Motive für seine Aussage hat. Sie müssen seine Haltung gegenüber dem Angeklagten sowie die Festigkeit seiner Aussage und seine Bereitschaft, Unwahrheiten einzugestehen, in Betracht ziehen. Wenn ein Zeuge einer Lüge überführt wird, die er nicht bereits eingestanden hat, ist seine gesamte Aussage zu verwerfen. Die Zahl der von der einen oder anderen Seite aufgebotenen Zeugen darf nicht als Wertmaßstab betrachtet werden.

Soweit Sie im Verlauf des Verfahrens von Beweisen für physischen und sexuellen Mißbrauch gehört haben, belehre ich Sie ausdrücklich, daß sie nur als Beweise zu begrenzten Zwecken zugelassen worden sind und in die Beurteilung der Schuldfrage im Hinblick auf den Mord nicht einbezogen werden dürfen. Ein Motiv für die Tat ist nicht als Anklagepunkt verhandelt worden; es steht Ihnen jedoch frei, ein Motiv in Ihre Überlegungen zur Schuldfrage einzubeziehen. Sie dürfen keine Schlüsse daraus ziehen, daß der Angeklagte sich nicht als Zeuge zur Sache geäußert hat; sein Schweigen zu der Tatsache, daß er des Mordes beschuldigt wird, darf nicht in die Beurteilung, ob er schuldig oder unschuldig ist, einfließen.

Niemand darf verurteilt werden, wenn nicht jedes Detail des Verbrechens von ihm begangen worden sein könnte. Es sind Experten und Gutachter zu Wort gekommen; es steht Ihnen frei, sich über die Qualifikation dieser Experten und Gutachter Ihr eigenes Bild zu machen und ihren Aussagen das Gewicht beizumessen, das Sie für richtig halten. Die Aussagen der psychiatrischen Expertin der Anklage waren kein Beweis für die Behauptung einer unterdrückten Erinnerung. Wenn es nicht gelungen ist, einen *einzelnen* Tatbestand zu beweisen, müssen Sie den *Gesamt*tatbestand für ihre Beurteilung heranziehen.

Der Angeklagte ist als unschuldig zu betrachten, bis das Gegenteil bewiesen ist. Die Last der Beweislage liegt bei der Staatsanwaltschaft. Sie müssen bei allen Überlegungen bedenken, daß der Begriff *berechtigter* Zweifel nicht bedeutet, daß *jeglicher* Zweifel *ausgeschlossen* ist. Im Hinblick auf die Aussage der Augenzeugin in diesem Prozeß müssen Sie ihre Glaubwürdigkeit beurteilen, Sie sollten bedenken, in welcher Streßsituation sie sich damals befand, und Sie sollten bewerten, ob sie tatsächlich die Möglichkeit hatte, die Geschehnisse zu beobachten, ob sie fähig war, ihre Beobachtungen *sicher* darzustellen und ob ihre Aussagen auf ihrer eigenen Rückerinnerung fußen.

Für den Tatbestand des Mordes sind rechtlich drei Voraussetzungen zwingend erforderlich: Erstens, es ist der gewaltsame Tod eines Menschen herbeigeführt worden; zweitens, der Tod ist auf ungesetzliche Weise herbeigeführt worden, also zum Beispiel nicht in Notwehr; drittens, der Tod ist mit Vorsatz herbeigeführt worden. Vorsatz kann mit Absicht beziehungsweise fester Absicht gleichgesetzt werden. Das bedeutet nicht, daß zwischen dem Entschluß zur Tat und ihrer Ausführung eine längere Zeitspanne liegen muß; die feste Absicht, jemand zu töten, kann auch erst Sekunden vor der Tat gefaßt werden. Für den Tatbestand des sexuellen Kindesmißbrauchs sind zwei rechtliche Voraussetzungen erforderlich: Erstens, die mißbrauchte Person muß jünger als vierzehn Jahre alt sein; zweitens, es muß die Absicht der Befriedigung sexueller Begierde vorhanden sein. Nacktheit oder teilweise Nacktheit der mißbrauchten Person ist nicht Voraussetzung für diesen Tatbestand.

Zum Schluß ist der Begriff *Mord aus niederen Beweggründen* zu klären. Wenn der Mord mit einem anderen Verbrechen in Verbindung steht, zum Beispiel die Folge eines vorangegangenen Verbrechens ist, ist der Tatbestand ›niederer Beweggründe‹ erfüllt. Es ist in diesem Fall nicht erforderlich, dem Täter Vorsatz nachzuweisen; der Tatbestand des Mordes ersten Grades ist dann automatisch gegeben. Die Verteidigung hat außer Streit gestellt, daß Susan Nason vor dem Mord sexuell mißbraucht worden ist; wenn Sie, meine Damen und Herren Geschworenen, den Angeklagten des Mordes an Susan Nason schuldig finden sollten, muß daher ihr Spruch auf Mord ersten Grades lauten.«

Nach der Belehrung der Geschworenen war Elaine Tipton mit ihrem Schlußplädoyer an der Reihe. Sie dankte zunächst den Geschworenen für ihre Aufmerksamkeit und Geduld in den vergangenen Wochen.

Sie hatte ihre Anklageerhebung mit der Erzählung von den zwei kleinen Mädchen begonnen; jetzt, beim Finale, fügte sie Eileens Tochter Jessica hinzu und sprach von den »drei kleinen Mädchen, die uns zusammengebracht haben«, wobei sie sich darauf bezog, daß Sica Lipsker die Rückerinnerung Eileens ausgelöst hatte. »Wir sind hier«, sagte sie, »weil der Angeklagte ein kleines Mädchen ermordet hat, um nicht als Kinderschänder überführt werden zu können. Und weil ein anderes dieser kleinen Mädchen, inzwischen erwachsen, den Mut und die charakterliche Stärke hatte, die Sache anzuzeigen.« (Der Halbsatz › ... um nicht als Kinderschänder überführt werden zu können‹ war eines der wenigen Male im Verlauf des Prozesses, bei denen ein Motiv für die Tat erwähnt wurde.)

Dann kam sie zur Sache.

Die Vielzahl der Beweise, sagte sie, die sie im Verlauf der Verhandlung präsentiert habe, decke sich mit den Aussagen der Augenzeugin. Die Verteidigung habe keinen einzigen klaren Gegenbeweis erbracht. Dann ging sie jeden einzelnen der Beweispunkte durch, und im wohltuenden Gegensatz zum Gesamtverlauf des Prozesses gelang ihr eine detaillierte, aber dennoch kurze und prägnante Darstellung. Sie wies darauf hin, wie überzeugend Eileen während der beiden Tage »des grausamen Verhörs« gewirkt hatte. »Die Verteidigung hat ihr bezeichnenderweise während der ganzen Zeit nicht eine einzige Frage zum Mord selbst gestellt. Statt dessen hat sie versucht, die Geschworenen glauben zu lassen, in diesem Prozeß ginge es um Hypnose, Psychotherapie, Psychiatrie, die Medien und Familienstreitigkeiten ... Neunzig Prozent davon waren Ablenkungsmanöver. George Franklin steht als Angeklagter vor diesem Gericht, nicht Eileen Franklin-Lipsker.«

Bei der Schilderung des Mordes war ihr die emotionale Anspannung deutlich anzumerken. Bewegt beschrieb sie die Gefühle der Angst, der Verzweiflung und der Qual, die die achtjährige Eileen erfaßten, als sie ihre Freundin tot an diesem scheußlichen Ort zurücklassen mußte.

Danach ging sie ausführlich auf Franklins seltsames Verhalten bei Eileens Besuch im Gefängnis ein. »Was hätte ein Unschuldiger in dieser Situation wohl gesagt? ›Hör' mal, Eileen‹, hätte er gesagt, ›du weißt doch, daß es nicht wahr ist. Warum tust du mir das an? Bist du krank? Wütend auf mich? Warum um Gottes willen hast du diese falsche Anklage gegen mich erhoben?‹ Hat er irgend etwas in dieser Richtung gesagt? Nein, er hat es nicht getan, und das spricht Bände – es zeugt von seiner Schuld.« Sie erklärte das juristische Prinzip der ›anzunehmenden Einräumung‹, wenn ein Angeklagter die Gelegenheit, ein Verbrechen zu leugnen, nicht wahrnimmt.

Dann attackierte sie die Ablenkungsmanöver der Verteidigung – den blauen Kombiwagen, den bellenden Hund, den fragwürdigen Entführungsversuch Ann Hobbs. Danach warf sie die Frage auf, warum die Geschworenen der nach so langer Zeit aufgetauchten Rückerinnerung Eileens Glauben schenken sollten. Die Verteidigung habe zwar versucht, um dieses Phänomen den Nebel des Mysteriösen und Krankhaften aufwallen zu lassen, aber Eileens Reaktion sei keineswegs untypisch oder unverständlich. Tipton rekapitulierte die psychiatrischen Aussagen, die Eileens Darstellung der unterdrückten Erinnerung stützten und führte eine Statistik an, nach der sechzig Prozent der Erwachsenen, die als Kinder unter sexuellem Mißbrauch gelitten hatten, jegliche Erinnerung daran unterdrückt hatten. Dann sprach sie die einzelnen Vorfälle von Franklins Mißbrauch seiner Kinder an, einschließlich der Vergewaltigung Eileens durch seinen Freund, und wies darauf hin, daß die Verteidigung keinem dieser scheußlichen Vorfälle widersprochen hatte. »George Franklin ist ein Mann, der den Namen ›Vater‹ so sehr beschmutzt hat, daß er es nicht verdient, so genannt zu werden«, schloß sie diesen Punkt ab.

Bis dahin hatte Tiptons Plädoyer ein breites Spektrum von Einzelheiten eingeschlossen, von den so entsetzlichen Dingen wie der Vorliebe hungriger Tiere für blutendes Fleisch bis zum Diensttagebuch einer Feuerwehrbrigade. Die Geschworenen hatten noch einmal von den komplexen psychischen Vorgängen bei der Wiederkehr einer unterdrückten Erinnerung gehört, aber auch von den Spielgewohnheiten der Kinder in Foster City im Jahre 1969. Im Finale ihres Plädoyers aber ließ Tipton den Wirrwarr der Fakten hinter sich und konzentrierte sich auf den Menschen Eileen Franklin-Lipsker.

»George Franklin«, begann sie, »hat es fertiggebracht, Susan Nason zu ermorden, aber er hat es nicht geschafft, den Geist seiner Tochter zu töten. Bei einem weniger standhaften Kind wäre ihm das vielleicht gelungen, aber Eileen hat geistig, seelisch und körperlich überlebt, indem sie die Erinnerung an die scheußlichen Erlebnisse aus ihrem Gedächtnis verbannt hat. Er hat es mit verachtenswerten Methoden zu verhindern gewußt, daß sie sich daran erinnerte, was sie gesehen hatte. Und jetzt versucht er, daraus Kapital zu schlagen und Eileen über seine Anwälte als hinterlistige Lügnerin oder Geistesgestörte hinzustellen. Die Strategie zielt darauf ab, Zweifel daran zu schüren, daß ein Erwachsener sich erst nach zwanzig Jahren wieder an so ein einschneidendes Erlebnis erinnern kann. Aber genau das ist bei Eileen geschehen.

Die Verteidigung bringt zwei Hauptargumente vor – daß Eileen eine falsche Erinnerung habe oder daß sie bewußt und vorsätzlich lüge. Beides ist absurd. Die einzige Version der Geschichte, die Sinn macht, ist die, daß Eileen Augenzeugin des Mordes wurde und die Erinnerung daran unterdrückt hat. Niemand hätte freiwillig auf sich geladen, was sie auf sich geladen hat, wenn es nicht der Wahrheit entspräche. Sie wußte, ihr Leben und das ihrer Familie würde einschneidend gestört und gefährdet, ihre Privatsphäre zerstört. Alle Welt würde erfahren, daß ihr Vater sie als Kind festhielt und lachte, während ein anderer Mann sie vergewaltigte. Und sie mußte durch ein Kreuzverhör, das sie demütigte und quälte.« Horngrad erhob an dieser Stelle Einspruch, ein sehr seltener Vorgang während eines Plädoyers. Er wurde abgewiesen.

Tipton fuhr fort: »Eileen wuchs zu einer ehrenhaften und mutigen Frau heran, und ich appelliere an die Ehrenhaftigkeit und den Mut der Geschworenen, diesen Mörder seiner gerechten Strafe zuzuführen, auch wenn Gerechtigkeit Susan nicht wieder zum Leben erwecken oder Eileen Franklin-Lipsker ihre verlorene Kindheit zurückgeben kann ... George Franklin hat zwanzig Jahre als freier Mann unter uns gelebt, aber jetzt ist die Zeit gekommen, der Wahrheit zum Durchbruch zu verhelfen und sie durch einen Schuldspruch zu bestätigen. Ihr Schuldspruch wird zwanzig Jahre des Schweigens und der Ungewißheit beseitigen ... Ich bitte Sie, meine Damen und Herren Geschworenen, den Angeklagten für dieses scheußliche Verbrechen verantwortlich zu machen und ihn schuldig des Mordes ersten Grades zu befinden.«

Auch Horngrad begann sein Plädoyer mit einem Dank an die Geschworenen. Dann sprach er davon, wie emotional aufgeladen das Verfahren und wie schwierig es für jeden Beteiligten gewesen sei, vor allem jedoch für Mr. Franklin, der von seiner eigenen Tochter des Mordes bezichtigt worden sei. »Es war bewegend«, sagte er, »Susan Nasons Freunde hier im Gerichtssaal zu sehen, die inzwischen Erwachsene sind ...« Sein Ton straffte sich. »Aber es geht hier nicht um Emotionen. Dieser Fall ist ein echter Test für den Eid, den die Geschworenen geleistet haben, die Beweislage nüchtern und leidenschaftslos zu prüfen. Es gibt in diesem hier verhandelten Fall aber neben den Emotionen auch Logik und klare Beweise.«

Dann hielt er eine längere Lektion über die rechtlichen Begriffe, die eine Rolle bei der Beurteilung des Falles spielten – zum Beispiel ›Übergewicht an Beweisen‹ oder ›überzeugende Beweise‹ – bis hin zum grundsätzlichen Erfordernis bei der Entscheidung in einem Kriminalstrafverfahren: Voraussetzung für eine Verurteilung ist, daß die Geschworenen den Angeklagten nur ›ohne berechtigte Zweifel‹ und ›mit moralischer Vertretbarkeit‹ schuldig sprechen dürfen. Nach diesem Ausflug in abstrakte Gefilde kam er dann zur Sache. Zunächst listete er die unumstrittenen Fakten auf, und man muß sagen, er blieb fair und korrekt dabei. Schließlich kam er auf Eileen zu sprechen: »Wir werden nie erfahren«, sagte er, »ob es sich um eine falsche

Erinnerung oder um die Repression einer Erinnerung gehandelt hat. Wir werden niemals erfahren, welcher gedankliche Prozeß sich bei Eileen abgespielt hat, der schließlich zu diesem Verfahren geführt hat. Aber wir können rechtliche Maßstäbe an ihre Glaubwürdigkeit anlegen . . . Ich gehe davon aus, daß sie bereits vor diesem Prozeß einige Lügen erzählt hat, und ich unterstelle ihr, daß sie auch Sie, meine Damen und Herren Geschworenen, mehrfach angelogen hat. Dieser ganze Fall besteht nur aus Eileen Franklin-Lipsker – *es gibt sonst nichts,* nichts was meinen Mandanten überführen könnte. Und diese Frau, von der alles abhängt, hat viele, viele Male gelogen. Wie können wir ihr ihre Geschichte glauben, eine Geschichte, die vor zwanzig Jahren geschehen sein soll? Sie mußte zugeben, daß sie ihre Mutter angelogen hat, auch ihren Bruder, und, wie Kate Franklin-Glenn aussagt, auch ihre Schwester. Sie hat ihrem Mann nicht die Wahrheit gesagt und auch nicht ihrem Therapeuten . . .«

Dann wandte sich Horngrad den Diskrepanzen zu, die sich zwischen den Aussagen, die Eileen angeblich anderen gegenüber gemacht hatte, und deren Stellungnahmen dazu ergaben. Sie habe Kirk Barrett zum Beispiel gesagt, sie habe ihm gegenüber den Mörder nicht identifiziert, während sie behauptete, sie habe es ihm sofort gesagt. Danach sprach er an, wie unglaubwürdig ihre Behauptungen seien, sie habe mit ihrer Schwester Janice nicht über den Mord gesprochen und sie habe keine Träume gehabt. Schließlich stellte er die Auffassung des Gerichtsmediziners heraus, der Stein, der als Tatwerkzeug betrachtet worden sei, wäre zu klein dafür.

Dann stürzte er sich auf den angeblichen Friedhofsbesuch seines Mandanten, ein Thema, das er als ›zentralen Teil der Anklage‹ bezeichnete. »Ich unterstelle nicht, daß die Anklage vorsätzlich gehandelt hat, aber es war sehr leichtfertig und unverantwortlich, diese Behauptung aufzustellen.«

Die Tatsache, daß Franklin bei zwei Gelegenheiten den Mord nicht geleugnet hatte, bezeichnete er schlichtweg als ›nicht erwähnenswert‹; Leahs kurzes Gespräch mit Franklin, in dem er gesagt hatte ›Du denkst aber auch immer das Schlechteste von mir‹, war für Horngrad ›kein Beweis für irgend etwas‹.

Zu Eileens Besuch bei Franklin im Gefängnis sagte er, es sei wohl sehr verständlich, daß Franklin der Tochter gegenüber, die ihn wegen Mordes angezeigt hatte, sehr vorsichtig und zurückhaltend gewesen sei. Leahs Geschichte von dem blutbefleckten Hemd bezeichnete er als völlig unglaubwürdig. Sie habe es im übrigen auch unterlassen, die Behörden von Eileens Aussage ihr gegenüber, sie sei hypnotisiert worden, zu unterrichten.

Dann ging er scharf mit der Staatsanwaltschaft ins Gericht, weil sie seinen Mandanten fortlaufend als Monster, als Bösewicht erster Klasse dargestellt habe. Sie hätte sich eher mit den Beweisen in dem zur Verhandlung anstehenden Fall auseinandersetzen sollen, meinte er. Es sei selbstverständlich unverzeihlich, wenn jemand ein Kind mißbrauche; aber Franklin suche nicht nach Verzeihung für etwas, das nicht Anklagepunkt in diesem Verfahren sei. »Es steht nicht zur Debatte, was für ein Typ Mensch Franklin im Jahre 1969 war«, sagte er empört.

Danach kam er zu seinem Lieblingspunkt – daß die Anklage nicht beweisen konnte, Eileens Geschichte enthalte Einzelheiten, die nicht längst allgemein bekannt waren. »Ich lade Mrs. Franklin-Lipsker ein, sich vor die Geschworenen zu stellen und auch nur *eine einzige Einzelheit* zu nennen, die sie als Augenzeugenwissen verkauft hat, die aber nicht durch die Medien längst bekannt war. Leider verbieten es die Vorschriften, im Gerichtssaal Zeitungen zu verteilen, dann könnten Sie alle das überprüfen.«

Nun nahm er sich die Änderungen und Widersprüche in Eileens Aussagen vor. »Wenn eine ermittelte Tatsache im Widerspruch zu ihrer Darstellung stand, hat sie sie schleunigst abgeändert oder ganz aufgegeben.« Dann kamen die Buch- und Filmverträge an die Reihe. »Durch ihre Anzeige ist sie zur nationalen Berühmtheit geworden. Sie behauptet nun aber, sie wisse nicht, wieviel Geld sie insgesamt mit Buch- und Filmverträgen einsackt. Kann man ihr das glauben?«

Langsam kam Horngrad zum Schluß. Er wagte die kühne tiefenpsychologische Spekulation, Eileens Rückerinnerung an die sexuelle Belästigung im Alter von fünf Jahren, der ›Badewannenvorfall‹, sei der Ursprung für die ganze nachfolgende Geschichte, und er folgerte, Eileen habe aus diesem Erlebnis entweder konfuse Vorstellungen oder Rachegedanken entwickelt. »Sie hat ein Recht darauf«, sagte er pathetisch, »daß ihre Qual gelindert wird. Aber das ist nicht Aufgabe der Geschworenen. Unsere Aufgabe ist es einzig und allein, darüber zu befinden, ob George Franklin des Mordes schuldig ist oder nicht. Wir dürfen uns bei dieser Entscheidung nicht von anderen Dingen ablenken lassen. Eileen hat ein Recht darauf, zornig und verzweifelt zu sein, und sie hat ein Recht darauf, getröstet zu werden; aber das ist Sache einer Psychotherapie, nicht der Geschworenen in diesen Prozeß. Ein Gerichtssaal ist nun einmal nicht die Couch eines Psychiaters. Sie, meine Damen und Herren Geschworenen, können nicht wissen, was in Eileen vorgegangen ist. Wahrscheinlich kann das nicht einmal ein Psychiater mit Sicherheit ergründen.«

Horngrad erinnerte die Jury noch einmal daran, daß Eileen seltsamerweise den Vergewaltiger für einen Schwarzen gehalten hatte. Schließlich wählte er sich Mrs. Nason als Schlußpunkt seiner Aufzählung aus: »Bei Gott, ich würde ganz bestimmt kein Wort der Kritik gegenüber Mrs. Nason äußern, aber wenn sie sagt, ihr Kind wäre nie zu einem Fremden ins Auto gestiegen, dann dürfen wir das auf keinen Fall zur Grundlage einer Verurteilung machen.« Danach wies er auf die Belehrung des Richters hin und wiederholte, die Geschworenen dürften die Tatsache, daß Mr. Franklin im Verlauf des Prozesses nicht ausgesagt habe, nicht negativ für ihn auslegen. Zum Schluß sagte er: »Wenn Ihr Spruch ›nicht schuldig‹ lautet, meine Damen und Herren Geschworenen, dann bedeutet das nicht, daß der Angeklagte mit Sicherheit unschuldig ist; es bedeutet nur, daß ihm eine Schuld nicht zweifelsfrei nachgewiesen werden konnte ... Wenn ich während des Verfahrens jemanden gekränkt oder beleidigt haben sollte, bitte ich ihn um Entschuldigung. Ich bin zuversichtlich, daß Sie, meine Damen und Herren Geschworenen, den Angeklagten ›nicht schuldig‹ befinden.«

Sein Hinweis auf einen eventuellen Freispruch aus Mangel an Beweisen stellte eine bemerkenswerte Änderung der Strategie der Verteidigung dar. Bisher hatte Horngrad stets mit Nachdruck die Unschuld seines Mandanten beteuert. Es sah fast so aus, als ob er zum Schluß noch kalte Füße im Hinblick auf diese Strategie bekommen hätte und sich die Option ›Freispruch mangels Beweises‹ offenhalten wolle. Vielleicht wollte er auch auf eine hochgradige Spitzfindigkeit hinaus, die das Gesetz bietet: Freispruch eines Angeklagten, dessen eigener Verteidiger nicht ausdrücklich die Unschuld seines Mandanten behauptet. Aufgrund seiner bisherigen Strategie erschien das allerdings recht unwahrscheinlich.

Tipton machte ausgiebig von der Möglichkeit Gebrauch, die der Anklage – nicht auch der Verteidigung – im Gesetz zugestanden wird: eine Gegendarstellung zum Plädoyer der Verteidigung. Sie zeigte noch einmal auf, daß die meisten der vom Herrn Verteidiger in seinem dreistündigen Plädoyer angeführten Argumente nichts mit dem eigentlichen Fall zu tun hatten. George Franklin war der Angeklagte, nicht seine Tochter. Sie war eine Augenzeugin, und ihre Aussagen waren weitgehend bestätigt worden. Mr. Horngrad habe ausschließlich auf ihren wenigen Schwachpunkten herumgeritten. Was aber war dabei herausgekommen? Eileen war nach der Rückkehr ihrer Erinnerung sehr verunsichert und verängstigt. Wie konnte es der Herr Verteidiger wagen, ihr die Art vorzuwerfen, in der sie die Sache schließlich vorgebracht hatte, wo doch sein Mandant für ihr moralisches Dilemma verantwortlich war? Es gehe in diesem Fall nicht darum, wie sie die Erinnerung an das Verbrechen anderen Menschen und schließlich der Polizei vorgetragen habe; sie sei ja schließlich nicht wegen falscher Anschuldigungen angeklagt.

Dann betonte sie noch einmal, wie leicht es für Eileen gewesen wäre, einfach zu leugnen, sie hätte je von Hypnose gesprochen. Zur Widerlegung der Längst-alles-bekannt-Theorie der Verteidigung führte sie zwei Beispiele an: »Über die Farbe von Susans Kleid ist in der Presse sehr ausführlich berichtet worden. Eileen aber hat nie behauptet, sich daran zu erinnern, was ja aber sehr einfach gewesen wäre. Dagegen ist der Schnitt des Kleides unseres Wissens nicht erwähnt worden, Eileen aber sagte aus, es sei ein ›A-Linien-Schnitt‹ gewesen, und Mrs. Nason hat das bestätigt. Und wenn sie ihr Wissen aus den Zeitungen zusammengeklaubt hätte, hätte sie von Anfang an die richtige Tageszeit genannt und nicht Unsicherheiten in dieser Frage gezeigt, denn in den Zeitungen war immer nur der Nachmittag als Zeit von Susans Verschwinden genannt worden.«

Den Vorwurf der nachlässigen Arbeit, den ihr die Verteidigung wegen der falschen Nummernschild-Liste gemacht hatte, konterte sie geschickt: »Lassen Sie uns das einmal anders herum betrachten. Mrs. Banks und ihre Tochter sowie Mr. Mann haben, wie wir eindeutig nachweisen konnten, falsche Aussagen gemacht, und die Verteidigung hat in diesen Fällen schlecht recherchiert. Was also die Fehler bei den Hausaufgaben angeht, Herr Verteidiger, es steht drei zu eins für Sie!«

Dann ging sie noch einmal die Mordszene durch und betonte die Glaubwürdigkeit von Eileens Schilderung. Sie konnte dieses Wissen um die Einzelheiten nicht komplett der Presse entnommen haben. Als letztes griff sie noch einmal auf, warum Franklin seiner Tochter gegenüber das Verbrechen nicht geleugnet hatte, wohl um diesen Punkt als besonders verdächtig in die Köpfe der Geschworenen einzuhämmern.

In ihrer Gegendarstellung hatte Elaine Tipton noch einmal sehr geschickt die Verschleierungs- und Ablenkungstaktik der Verteidigung aufs Korn genommen und den Kernpunkt des Verfahrens unterstrichen: die Glaubwürdigkeit der Augenzeugin Eileen Franklin-Lipsker. Sie schloß mit den Worten: »Wenn die Beweislage in diesem Verfahren nicht ausreicht, einen Schuldspruch zu fällen, dann muß man sich fragen, wie man überhaupt noch einen Mörder seiner gerechten Strafe zuführen kann.«

Um 11 Uhr 30 am 29. November entließ Richter Smith die Geschworenen zur Beratung. Seit sechs Wochen waren sie im Amt; vier Wochen davon hatten sie der Beweisaufnahme zugehört. Bei der vom Richter festgelegten Vier-Tage-Woche und nach Abzug der Erntedankferien hatten sie siebzehn Tage im Gerichtssaal zugebracht; das war nicht viel für einen so aufsehenerregenden Mordprozeß. Sie hatten neunundzwanzig Zeugen der Anklage und zweiunddreißig der Verteidigung gehört. Alle Beweisstücke und das Protokoll der Aussagen Barry Lipskers bei der Voruntersuchung wurden ihnen mitgegeben.

Die Geschworenen hatten sich noch nicht lange im streng abgeschirmten Beratungsraum versammelt, als sie einen Gerichtsboten zum Richter schickten und eine Kopie seiner Belehrungspunkte sowie die Tonbänder mit Eileens Anrufen bei der Staatsanwaltschaft anforderten. Horngrad versuchte vergeblich, die Übergabe der Tonbänder zu verhindern und machte schließlich einen kuriosen Kompromißvorschlag: Man solle den Geschworenen, wie angefordert, die Tonbänder übergeben, aber kein Abspielgerät dazu. Alles lachte, auch der Richter, und selbst George Franklin, der während des ganzen Verfahrens nur selten irgendwelche Regungen gezeigt hatte, lachte laut und klopfte Horngrad auf die Schulter.

Pauline Canny, eine Produzentin des Fernsehsenders CBS, die den Prozeß in der Hoffnung verfolgt hatte, mit Eileen einen Vertrag über einen Fernsehfilm abschließen zu können, fragte Horngrad draußen im Flur: »Wieviel Zeit wird zwischen dem Spruch der Geschworenen und dem Urteilsspruch des Richters liegen, wenn Ihr Klient schuldig befunden wird?« Horngrad antwortete lässig: »Ich habe bisher noch keinen Gedanken daran verschwendet, Mr. Franklin könnte schuldig gesprochen werden.«

Ein paar Schritte weiter unterhielt sich Elaine Tipton mit Freunden, und als Bob Morse dazukam, legte er den Arm um ihre Hüfte und sagte zu den anderen: »Nun seht euch mal an, wie dünn Elaine geworden ist! Vor dem Prozeß hat sie einhundertachtzig Pfund gewogen!« Die anderen gaben ihre Kommentare dazu, und man kam darauf zu sprechen, daß der Prozeß für Elaine tatsächlich sehr anstrengend und kräftezehrend gewesen war. »Ich kann euch das bestätigen«, witzelte Morse erneut, »ich habe die ganze Zeit ihren Haushalt schmeißen müssen.«

Elaine lachte. »Das ist wie bei Männern, die sich nicht rasieren, bis die San Francisco Fourty-Niners mal wieder ein Football-Spiel gegen die Los Angeles Redskins gewonnen haben. Ich hab' in meinem Haushalt einfach alles liegen lassen, bis der Prozeß vorbei ist.«

Eileen hielt sich im Haus ihrer Tante Sue auf, solange die Jury beriet. Sie las viel und pflegte ihr Magengeschwür, das sich wieder quälend bemerkbar machte. Gegen Ende des Nachmittags ließ der Sprecher der Jury, Alger Chapman, verlauten, die Geschworenen würden die Beratung für heute abbrechen und am nächsten Tag fortsetzen. Horngrad schlug eine Zwangseinschließung der Jury im Gerichtsgebäude vor, aber der Richter lehnte das als unbegründet ab; seine strenge Belehrung der Geschworenen, sie dürften keinerlei Kontakt zu Medienvertretern aufnehmen oder den Fall mit irgend jemand diskutieren, reiche aus, eine Beeinflussung von außen zu verhindern.

Am nächsten Morgen fuhren Eileen und ihre Tante wieder zum Gerichtsgebäude und warteten im Büro des Bezirksstaatsanwalts auf die Entscheidung. Als es auf Mittag zuging, luden einige Freunde Eileen zum Essen ein. Man hatte Eileen zwar gesagt, es sei uralte Gerichtserfahrung, daß die Geschworenen, wenn sie nicht sehr schnell zu einem Beschluß kämen, mehrere Tage dafür bräuchten, aber sie war zu ängstlich, den entscheidenden Moment zu verpassen. Und weil Elaine Tipton auch meinte, es läge was in der Luft und es könne jeden Moment soweit sein, blieb sie im Büro, drängte aber ihre Tante Sue, die Freunde zu begleiten.

Nach einem sehr entspannenden Mittagessen kam Sue etwa um 13 Uhr 45 zurück ins Gerichtsgebäude. Als sie am Empfang vorbeiging, rief ihr die Dame hinter der Theke zu: »Sie sollten sich beeilen, die Jury im Fall Franklin hat ihren Spruch gefällt!« Ein Journalist im Warteraum hatte den Zuruf mitgehört und rannte mit Sue zusammen zum Aufzug. Als sie im zweiten Stock ankamen, sah der Journalist Horngrad in einer Telefonzelle, wo er eifrig auf jemanden einredete; er ging hin, klopfte an die Scheibe und rief: »Der Spruch ist gefallen!«

»Was!?« rief Horngrad erstaunt aus, legte ohne ein weiteres Wort den Hörer auf und lief mit den beiden zum Gerichtssaal. Dir Tür war aber noch abgeschlossen, und Horngrad gewann seine Fassung zurück. »Meine Dame, mein Herr«, sagte er zu Sue und dem Journalisten, »ich stelle fest, daß die Gerüchteküche zu schnell gekocht hat!« Im selben Augenblick öffnete Peggy Gensel, die Gerichtssekretärin, die Tür von innen, und Horngrad fragte sie: »Peggy, wir haben gehört, der Spruch sei gefallen. Ist das wahr?«

»Wir brauchen Sie«, antwortete Peggy Gensel gelassen.

Ihre Antwort konnte auch bedeuten, daß die Jury einen weiteren Antrag gestellt hatte, der vom Richter mit den Prozeßparteien diskutiert werden mußte, aber Horngrad und seine beiden Begleiter faßten Gensels Antwort so auf, daß die Geschworenen nach bemerkenswert kurzen acht Stunden ihren Spruch gefällt hatten. Und so war es auch.

EILEEN

Am Freitag morgen begab ich mich mit Tante Sue wieder zum Gericht, um auf den Spruch der Geschworenen zu warten. Sue ging mit einigen meiner Freunde zum Essen außerhalb des Gebäudes; ich begleitete Elaine in die Gerichtskantine. Nach der Rückkchr in ihr Büro entschuldigte ich mich und ging zur Toilette. Als ich zurückkam, war Elaine am Telefon und redete aufgeregt auf jemanden ein, sie müsse unbedingt Mrs. Nason sprechen. Ich fragte, ob der Spruch gefallen sei, und sie nickte mir betätigend zu. Ich griff nach meinem Kleid und dem Schuhbeutel, die an einem Haken hingen, und ging zurück zur Toilette, um mich umzuziehen.

Im Flur draußen traf ich meine Freundin Sharon, und als ich ihr sagte, der entscheidende Augenblick sei gekommen, nahm sie mich in den Arm. Ich fing an zu zittern und konnte kaum sprechen. Sharon begleitete mich zur Toilette. Meine Hände zitterten so, daß ich mich kaum ausziehen konnte. Tante Sue kam rein und sagte, sie würde im Gerichtssaal auf mich warten. Wir waren alle überrascht, daß die Entscheidung so schnell gefallen war.

Ich wurde von Angst und einem Gefühl der Ungewißheit überfallen; ich war so nervös, daß ich nicht mehr wußte, welcher Schuh an welchen Fuß gehörte. Ich wollte mir die Lippen schminken, war aber nicht fähig, den Lippenstift ruhigzuhalten. Ich konnte nicht einmal mein Haar bürsten oder feststecken. Sharon half mir und versuchte mich zu beruhigen, aber ich nahm nicht auf, was sie zu mir sagte.

Als ich schließlich mit Sharons Hilfe fertig war, ging ich in den Flur, wo Bob Morse auf mich wartete. Er nahm meine eiskalten Hände in seine und sprach beruhigend auf mich ein. Er hatte recht, ich brauchte mich tatsächlich nicht mehr zu sorgen. Ich hatte meinen Teil zu diesem Prozeß beigetragen. Ich hatte die Wahrheit gesagt. Es lag nicht in meiner Verantwortung, eine Verurteilung herbeizuführen. Der Prozeß war für mich schon lange vorbei.

Ich klammerte mich an Bobs Hand und sagte: »Selbst wenn die Jury meinen Vater für ›nicht schuldig‹ befindet, ich meine, ich hätte das Richtige für Susan getan, und ich würde alles noch mal so machen.« Die Verurteilung war plötzlich nicht mehr von ausschlaggebender Bedeutung für mich; wichtig war, daß die Wahrheit gesagt und, wie ich meinte, der Mord aufgeklärt worden war.

Als Elaine Tipton erfuhr, der Spruch sei gefallen, griff sie als erstes zum Telefon. Der Richter hatte ihr gesagt, wenn es soweit sei, würde er zehn, höchstens fünfzehn Minuten warten, dann aber mit der Bekanntgabe beginnen. Tipton hatte aber den Nasons und Eileen versprochen, sie zu informieren. Eileen war bei ihr, also kein Problem, und Margaret und Shirley Nason warteten abrufbereit in der Nähe des Gerichtsgebäudes in der Wohnung von Bekannten. Don Nason allerdings war auf Geschäftsreise in San Francisco; er konnte zwar telefonisch erreicht werden, aber es war klar, daß er nicht mehr pünktlich erscheinen konnte.

Bob Morse hatte gerade in seinem Stammrestaurant mit dem Essen begonnen, als er zum Telefon gerufen wurde. Er ließ sich vom Ober sein Steak einpacken und machte sich in Begleitung eines Freundes im Eilmarsch auf den Weg zum Gerichtsgebäude. Der Freund sprach ihn darauf an, Don Nason könnte bei einem Spruch ›nicht schuldig‹ vielleicht auf den Gedanken kommen, Selbstjustiz zu üben. »Nein«, sagte Morse ohne Zögern, »ich habe schon früher an so was gedacht und ihn beobachtet. Er trägt keine Jacke, immer nur Hemden, und ich würde jede Ausbeulung seiner Taschen sofort sehen.«

Bryan Cassandro, ebenfalls überzeugt, der Spruch lasse noch auf sich warten, war mit seiner Tochter zum Essen in ein Restaurant gegangen. Auf dem Rückweg zum Gerichtsgebäude piepste plötzlich sein Rufgerät los, und Cassandro setzte sich in Trab, um ja den entscheidenden Moment nicht zu verpassen.

Man hatte die Journalisten gewarnt, wenn sich erst einmal herumgesprochen habe, daß die Geschworenen soweit seien, würden viele Angestellte des Gerichts, die sogenannten ›Urteils-Junkies‹, alles stehen und liegen lassen und zum Gerichtssaal rennen, so daß es schwer werden könnte, noch einen Platz zu bekommen. Also blieben die meisten Reporter in der Nähe des Gerichtssaals; dennoch aber bekamen einige von ihnen jetzt keinen Platz mehr, denn der Saal war innerhalb von vier Minuten, nachdem Peggy Gensel die Tür geöffnet hatte, bereits überfüllt.

Der Gerichtsdiener führte Eileen zu einem der reservierten Stühle in der ersten Reihe, zufällig neben Margaret Nason. Obwohl diese beiden Frauen inzwischen durch ein festes Band, das Schicksal Susans, miteinander verbunden waren, hatten sie aufgrund des Sprechverbotes für Zeugen nicht miteinander geredet. Die letzten Gespräche zwischen den beiden hatten in Eileens Kindheit stattgefunden, aber Eileen hatte vor einem

Jahr einen langen Brief von Margaret erhalten, in dem sie Eileens Mut gelobt hatte, die Sache vor Gericht zu bringen.

Zum ersten Mal seit dem Begin des Prozesses betrat George Franklin ohne Anzeichen von Forschheit den Saal. Er sah sehr blaß und verkniffen aus und ging ganz langsam zu seinem Platz. Als er sich gesetzt hatte, griff er nach dem Wasserglas auf dem Tisch, aber seine Hand zitterte so stark, daß er es wieder absetzen mußte. Horngrad, der das nicht gesehen hatte, forderte ihn auf, einen Schluck zu trinken, und diesmal schaffte er es, das Glas an die Lippen zu führen, aber seine Hand zitterte immer noch so sehr, daß er es sofort wieder auf den Tisch zurückstellte. Die Gerichtssaal-Mystik behauptet, daß dann, wenn die Geschworenen bei der Rückkehr von der Beratung den Angeklagten ansehen, ihr Spruch ›nicht schuldig‹ lautet. Wenn sie ihn nicht ansehen, heißt das dementsprechend, daß sie ihn ›schuldig‹ gesprochen haben. Wie auch immer, die Geschworenen im Mordprozeß Franklin schauten nicht zu dem Mann hinüber, über dessen Schicksal sie gerade entschieden hatten, aber sie hatten während des Prozesses eigentlich nie in den Saal geblickt, wenn sie aus Pausen zurückgekehrt waren. Als sie sich gesetzt hatten, herrschte absolute Stille im Saal.

»Haben die Geschworenen zu einem Urteil gefunden?« fragte Richter Smith förmlich.

Alger Chapman, der Sprecher der Jury, erhob sich. »Ja, das haben wir, Euer Ehren.«

»Und wie lautet ihr Urteil?«

Margaret Nason drückte Eileens Hand.

»Wir befinden den Angeklagten schuldig.«

Ein leises Seufzen ging durch den Saal. Horngrad legte seine Hand tröstend auf Franklins Schulter, der unbewegt dasaß. Margaret Nason stürzte sich schluchzend in Eileens Arme, die sie beruhigend tätschelte. Eileens langes rotes Haar fiel über ihr Gesicht und verbarg ihre eigene Reaktion. Bob Morse nahm Elaine Tipton in den Arm, und auch sie fing an zu weinen.

Der Vorschrift entsprechend befragte Peggy Gensel jeden einzelnen der Geschworenen nach seinem Urteil, und einer nach dem anderen stand auf und sprach laut und deutlich sein

›schuldig‹. Es war nicht besonders unruhig im Gerichtssaal, aber ein Teil der Zuschauer beugte sich vor oder reckte den Kopf, um die Reaktion der Hauptbeteiligten beobachten zu können, und so fand Peggy Gensels formelle Aktion nur noch wenig Beachtung. Fast genau ein Jahr nach George Franklins Anhörung zur Anklage und zwei Jahre nach Eileen Franklin-Lipskers Rückerinnerung an den Mord war das Martyrium zu Ende gegangen.

EILEEN

Der Weg in den Gerichtssaal zur Bekanntgabe des Spruches der Geschworenen war für mich schlimmer als wenige Tage zuvor der Weg in den Zeugenstand. Meine Beine waren schwer, mein Atem ging stoßweise, mein Magen war in Aufruhr, und meine Hände und Füße waren eiskalt. Sharon und ich wurden zu Stühlen neben Mrs. Nason geführt. Ich merkte, daß eine Frau schräg hinter mir mein Porträt auf ihrem Block skizzierte und drehte mich weg. Es waren mehr uniformierte Polizisten im Saal als sonst, und ich fragte mich, ob man irgendwelche Unruhen erwartete oder ob die Polizisten nur aus Neugier gekommen waren.

Als die Geschworenen in den Saal kamen, beobachtete ich sie, ob sie mich oder meinen Vater anschauten, um vielleicht daraus auf ihren Spruch schließen zu können. Als der Sprecher der Jury den Schuldspruch verkündete, stockte mir für Sekunden der Atem. Mrs. Nason umarmte mich, und ich hatte Mühe, meine aufwallenden Gefühle zu unterdrücken, aber ich wollte sie nicht mit diesen sensationslüsternen Reportern teilen, wollte ihnen nicht ein weiteres Stück meiner Privatsphäre zum Fraß vorwerfen. Ein Laut, der in meinen Ohren wie ein Seufzer der Erleichterung klang, ging durch den Saal. Shirley Nason kam verspätet herein und setzte sich auf den freigehaltenen Stuhl zwei Plätze neben mich. »Sie haben ihn schuldig gesprochen!« flüsterte ich ihr mit zitternder Stimme zu.

Bob Morse kam zu mir, um mich aus dem Saal zu führen. Auf dem Weg nach draußen umarmte mich meine Tante Sue, auch Sharon nahm mich in den Arm, und einige Reporter lächelten mir zu. Als wir in den Flur kamen, waren mehrere Fernsehkameras auf uns gerichtet, und Bob flüsterte: »Nicht lächeln, Eileen!« Als ich im Aufzug mit Bob allein war, lehnte ich mich an die Wand und bedeckte mein Gesicht mit den Händen; ich hätte vor Erleichterung am liebsten losgeheult, aber ich riß mich zusammen.

In Elaines Büro rief ich als erstes Barry an. Als er sich meldete, hörte ich seiner Stimme an, daß er gerade geschlafen hatte. Stammelnd brachte ich heraus: »Schuldig, Barry! Sie haben ihn schuldig gesprochen! Es ist vorbei, Barry!« Er war sehr erleichtert. »Ruf mich später noch mal an«, sagte er, »ich muß das jetzt sofort meinen Eltern durchgeben!« Ich rief dann meine Mutter in ihrem Büro an. Der Gefühlsausbruch ebbte langsam ab, die Realität drang wieder in mein Bewußtsein, und ich brachte es fertig, ihr die Nachricht in ruhigem Ton zu sagen. Meine Mutter war erleichtert und sagte, sie käme sofort zu mir.

Schließlich war ich wieder in der Lage, mit den Leuten um mich herum zu sprechen, aber keiner von uns brachte viele Worte heraus. Kurz nach der Ankunft meiner Mutter kam auch Tante Sue ins Zimmer, und zum ersten Mal seit Jahren sprachen die beiden Schwestern wieder miteinander. Bob Morse sagte mir, die Medien warteten auf mich und die Nasons; ich hatte keine Lust, irgend etwas vor dieser hungrigen Meute zu sagen, aber ich wußte, daß man mich nicht ohne eine Stellungnahme aus dem Gebäude lassen würde.

Das Foyer des Gerichtsgebäudes war voller Menschen. Eine Gruppe von Reportern scharte sich um Elaine, und Fernsehkameras waren auf sie gerichtet. Bob führte mich zu einer Bank in der Nähe, und ich schaute mir das Schauspiel an. Ich war stolz auf Elaine und freute mich für sie, daß sie im Mittelpunkt des Interesses stand. Sie hatte diese Aufmerksamkeit und das Lob, das man ihr zollte, ganz bestimmt verdient.

Als die Reporter mich entdeckten und auf mich zustürzten, hatte ich ihnen nicht viel zu sagen. Ich war erleichtert, daß der

Prozeß endlich vorbei war, aber ich war auch traurig, daß mein Vater für Jahre ins Gefängnis mußte. Ich hatte seine Verurteilung herbeigesehnt, natürlich, aber ich hatte durch dieses schreckliche Ereignis in meinem Leben nun nicht nur Susan, sondern auch meinen Vater für immer verloren. Ich glaubte nicht, daß die Reporter diese Gedanken verstehen würden, und so sagte ich ein paar belanglose Worte, drängte mich dann durch den Pulk und ging zurück in Elaines Büro. Dort traf ich auf eine Gruppe fröhlich gestimmter, lachender, schnatternder Menschen. Man gratulierte Bob Morse, Bryan Cassandro, Marty Murray und Elaine Tipton. Das war ihr Sieg, der Sieg dieses Teams, und jeder einzelne hatte die Glückwünsche verdient. Ich aber gehörte nicht länger dazu, war nicht mehr Mitglied in diesem Team. Für mich, das wußte ich, war das Urteil nichts anderes als das Schlußkapitel in der Beziehung zu meinem Vater, den ich einmal sehr geliebt hatte.

Am Abend ging ich mit all den anderen zur Feier des Sieges zu einem Dinner. Für mich war es jedoch nur deshalb eine Feier, weil der Prozeß endlich vorbei war und weil Susan Nason letztlich doch noch Gerechtigkeit widerfahren war. Ich war nicht in Siegesstimmung. Der Prozeß hatte zu viel persönliche Substanz aufgezehrt. Ich fühlte mich ausgelaugt. Aber ich fühlte auch Erleichterung – unsagbare Erleichterung –, daß die Wahrheit verstanden worden war und sich durchgesetzt hatte. Aber, o Gott, wie sehr schmerzten doch auch die Verluste, die ich erlitten hatte – der Verlust meiner Privatsphäre und der Verlust geliebter Menschen aus meiner Familie. An diesem Abend war ich nicht sehr glücklich.

SCHLUSS

22. KAPITEL

Sofort nach Verkündung ihres Spruches wurden die Geschworenen im Mordprozeß Franklin, die sich alle verpflichtet hatten, nicht mit Reportern zu sprechen, aus einer Hintertür des Gerichtsgebäudes nach draußen geführt. Für einige Tage hielten sie sich auch an ihre Verpflichtung, aber dann sickerte doch einiges über ihre Eindrücke während des Prozesses an die Öffentlichkeit. Einer der Geschworenen sagte einem Mitglied des Teams der Staatsanwaltschaft, neben anderen Beobachtungen habe ihn und andere Geschworene das Auftreten von George Franklin junior sehr negativ beeinflußt. Sein zorniges, feindseliges Verhalten sei völlig unverständlich und unbegründet gewesen, und man habe es geradezu als Bedrohung empfinden müssen. Wenn George juniors Fehlverhalten tatsächlich zur Verurteilung seines Vaters beigetragen hat – andere Juroren nannten in erster Linie andere Gründe –, dann entbehrt das nicht einer gewissen Ironie, denn er hatte sich ja entschiedener als alle anderen für George Franklin in die Bresche geschlagen.

Peter Aaronsen, ein Mitarbeiter von *The Reporter*, der Gerichtszeitung für die Bay Area, brachte drei der Geschworenen zum Reden und erfuhr, daß sich die Überlegungen letztlich auf Eileens Glaubwürdigkeit konzentriert hatten. Bei der Beratung hatte einer von ihnen alle Details, die Eileen wahrscheinlich nicht aus Veröffentlichungen erfahren haben konnte, auf eine Tafel geschrieben: Daß Susan die Hände über den Kopf gehoben hatte, um sich zu schützen; daß Susan ein Kleid im ›A-Linien-Schnitt‹ trug; daß ihr Vater irgend etwas – wahrscheinlich Susans nie gefundenen zweiten Schuh – weggeworfen hatte; daß er einen Stein an Susans Kopf gelegt hatte, um einen Unfall vorzutäuschen. Die Jury habe auch Eileens offensichtliche Qual und Angst, die sie im Zeugenstand gezeigt hatte und die auf den Tonbändern zu hören war, als Beweise für ihre

Ernsthaftigkeit betrachtet. Ein junger Geschworener sagte, ihre sichtlichen Seelenqualen hätten ihn überzeugt, daß sie ›so was nicht auf sich nimmt, um Geld damit zu verdienen‹.

Eine andere Geschworene, eine Krankenschwester Anfang vierzig, sagte zu den Widersprüchen in Eileens Schilderungen: »Ich kann mir gut vorstellen, wie wichtig es für einen Zeugen ist, der ein Verbrechen anzeigen will, daß er Bestätigung findet und man ihm glaubt. Sie hat Fehler gemacht und gelogen, damit die Leute ihr glaubten.« Andere Geschworene sagten, sie seien am meisten wegen Franklins Frage bei der Verhaftung ›Haben Sie mit meiner Tochter gesprochen?‹ von seiner Schuld überzeugt worden.

Alle Geschworenen waren von der gründlichen Vorbereitung und dem Auftreten der beiden Anwälte der Prozeßparteien beeindruckt, die meisten fanden Elaine Tipton jedoch überzeugender. Am Ende des ersten Tages der Beratung waren zehn der Geschworenen für den Schuldspruch. Der Sprecher der Jury, Alger Chapman, der von Beginn an von Franklins Schuld überzeugt war, hatte sehr ruhig und geduldig, aber auch sehr überzeugend mit den beiden unentschlossenen Juroren diskutiert, und um die Mittagszeit am zweiten Tag waren auch sie bereit, das Urteil ›schuldig‹ mitzutragen.

EILEEN

Es drängte mich, möglichst bald in die Schweiz zu meiner Familie zurückzukommen, aber ich entschloß mich doch, noch ein paar Tage in der Bay Area zu bleiben, um die ganze Sache mit Hilfe meiner Freunde zu verarbeiten und sich setzen zu lassen. Ich hatte auch zugestimmt, mit Elaine zusammen am nächsten Montag in der Sendung ›Good Morning America‹ ein Interview zu geben. Ich war sehr froh, daß Elaine über die Grenzen Kaliforniens hinaus für ihre großartige Leistung Anerkennung fand und wollte sie dabei unterstützen.

Der zusätzliche Tag in der Bay Area erlaubte es mir auch, mich in angemessener Form von all den Leuten zu verabschieden, die mich durch die vergangenen schweren Wochen begleitet hatten. Und er erlaubte mir, mich innerlich von einem Ort zu lösen, der nicht länger Teil meines Lebens sein würde. Am Samstag morgen, einem milden, sonnigen Tag, fuhr ich zu Susans Grab, dann nach Foster City, um einen letzten Blick auf die Stätten meiner Kindheit zu werfen. Als ich an unserem Haus im Harvester Drive vorbeifuhr, spürte ich keine Ängste mehr, und ich war sehr froh darüber. Ich wollte Rae und Aimee Alotta besuchen, aber sie waren nicht zu Hause, und so ging ich um die Ecke zum Haus der Nasons. Das war also damals unsere Nachbarschaft, ging mir durch den Kopf, und hier ist es geschehen. Alles sah nett und freundlich und ganz harmlos aus, wie es damals, vor Susans Verschwinden, auch ausgesehen hatte. Vor ihrem Haus stieg Mr. Nason gerade aus seinem Auto. Er sah mich an, als ich auf ihn zuging, erkannte mich aber erst, als ich bei ihm war.

»Ich bin nur gekommen, um mich kurz zu verabschieden«, sagte ich. Wir unterhielten uns eine Weile, er sagte mir viele nette Dinge, und schließlich fragte ich ihn, wie er reagiert hätte, wenn ich als erstes nach meiner Rückerinnerung zu ihm gekommen wäre, wie ich es anfangs überlegt hatte.

»Ich hätte dir geraten, zur Polizei zu gehen«, antwortete er. »Der einzige Unterschied wäre gewesen, daß ich mit dir gegangen wäre.«

Am Sonntag ging ich mit Margaret Nason zur Kirche. Als wir uns danach bei ihr zu Hause noch unterhielten, sagte sie mir noch mal ihren Dank und ihre Anerkennung dafür, daß ich den Mut aufgebracht hatte, diesen schweren Weg zu gehen. Dann erzählte sie mir von ihrer Arbeit im ›Zentrum für den Schutz vor Kindesmißbrauch‹. »Weißt du, Eileen«, sagte sie, »die Beratung und Erziehung der Kinder im Zentrum kostet nur zehn Dollar pro Kind. Wenn man dann daran denkt, wieviel dieser Prozeß gekostet hat ...‹ Diese Aussage erstaunte mich. Wenn man sich überlegte, was das im Prozeß verhandelte Verbrechen die Nasons gekostet hatte, dann war es schon ein wenig seltsam, daß Margaret Nason sich Gedanken darüber machte, was dieser Prozeß den Staat Kalifornien gekostet hatte. Nun ja, es ging um ihr Projekt . . .«

Dann sprachen wir über das Buch, das ich schreiben wollte. »Ich hoffe, es wird eine erzieherische Wirkung haben«, sagte sie. »Ich hoffe, es schärft anderen Eltern die Sinne für die Gefahren, die in ihrer nach außen hin oft so sicheren Nachbarschaft lauern, läßt sie mißtrauisch sein auch Leuten gegenüber, die ganz normal und harmlos aussehen, sich dann aber doch vielleicht an ihre Kinder heranmachen. Ich hoffe, Susans Geschichte macht die Menschen wachsamer für diese Gefahren, zeigt den Eltern, daß sie ihre Kinder rechtzeitig aufklären und warnen müssen, sich vor Leuten in acht zu nehmen, die sich mit Versprechungen an sie heranmachen, auch wenn es Nachbarn, Verwandte und gute Bekannte sind. Und daß sie immer erst die Eltern fragen, wenn ein Nachbar oder Bekannter sie zu einer Fahrt oder einem Spaziergang einlädt. Und daß wir Erwachsene uns gegenseitig im Auge behalten und offen über diese Dinge sprechen. Vielleicht erreichen wir nicht viel, aber je mehr wir die Aufmerksamkeit der Menschen auf diese Gefahren lenken, um so größer ist die Chance, daß solche Verbrechen verhindert werden können.«

Wir sprachen auch über das Leid, das uns beide quälte. »Man denkt«, sagte Margaret Nason traurig, »man könne seinen Kummer und sein Leid mit anderen teilen, es würde den Schmerz lindern, wenn man mit anderen spricht, die Ähnliches erlitten haben. Aber dann merkt man, daß es doch nicht hilft. Man bleibt allein mit seinem Kummer.«

Während des Interviews bei der Sendung ›Good Morning America‹ fragte mich die Reporterin, ob mein Entschluß, die Sache vor Gericht zu bringen, nicht mein Familienleben zerstört hätte. Ohne Zögern antwortete ich: »Wenn mein Familienleben zerstört wurde, dann war nicht ich es, die das verschuldet hat, es war mein Vater.« Elaine sprach recht geschickt, wirkte aber unsicher und nervös. Sie ist wohl nicht der Typ, der um jeden Preis nach

Ruhm strebt, und ich glaube, daß sie sich ziemlich unbehaglich fühlte, als sie plötzlich so im Licht der Öffentlichkeit stand.

Nach dem Interview meinte ich, nun sei langsam wirklich alles vorbei. Ich hatte alle Verpflichtungen erfüllt und konnte endlich den Prozeß mit seinen Torturen hinter mir lassen. Ich konnte daran denken, nach Hause zu meiner Familie zu fliegen und mein Leben wieder in den Griff zu bekommen. Aber diese Gedanken wurden jäh zerstört, als ich erfuhr, daß der Polizeibeamte, der mich damals wegen Prostitution verhaftet hatte, ein Presseinterview zu diesem Vorfall gegeben hatte. Die Schande, die meine Vergangenheit verdüsterte, war nun doch ans Licht gekommen.

Ich konnte mir nicht vorstellen, warum ein Polizist, der wissen mußte, was ich durchgemacht hatte und wie sehr ich mich bemüht hatte, der Polizei bei der Lösung des Mordfalles Nason zu helfen, ein solches Interview geben konnte. Was um Himmels willen hatte ihn dazu gebracht, in einer so gemeinen Art gegen die Hauptzeugin in einem Mordprozeß vorzugehen? Wollte er auch einmal in die Zeitung kommen? Steckte irgendein anderer dahinter?

Die Bekanntschaft mit Bob Morse hatte mich gelehrt, daß es anständige, pflichtbewußte, unbestechliche Polizeibeamte gibt, die unseren vollen Respekt verdienen, und ich hatte mein Mißtrauen gegen Uniformierte im allgemeinen und Polizisten im besonderen abgebaut. Aber es gab wohl doch mehr andere, gemeine und korrupte, und meine Voreingenommenheit flackerte wieder auf.

Zu einer Zeit, in der ich allen Grund hatte, glücklich und zufrieden zu sein, nachdem der Prozeß vorbei war und ich mich bestätigt fühlen konnte, das Richtige getan zu haben, stürzte man mich nun doch wieder in Verzweiflung. Schluchzend rief ich Barry in Zürich an, auch meine Mutter, aber beide konnten mich nicht trösten. Ich sprach mehrmals mit Elaine, und sie zeigte sich sehr verständnisvoll und mitfühlend. Sie wußte, wie sehr mir daran gelegen war, diese Sache endlich zu begraben. Und sie wußte auch, wie wenig meine früheren Fehler dagegen wogen, daß ich einen Mörder seiner Strafe zugeführt hatte.

Obwohl mich Elaines Worte ein wenig getröstet hatten, saß ich schließlich doch da und weinte hysterisch. Wahrscheinlich war mein Zorn über die Gemeinheit dieses Mannes nur der Auslöser für die Tränen, die sich seit einem Jahr in mir aufgestaut hatten und die ich nicht losgeworden war. Der Drang, diesen Kerl anzurufen und ihn zu fragen, warum er so etwas Gemeines getan hatte, war fast übermächtig, aber ich ließ es dann doch sein. Ich war wütend und traurig zugleich, daß ich noch einen weiteren Preis dafür zahlen mußte, Gerechtigkeit gesucht zu haben. Am schlimmsten war, daß dies der Preis war, den ich als höchsten eingeschätzt und am meisten gefürchtet hatte – und von dem ich gedacht hatte, ich bräuchte ihn nicht mehr zu zahlen. Wer sagt eigentlich, daß die Wahrheit die Menschen frei macht?

Der Richterspruch im Verfahren gegen George Franklin war auf den 28. Januar festgesetzt worden. Drei Tage vorher reichte Horngrad einen Antrag auf Wiederaufnahme des Verfahrens ein. Da eine Wiederaufnahme bedeuten würde, daß ein Richter eingestehen müßte, ein von ihm geleitetes Verfahren sei unfair oder unkorrekt gewesen, ist ein solcher Antrag meist nicht mehr als eine Formsache, die vor der Anrufung eines Berufungsgerichtes eingehalten werden muß. Die Gründe, die in einem Antrag auf Wiederaufnahme angeführt werden, sind daher meist dieselben wie bei einer Berufung.

Einer der Gründe, die Horngrad anführte, war ›unerlaubte Beweisführung der Staatsanwaltschaft‹. Die exzessive Darstellung der Tatsache, daß der Angeklagte die Tat nicht geleugnet habe, sei als Verletzung des Rechtes auf Schweigen seines Mandanten zu betrachten. Er behauptete auch, das Gericht habe rechtliche und formelle Fehler begangen, insbesondere, daß es die Vorlage von Zeitungsartikeln über das Verschwinden von Susan Nason als Beweismittel nicht zugelassen habe.

Zusätzlich behauptete Horngrad, er habe einen Zeugen gefunden, der den Schuldspruch erschüttern würde. Es zeigte sich, daß es sich bei diesem mysteriösen Zeugen um einen gewissen Jeff Munson handelte, einen früheren Freund von Eileen aus ihrer Single-Zeit, den sie und Barry später einmal bei sich aufgenommen hatten, als es ihm dreckig ging, mit dem sie dann aber Krach bekommen und ihn rausgeschmissen hatten. Horngrad behauptete, der Zeuge würde bestätigen, daß Eileen bereits lange vor der Rückkehr ihrer Erinnerungen den Verdacht geäußert hätte, ihr Vater habe Susan ermordet. Tipton war nicht im geringsten über diesen Zeugen beunruhigt, der keine guten Gründe dafür angeben konnte, warum er nicht eher mit seinem Wissen herausgerückt war und dem man leicht nachweisen konnte, daß er auf Eileen nicht gut zu sprechen war. Man würde ihn, da war sich Tipton sicher, wie Sue Banks und Penny Stocks sehr bald ›zu den Akten legen‹ können; er gehörte wohl auch zu den Leuten, die sich, aus welchen Gründen auch immer, gern in die aufsehenerregenden Geschichten anderer Leute einmischen.

Da schädliche Informationen und Beweisstücke über die Person George Franklins nur dann im Verfahren zugelassen waren, wenn sie sich auf den Mord an Susan Nason bezogen, hatte man alle anderen Beweisstücke in der Asservatenkammer des Gerichts aufbewahrt. Sie wurden jetzt dem Richter vorgeführt, damit er sie bei seiner Urteilsfindung in die Überlegungen mit einbeziehen konnte. Da waren nun all die widerlichen Dinge, die man in Franklins Apartment und in einem Schließfach gefunden hatte – die Nacktfotos von Kindern, die pornographischen Hefte, Bücher und Anzeigen über Sex von Erwachsenen mit Kindern, die Sammlung obszöner Briefe. Besonders widerlich war ein Foto, das Franklin in nackter Pose vor seiner Sammlung von siebenunddreißig Plastik-Penissen zeigte. Stapelweise hatte er Anzeigenblätter der ›Renee Gallon Society‹ gesammelt, deren Motto lautete: ›Mach Sex wann, wo, wie und mit wem du immer willst!‹. In den Briefen und Publikationen gab es viele ekelerregende Berichte und Darstellungen über Vater-Tochter-Inzest, und oft waren besonders obszöne Stellen umkringelt oder mit Farbstift markiert.

Die Abteilung des Gerichts, die für die Aufbereitung der

Beweise für den Richter vor seinem Urteilsspruch verantwortlich ist, hatte eine größere Zahl von Leuten, die den Angeklagten kannten, um schriftliche Stellungnahmen zu seiner Person gebeten. Sie hatte daraufhin eine ganze Reihe von Für-und-Wider-Antworten bekommen. Eileen, Janice und Leah hatten sehr ausführlich die Leiden geschildert, die George Franklin über sie gebracht hatte und die Hoffnung geäußert, er möge für immer hinter Zuchthausmauern verschwinden. Alle drei hatten auch die Ungerechtigkeit betont, daß Franklin zwanzig Jahre als freier Mann weitergelebt hatte, während Susan Nasons Leben schon mit acht Jahren durch sein brutales Handeln zu Ende gegangen war.

Eileen, die davon ausging, daß Franklins Freunde positive Stellungnahmen abgeben würden, sagte dazu: »Ich bin sicher, daß mein Vater Freunde hat, die sich für seine baldige Begnadigung einsetzen werden. Aber keiner dieser Leute ist je von ihm gnadenlos verprügelt worden. Sie waren nicht dabei, als er seine Kinder mißhandelte, und mein Vater hat auch keine Vergewaltigung und keinen Mord in ihrem Beisein begangen. George Franklins Freunde haben als Kinder nicht zusehen müssen, wie ihr bester Freund von ihm ermordet wurde. Und er hat keine ihrer Töchter mißbraucht und grausam erschlagen.«

Was sein Verhalten und seine Taten ihr gegenüber angeht, schrieb Eileen: »Ich muß mit Erinnerungen leben, die ich meinem schlimmsten Feind nicht wünsche, nicht einmal ihm selbst... Ich weiß keinen Weg, wie ich diesen Erinnerungen entfliehen kann. Mein Vater hat mich zu einer lebenslangen mentalen Zuchthausstrafe verurteilt – für das ›Verbrechen‹, daß ich ein kleines Mädchen war, das er in seiner Gewalt hatte und das ihm hilflos ausgeliefert war. Ich habe diese Strafe, die ich verbüßen muß und unter der ich entsetzlich leide, nicht verdient.«

Margaret Nason schrieb: »Ich verstehe nicht, wie ein Mensch so etwas tun kann. George Franklin ist für mich die Verkörperung des Bösen schlechthin. Er hat uns so viel genommen. Susie war so voller Lebensfreude. Ich höre noch immer ihr Lachen, wenn sie uns ihre selbst ausgedachten Tänzchen vorführte, und ich höre noch immer ihre Stimme, wenn ich sie ins Bett brachte und sie zu mir sagte: ›Mom, du machst es mir immer so gemütlich‹. Ich habe sehr viele wunderschöne Erinnerungen an sie, aber sie verursachen so schrecklich viel Kummer, ich muß sie unterdrücken. Die Zeit hat den Schmerz ein wenig gemildert, aber jede Mutter und jeder Vater, die einmal ein Kind verloren haben, werden es bestätigen, die Qual und der Schmerz bleiben ein Leben lang, und man kann seinen Kummer gar nicht in Worte fassen . . .

Auch unsere andere Tochter hat entsetzlich unter dem Verlust gelitten. Sie bekam Depressionen, und sie mußte jahrelang psychotherapeutisch behandelt werden, bis sie die Sache halbwegs verkraftet hatte. Die Narben in ihrem Geist werden dennoch bleiben, wohl ihr ganzes Leben lang. Das Leben geht weiter, so sagt man, aber keiner von uns ist mehr derselbe . . .

Die Franklins – Nachbarn um die Ecke, eine nette, große Familie mit fünf Kindern – wie schön, dachten wir. Freundliche Leute, hübsche, sommersprossige Kinder. Wer hätte je gedacht, welche traumatischen Ereignisse sich in diesem Haus abspielten. Wir haben es nicht gewußt. Es schmerzt, wenn man daran denkt, was diese armen Kinder und die Frau durchmachen mußten . . .«

Und Margaret Nason schrieb auch, wie sie an die schrecklichen letzten Minuten ihres Kindes denkt: »Ich rufe ihr zu: ›Lauf weg, Susie, lauf schnell weg!‹ Aber sie kann nicht weglaufen, und ich höre die Schläge auf ihren Kopf . . .«

Donald Nason lehnte es ab, irgend etwas zu schreiben. »Ich würde niemals die Worte finden, meinen Schmerz zu schildern«, sagte er zu dem Gerichtsbeamten, der ihn um ein Schreiben bat. »Ich war nach Susans Ermordung etwa zwei Jahre lang kaum in der Lage, meiner Arbeit nachzugehen.« Der Beamte hielt in seinem Protokoll über das Gespräch mit Nason fest: »Es ist offensichtlich, daß dieser Mann immer noch zutiefst unter dem Verlust seiner Tochter leidet.« Shirley Nason schrieb: »Jahrelang hatte ich Alpträume, in denen ich Susan zu Hilfe eilen, sie retten wollte.« Am Ende ihres Briefes stellt sie verbittert fest: »Franklins Benehmen während des Prozesses und einige Zeugenaussagen beweisen, daß er nichts Schlechtes darin sieht, was er getan hat . . . Statt dessen zeigte er eine widerliche Arroganz, als ob er sagen wolle: ›Beweist es doch! Ihr müßt mir erst einmal beweisen, daß ich schuldig bin!‹«

Eine Reihe von Briefen seiner Freunde und Verwandten bezeugten, was für ein ehrbarer, anständiger Mann George Franklin sei. Viele rechneten es ihm hoch an, daß er es geschafft hatte, vom Alkohol loszukommen; diese Briefe stammten wahrscheinlich vor allem von Leuten, die er bei den ›Anonymen Alkoholikern‹ kennengelernt hatte. Diese Leute, die anscheinend nichts von dem Arsenal an perversem Schrifttum wußten, das man bei ihm gefunden hatte, schrieben alle, ihnen sei an Franklin nichts aufgefallen,

Als George Franklin am 28. Januar 1991 den Gerichtssaal betrat, um sein Urteil zu hören, lächelte er und ging flott wie am ersten Tag des Prozesses zu seinem Platz. Dort plauderte er fröhlich mit Horngrad. Alle Nasons, aber keiner der Franklins waren anwesend. Der Saal war bis auf den letzten Platz besetzt.

Horngrad plädierte für ein mildes Urteil, da sein Mandant nicht vorbestraft sei. Tipton wies darauf hin, daß der Angeklagte weder Einsicht noch Reue gezeigt und nun schon einundzwanzig Jahre ›Bewährungsfrist‹ gehabt habe. Sie forderte ein strenges Urteil.

Richter Smith fragte Franklin, ob er irgend etwas sagen wolle. Franklin stand auf, und zum ersten Mal während des ganzen Prozesses war seine Stimme im Gerichtssaal zu hören. In seinem fremdartigen, näselnden Südstaatenakzent sagte er: »Ja, Euer Ehren. Ich bin nicht schuldig an dem Verbrechen, das man mir vorwirft.«

Im Saal trat lautlose Stille ein. Richter Smith schaute Franklin mit finsterer Miene an. Dann sagte er langsam: »Sie sind ein von Grund auf böser und verworfener Mensch. Wenn wir nicht die Gesetzesänderung von 1969 hätten, mit der die Todesstrafe abgeschafft wurde, würden Sie ein anderes Urteil hören. So aber verurteile ich Sie dazu, lebenslang in Gewahrsam der Justiz des Staates Kalifornien gehalten zu werden...«

Danach, draußen im Korridor, sagte Elaine Tipton den Reportern, Franklin würde zunächst nach San Quentin gebracht, um dort auf ›den endgültigen Ort seiner Einschließung‹ zu warten, wahrscheinlich ein Zuchthaus im Norden Kaliforniens. Sie sagte auch, ihr Büro würde zur Zeit andere seiner Verbrechen untersuchen. Da sie auf entsprechende Fragen betonte, beim Tatbestand der Verführung Minderjähriger oder des Mißbrauchs von Kindern bestehe eine Verjährungsfrist von sechs Jahren, faßten die Reporter das als Hinweis auf, daß es sich um andere, schwerere Verbrechen handeln müsse.

Sie sagte den Reportern auch, Franklin könne nach sieben Jahren erstmals einen Antrag auf Begnadigung und vorzeitige Haftentlassung stellen, fügte aber sofort hinzu: »Sie können sicher sein, ich werde mich einschalten und es verhindern, daß ein solcher Antrag durchgeht.«

Abends, als sie mit Freunden zusammensaß, sagte Elaine scherzhaft: »Wo sind nur die guten alten Zeiten geblieben, als Kinderschänder immer wieder mal von anderen Strafgefangenen zusammengeschlagen oder gar totgeschlagen wurden? Wißt ihr, von Mördern und Kidnappern und Einbrechern, die Kinderschänder moralisch verachtenswert und widerlich finden.«

EILEEN

Kurz nach der Urteilsverkündung stellte meine Mutter einmal fest, wie unterschiedlich der Fall heute im Vergleich zu einer Zeit vor zwanzig Jahren gehandhabt worden sei, und sie meinte damit vor allem die Mitwirkung der vielen selbstbewußten, energischen Frauen, die es vor zwanzig Jahren noch gar nicht gab: Elaine Tipton, die Staatsanwältin; Dr. Lenore Terr, die Expertin für Erinnerungrepression; und, natürlich, Leah Franklin, die Anwältin.

Ich fügte die Namen einiger anderer Frauen hinzu, die sich in ihren Berufen durchgesetzt und mir sehr geholfen hatten. Lynn Loring, meine Freundin und Präsidentin des MGM-Fernsehsenders; Audrey Davis-Levin, eine sehr einfühlsame Drehbuchautorin, die man für die Arbeit an dem Film über den Fall Franklin gewonnen hatte; Helen Brann, meine literarische Agentin, die die Wölfe vor meiner Tür zurückhielt, auch wenn ich bereit war, sie hereinzulassen; und Betty Prashker, eine beeindruckende Frau, Verlagsleiterin beim Crown-Verlag in New York, der dieses Buch herausgibt.

Ich war allen Frauen der vorangegangenen Generationen dankbar, die sich nicht hatten unterkriegen lassen und die für die Frauen meiner Generation den Weg zur Selbstverwirklichung und zum beruflichen Aufstieg geebnet hatten. Und ich war den Frauen dankbar, die sich vor mir so tapfer gegen psychischen und physischen Terror aufgelehnt hatten und an deren Beispiel ich mich als Opfer von Vergewaltigung und sexuellem Mißbrauch aufrichten konnte.

Ich habe während der vergangenen Ereignisse natürlich auch eine Reihe großartiger Männer kennengelernt, aber ich glaube, Männer können für das, was ich durchgemacht habe, viel weniger Verständnis aufbringen als Frauen. Ich bin dem Schicksal sehr dankbar, daß meine Erinnerung zu einer Zeit zurückgekehrt ist, als mitfühlende Frauen an meiner Seite waren, die mich auf meinem schweren Weg begleitet haben.

Nach dem Urteilsspruch durften Elaine und ich endlich auch über Dinge reden, die uns seit der Verhaftung meines Vaters verboten waren. Elaine wies darauf hin, daß ich bei der Erwähnung des Geschehens vom 22. September 1969 stets vom *Tag des Mordes* gesprochen hätte, andere Leute, auch sie selbst, hätten es ›Tag des Verschwindens von Susan Nason‹ oder ›Tag, an dem Susan Nason gekidnappt wurde‹ genannt. Elaine sagte, das habe sie unter anderem davon überzeugt, daß ich die Wahrheit sagte, denn wenn ich vom ›Tag des Mordes‹ sprach, dann war es das, was ich tatsächlich gesehen hatte.

Sie überraschte mich, als sie sagte, sie habe sich von Anfang an vorgenommen, unsere Beziehung nicht zu eng werden zu lassen und eine professionelle dienstliche Distanz zwischen uns zu wahren. Sie hatte sich, wenn ich es in der Nachschau betrachtete, tatsächlich ja sehr professionell verhalten; ich hatte stets gespürt, daß sie mich sehr genau beobachtet und immer aufs neue beurteilt hatte, ob sie mir glauben konnte oder nicht. Und sie hatte mir das Gefühl gegeben, daß ihre Gründe, mir zu glauben, auf Fakten und nicht auf freundschaftlichen Gefühlen begründet waren. Ich betrachte das als Beweis für ihre professionelle Integrität, aber auch für meine Glaubwürdigkeit.

Am Morgen meiner Abreise fuhr ich zum Gerichtsgebäude, um mich von Elaine zu verabschieden. Ich hatte ihr einmal gesagt, es sei nicht fair, was nach dem Abschluß des Verfahrens zu erwarten sei: Sie könne den Prozeß hinter sich lassen, abbuchen, vergessen, für mich aber sei er ein Teil meines Lebens, und ich könne ihn nicht einfach zu den Akten legen. Als Elaine mit mir im Aufzug nach unten fuhr, um mich nach draußen zu begleiten, wurde mir klar, daß ich mich von einem Gebäude verabschiedete, das ein Jahr lang der Mittelpunkt meines Lebens gewesen war. Der Gerichtssaal, Elaines Büro, die Polizeistation – irgendwie war ich gerührt. Und ich konnte das alles mit dem Gefühl eines neuen Respektes für unser Rechtssystem hinter mir lassen. Von mir blieb nichts als das Protokoll meiner Zeugenaussage zurück.

Auf den Stufen vor dem Eingang hasteten links und rechts von uns Leute mit schwer beladenen Aktentaschen vorbei, und wir verabschiedeten uns ein wenig verlegen. Ein Mann sprach Elaine an und gratulierte ihr zu ihrem Sieg. Ich nutzte die Chance, küßte sie noch einmal schnell auf die Wange und lief die Stufen hinunter, ohne mich noch einmal umzusehen. Wir würden Freundinnen bleiben, aber es würde nie mehr so werden wie zu der Zeit, als wir zusammen gekämpft hatten. Während ich auf meinen Wagen zuging, dachte ich an meinen Vater oben im vierten Stock in seiner Zelle. Vielleicht las er gerade in einem seiner geliebten Bücher über den Bürgerkrieg. Ich war traurig.

Aber einen Tag später war ich unendlich glücklich, wieder bei meiner Familie und in der Schönheit des Schweizer Winters zurückzusein. Meine Kinder taten so, als hätten sie den Schnee eigens als Willkommensgeschenk zu meiner Rückkehr bestellt. Barry behandelte mich einige Minuten wie einen Helden, der siegreich aus der Schlacht zurückkehrt, aber dann fing er gleich wieder an, mich zu plagen, wie ich es von ihm gewohnt war. Diesmal meinte er, ich müsse Elaine drängen, eine Klage wegen Meineid gegen Kate einzureichen. Ich stimmte mit ihm überein, daß Kates Verhalten empörend und abscheulich gewesen war, aber ich hatte im Moment nicht die Kraft für einen neuen Kampf.

Ich fragte mich, ob ich nicht doch zu hart über Leah geurteilt hatte. Trotz unserer Probleme und ihrer anfänglichen Zweifel hatte sie sich sehr entschieden auf meine Seite geschlagen und mich während des ganzen Verfahrens unterstützt. Wenn ich an unsere Beziehung in der Zeit denke, als ich im Elternhaus aufwuchs, dann wird mir immer klarer, daß sich bei mir offensichtlich ein sehr komplexer Gedankenprozeß abgespielt hat: Der Zorn auf den Vater, der mich zum Opfer gemacht hatte, konnte sich nicht ausleben, denn das, was er tat, schien gottgewollt zu sein, war ja in allen Familien so, wie ich lange Jahre glaubte. Und so wurde ich immer mehr zum Opfer, nahm alles hin, aber innerlich baute sich ein wilder Zorn auf, und diesen Zorn richtete ich gegen meine Mutter, deren verzweifelte Lage ich damals natürlich nicht erkannte und die ich für so schrecklich gleichgültig hielt. Nicht der eigentliche Täter war schuld an meinen Qualen, so hatte es mir mein Bewußtsein vorgegaukelt, sondern der andere Elternteil, der mich nicht vor diesen Qualen beschützte. Ich weiß nicht, ob ich Leah jetzt, nachdem sie zu mir gehalten hat, nachträglich entschuldige, aber mir scheint an diesen Überlegungen doch etwas dran zu sein.

Sehr schnell kam ich wieder in die alte familiäre Tretmühle, nach der ich mich so lange gesehnt hatte. Kochen – natürlich nur vegetarische Gerichte! –, Kinder zur Schule bringen, Putzen, Einkaufen, mit den Kindern spielen, Hausaufgaben überprüfen, abends zusammensitzen und Videofilme anschauen –

wunderbar! Ich war zu beschäftigt, um über mehr nachzudenken als darüber, wie weit Aaron wohl seinen Löffel voller Schweizer Müsli werfen konnte.

Unser Haus liegt als letztes in einer Sackgasse. Die asphaltierte Straße endet hundert Meter hinter dem Haus an einer Kuhweide, und von dort führt ein unbefestigter Feldweg den Hügel hoch in einen wunderschönen Kiefernwald. Ich schlüpfe jeden Tag einmal aus dem Haus und spaziere auf diesem Weg bis tief in den Wald hinein und genieße seine Schönheit und die feuchte, beißend kalte, saubere Luft. Oft jogge ich auch, und das ist bergauf ganz schön anstrengend, so daß mein Bewußtsein ganz auf die körperliche Aktion konzentriert ist. Bergab ist es gefährlicher für mich, denn dann ist der Kopf frei für andere Gedanken.

Ich denke viel über Gott nach, aber nicht in einer Weise, die gläubige Menschen erfreuen würde. Vor der Rückkehr meiner Erinnerungen war ich gläubig, so meine ich jedenfalls, aber dann fragte ich mich, was das wohl für ein Gott sei, der einem Menschen solche schrecklichen Erinnerungen schickt. Ich wurde sehr wütend und verbittert. Vielleicht liegt es daran, daß ich nicht zornig genug auf meinen Vater sein kann und deshalb zornig auf Gott bin. Danach habe ich mich in den vergangenen Monaten oft an ihn gewandt, tief in der Nacht, habe ihn angefleht, mir die Kraft zu geben, all das Unheil durchzustehen, aber ich kam mir dabei wie ein Heuchler vor. ›Gott, ich bin zornig auf dich‹ und ›Gott, ich bitte dich . . .‹, das paßt wohl nicht gut zusammen . . .

Ich habe nicht nur meinen Glauben verloren; auch so manche andere Einbildung, die mich stützte, hat sich verflüchtigt. Früher war ich davon überzeugt, alle Eltern würden ihre Kinder bedingungslos lieben . . . Ich dachte, ich wäre eine gute Mutter, aber ich weiß inzwischen, daß ich überängstlich mit meinen Kindern bin. Und der Prozeß hat mich gelehrt, die Beziehungen zu meinen Geschwistern mit äußerster Vorsicht zu betrachten – wem ich heute vertraue, der kann sich morgen gegen mich wenden. Vorbei der Traum . . .

Und mein Vater? Muß ich mich mit dem Gedanken abfinden,

daß er mich nie wie ein Vater geliebt hat? Natürlich, Elaine und Bob haben recht, wenn sie mir aufzeigen, welch ein böser und verworfener Charakter er ist. Sie wollen mich damit wohl darin bestärken, daß ich richtig gehandelt habe, ihn vor Gericht zu bringen. Das ist nicht nötig. Ich weiß, daß ich das Richtige getan habe. Ich weiß, daß mein Vater tatsächlich so böse und gemein ist, wie sie sagen. Aber ich kenne auch einen anderen Vater, einen Mann, den die beiden nicht kennen, der charmant sein konnte und lustig und freundlich und fürsorglich und liebevoll – und der mir die wenigen glücklichen Momente in meiner Kindheit geschenkt hat, einer Kindheit des Horrors und des Schreckens, für die er ebenfalls verantwortlich war.

ENDE

Band 13 409
Vincent Bugliosi
Wen die See verrät
Deutsche Erstveröffentlichung

Für das Ehepaar Graham soll es die Traumreise ihres Lebens werden. Mit ihrer eleganten Yacht Sea Wind segeln sie zu einer wunderschönen, einsamen Insel in der Südsee. Doch die Idylle trügt. Vor ihnen hat der Ex-Sträfling Buck mit seiner Freundin Jennifer auf Palmyra Island festgemacht. Mißtrauisch beobachten die Grahams das zügellose Treiben des seltsamen Pärchens, dessen Vorräte so schnell zur Neige gehen, daß es mit seinen gefährlichen Hunden zu wildern beginnt. Dann sind die Grahams eines Tages spurlos verschwunden, und Buck und Jennifer verlassen Hals über Kopf die Insel. Doch erst sieben Jahre später findet man zufällig den Schädel eines Menschen auf Palmyra Island. Buck und Jennifer werden festgenommen.
Die Anklage lautet: Mord.

BASTEI LÜBBE

Sie erhalten diesen Band im Buchhandel, bei Ihrem Zeitschriftenhändler sowie im Bahnhofsbuchhandel.

Band 13 404

Joyce Lukezic/Ted Schwarz

Ich will dich sterben sehen

Deutsche Erstveröffentlichung

Vier Menschen und ein Drama, das das Leben schrieb:

Joyce Lukezic: Die naive Hausfrau aus Arizona kam vom Supermarkt zurück, als die Polizei sie festnahm und des Mordes verdächtigte. Der Geschäftspartner ihres Mannes war hinterrücks erschossen worden.
Ron Lukezic: Joyce' Ehemann war lange Zeit mit dem Ermordeten befreundet – bis es in einer Geschäftssache zum Zerwürfnis kam. Natürlich versicherte Ron seiner Ehefrau, daß er sie trotz ihrer Verhaftung weiterhin liebe und zu ihr halte – doch plötzlich war er unauffindbar.
Eden Dow: Joyce' Tochter versuchte lange Zeit, die Unschuld ihrer Mutter zu beweisen, streckte aber schließlich doch die Waffen.
Dan Ryan: Schon zu Beginn der Ermittlungen schwor der polizeiliche Untersuchungsbeamte Joyce Lukezic: »Ich will dich in der Gaskammer sterben sehen!«

BASTEI LÜBBE

Sie erhalten diesen Band im Buchhandel, bei Ihrem Zeitschriftenhändler sowie im Bahnhofsbuchhandel.

Band 13 400
Ken Englade
Schülerliebe
Deutsche Erstveröffentlichung

Die hübsche Pam Smart ist eine Frau mit vielen Gesichtern. An der Seite ihres karrierewilligen Mannes führt sie ein geselliges Leben, als ehrgeizige Pädagogin arbeitet sie in sozialen Brennpunkten. Gleichzeitig nennt sie sich stolz eine ›Heavy-Metal-Braut‹ und ertränkt all ihre Sehnsüchte und Jugendträume in schrillen Hardrock-Klängen.

Als sie Billy Flynn, den von ihr betreuten fünfzehnjährigen Schüler, mit einem aufregenden Striptease verführt, tobt im Hintergrund die rauhe Musik von Van Halen, und über die Mattscheibe flimmern die erotischen ›9 1/2 Wochen‹. Drei Monate nach dem Erwachen dieser verbotenen Leidenschaft, es ist der 1. Mai 1990, wird Pams Ehemann von einer Kugel tödlich verwundet. Aber die Rolle der trauernden Witwe scheint Pam Smart nicht zu liegen.

BASTEI LÜBBE

Band 13 395

Jack Olsen

Wie unter einem stummen Zwang

Mac Smith ist ein Mann, der sich ganz von seinen sexuellen Fantasien beherrschen läßt. Seit seiner Pubertät schon träumt er von einer Frau, die er demütigen kann. Eines Tages liest er in einem Magazin, daß in den USA jede drei Minuten eine Frau vergewaltigt wird. Doch nur jeder zehnte Täter sieht je ein Gefängnis von innen. Mac Smith, der Geborgenheit nie gefunden hat, bereitet sich darauf vor, seine Vergewaltigungsträume auszuleben . . .

JACK OLSEN, zweimaliger Preisträgerr des *Edgar-Award*, stellt mit diesem Buch auf beispielhafte Art die Entwicklungsgeschichte eines Sexualverbrechers dar: Sie wird Frauen und Männern gleichermaßen zu denken geben.

BASTEI LÜBBE

Sie erhalten diesen Band im Buchhandel, bei Ihrem Zeitschriftenhändler sowie im Bahnhofsbuchhandel.

Band 13 390

Ann Rule

Wenn du mich wirklich liebhast

Detective Fred McLean hatte schon eine ganze Reihe von Mördern verhaftet. Aber dieses kleine Mädchen, das seit mehreren Stunden in kalter Dunkelheit in ihrem eigenen Erbrochenen gelegen hatte, war die bemitleidenswerteste mußmaßliche Täterin, der er jemals begegnet war.
McLean entrollte den rosafarbenen Streifen aus Pappkarton, den Cinnamon in ihrer rechten Hand gehalten hatte. In dem schwachen Licht konnte er die Druckbuchstaben auf dem Karton entziffern: ›Lieber Gott, bitte verzeih mir, aber ich wollte sie nicht verletzen‹.

BASTEI LÜBBE